Die Lücke zwischen Mystifizierung und hochkomplizierten, dem Laien kaum verständlichen Theorien über den Traum sucht die englische Psychologin Ann Faraday mit ihrem spannend und verständlich geschriebenen Buch auszufüllen. Nach jahrelanger experimenteller Traumforschung ist die Autorin zu der Meinung gekommen, daß Verstehen und Deuten von Träumen eher der Entzifferung einer Geheimschrift oder der Diagnose einer Krankheit ähnelt als dem noch so raffinierten Spiel mit angeblich feststehenden Traumsymbolen. Obwohl es nach ihrer Ansicht nicht so etwas gibt wie die einzig richtige Traumtheorie oder den einzig richtigen Weg zur Traumdeutung, glaubt sie doch, daß jedermann die Fertigkeit erwerben kann, seine Träume zu verstehen und für sein tägliches Leben zu nutzen, sofern er sich an die in diesem Buch ausführlich geschilderten Verfahrensweisen hält.
Das Buch kann als erster umfassender, auf wissenschaftlicher Grundlage stehender Ratgeber für das Verstehen und die praktische Verwendung von Träumen als Selbsthilfe gelten. Es setzt weder Fachwissen noch irgendwelche Vorkenntnisse voraus, sondern beginnt sozusagen ganz von vorn, nämlich mit Informationen und Instruktionen für Leser, die nichts über Träume wissen oder sich überhaupt nicht an Träume erinnern können, und schreitet dann fort bis zu den tiefsten Regionen menschlichen Seelenlebens. Wer sich ernsthaft für seine Träume interessiert und aus ihnen Gewinn ziehen will, findet hier Schlüssel und Anleitung sowie eine Fülle von Beispielen.

Ann Faraday hat Psychologie am University College in London studiert. Nach mehreren Jahren in experimenteller Traumforschung ließ sie sich in Hypnotherapie, Freudscher und Jungscher Psychoanalyse und in Gestalttherapie ausbilden.

Unsere Adresse im Internet: www.fischer-tb.de

Ann Faraday

Deine Träume – Schlüssel zur Selbsterkenntnis

Ein psychologischer Ratgeber

Aus dem Amerikanischen
von Margaret Carroux

Fischer Taschenbuch Verlag

Einmalige Sonderausgabe
Veröffentlicht im Fischer Taschenbuch Verlag GmbH,
Frankfurt am Main, März 2001

Lizenzausgabe mit Genehmigung des
S. Fischer Verlages GmbH, Frankfurt am Main
Die englische Originalausgabe erschien 1975
unter dem Titel ›The Dream Game‹
bei Maurice Temple Smith Ltd., London

Druck und Bindung: Clausen & Bosse, Leck
Printed in Germany
ISBN 3-596-50390-6

Inhalt

Für Peggy und John Benson Brooks

Die Zeit, die wir der Ruhe widmen, wie die Natur es vorgesehen hat, bringt uns zugleich mit dem Schlaf eine noch wertvollere Beigabe als den Schlaf selbst; diese Naturgegebenheit wird eine Quelle des Vergnügens, und wir schlafen nicht nur, um am Leben zu bleiben, sondern damit wir lernen, richtig zu leben ...
Also wollen wir uns alle der Traumdeutung hingeben, Männer und Frauen, jung und alt, reich und arm ... Der Schlaf bietet sich allen an; er ist ein Orakel, das immer bereit ist, unser unfehlbarer und stiller Berater zu sein; bei diesen Mysterien von neuer Art ist jeder zugleich Priester und Initiand.

SYNESIOS VON KYRENE

Vorwort

Dieses Buch ist geschrieben worden, um die weltweite Nachfrage nach einem umfassenden, Schritt für Schritt vorgehenden Leitfaden zu befriedigen, der Aufklärung darüber gibt, wie Träume zu verstehen sind und wie von ihnen Gebrauch zu machen ist. Mein erster Versuch, die Traumdeutung aus dem Sprechzimmer herauszuholen und ins tägliche Leben zu bringen (*Dream Power*, 1972), regte viele Menschen dazu an, sich auf ihre Träume zu besinnen und sie aufzuzeichnen, doch rief er auch den Wunsch nach ausführlicherer Anleitung hervor, wie sie zu deuten seien. Viele Leser schrieben mir, daß es ihnen Schwierigkeiten bereite, ihre Träume zu verstehen, und baten um Aufnahme in unsere Traumgruppen; und Fachleute aus vielen Gebieten – Psychiatrie, Pädagogik, den Kirchen usw. – forderten uns auf, Training-Workshops abzuhalten, um eine greifbarere Vorstellung zu vermitteln, wie zu verfahren sei. Da ich nicht alle diese Briefe persönlich beantworten konnte und wir nicht in der Lage waren, überall Workshops abzuhalten, schrieb ich dieses Buch, um die gewünschten Antworten zu geben.

Das Buch setzt weder irgendwelche Kenntnisse über Träume noch die Lektüre von *Dream Power* voraus, sondern beginnt ganz von vorn mit Anleitungen für diejenigen, die sich ihrer Träume selten entsinnen. In den beiden ersten Teilen werden die Grundregeln dargelegt, wie ein Traumtagebuch zu führen und die Bildersprache der träumenden Seele zu verstehen ist, und obwohl vieles davon Fachleuten vertraut sein wird, sollte es aufgeschlossenen Gemütern dennoch neue Einsichten vermitteln. Der dritte Teil, der im wesentlichen auf Forschungen aus den letzten Jahren beruht, erschließt dem vorbereiteten und interessierten Leser neue Erfahrungsbereiche. Auch wer der Meinung ist, er sei für diese Etappen der Traumreise noch nicht bereit, wird viele faszinierende Gedanken über menschliche Probleme, die in Träumen zum Vorschein kommen, finden.

Meine Auffassung von Träumen entwickelte sich allmählich durch die Studiengruppen, die ich vor mehreren Jahren in England ins Leben rief, und zwar nach völlig frustrierenden Erfahrungen mit der Freudschen Analyse, die sowohl mir als auch meinen Träumen Gewalt antat, indem sie versuchte, uns in eine starre, begrenzte und dogmatische Theorie einzubauen. Ich war zur Analyse gekommen von dem Laboratorium aus, wo ich fünf Jahre lang Nacht für Nacht gesessen und die Bewegungen schlafender Versuchspersonen mit elektronischen Geräten überwacht, sie in den REM-Schlaf-Perioden (REM

= rasche Augenmuskelbewegungen) geweckt und ihre Träume gesammelt hatte. Es stellte sich bald heraus, daß meine Versuchspersonen Hilfe bei der Deutung ihrer Träume erwarteten – obwohl es sich bei diesem Experiment gar nicht darum handelte –, und ich hoffte, daß die Analyse es mir ermöglichen würde, diese Hilfe zu gewähren. Ich hielt es drei Jahre lang durch, doch da ich die Freudsche Theorie nur in einer kleinen Zahl von Fällen brauchbar fand, ging ich zu einer kürzeren Jungschen Analyse über, die zwar nützlich war, doch manchmal die Träume ganz unangemessen zu mystifizieren und zu komplizieren schien, weil nach obskuren, allgemeingültigen Symbolen und »Archetypen« Ausschau gehalten wurde, wenn eine absolut einfache Deutung sinnvoller gewesen wäre.

An diesem Punkt tat sich eine Gruppe von uns – Fachleute und Laien, die von den orthodoxen Formen der Analyse enttäuscht waren – zusammen, um selbst herauszufinden, was unsere Träume bedeuteten. Wir machten uns Anregungen von Freud, Jung und vielen anderen zunutze und fanden viel Ermutigung in dem Werk des amerikanischen Traum-Psychologen Dr. Calvin Hall, dessen Buch *The Meaning of Dreams* Freuds Ideen entmystifizierte und zeigte, daß jeder die Sprache seiner Träume dadurch erlernen kann, daß er sie als Bilder ansieht. Durch Versuch und Irrtum gelangten wir zu dem Schluß, daß die sichersten Wegweiser zur Bedeutung eines Traums das Gefühl und das Urteilsvermögen des Träumers selbst sind, der tief in seinem Inneren dessen Bedeutung kennt. Wenngleich Gruppenmitglieder angespornt wurden, Vermutungen über den Traum eines anderen zu äußern und ihn zu kommentieren, so lernten sie doch, niemals auf einer Deutung zu beharren, wenn der Träumer versicherte, daß sie keinen Widerhall bei ihm hervorrufe. Psychoanalytiker und andere Fachleute, die behaupten, ihre Patienten setzten der korrekten Deutung »Widerstand« entgegen, um unerfreulichen Wahrheiten aus dem Weg zu gehen, verwandeln einfach ihre Lieblingstheorien in sich selbst erfüllende Prophezeiungen und zwingen dem Träumer ihre eigene Fehlinterpretation auf. Wenn unsere Anregungen keine Resonanz bei dem Träumer hervorriefen, erwiesen weitere Träume mit sich wiederholenden Symbolen immer wieder die Richtigkeit seines Gefühl und die Unrichtigkeit unserer Deutungen. Die einzig »korrekte« Deutung eines Traums – das heißt eine wirkungsvolle Deutung – ist eine, die dem Träumer ein Aha-Erlebnis verschafft und ihn veranlaßt, sein Leben auf eine konstruktive Weise zu ändern.

Das war die Ansicht, die der berühmte amerikanische Mystiker Edgar Cayce in den 1920er Jahren vertrat, der seine Erkenntnisse über Träume, außersinnliche Wahrnehmung (ESP) und verwandte Themen in einem tiefen Trance-Zustand erlangte. Zu einer Zeit, da die gebildete öffentliche Meinung die Freudsche Ansicht akzeptierte, sagte dieser Abweichler von der Schulmeinung, daß es Träume vieler verschiedener Arten (einschließlich sexueller) mit vielen Bedeutungsebenen geben könne, daß Interesselosigkeit der Grund für das schlechte Erinnerungsvermögen an Träume sei, und daß ein Traum dann korrekt gedeutet ist, wenn er dem Träumer einleuchtet, wenn er mit seinen anderen Träumen übereinstimmt und ihn im Leben weiterbringt. Leider war Cayces Name uns in England damals unbekannt, sonst hätte ich ihn in *Dream Power* zusammen mit Freud, Jung, Hall und Perls als einen der großen Traumforscher aufgeführt.

Unsere Traum-Studiengruppen erfuhren einen mächtigen Auftrieb, als wir die Werke von Fritz Perls entdeckten, dem Vater der Gestalt-Therapie. Ich erinnere mich noch lebhaft des Tages, an dem ich zuerst mit der Gestalt-Methode in Berührung kam, und zwar als mein Mann John in unserer allerersten Encountergruppe in London einen seiner letzten Träume durcharbeitete. Damals wußte ich nichts von Perls' Traumtheorie, die besagt, daß alle Traumvorstellungen zur Persönlichkeit des Träumers gehören, und ich war verblüfft, als der Gruppenführer ohne Diskussion John aufforderte, sich auf einen der beiden freien Stühle zu setzen, die einander gegenüberstanden, und mit den Gestalten in seinem Traum zu reden, als ob sie vor ihm säßen. Dann wurde er aufgefordert, sich auf den anderen Stuhl zu setzen und die Rollen der verschiedenen Traumvorstellungen zu übernehmen, jeder eine Stimme zu geben und sie »selbst sprechen« zu lassen.

In seinem kurzen Traum war John heimgekommen und hatte festgestellt, daß unser Haus abgerissen war. Ich beobachtete fasziniert, wie John die verschiedenen Traumfiguren – das Haus, mich, die Arbeiter und so weiter – über den Abbruch ausfragte, und konnte meine Erregung kaum zügeln, als mir plötzlich klar wurde, daß John, als er dem »Abbruch-Vorarbeiter« eine Stimme gab, mit dem Akzent, den Gesten, Gefühlen und sogar der Haltung seines eigenen Vaters sprach, der immer die Verantwortung für seine Taten abgelehnt hatte, indem er sagte, es komme ihm nicht zu, die Befehle der Höhergestellten in Frage zu stellen. Es war eine totale Enthüllung der Tatsache, daß John es zuließ, daß unser Leben von seiner ersten Frau zerrüttet wurde, daß er es zwar beklagte, aber nichts dagegen unternahm, weil er von Kindheit an beeinflußt war durch die immer wiederholte Überzeugung seines zur Arbeiterklasse gehörenden Vaters, daß einfache Leute hilflose Opfer der Umstände seien.

Wir erkannten sofort die Wirksamkeit der Dialogtechnik und übernahmen sie für unsere Traum-Studiengruppen, und John und ich wenden sie immer an bei unseren Seminaren, die wir jetzt als Team abhalten – doch ist sie für uns nach wie vor nur eine von vielen Möglichkeiten, mit Träumen zu arbeiten, nicht die einzig mögliche, wie einige der heutigen Gestalt-Therapeuten gern behaupten. Tatsächlich ist Perls' Theorie, daß *alle* Traumvorstellungen Symbole von Kräften in der Persönlichkeit des Träumers seien, im Lichte der modernen Forschung ebenso unhaltbar wie viele der älteren Theorien. Keine

Theorie kann für sich allein der Fülle von Träumen gerecht werden, und es ist einfach eine Tatsache – die die meisten Psychotherapeuten völlig außer acht lassen –, daß Träume in unmittelbarem Zusammenhang mit den Geschehnissen und Gedanken des vorangegangenen Tages stehen. In den Jahren meiner experimentellen Forschung bin ich mir darüber klar geworden, daß Träume nicht auf zufällige Weise »Tagesreste« aufgreifen, sondern daß der ganze Traumprozeß im derzeitigen Leben und in den Anliegen des Träumers verwurzelt ist. Tatsächlich scheint der Traum eine nochmalige *gründliche* Wiederholung des Tages zu sein und alles wieder hervorzuheben, was das wache Bewußtsein nicht aufgenommen hat, weil es zu schwerfällig oder zu sehr mit anderen Dingen beschäftigt war.

Von unseren Traum-Studiengruppen ausgehend, entwickelten wir unsere eigene, dreistufige Methode, die Träume zu betrachten, die dem Träumer behilflich ist, selbst die wirkungsvollste Deutung zu finden. Ein Traum kann wörtliche Information über Dinge und Menschen in unserer Umwelt liefern; er kann uns sagen, was wir von ihnen *halten;* und er kann uns die Funktionsweise unseres Innenlebens mit all seinen Konflikten und heilkräftigen Quellen offenbaren. Unsere Gruppen und Workshops sind jetzt gewöhnlich sehr zwanglos und haben nicht mehr als zwanzig Teilnehmer, die Humor als eine wesentliche Eigenschaft ansehen, wie Sie an den in diesem Buch erstatteten Berichten feststellen werden. Unsere einzige unumstößliche Regel ist, daß wir jeweils nur mit einer Person arbeiten und deren Träume auf den drei Ebenen der Deutung durchsprechen. Jeder kann mit Familienangehörigen und Freunden, in Schulen und Kirchen eine Traum-Gruppe ins Leben rufen. Ich schreibe dieses Buch, um es Ihnen zu ermöglichen, das Traumspiel ernsthaft, aber lachend zu spielen – daher sein Titel.

Tatsächlich läßt sich ein auf wirklich wissenschaftliche Weise unternommener Versuch, Träume zu verstehen, eher damit vergleichen, daß man lernt, ein Spiel zu spielen, als daß man einen Code entziffert oder die Funktionsweise einer Maschine erforscht, und viele unterschiedliche Gruppen von Regeln können befolgt werden, je nach dem, was Sie beim Spielen des Traumspiels erreichen wollen. Sie können das Freudsche Spiel spielen, wenn Sie die sexuellen Konflikte Ihrer Jugend herausfinden möchten, und manchmal ist es nützlich, darüber Bescheid zu wissen; Sie können das Jungsche Spiel spielen und »archetypische« Symbole in Ihren Träumen aufspüren, die von den großen Mythen der Welt widerhallen, und das zu tun ist manchmal anregend; Sie können das Gestalt-Spiel spielen und sich auf die Topdog/Underdog-Konflikte in der Persönlichkeit konzentrieren – aber keines dieser Spiele und keine andere Art des Arbeitens mit Träumen besitzt Allgemeingültigkeit; und wir tun unseren Träumen Gewalt an, wenn wir versuchen, sie in restriktive Theorien zu zwängen.

Ich stimme Alan Watts zu, daß, wenn die Psychotherapie oder die Entwicklung der Persönlichkeit je vom Humor getrennt werden, es ein sicheres Zeichen dafür ist, daß etwas schiefgegangen ist, daß wir uns hineinziehen lassen in diese lebenverzehrenden, von Hintergedanken beherrschten »Spiele«, die Eric Berne in seinem Buch *Spiele der Erwachsenen* so hervorragend und mit überwältigendem Humor entlarvt hat. Zum Glück bieten die Träume selbst oft das Gegenmittel gegen Schwermut an und bekunden einen so unerhörten Sinn für das Lächerliche, daß wir nicht umhin können, über uns selbst zu lachen. Ich hoffe, das Buch wird uns allen ermöglichen, dem Beispiel einiger Zen-Mönche zu folgen, die Watts zitierte und deren wichtigste Meditation darin bestand, jeden Morgen vor dem Frühstück zehn Minuten lang schallend zu lachen über die Absurdität der destruktiven Spiele des Lebens und der einschränkenden Rollen. Wird das Traumspiel mit wirklicher Begeisterung gespielt, kann es ein faszinierendes und schöpferisches Werk der Selbstentdeckung sein, die Jung mit dem geheiligten *opus* des Alchimisten bei seiner Suche nach dem lebenspendenden Stein des Philosophen verglich. Aber da der springende Punkt bei dem Spiel die Befreiung von Zwang ist, ist es auch eine Aufforderung zum Tanz.

Erster Teil

Spielvorbereitungen

1
Träume: Gedanken des Herzens

Was der Traum zeigt, ist der Schatten dessen, was an Weisheit im Menschen vorhanden ist, selbst wenn er im Wachzustand nichts davon wissen mag ... Wir wissen nichts davon, weil wir unsere Zeit mit äußerlichen und vergänglichen Dingen vertrödeln und dem, was in uns real ist, keine Aufmerksamkeit schenken.

PARACELSUS

Was ist ein Traum? Einige erscheinen völlig trivial wie ziellose Wanderungen eines dienstfreien Gehirns, und es ist nicht überraschend, daß Skeptiker sagen, man sollte sie am besten vergessen. Aber über andere kann man nicht so leicht hinweggehen. Es gibt die sehr erschreckenden Träume, von denen wir wünschten, wir *könnten* sie als »bloße Träume« abtun, wie Kinder es nach dem dringenden Rat ihrer Eltern mit Alpträumen tun sollten, aber oft hinterlassen sie einen so starken Eindruck, daß die Erinnerung daran uns jahrelang verfolgt. Es gibt andere Träume von solcher Schönheit und Glückseligkeit, daß wir nur ungern auf sie verzichtet hätten, und wieder andere, die so lebendig sind, daß wir uns fragen, ob sie Visionen aus einer anderen Welt oder ein flüchtiges Sichtbarwerden einer früheren Inkarnation sein könnten. Einige sagen tatsächlich die Zukunft voraus. Gibt es etwas, das ihnen allen gemein ist?

Obwohl die Wissenschaft von einem umfassenden Verständnis der Träume noch weit entfernt ist, hat sich eine Erkenntnis ziemlich sicher aus der modernen Forschung ergeben, nämlich daß die meisten Träume etwas zu reflektieren scheinen, das uns in den letzten Tagen beschäftigte. Manchmal ist das leicht zu erkennen, aber es trifft ebenso auf jene phantastischen Träume zu, zwischen denen und unserem tagtäglichen Leben und Denken Welten zu liegen scheinen, etwa wenn einen ein Tiger auf der Straße verfolgt oder man sich mit einem Toten unterhält. Träume drücken sich in einer besonderen Art von Bildersprache aus, auf die ich später ausführlich zurückkomme; und sobald man sich darüber klar ist, wird man erkennen, daß der Tiger jemanden oder etwas symbolisierte, das man einige Tage vor dem Traum erschreckend fand, während der Tote vorkam, um irgendeiner Idee, die er uns vor langer Zeit eingab, greifbaren Ausdruck zu verleihen, einer Idee, die für unser jetziges Leben unmittelbar von Belang ist. Träume reflektieren nicht nur tatsächliche Geschehnisse, sondern auch eine Fülle von Gedanken und Gefühlen, von denen wir tagsüber keine Notiz genommen hatten, weil wir zu beschäftigt waren oder sie nicht aufgreifen wollten.

Tatsächlich kann die träumende Seele mit einem Filmregisseur verglichen werden, der Einzelheiten aus dem Wachleben aufgreift, die mehr Aufmerksamkeit erfordern, als wir ihnen geschenkt haben, und *gründlich* über sie nachdenkt, indem er Geschichten erfindet, bei denen Rückblenden, Bilder nach Art von Zeichentrickfilmen und alle möglichen anderen Einfälle herangezogen werden, um das zum Ausdruck zu bringen, was wir tief in unserem Inneren über uns, andere Menschen und die Qualität unseres Lebens im allgemeinen empfinden. Und das allein, selbst wenn wir nicht weitergingen, wäre ein vortrefflicher Grund, Träume nicht einfach mit einer Handbewegung abzutun, denn gibt es einen Menschen, dessen Leben nicht verbessert werden könnte durch ein wenig zusätzliches Nachdenken? Jeder, der ernstlich glaubt, er habe das Leben sicher im Griff, sollte seine Freunde und Verwandten nach ihrer aufrichtigen Meinung fragen; gewöhnlich wird er feststellen, daß er lediglich die Gabe besitzt, anderen Leuten die Last seines Versagens und seiner Fehler aufzuhalsen, und wenn er das lange genug fortsetzt, werden sie rebellieren.

Was der Traumprozeß eigentlich bewirkt, wenn wir den Traum verschlafen und uns nie an ihn erinnern, weiß niemand. Wahrscheinlich ist etwas dran an der uralten Vorstellung, daß man mit den Schwierigkeiten des Lebens besser fertig wird, wenn man »seine Probleme überschläft«, aber über die Gründe, warum es damit klappt, können wir nur spekulieren. Wir wissen lediglich, daß, wenn Träume erinnert und ihre unterbewußten Reflexionen verstanden werden, dem Leben eine ganze neue Dimension an Weisheit und Einsicht hinzugefügt wird, die mehr geistige Gesundheit, Bedeutung und Humor in unser Dasein bringt.

Eine der Fragen, die mir am häufigsten gestellt wird, ist, ob die Zeit und Anstrengung, die nötig sind, um die Bildersprache der Träume zu verstehen, nicht besser darauf verwandt würden, sich folgerichtig und rational über unsere Probleme Gedanken zu machen. Die Antwort lautet, solange die träumende Seele uns nicht all die subtilen Gefühle, Stimmungen und Eindrücke zur Kenntnis bringt, die uns im wachen Leben entgangen sind, können wir die Probleme nicht beurteilen, geschweige denn, sie lösen. Ein Detektiv, der nur den halben Tatbestand eines Falles kennt, wird wahrscheinlich kein Geheimnis entwirren, wieviel Vernunft und gesunden Menschenverstand er auch darauf verwendet. Das ist der Grund, warum die Faszination, die Träume seit eh und je auf die Menschheit ausübten, auf Weisheit beruhte, wie sehr sie auch in Aberglauben und Mystifikation abgeglitten sein mag.

Der Preis, den unsere Kultur für ihre übermäßige Konzentration auf rationales Denken gezahlt hat, wird erhellt durch Jungs Bericht über eine Unterhaltung mit dem Häuptling der Pueblo-Indianer, Ochwiay Biano. Jung fragte den Häuptling nach seiner Meinung über die Weißen und erfuhr, daß der Indianer keine sehr hohe Meinung von ihnen habe. Weiße, sagte Ochwiay Biano, scheinen immer aufgeregt zu sein und rastlos nach etwas zu suchen, und die Folge sei, daß ihre Gesichter mit Runzeln bedeckt seien. Weiße Menschen, fügte er hinzu, müßten verrückt sein, denn sie denken mit dem Kopf, und es sei wohlbekannt, daß nur Verrückte das tun. Jung fragte erstaunt, wie denn die Indianer denken, worauf Ochwiay Biano erwiderte, er denke natürlich mit dem Herzen.

In unserer Kultur erziehen wir nicht nur unsere Kinder dazu, mit dem Kopf zu denken, sondern wir tun auch alles, um sie davon abzuhalten, auf ihr Herz zu hören, obwohl wir doch ein Lippenbekenntnis zur Macht der Gefühle im menschlichen Leben ablegen. Wenn jemand aus der Rolle fällt, offensichtlich die Gebote der Vernunft und des gesunden Menschenverstandes mißachtet, nicken wir weise und murmeln vielleicht die berühmten Worte von Pascal: »Das Herz hat seine Gründe, die der Verstand nicht kennt.« Dann verstehen wir einen Augenblick lang, warum so viele unserer gutgeplanten Vorhaben schiefgehen. Aber meistens hegen wir tiefes Mißtrauen gegen Gefühl und Emotion und fürchten, sie würden unser Leben beherrschen, wenn wir ihnen freien Lauf ließen. Tatsächlich ist das Gegenteil der Fall, denn Emotion stiftet nur dann Unruhe, wenn sie sich nicht äußern kann. Ein gesundes Leben ist eines, bei dem Kopf und Herz zusammenarbeiten, ohne daß einer von beiden den anderen zu ducken versucht. In der modernen Umgangssprache ist jemand, der auf diese Weise lebt, »ganz beieinander« oder »integriert«.

Eben deswegen, weil Träume uns helfen, ganz beieinander zu sein, habe ich sie »Gedanken des Herzens« genannt, obwohl es zutreffender wäre zu sagen, daß Träume uns *einige* Gedanken des Herzens aufzeigen – besonders diejenigen, die wir während des Tages vernachlässigt haben, was für uns möglicherweise nachteilig oder gefährlich sein mag. Ein sehr einfaches Beispiel dafür bietet eine Frau, die mich fragte: »Ich liebe meinen Mann und meine Familie, aber immer wieder träume ich von ihrer Beerdigung. Was bedeutet das?« Ich antwortete, daß zwar niemand ernstlich versuchen könne, Träume zu deuten, ohne viel vom Träumer und seinen Lebensumständen zu wissen, daß der Traum aber darauf hinweise, daß sie einen Groll auf ihre Familie hege, der, wenn er nicht erkannt werde, sich zu etwas viel Ernsterem aufbauschen könne. Als ich sie über ihr Leben ausfragte, erwiderte sie, daß sie zwar in der Tat ihre ganze Zeit und Energie der Familie widme, daß aber doch gewiß jede normale Frau und Mutter dasselbe täte. Wie so vielen Frauen in unserer Gesellschaft war ihr eingetrichtert worden, sie habe sich mit einer dienenden und aufopfernden Rolle abzufinden unter völliger Hintanstellung ihrer eigenen Wünsche und Bedürfnisse, und ihre Träume brachten eine dringende Warnung zum Ausdruck, ganz beisammen zu werden, ihren Kopf (der die Familie liebte) mit ihrem Herzen (das so weit gekommen war, sie los sein zu wollen) in Übereinstimmung zu bringen. In der kurzen zur Verfügung stehenden Zeit riet ich ihr, sie solle versuchen, sich sowohl als eigenständige

Person als auch als Ehefrau und Mutter zu sehen und etwas von der Liebe und Aufmerksamkeit, die sie für die Familie aufgewendet hatte, sich selbst zuteil werden zu lassen. Wie kann eine frustrierte und unbefriedigte Frau andere wirklich glücklich machen?

Unter meinen Fallgeschichten habe ich unzählige andere Beispiele von Träumen, die eine Spaltung dieser Art zwischen Kopf und Herz enthüllen – zum Beispiel der erfolgreiche, gesellige Geschäftsmann, der im Traum immer wieder durch graue, einsame Straßen wandert auf der Suche nach einer Stellung und Freunden; der sanfte, pazifistische Student, der sich im Traum als Admiral und Oberbefehlshaber der Flotte sah; das schüchterne Mädchen, das sich im Traum Männern an den Hals wirft. Immer drängen die Gedanken des Herzens auf Anerkennung, und wenn wir keine Notiz von ihnen nehmen, werden wir unsere Probleme auf nutzlose und schädliche Weise zu lösen versuchen. In den eben erwähnten drei Fällen fordern die Träume den Geschäftsmann auf, sich über die Gründe für seine *innere* Leere klarzuwerden, die zunehmen wird, wenn er immer nur versucht, sie durch oberflächliche Geselligkeit zu verdrängen; der Student wird darauf hingewiesen, daß er irgendeine kreative Möglichkeit finden muß, eine Menge persönlicher Tatkraft an den Tag zu legen, die sich bei ihm durch seinen Abscheu vor einer unbarmherzigen Leistungsgesellschaft aufgestaut hat; und das schüchterne Mädchen wird gedrängt, ihren sexuellen Bedürfnissen ins Auge zu sehen. Werden derartige Warnungen ignoriert, werden nicht nur die schlechten Träume anhalten; vielmehr werden die Bedürfnisse, die wir wegzuschieben versuchen, unter der Oberfläche des bewußten Gewahrwerdens sich vermehren und vervielfachen, bis sie in einem wirklich »uncharakteristischen« und destruktiven Verhalten zum Ausbruch kommen.

Das Drama der Träume

All diese Beispiele veranschaulichen einen sehr wichtigen Grundzug von Träumen: sie bringen die Gedanken unseres Herzens zum Ausdruck, indem sie sie dramatisieren und oft übertreiben, um das Emotionale hervorzuheben. Die Frau, die davon träumte, daß sie ihre Familie beerdigte, war noch nicht so weit, daß sie sie tatsächlich *umbrachte*, aber fast sicher brachte sie ihnen kleine, boshafte Nadelstiche bei, etwa, daß sie gerade zu Ferienbeginn krank wurde oder unabsichtlich eine Party verpatzte, die der Chef ihres Mannes gab. Es wäre denkbar, daß sie sich sogar eine Krankheit zuziehen würde, die sie ans Bett fesselte, damit ihre Familie sich um sie kümmern müßte. Der Traum brachte ihre Gefühle in äußerster Übertreibung zum Ausdruck, weil irgendwo tief in ihr die Kräfte des gesunden Verstandes und der Gesundheit darauf drängten, daß sie diese Gefühle klar und unausweichlich erkenne und etwas unternehme. Das Entsetzen, das sie im Traum empfand, als sie auf die Leichen ihrer Lieben starrte, erschreckte sie so, daß sie um Hilfe bat.

Auf ähnliche Weise vermochte der Geschäftsmann seine Einsamkeit zu erkennen, als er ihr ehrlich ins Auge sah, aber das war ganz etwas anderes als sein Traumbild, als er durch die Straßen wanderte auf der Suche nach einer Stellung und Freunden. Als wir uns kennenlernten, versuchte er indes, seine innere Leere durch Trinken und Geselligkeit zu verdecken, und es ist möglich, daß seine Trinkerei ihn eines Tages um seine Stellung und seine Freunde bringen könnte. Derweil hatte er keinen wirklichen Spaß am Leben. In der Gruppe halfen wir ihm, die Spaltung zwischen seinem Kopf (der ihm versicherte, er sei ein prachtvoller, erfolgreicher Mann, den alle gern hatten) und seinem Herzen (das sich immer noch wie ein einsamer, ungeliebter kleiner Junge vorkam) zu erkennen. Wiederum besteht die Lösung des Problems darin, daß man lernen muß, in erster Linie sich selbst zu lieben – das einzige sichere Heilmittel gegen Einsamkeit.

Der sanfte Student, der geträumt hatte, er sei ein Admiral, war so entsetzt über seinen Traum, daß er auf der Suche nach einer Erklärung zur Gruppe kam, denn er war ganz sicher, daß er im wirklichen Leben nichts dergleichen sein wollte. »Es wäre mir nie im Traum eingefallen, einer dieser aufgeblasenen Hanswurste zu sein«, sagte er und grinste, als er sich über seinen Versprecher klar wurde. Doch mußte er uncharakteristische Ausbrüche von Heftigkeit zugeben, die ihn bekümmerten, etwa Prügeleien bei Protestversammlungen und Demonstrationen und daß er spät in der Nacht Platten spielte, wenn seine Freunde schlafen wollten. Natürlich drängte ihn sein Traum nicht, Admiral oder Vorstandsvorsitzender von General Motors zu werden, sondern ein Auslaßventil für seine gewaltige Tatkraft zu finden, das mit seinen Hoffnungen auf eine bessere Welt vereinbar wäre. Ich weiß nicht, was aus ihm geworden ist, aber als er die Gruppe verließ, war er sich darüber klar, daß gegen die Tatkraft selbst nichts einzuwenden ist, nur gegen die Art und Weise, wie sie eingesetzt wird.

Das schüchterne Mädchen hat womöglich nie den Punkt erreicht, an dem sie sich tatsächlich Männern an den Hals warf, wie sie es im Traum tut, wenngleich ihre unausgesprochenen sexuellen Bedürfnisse sie in eine verhängnisvolle Beziehung hineintreiben könnten, wenn sie nicht erkannt werden. In Träumen werden wir den Gedanken unseres Herzens in ihrer leidenschaftlichsten Form gegenübergestellt. Edgar Cayce wußte das und brachte es sehr treffend zum Ausdruck, als er sagte, Träume bieten nicht nur Information und Anleitung – sie rufen ein »Erlebnis« hervor, bei dem das Herz hämmert, die Knie zittern, der Geist singt und wir veranlaßt werden, unser Leben zu ändern.

Unser wahres Gesicht

Indes wäre es ein großer Irrtum zu glauben, Träume wären nur nützlich, wenn sie unerfreulich sind wie die sprichwörtlich bittere Arznei. Psychologen und Psychotherapeuten haben der Gesellschaft und auch den Träumen dadurch einen schlechten Dienst erwiesen, daß sie sich auf die Vorstellung konzentrierten, größere Selbsterfahrung zu erreichen bedeute, der Tatsache »die Stirn zu bieten«, daß wir Ängste, Begierden, feindselige und niedrige Gesinnungen haben, die wir ständig zu vermeiden versuchen. Das wurde sehr gut veranschaulicht in der berühmten Karikaturenreihe *Peanuts*, in der zwei Kinder Psychiater und Patient spielen. Charlie Brown fragt seine Freundin, die »Ärztin«, nach der Funktion von Träumen, und sie antwortet: »Die Träume in der Nacht bereiten dich auf den nächsten Tag vor . . . nachts, wenn du schläfst, arbeitet dein Gehirn tatsächlich . . . und versucht, alles für dich zu sichten . . . versucht, dich dazu zu bringen, daß du dich so siehst, wie du wirklich bist.« Charlie Brown dreht sich um und sagt: »Selbst mein Gehirn ist gegen mich!«

In Wirklichkeit sind Träume sogar noch gewaltigere Enthüller versteckter Talente, verborgener Schönheit und unvermuteten kreativen Potentials. Sie drängen uns zu erkennen, daß wir tatsächlich erheblich netter sind, als wir bisher gedacht haben. Ein typisches Beispiel bot der Präsident einer Naturschutzgesellschaft, der den Posten scheinbar nur übernommen hatte, weil er in der Gegend Geld investiert hatte und keinen Schaden erleiden wollte. Als er sich einer unserer Gruppen anschloß, war er verblüfft, daß er durch seine Träume plötzlich erkannte, wie sehr er die bedrohte Tierwelt ringsum liebte und welche Sorgen er sich um sie machte. Sein Vater war ein zäher, aggressiver Geschäftsmann gewesen und hatte ihn dazu erzogen, Sanftheit und »Sentimentalität« jeder Art zu verachten. Aber die Gedanken seines Herzens waren ganz anders als der »Kopf-Trip«, den sein Vater ihm aufgezwungen hatte, und nachdem er sich »beisammen« hatte, vermochte er nicht nur seine weichen Regungen ohne Scham zum Ausdruck zu bringen, sondern wurde auch viel erfolgreicher bei dem Ökologieprogramm. »Ist es nicht seltsam«, bemerkte ein Mädchen nach diesem Vorfall, »wie wir alle darauf gedrillt worden sind zu glauben, wir würden uns psychisch nur entwickeln, wenn wir etwas Unerfreuliches über uns erfahren?«

Ich wundere mich über die Inkonsequenz vieler Traum-Psychologen, die behaupten, Träume enthüllten nur dann unser wahres Gesicht, wenn die Züge düster und häßlich sind. Wenn das sprichwörtliche häßliche junge Entlein sich im Traum schön und erfolgreich sieht, dann werden die Träume als bloßes Wunschdenken, als ein Versuch abgetan, die rauhe Wirklichkeit wettzumachen. Wenn George, der Automechaniker, davon träumt, er habe den Grand Prix gewonnen, dann wird ihm gesagt, er solle mit den Beinen auf dem Boden bleiben und sich nicht Tagträumen hingeben. Aber ein Traum ist ganz etwas anderes als ein Tagtraum, der weitgehend Lethargie erzeugend ist, und meine Erfahrung hat gezeigt, daß solche Träume tatsächlich Hinweise auf das sind, was der Träumer erreichen könnte, wenn er sich im Wachzustand entsprechend anstrengen würde. Es ist, als ob die Träume versuchten, die Botschaft zu übermitteln: »Schau, du bist nicht untüchtig, unzulänglich, häßlich, erfolglos ... wenn du dich nur ein wenig anstrengst, könntest du viel mehr sein, als du bist. Los, reiß dich zusammen, tue etwas!« Auch hier macht die träumende Seele ihren Standpunkt durch dramatische Übertreibung klar, denn das häßliche junge Entlein wird vielleicht nie Schönheitskönigin werden, und George auch nicht unbedingt ein Weltmeister. Doch um es uns zu ermöglichen, sozusagen den süßen Duft des Erfolgs zu riechen, veranlassen uns Träume wie diese, uns über unser unentwickeltes Wirkungsvermögen klar zu werden.

Ein gutes Beispiel dafür bot uns vor ein paar Jahren ein junger Mann, der sein Studium aufgegeben hatte, um den Indischen Ozean zu durchqueren. Wir trafen ihn auf einer Insel, und nachdem er uns erzählt hatte, daß er sich nie an seine Träume erinnere, hatte er prompt in der nächsten Nacht einen und berichtete uns sehr aufgeregt darüber. Er hatte geträumt, daß sein Onkel, der schon lange tot war, ihm auf dem Speicher seines alten Hauses ein Gemälde im Wert von einer Million Dollar hinterlassen habe. Nachdem wir von ihm erfahren hatten, daß das Haus abgerissen worden sei (wir empfehlen immer, Träume zuerst einmal wörtlich zu nehmen!), fragten wir Ben, was sein verstorbener Onkel für ihn bedeutet habe. »Ja«, sagte er, »mein Onkel hat mich immer ermutigt, ich solle malen, aber ich habe nie geglaubt, daß ich was tauge.« Dann erwähnte er, daß er in Ostafrika Drucker gewesen sei, ehe er auf die Insel kam. Als wir ihn fragten, ob er immer noch gern malen würde, erwiderte er, daß er ständig daran denke, aber kein Zutrauen zu seiner Begabung habe. Seine Eltern hätten immer über seine Bemühungen gespottet, etwas Kreatives zu tun. Wir erklärten ihm, daß sein Herz anderer Meinung sei und ihn dränge, zum Pinsel zu greifen. Ich weiß nicht, ob er eine Million Dollar verdient hat oder nicht, aber ehe wir die Insel verließen, hatte er mit Malen angefangen und gesagt, er *fühle sich* wie eine Million Dollar. Wie der weise Cayce sagte, sind »Träume Visionen, die konkrete Form erhalten können«, und in Träumen erhalten die realen Hoffnungen und Möglichkeiten des Träumers, nicht nur müßige Wünsche, Gestalt und Gewicht, um uns zu kreativem Tun anzuregen. Schließlich ist der Wunsch der Vater des Gedankens, und der Gedanke ist der Anstifter zur Tat. Jede große Leistung (und jede Greueltat) wurde zuerst im Geist und in den Träumen der Menschen kreiert.

Gewiß zeigen uns Träume unser wahres Gesicht, aber diese Züge können genauso gut hell wie düster, fröhlich wie trübsinnig, schön wie häßlich sein. Während sie uns zweifellos manchmal auffordern, uns mit Problemen auseinanderzusetzen, ist es nach meiner Erfahrung viel wichtiger, die positive Funktion des Traums zu betonen, die darin besteht, uns zu zeigen, warum wir im wachen Leben in Schwierigkeiten geraten und trotz größter Bemühungen so oft das Glück nicht erlangen, nach dem wir trachten. Jung drückte es so aus, daß in jedem von uns ein anderer stecke, den wir nicht kennen. Er spreche mit uns in Träumen und sage uns, wie anders er uns sehe als wir uns selbst. Wenn wir uns in einer schwierigen, ausweglosen Lage befinden, könne er uns daher manchmal ein Licht aufstecken, das unsere Haltung radikal ändere – eben die Haltung, die uns in die schwierige Lage gebracht habe.

»Das Unbewußte«

Die Populärpsychologie gebraucht manchmal den Begriff »Unterbewußtes« oder »Unterbewußtsein«, um »diesen anderen in mir, der in Träumen spricht« zu beschreiben, während fachlich ausgebildete Psychotherapeuten gewöhnlich vom »Unbewußten« oder »Unbewußtsein« sprechen. Ich habe nichts übrig für derlei Begriffe, denn sie enthalten eine Anspielung auf die eine oder andere berühmte Theorie über das Wesen der Seele, etwa die Vorstellung, »das Unbewußte« bestehe aus elementaren animalischen Instinkten, verdrängten Trieben, der ererbten Weisheit der Rasse oder einem geheimnisvollen Bereich, in dem wir alle miteinander verbunden sind wie Zellen in einer großen Universalseele. Keine dieser Theorien ist wissenschaftlich erwiesen, und ich weiß aus Erfahrung, daß den Menschen wichtige Botschaften aus ihren Träumen oft entgehen, weil sie von fixen Ideen über das Wesen des »Unbewußten« beherrscht sind. Einige religiös eingestellte Psychologen haben versucht, diese Schwierigkeit zu umschiffen, indem sie sagten, Träume vermittelten uns wertvolle Botschaften sowohl aus den »unterbewußten« Regionen, wo sich unsere Seele mit unseren Körpern und unserem Fundus an früheren Erinnerungen verbinde, und aus den »überbewußten« Regionen, wo wir mit universalen seelischen Kräften in Berührung kommen. Edgar Cayce verfuhr auf diese Weise, und ebenso der italienische Psychologe Roberto Assagioli, der Begründer der als Psychosynthese bekannten Bewegung. Derartige Versuche, die Seele in »höhere« und »niedrigere« Sektoren zu unterteilen, scheinen mir mehr Probleme aufzuwerfen als zu lösen, denn wie ich in späteren Kapiteln zeigen werde, geht eben deshalb mit unserem Leben etwas schief, weil wir die tiefe seelische Weisheit in Dingen nicht zu sehen vermögen, die rein körperlich erscheinen.

Deshalb empfinde ich viel Sympathie für die modernen Schulen der Psychologie, die angeregt haben, auf Begriffe wie »unterbewußt«, »unbewußt« und »überbewußt« ganz zu verzichten. Aber manchmal läßt es sich fast nicht vermeiden, *einige* Kürzel zu verwenden, um Prozesse zu beschreiben, die in unserer Seele vorgehen, ohne daß wir ihrer ganz gewahr werden, und aus diesem Grunde werde ich in diesem Buch hin und wieder den Ausdruck »unbewußt« verwenden, der dann in dem sehr weitgefaßten, einfachen Sinn zu verstehen ist, den Jung meinte, als er sagte, das Unbewußte sei das *in jedem gegebenen Augenblick* Unbekannte. (Hervorhebungen von mir.) Die Gedanken des Herzens, deren wir im wachen Leben nicht gewahr werden, können sehr unterschiedlicher Art sein, und es ist wichtig, dem Aufmerksamkeit zu schenken, was uns Träume über sie alle zu sagen haben.

Auf der einfachsten Stufe können Träume uns mit einigen sehr irdischen Dingen in Berührung bringen, die uns tagsüber einfach deshalb entgangen sind, weil wir zu beschäftigt waren, um sie zu bemerken. Wenn Sie träumen, daß Ihnen die Zähne ausfallen, gehen Sie zum Zahnarzt, ehe Sie die Bedeutung auf einer schwerer verständlichen Stufe zu ergründen suchen. Edgar Cayce ist hier mit gutem Beispiel vorangegangen, als er betonte, daß viele Traumbotschaften die Folge von körperlichen Zuständen seien, und wenn man träume, man esse Obst und Gemüse, dann mag das einfach ein Hinweis darauf sein, daß der Körper den Vitaminmangel bemerkt hat.

Auf einer mehr emotionalen Stufe kann ein Traum von einer Katastrophe, die in einem Büro eintritt, in dem Ihnen gerade eine verlockende neue Stellung angeboten wurde, bedeuten, daß Ihr Herz sich Sorgen macht über gewisse Anzeichen, die Sie bei dem Einstellungsgespräch undeutlich wahrgenommen haben – der harte Ausdruck im Blick des Chefs, der seinem freundlichen Lächeln widersprach, oder eine bedrückte Atmosphäre im Büro, die die in glühenden Farben geschilderte Karriere, die vor Ihnen liege, Lügen strafte –, und diese Anzeichen hatte Ihr Verstand in seiner Begeisterung über das Gehalt, die Stellung und das Prestige übersehen. Ob solche Träume nun gewährleisten, daß die vom Verstand bereits bewußt getroffene Entscheidung umgestoßen wird oder nicht, jedenfalls sind sie eine Warnung, daß wir uns zusammenreißen und uns die Sache gründlicher überlegen sollten, als wir es getan haben. Natürlich ist es auch möglich, daß unsere Träume günstige Anzeichen aufgreifen in Fällen, in denen der Verstand ein negatives Werturteil gefällt hat. Ich habe einmal von einer sehr diktatorischen und herrschsüchtigen Wissenschaftlerin als einem hübschen jungen Mädchen geträumt, und das erleichterte unsere spätere Beziehung erheblich, weil ich die innere Schönheit unter dem angsterregenden Äußeren zu erkennen vermochte.

Derartige Fälle kommen so oft vor, daß ich Träume manchmal »die Wachhunde der Psyche« nenne, die ständig Ausschau halten nach Anzeichen, Eindrücken und Tatsachen, die dem Verstand in den wachen Stunden entgangen sind. Diese Wachhunde können auch die tief in uns verborgenen Gefühle aufspüren, die wir lieber wegschieben und vergessen würden, wie es die Frau tat, die davon träumte, ihre Familie zu beerdigen, oder sie können uns auf eine positive Weise mit versteckten Talenten konfrontieren, die wir unbeachtet ließen, weil wir durch unsere Erziehung den Kopf voller Vorstellungen von Unzulänglichkeiten und Versagen hatten, wie es bei Ben und seinem Malen geschehen war. In jedem Fall kann man sagen, daß Träume uns für »unbewußte« Vorgänge aufgeschlossen machen, denn ehe uns die träumende Seele mit ihnen konfrontiert, werden wir ihrer praktisch nicht gewahr, obwohl wir insgeheim an sie gedacht haben mögen. Und Träume können uns auch für Vorgänge aufgeschlossen machen, die wirklich tief verborgen sind wie körperliche Krankheiten, die als unbewußte Proteste gegen irgend etwas Unbefriedigendes in unserem Leben auftreten, obwohl wir uns bewußt nie dafür entscheiden würden, an ihnen zu leiden. Psychotherapeuten verbringen einen Großteil ihrer Zeit damit, sich mit diesen versteckten Arten von »unbewußten« Vorgängen zu beschäftigen, und haben dazu geneigt, ihre Traumtheorien entsprechend zu gestalten, aber für denjenigen, der versucht, dadurch ganz beisammen zu werden, daß er seine eigenen Träume versteht, ist es wichtig, auf die Wachhunde der Psyche zu hören, auf welche Art von Problem auch immer sie unsere Aufmerksamkeit lenken.

Unser Tag in aller Gründlichkeit

Welche Art von Botschaft die Träume uns auch bringen, jedenfalls ist es wichtig, daran zu denken, daß sie etwas reflektieren, das uns *zur Zeit des Traums* bewegt oder bedrückt. Selbst wenn sie tief sitzende, seit langem bestehende Probleme aufdecken oder höhere transzendentale Fragen berühren, zeigen sie immer, daß diese Themen uns *jetzt* im gegenwärtigen Augenblick betreffen. Und um einen Traum richtig zu verstehen, muß man erkennen, welchen Zusammenhang er mit irgendeinem Geschehnis oder einer Beschäftigung der letzten Tage hat.

Wenn ein Traum uns in die Kindheit zurückführt oder jemanden darin vorkommen läßt, den wir einst gut kannten, mit dem wir aber lange nichts zu tun gehabt haben, dann ist der Grund immer, daß diese früheren Geschehnisse in irgendeiner Weise belangvoll sind für ein gegenwärtiges Anliegen, und dieser Zusammenhang mit der Gegenwart macht die Bedeutung des Traums aus. Während es sehr nützlich sein mag, etwas von der Vergangenheit zu wissen, wenn man die grundlegenden Probleme des Lebens anpackt, so ist es wesentlich zu wissen, wie sich diese Probleme im Augenblick auf unser Leben auswirken, denn in der Gegenwart, unter den tatsächlichen Lebensumständen hier und jetzt müssen wir dazu gelangen, beieinander zu sein. Edgar Cayce, der glaubte, daß einige Träume Visionen von früheren Inkarnationen bieten, betonte dennoch, daß Träume vom Standpunkt der jetzigen Lebenslage des Träumers gedeutet werden müssen, denn er behauptete, Träume bringen Erinnerungen an dieses Leben und frühere Existenzen nur dann hervor, wenn solche Erinnerungen für die Bedürfnisse des Hier und Jetzt belangvoll seien.

Die Gedanken des Herzens haben Zugang zu dem gewaltigen Fundus an Erinnerungen, die wir während all unseren Existenzen gesammelt haben (ich persönlich habe keine Vorstellung von früheren Existenzen!), und es ist unheimlich, wenn man aus Träumen erkennt, wie präzise einige dieser Erinnerungen sind. Wenn Sie zum Beispiel die Daten Ihrer Träume notieren, werden Sie feststellen, daß einige an einen Jahrestag zu erinnern scheinen, indem sie das Bild eines Ereignisses wachrufen, das vor einem Jahr oder auch vor mehreren Jahren genau an diesem Tag geschehen war. Das ist häufig der Fall bei Todestagen oder traumatischen Streßsituationen der Vergangenheit und bedeutet, daß sich die Erinnerung noch irgendwie auf unser Leben auswirkt. Es ist, als ob unsere Herzen an solchen Jahrestagen immer noch trauerten, obwohl unser Verstand das alles vergessen hat, und das kann manchmal so weit gehen, daß wir jedes Jahr an einem bestimmten Tag körperlich krank werden, ohne daß wir bewußt die Symptome mit dem Jahrestag in Zusammenhang bringen. Wenn Träume derartige Geschehnisse zu unserer bewußten Kenntnis bringen, dann fordern sie uns in Wirklichkeit auf, uns zu überlegen, warum wir am Unglück der Vergangenheit festhalten, und die Antwort ist fast immer, daß wir uns der Vergangenheit bedienen, um zu vermeiden, voll in der Gegenwart zu leben, vielleicht weil wir fürchten, wieder Schmerzen zu erleiden, oder weil dadurch etwas Dramatik in ein sonst leeres Dasein gelangt. Nach meiner Erfahrung erinnern solche Träume gewöhnlich nicht nur an die Vergangenheit, sondern zeigen auch unsere Furcht vor der Gegenwart auf und helfen uns damit, uns für die Zukunft freizumachen. Noch häufiger überbringen Träume Erinnerungen an vergangene Geschehnisse, um uns zu warnen, damit wir nicht in einer gegenwärtigen Situation wieder dieselben Fehler begehen, oder um uns anzuspornen, ein damit zusammenhängendes gegenwärtiges Problem positiver zu beurteilen. Zu diesem Zweck können sie irgendein früheres Geschehnis heraufbeschwören, das jetzt zufällig relevant ist, aber wenn ein passender Jahrestag greifbar ist, werden sie sich oft seiner bedienen.

Das Vermögen der träumenden Seele, uns die Gedanken des Herzens, die uns tagsüber entgangen sind, mit ihrem gewaltigen Aufgebot an assoziierten Erinnerungen und Phantasien zu zeigen, beruht in erster Linie und vor allem auf der Tatsache, daß das schlafende Gehirn der Außenwelt keine Aufmerksamkeit zu schenken braucht. Wenn wir wach sind, sind wir normalerweise mit allem möglichen beschäftigt, insbesondere in unserer modernen, hyperaktiven Kultur; aber selbst wenn wir uns hinsetzen und uns entspannen, um ganz ruhig über etwas nachzudenken, wird unser Gehirn immer noch bombardiert mit Eindrücken, die von den Sinnen übermittelt werden, oder es wird abgelenkt, weil wir darüber nachdenken, was wir später am Tag noch zu tun haben. Im Schlaf sind die meisten dieser Störfaktoren ausgeschaltet, und die Seele vermag den Gedanken des Herzens volle Aufmerksamkeit zu schenken, und überdies kann sie sie mit der ganzen Intensität des Lebens selbst dramatisch zum Ausdruck bringen. Unter diesen Umständen haben Gedanken des Herzens viel mehr Aussicht als im Wachzustand, unsere Aufmerksamkeit zu erlangen.

Darüber hinaus vermag die träumende Seele die Vorurteile und sozialen Zwänge zu umgehen, die uns im wachen Leben so oft daran hindern, uns mit den Gedanken des Herzens direkt auseinanderzusetzen. Im Wachzustand ist selbst der Ehrlichste und Ungehemmteste von uns darauf gedrillt, der Welt das bestmögliche Gesicht zu zeigen und zu versuchen, bei den Menschen einen bestimmten Eindruck zu erwecken, und während wir das tun, können wir den darunter weiterbestehenden, entgegengesetzten Gefühlen unmöglich Aufmerksamkeit schenken. Auf einer tieferen Ebene sind wir von Kindheit an darauf gedrillt, gewisse Gefühle als so »schlimm« anzusehen, daß wir nie zulassen dürfen, daß wir sie haben, und unsere wache Seele fügt sich und will sie nicht einmal uns selbst gegenüber zugeben. Doch die träumende Seele durchbricht die Absichten und Selbsttäuschungen der wachen Seele, geht rücksichtslos über viele unserer falschen Vorstellungen hinweg, an denen wir ganz besonders hängen, und zeigt unsere Gefühle, wie sie wirklich sind.

Aber selbst das sind wahrscheinlich nicht alle Tatsachen über die Traumkräfte. Hirnstromaufnahmen lassen erkennen, daß das träumende Gehirn sogar noch aktiver ist als das wache Gehirn, was bedeuten mag, daß es fähig ist, in einer bestimmten Zeitspanne mehr Arbeit zu leisten. Ich vermute, daß das träumende Gehirn sich in einem Zustand befindet, der dem durch Einnahme psychedelischer Drogen hervorgerufenen Zustand ähnlich ist, in dem Dinge sehr viel stärker erlebt werden als gewöhnlich. Computer-Fachleute würden sagen, daß das Gehirn mehr Information pro Zeiteinheit »verarbeitet«. Jeder, der einmal eine psychedelische Droge genommen hat, kann die Tatsache bestätigen, daß die subjektive Zeit verlangsamt wird, so daß eine Minute wie eine Stunde erscheint. Das liegt daran, daß in dieser Minute mehr als gewöhnlich bewußt gemacht wird, was bei einem guten Trip wunderbar ist und bei einem schlechten verheerend. Beim Träumen mag es sein, daß das Gehirn die Erlebnisse der letzten ein oder zwei Tage in einem viel schnelleren Tempo durchläuft als im wachen Leben und unsere Aufmerksamkeit auf alles mögliche lenkt, das wir unterschwellig empfunden oder wahrgenommen haben, aber nicht bewußt zu registrieren vermochten. Das könnte auch die dramatische Lebendigkeit und »Übertreibung« von erfreulichen und unerfreulichen Gefühlen in Träumen erklären.

Nur weitere Forschung wird erweisen, ob diese Theorie von der träumenden Bewußtheit richtig ist, aber es kann kein Zweifel bestehen, daß die träumende Seele uns Nacht für Nacht in einem regelmäßigen Programm einen bemerkenswert tiefschürfenden Rückblick auf unser Leben bietet, der uns bereichern und weiterbringen wird, wenn wir ihm nur Aufmerksamkeit schenken.

2

Die Traumtore aufschließen

Beim normalen Verlauf der Dinge werden wir alle durch Traumdiebstahl wach, eine psychische Disziplin von großer Strenge. Jeden Morgen bestehlen wir uns systematisch, aber ganz unterschwellig, und beschlagnahmen jedes Überbleibsel von dem, was wir vor dem Aufwachen wußten. Wir haben alle gelernt, dieses Exerzitium in Selbstauspowerung mit präziser und automatischer Gründlichkeit zu erledigen. Der Wecker läutet, und sofort saust ein Beil auf das Kontinuum des Bewußtseins nieder und ruft eine scharfe Trennung zwischen Wachen und Schlafen hervor . . . eine Stunde nach dem Aufwachen sind für die meisten von uns die Träume verschwunden, und das Heute hat sich ohne Unterbrechung oder Ablenkung mit dem Gestern vereint.

THEODORE ROSZAK

Es ist erstaunlich, wie viele Menschen immer noch sagen: »Ich träume nie«, obwohl seit zwei Jahrzehnten erwiesen ist, daß jeder Mensch jährlich über tausend Träume hat, wie wenige von diesen nächtlichen Hervorbringungen auch beim Aufwachen erinnert werden. Wie ich selbst in den Jahren meiner experimentellen Traumforschung feststellte, erinnern sich auch die unverbesserlichsten »Nichtträumer« an Träume, wenn sie systematisch während des REM-Schlafs geweckt werden – den Perioden der raschen Augenmuskelbewegungen und des leichten Schlafs, in denen sich die Augäpfel unter den geschlossenen Lidern rasch hin- und herbewegen und das Gehirn höchst aktiviert wird, was bei normalem Schlaf jede Nacht drei- oder viermal geschieht. Bis zu einem gewissen Grad arbeitet das Gehirn tatsächlich die ganze Nacht, und oft ist es möglich, sich an Träume oder vage, traumähnliche Gedanken sogar aus den Perioden des tiefen Schlafs zwischen den REM-Perioden zu erinnern, obwohl zu diesen Zeiten Körper und Gehirn viel weniger aktiv und geistige Ergebnisse daher entsprechend undeutlicher sind.

Es ist also eine sehr interessante Frage, warum sich manche Menschen ihrer Träume regelmäßig erinnern – vielleicht sogar gelegentlich an mehrere in einer Nacht –, während sich andere unter normalen Verhältnissen überhaupt kaum an welche erinnern. Wenn man darüber nachdenkt, sollte man nicht vergessen, daß der Traum für uns alle ein schwer faßbares Phänomen ist. Normalerweise erinnern wir uns an keinen Traum, sofern wir nicht unmittelbar aus ihm aufgewacht sind, und selbst dann gerät er rasch in Vergessenheit und scheint sich manchmal aufzulösen, während wir uns noch bemühen, ihn festzuhalten. Arthur Koestler war so beeindruckt von diesem sonderbaren und frustrierenden Phänomen, daß er einen eigenen Namen dafür prägte – »Oneirolysis« oder Traumauflösung. Fast jeder hat es schon einmal erlebt, daß er beim Aufwachen wußte, er habe geträumt, und dennoch nichts als einen vagen Eindruck von einer aufregenden, deprimierenden, erschreckenden oder fröhlichen Begebenheit erinnert. Ein typisches Beispiel bot meine sechsjährige Tochter, die kürzlich weinend aufwachte und, als sie nach einem möglichen Traum gefragt wurde, sagte: »Ich erinnere mich nicht, aber ich spüre eine Traurigkeit in meinen Gedanken.«

Etwas dergleichen geschieht gewöhnlich in der ersten Hälfte der Nacht, wenn wir am festesten schlafen und die REM-Perioden, die in Abständen von etwa neunzig Minuten auftreten, ziemlich kurz sind, und zwar dauert die erste nur ein oder zwei Minuten, die zweite nur zehn Minuten oder weniger. Wenn wir in der ersten Hälfte der Nacht aufwachen, dann haben wir aller Wahrscheinlichkeit nach entweder einen relativ vagen nicht-REM-Traum oder einen ganz kurzen Traum der lebhafteren REM-Spielart gehabt, und in beiden Fällen erhalten wir wenig Traummaterial, das wir aufgreifen können, wenn wir ins wache Bewußtsein zurückkehren. Im späteren Verlauf der Nacht werden der Schlaf leichter und die REM-Perioden länger, so daß der letzte REM-Traum, aus dem wir gewöhnlich morgens plötzlich aufwachen, länger als eine Stunde dauern mag – aber selbst er mag sich rasch in nichts auflösen, sofern wir nicht eine bewußte Anstrengung unternehmen, ihn einzufangen, oder er etwas besonders Eindrucksvolles an sich hat, das das Interesse wachruft.

In Anbetracht dieser allgemeinen Tendenz der Träume, sich zu verflüchtigen, scheint der grundlegende Faktor, der bestimmt, ob jemand sich an sie erinnert oder nicht, derselbe zu sein, der überhaupt für das Gedächtnis ausschlaggebend ist, nämlich der *Grad des Interesses*. Traumforscher haben die Menschen grob unterteilt in »Erinnerer« – das sind diejenigen, die sich an mindestens einen Traum im Monat erinnern – und in »Nichterinnerer«, die sich noch seltener an Träume erinnern. Tests haben gezeigt, daß kühle, analytisch denkende Menschen mit einer sehr rationalen, phantasielosen Einstellung zu ihren Gefühlen im allgemeinen weniger Träume erinnern als diejenigen, deren Haltung dem Leben gegenüber aufgeschlossen und flexibel ist. Ingenieure erinnern gewöhnlich weniger Träume als Künstler. Es ist daher nicht überraschend, daß in der modernen westlichen Industriegesellschaft Frauen normalerweise mehr Träume erinnern als Männer, da die meisten Männer dazu erzogen werden, ihre Energien nach außen auf die Angelegenheiten der Welt zu richten, während Frauen traditionsgemäß eine nicht-rationale, gefühlsbetonte Einstellung zum Leben zugebilligt wird.

Es ist für viele Nicht-Erinnerer eine Überraschung, wenn ihnen gesagt wird, daß ihr »Traumversagen« auf so etwas Einfaches wie Mangel an Interesse zurückzuführen sei, aber die Behauptung wird oft auf dramatische Weise dadurch bestätigt, daß sie sich gleich in der nächsten Nacht, nachdem über das Thema gesprochen wurde, eines Traums entsinnen. Ich erhalte viele Briefe von Fernseh-Zuschauern, die mir schreiben, daß mein Erscheinen auf dem Bildschirm diese Wirkung gehabt habe. Von anderen hörte ich, daß es des bloßen Lesens eines Artikels über Träume bedurfte, damit sie ihre lebenslange Gewohnheit, sich nicht an Träume zu erinnern, ablegten, und viele unserer neuen Nachbarn – einschließlich des Briefträgers – begannen, sich ihrer Träume zu entsinnen, als bekannt wurde, daß die »Traumdame« in die Gegend gezogen sei! Der Grund, warum sie sich nicht erinnert hatten, war einfach, daß sie niemals darauf hingewiesen worden waren, daß Träume ernst zu nehmen seien. Wenn indes die Voreingenommenheit gegen das Erinnern von Träumen schon länger besteht, dann wird man sie nicht so leicht ablegen können, denn ein Lebensstil, der die seelischen Werte des Fühlens und der Phantasie herunterspielt, ändert sich gewöhnlich nicht über Nacht. Überdies leben wir in einer Gesellschaft, in der alle Zwänge des Lebens und die Erziehung diese Tendenz haben.

Unsere traumstehlende Gesellschaft

Die moderne städtisch-industrielle Kultur neigt dazu, Gefühle und Träume als Kinkerlitzchen und Nichtigkeiten anzusehen, über die von Zeit zu Zeit mal gesprochen werden darf, wenn »Fraueninteressen« oder das Sondergebiet der »geistigen Gesundheit« erörtert werden, die jedoch im allgemeinen den harten, sachlichen Realitäten des Industriebetriebes, der Wertpapierbörse, des Büros oder des Haushalts untergeordnet werden müssen. Wir legen ein Lippenbekenntnis ab zu dem von der Phantasie beflügelten Gemütsleben, wie es in den Künsten Ausdruck findet, aber in der Praxis verweisen wir Musik, Poesie, Drama und Malerei auf die Stufe der Freizeitbeschäftigungen, Hobbys und »Spielereien«, die hauptsächlich danach bewertet werden, inwieweit sie uns wieder für die Arbeit frisch machen. Wir raten unseren Kindern davon ab, zu viel Aufmerksamkeit auf irgend etwas zu verwenden, das sie vom Lernen für Prüfungen oder vom Geldverdienen in der »realen« Welt der Industrie und des Handels ablenken könnte. In anderen Kulturen, die weniger hektisch extrovertiert sind als die unsere, und zwar sowohl in früheren Zeitaltern als auch heute in nicht-industrialisierten Teilen der Welt, ist es ganz offensichtlich viel verbreiteter und üblicher als in unserer urbanisierten Gesellschaft, sich an Träume zu erinnern.

Sehr viele Menschen beginnen zu erkennen, daß der Nachdruck, der heutzutage auf das Praktische und Materielle gelegt wird, zu weit geht, so weit, daß all unsere Anstrengungen uns keineswegs dazu verhelfen, ihre angeblichen Ziele zu erreichen, nämlich Glück und Erfülltheit des Lebens. Vor allem sind viele junge Menschen der Meinung, daß unser vermeintlicher praktischer Realismus in Wirklichkeit weder realistisch noch praktisch, sondern gleichsam eine Obsession sei, die allzu oft Zusammenbrüche, Alkoholismus und Gewalttätigkeit zur Folge habe und tatsächlich ein globales Verhängnis durch Umweltverschmutzung und Vergewaltigung der Natur herbeiführen könnte. Das Interesse für Mystizismus, Meditation und das Gemütsleben, wozu auch die Träume gehören, hat stark zugenommen; und ein Verfechter dieser Bewegung ist Theodore Roszak in seinem Buch *Where the Wasteland Ends*, in dem er der urban-industriellen Kultur »Traumdiebstahl« vorwirft:

»Heutzutage wachen wir im Westen jeden Morgen auf und vertreiben unseren Schlaf und unser Traumerlebnis, als handele es sich um Unfug. Aber das ist eine fast groteske Narrheit. Nur unsere westliche Gesellschaft geht – und besonders in der modernen Ära – ganz so verschwenderisch um mit dem, was selbst nach dem fiktiven Maß unserer mechanischen Kontrolluhren ein wichtiger Teil unseres Lebens ist. Und was wird aus denjenigen – und das sind viele –, die unter der Belastung einer so spendierfreudigen geistigen Gesundheit zusammenbrechen? Bringt unsere Psychiatrie sie nicht wieder zurück zu ihrem Traumleben, damit sie einen Teil von dem wiedererlangen, was sie verschleudert haben? Ja, ironischerweise stehen ›normale‹ Männer und Frauen an jedem Morgen ihres Erwachsenenlebens auf und verleiben sich koffeinhaltige Getränke ein, deren Zweck es ist, ihre Traumerlebnisse auszulöschen. Viele werden durch die Anforderungen ihrer Arbeit dazu getrieben, den Wachzustand zu intensivieren und bis weit in die Nacht hinein zu verlängern durch die sträfliche Einnahme von Aufputschmitteln. Wirtschaftsleben und urbane Umweltpolitik werden ausschließlich von Männern und Frauen in eben einem solchen Zustand übersteigerter Munterkeit wahrgenommen. Traurige Opfer einer tödlichen Sucht – dennoch erfreuen sie sich eines hohen Ansehens, weil sie praktisch, produktiv und ›voll da‹ sind.«

Roszak vertritt die Ansicht, wir sollten uns der Träume nicht nur bei besonderen Gelegenheiten bedienen, wie es die Psychiater tun, sondern die ganze Tendenz und Ausrichtung des Lebens ändern, um der »unbekannten Seele« besser gewahr zu werden, des unterschiedlichen Bewußtseinszustands, der während des Schlafs die Herrschaft übernimmt und bei dem wir einen völlig neuen Blick für die Welt bekommen und auf die Quellen der schöpferischen Phantasie stoßen. Er erinnert uns daran, daß vorwissenschaftliche Kulturen und die meisten Hochkulturen der Vergangenheiten den Träumen besondere Aufmerksamkeit schenkten und die Folge davon eine Tiefgründigkeit und Reichhaltigkeit des Lebens war, die uns im modernen Westen heute unbekannt sind. In *Dream Power* schlug ich Mittel und Wege vor, um in unserer Gesellschaft dadurch eine neue geistige Gesundheit herbeizuführen, daß unsere wichtigsten Institutionen, also nicht nur die Familien, sondern auch Kirchen, Schulen, Hochschulen und sogar Arbeitsorganisationen dem Traumprozeß Rechnung tragen. Den sogenannten Realisten, die fragen, wie man es sich leisten könne, die Zeit dafür aufzubringen, würde ich erwidern, daß wir es uns in der jetzigen mißlichen Lage unserer Gesellschaft nicht leisten können, es *nicht* zu tun.

Saboteure des Träumens

Wenn es auch stimmt, daß unsere urban-industrielle Gesellschaft in einem gewaltigen sozialen Ausmaß an dem Traumdiebstahl schuld ist, habe ich doch im Laufe meiner Arbeit mit Träumen einen raffinierten Saboteur entdeckt, der selbst denjenigen die Träume stiehlt, die ein aufrichtiges Interesse für die psychischen Abgründe des Menschen bekunden. Zum Beispiel sabotieren viele Psychoanalytiker und Psychotherapeuten das Wachrufen der Träume ihrer Patienten dadurch, daß sie sich besonders für eine bestimmte Art von Träumen unter Ausschluß aller anderen interessieren. Mein eigener Freudscher Analytiker erklärte mir klipp und klar, daß er meine sexuellen Träume weit höher bewerte als alle anderen, und offensichtlich geraten Jungsche Analytiker oft in die Falle, daß sie ein ungebührliches Interesse an Träumen von mythischer oder archetypischer Art bekunden. Patienten erkennen diese Neigungen sehr rasch und lernen bald, ihre »uninteressanten« Träume nicht mehr zu erwähnen oder sich ihrer sogar nicht mehr zu entsinnen, und die Folge ist, daß ihr Traumleben betrüblich vermindert wird. Der Analytiker vermag dann triumphierend zu verkünden, daß eben seine Traumtheorie erhärtet ist.

Dieselbe Erscheinung finde ich unter Mitgliedern einiger religiöser und okkulter Gruppen, die sich für Träume als übernatürliche Prophezeiungen, Reinkarnationsvisionen oder außersinnliche Wahrnehmungen interessieren. Ich war zuerst darüber verblüfft, wie häufig Leute aus solchen Gruppen sich bei mir darüber beklagten, daß sie seit Monaten keine Träume gehabt haben. Bei genauerer Befragung stellte sich dann heraus, daß sie eigentlich sagen wollten, daß sie seit Monaten keine Träume der Art gehabt haben, an der sie interessiert waren. Alle »gewöhnlichen« Träume hatten sie als belanglose Wanderungen des schlafenden Gehirns abgetan, die es nicht wert seien, ernstlich in Betracht gezogen zu werden. Sie betrachten sie gar nicht als Träume und sind sprachlos, wenn andere Leute sagen, daß sie häufig träumen. Wir haben auch Angehörige verschiedener Sekten getroffen, die alle Träume als belanglos abtun, sofern darin nicht Jesus Christus, Krischna, Mohammed oder irgendein anderer großer Lehrer vorkommt, und so ist es nicht überraschend, wenn solche Leute glauben, daß sie nur alle Jubeljahre ein- oder zweimal träumen. Werden gewöhnliche Träume ständig auf diese Weise abgetan, dann vermindert sich tatsächlich die Zahl der Träume, die *erinnert* werden, und das führt zu dem scheinbaren Paradox, daß Menschen, die ein starkes Interesse für Träume bekunden, sich oft als Nicht-Erinnerer bezeichnen. Es ist fast, als gäbe es eine Art von automatischem Auswahlmechanismus im Gehirn, der Menschen mit einer derartigen starken Präokkupation daran hindert, sich an Träume zu erinnern, die sie als »unnötig« ansehen.

Da ich überzeugt bin, daß es nützlich für uns ist, wenn wir für *alle* Botschaften der träumenden Seele aufgeschlossen sind, ob sie nun unsere Ernährung, unsere menschlichen Beziehungen oder geistige Disziplinen betreffen, tut es mir leid feststellen zu müssen, daß einige mystische Lehrer, die heute das Interesse vieler junger Leute gefesselt haben, dazu neigen, gewöhnliche Träume als unnötige Ablenkungen von dem Streben nach Erleuchtung abzutun. Einige östliche Gurus sind hier die Missetäter, aber der Fall, der am meisten Aufmerksamkeit gefunden hat, ist der von Don Juan, dem alten indianischen Zauberer in Mexiko, dessen Lehren durch die Schriften des jungen Anthropologen von der University of California, Carlos Castaneda, der Anfang der 1960er Jahre sein Schüler wurde, in der westlichen Gesellschaft bekannt wurden. In seinem dritten Buch, *Reise nach Ixtlan*, verrät Castaneda, daß Don Juan in der Tat sehr interessiert am Träumen ist, aber dabei nur ein Ziel im Auge hat – die Förderung der Geisteskraft. Ein wichtiger Schritt dabei sei, zu lernen, in einem Traum, den man hat, zur Bewußtheit zu gelangen, und dann zu lernen, die Traumwelt zu manipulieren.

Laut Castaneda nennt Don Juan nur dies *Träumen*, im Gegensatz zu gewöhnlichen Träumen, die er als unwichtig abtut. Er empfiehlt Castaneda, die Kunst des Träumens auf die Weise auszubilden, daß er lernt, jedesmal seine Hände zu betrachten, wenn er sie in einem gewöhnlichen Traum erblickt, wodurch (wie er hofft) die bewußte Erkenntnis herbeigeführt wird, in einem Traum zu sein. Wenn der Träumer gelernt hat, sein Bewußtsein konstant zu halten, hat er, so sagt Don Juan, seine Traumwelt in der Gewalt und kann »darin gezielt handeln, er kann das eine wählen und das andere verwerfen, er kann aus einer Vielzahl von Dingen diejenigen auswählen, die zur Kraft führen, und er kann sie manipulieren und benutzen, während er in einem normalen Traum nicht gezielt handeln kann.« Er fährt fort: »Beim Träumen hast du Kraft; du kannst Dinge verändern; du kannst zahllose verborgene Tatsachen finden; du kannst beherrschen, was immer du willst.«

Nun ist diese besondere Art des Traumbewußtseins, die Traumfachleute *luzides* Träumen nennen, tatsächlich ein außerordentlich interessantes Phänomen. Ich glaube, es kann das Mittel sein, um höhere Bewußtseinszustände zu erreichen, aber meine eigenen Forschungen haben gezeigt, daß das nicht vorzeitig erzwungen werden kann, und daß der luzide Zustand einzutreten beginnt, *nachdem* der Träumer gelernt hat, sich seiner gewöhnlichen Träume zu bedienen, um seine Lebensprobleme aufzuklären.

Der wesentliche Punkt ist indes, daß Don Juan sich über die Probleme des täglichen Lebens gar keine Gedanken macht; er interessiert sich für seelische Dimensionen weit jenseits dessen, was wir in der zivilisierten Gesellschaft überhaupt begreifen können. Aber für diejenigen von uns, und das gilt auch für Castaneda, die die Welt und ihre Probleme nicht hinter sich gelassen haben und womöglich auch nie hinter sich lassen werden, gibt es vielleicht in anderer Richtung unmittelbar Hilfe. Darauf müssen wir unseren gesunden Menschenverstand anwenden. Östliche Gurus, die oft hartnäckig darauf bestehen, alle Träume als flüchtige Einbildungen abzutun, gehen von ihrer eigenen, besonderen Position der geistigen Entwicklung aus und übersehen offenbar die Tatsache, daß die meisten von uns sehr weit entfernt sind von diesem Zustand der Erleuchtung. Wie ich später zeigen werde, sind Träume unschätzbar, um unseren geistigen Fortschritt zu verzeichnen, welches unsere Fachrichtung auch sein mag, und innere Blockierungen aufzuzeigen, die unsere Bemühungen sabotieren. Bei uns allen, die wir in der gewöhnlichen Welt leben, vermag die träumende Seele dem Leben eine ganze neue Dimension der Weisheit hinzuzufügen, die der Entdeckung eines inneren Guru in jedem von uns gleichkommt, und es wäre ein schwerer Fehler, würden wir uns durch aus dem Zusammenhang gerissene Bemerkungen von Don Juan oder irgendeinem anderen Meister davon abbringen lassen, aus dieser Quelle der Erkenntnis und Weisheit zu schöpfen.

Die verlorene Traumwelt wiedergewinnen

Der wirkungsvollste aller Anreize, sich seiner Träume zu erinnern, ist die nützliche Entdeckung, wie wertvoll Träume im Leben sein können, und wir haben es oft erlebt, daß chronische Nicht-Erinnerer sich in lebhafte Erinnerer verwandelten, nachdem sie an einem Traum-Workshop teilgenommen hatten. In einem kürzlich abgehaltenen College-Kurs begannen mehrere Studenten, sich ihrer Träume zu erinnern, als andere Mitglieder der Gruppe in einer peinlich wahrhaftigen Weise von ihnen träumten. Das gab Anlaß zu reziproken Träumen, die ihrerseits zu sehr wirkungsvollen Gruppenbegegnungen führten. Einige Studenten verließen das College, nachdem sie ihre Träume durchgearbeitet und erkannt hatten, daß sie nur studierten, weil ihre Eltern es gewollt hatten, während andere, die erwogen hatten, das Studium aufzugeben, um bei den Indianern zu leben, einsahen, wie sehr sie das College-Leben genossen.

Die Gruppenarbeit bewirkt auch selbst bei denjenigen, die sich ziemlich regelmäßig ihrer Träume erinnern, eine Zunahme des Erinnerns. Walter, der an einem in Pennsylvania abgehaltenen Workshop teilnahm, schrieb später: »Es gab einen Zeitraum von etwa einem Monat kurz nach der Rückkehr von dem Traum-Wochenende, da stand ich nachts zwei- oder dreimal auf, um Träume aufzuzeichnen. Mein Zimmergenosse nannte mich ›die beste Traummaschine von ganz Amerika‹.« Ich setze mich ständig für die Bildung kleiner Traumgruppen unter Freunden und Kollegen ein, denn ich weiß aus Erfahrung, daß das der bei weitem wirkungsvollste Weg ist, um das Traumleben aktiv und dynamisch zu erhalten.

Jeder Nicht-Erinnerer, der mir in diesem Buch bisher gefolgt ist, wird wahrscheinlich dazu angeregt worden sein, sich wenigstens einiger Träume zu erinnern – was ausreicht, die Arbeit nach den in Teil II beschriebenen Richtlinien zu beginnen. Wenn Ihre Träume sich weiterhin verflüchtigen trotz allem, was ich gesagt habe, dann sind Sie vermutlich von irgendeinem nicht wahrgenommenen Vorurteil besessen, das Ihnen bewußt gemacht werden muß, und zu diesem Zweck würde ich das folgende Experiment vorschlagen:

Stellen Sie zwei Stühle in etwa anderthalb Meter Entfernung einander gegenüber und setzen Sie sich auf den einen. Im Geist setzen Sie »Ihre Träume« auf den Stuhl gegenüber und reden mit ihnen. Sagen Sie in Ihren eigenen Worten etwas dergleichen: »Träume, warum kommt ihr nicht zu mir?«

Dann gehen Sie zu dem anderen Stuhl, übernehmen die Rolle der Träume, geben ihnen eine Stimme und lassen sie mit Ihren Stimmbändern selbst sprechen. Versuchen Sie, nicht verlegen zu werden, wenn Sie mit sich selbst reden. Viele Leute sind tatsächlich sehr befangen, wenn sie das zum erstenmal versuchen, aber Sie werden überrascht sein, wie schnell die Peinlichkeit vergeht. Lassen Sie die Antwort ganz natürlich kommen, sagen Sie das erste beste, was Ihnen einfällt. Stellen Sie diesen Versuch an, ehe Sie weiterlesen, da ich jetzt einige der Antworten anführe, die andere von ihren fernbleibenden Träumen erhalten haben, und nicht möchte, daß Ihre eigenen Antworten dadurch beeinflußt werden. Einige chronische Nicht-Erinnerer gaben, als sie die Rolle der »Träume« übernahmen, die folgenden typischen Antworten:

»Wir kommen nicht zu dir, weil du sehr stark beschäftigt bist und wir deinen Schlaf nicht stören wollen.«

»Du hältst uns nicht für wichtig, warum sollen wir uns dann die Mühe machen, zu dir zu kommen?«

»Du hast das Leben jetzt ganz schön im Griff, und wir wollen dir das nicht verderben.«

»Du hast genug Probleme: wir wollen dir nicht weitere bringen.«

»Wir sind so traurig und unglücklich, daß du die ganze Nacht weinen würdest.«

»Du bist schon verwirrt genug, wir würden es nur schlimmer machen.«

»Wir sind nicht so aufregend wie früher, und das könnte dich deprimieren.«

»Du bist viel zu beschäftigt, um dich mit Trivialitäten, wie wir es sind, abzugeben.«

»Du verstehst uns nicht, wenn wir kommen, also was hat es für einen Sinn?«

»Wir wollen dich nicht erschrecken.«

Wenn Sie ein chronischer Nicht-Erinnerer sind und Ihre Antworten in etwa so lauten, dann sind Sie wahrscheinlich dem zum Opfer gefallen, was Fritz Perls »katastrophische Erwartungen« nannte, denn all diese Befürchtungen beruhen auf einem Mißverständnis. Erstens ist, wie ich schon angedeutet habe, der Traumprozeß einer guten Nachtruhe oder gesundem Schlaf keineswegs abträglich; er ist im Gegenteil wesentlich und wichtig. Auch besteht nicht der geringste Grund für die Annahme, daß das rasche Aufnotieren eines Traums während der Nacht oder morgens die Tagesarbeit beeinträchtigt. Ebenso ist es ein Irrtum, zu glauben, daß Träume uns Schwierigkeiten bereiten oder unglücklich machen, und zwar aus dem einfachen Grund, weil sie nur das enthüllen, was schon da ist. Wenn Sie befürchten, die Träume würden Ihr Leben in Unordnung bringen, dann artikulieren Sie nur eine halbbewußte Angst, daß Ihr Leben in Gefahr sei, irgendwann durch irgend etwas zerrüttet zu werden, und das ist eine fragwürdige und unbefriedigende Lebensweise. Weit besser ist es, auf die Träume zu hören, ehe es zu spät ist.

Die von Träumen aufgeworfenen Bilder mögen in Widerspruch stehen zu unserem eigenen Image, das wir seit unserer Kindheit kultiviert haben, aber sie lügen nicht, und wenn wir versuchen, unbequeme Wahrheiten über uns und andere zu ignorieren, tun wir es auf eigene Gefahr. Die Furcht, daß Träume uns unwillkommene oder beängstigende Phantasien bringen, ist weit verbreitet und wurde lebhaft veranschaulicht durch eine Zuschauerin, die sich während einer Fernsehsendung von mir im Vormittagsprogramm in San Francisco telefonisch mit einem Traum meldete. »Ich bin Ende Siebzig«, begann eine verlegene Stimme, »und meine Nachbarin ist Ende Sechzig. Wir sind seit Jahren befreundet und begrüßen uns immer mit einem liebevollen Kuß. Jetzt hat sie in meinen Träumen jedoch angefangen, mich wie ein Mann zu küssen, und ich möchte, daß Sie mir sagen, Frau Doktor, wie ich verhindern kann, daß ich träume, denn ich bin sicher, daß meine Träume die Sache nur fördern!« Ich erwiderte, daß die Träume, vor denen sie sich fürchtet, schon in der wachen Phantasie stattgefunden haben und es viel besser wäre, ihnen freien Lauf zu lassen, statt Zeit und Energie auf den Versuch zu verwenden, sie zu unterdrücken. Ich sagte ihr, daß wir alle sexuelle Phantasien haben, homosexuelle und andere, und daß wir sie eher mit Humor als mißbilligend betrachten sollten. Ich hoffte, daß meine eigenen sexuellen Energien noch ebenso stark strömen würden, wenn ich ihr Alter erreichte!

Die Vorstellung, wir würden der Verderbtheit anheimfallen, wenn wir sexuelle Phantasien haben oder sie sogar genießen, ist eine weitere katastrophische Erwartung, die man bloß im hellen Licht des Bewußtseins zu betrachten braucht, damit sie zusammenbricht. In Wirklichkeit ist es viel wahrscheinlicher, daß wir in sexuelle Schwierigkeiten und unangenehme Situationen geraten, wenn wir die Gefühle und Phantasien resolut beiseiteschieben. Auf dieselbe Weise fürchten wir uns oft, uns mit den Emotionen von Wut, Ärger, Gier und Selbstmitleid auseinanderzusetzen, weil wir insgeheim die nicht überprüfte Vorstellung haben, daß das bloße Eingeständnis des Gefühls einen zwinge, sich dementsprechend zu verhalten, während das Umgekehrte der Fall ist. Wenn Sie im Traum Ihren Ehepartner oder Ihren Chef umbringen, dann müssen Sie nicht unbedingt die Scheidung einreichen oder die Stellung wechseln, ebenso wenig wie eine sexuelle Phantasie über eine Nachbarin in die Tat umgesetzt werden muß. Sie können sich immer noch rational überlegen, was passend und zweckmäßig ist oder was Sie für moralisch richtig halten, und wo immer es möglich ist, können Sie über ihre neuerkannten Gefühle mit den anderen Betroffenen reden. Wenn Sie indes Ihre Gefühle nicht zu erkennen vermögen, werden Sie wahrscheinlich sich selbst und anderen wirklichen Schaden zufügen, weil Sie deren Leben dann zerrütten oder selbst unerklärlicherweise krank oder deprimiert werden.

Eine weitere katastrophische Erwartung ist, daß die Bemühung, Träume zu verstehen und sich ihre Botschaften zunutze zu machen, sich als so zeitraubend erweisen werde, daß wir notgedrungen wichtige Pflichten vernachlässigen. Nach meiner Erfahrung und der Erfahrung aller, mit denen ich gearbeitet habe, deckt die Aufmerksamkeit, die Träumen geschenkt wird, gewöhnlich gewaltige Energiemengen auf, die durch unzulängliches Wissen über uns und andere ungenutzt bleiben, so daß der Zeitaufwand für das Lernen der Sprache der Träume und für die Deutung ihrer Botschaften bewirkt, daß man am Tag nicht etwa mehr, sondern weniger unter Zeitdruck steht.

Wenn Sie Ihren katastrophischen Erwartungen die Stirn bieten und sie durchschauen, sollte die Folge sein, daß sich schon gleich in der nächsten Nacht die Traumtore auftun, aber es mag eine nützliche Verstärkung sein, den »Dialog mit Träumen« mit einer gleichsam förmlichen Entschuldigung für das Mißverstehen ihrer Motive abzuschließen. Setzen Sie sie wieder auf den Stuhl und sagen Sie etwa:

»Träume, mir war nicht klar, wie wichtig ihr seid. Wenn ihr zu mir kommt, verspreche ich, euch aufzuschreiben und zu versuchen, euch zu verstehen.«

Oder wenn Sie Angst vor Alpträumen haben, versuchen Sie es auf diese Weise: »Träume, können wir ein Abkommen treffen? Ich kann es mit euch nicht aufnehmen, wenn ihr mich zu sehr erschreckt. Wenn ihr mir eure Botschaften auf freundliche Weise zukommen laßt, verspreche ich, daß ich darauf hören werde.«

Sollte es mit der Dialogtechnik nicht sofort klappen, mag es daran liegen, daß Sie noch nicht wirklich überzeugt sind. *Geben Sie nicht auf*. Versuchen Sie, das Experiment zu wiederholen, und fordern Sie die Träume kurz vor dem Einschlafen entschlossen auf, zu Ihnen zu kommen. Treffen Sie Vorkehrungen, um die Träume nach den im nächsten Kapitel beschriebenen Richtlinien ordnungsgemäß aufzuzeichnen. Häufig beklagen sich Leute, daß die Träume nicht so oft zu ihnen kommen, wie sie es gern hätten, und wenn ich frage, ob sie sie auch aufschreiben, dann erklären sie, andere Verpflichtungen seien in letzter Zeit zu vordringlich gewesen – worauf ich erwidere, daß die träumende Seele sehr genau weiß, wie ernst man sie wirklich nimmt, und entsprechend reagiert.

Manchmal werde ich gefragt, ob es nicht gefährlich sein könnte, das Erinnern von Träumen anzuregen. Könnten nicht, nachdem wir die Traumtore geöffnet haben, unsere Träume hervorbrechen und uns überwältigen? Oder ist vielleicht die Verlockung der unbekannten Seele so groß, daß wir in den Strudel morbider Introspektion geraten und unsere Pflichten in der Außenwelt vernachlässigen? Meine Antwort darauf lautet, daß Träumen ebenso gefährlich ist wie Leben – nicht mehr und nicht weniger. Aber nach meinen Erfahrungen durch die Arbeit mit Tausenden von Menschen in aller Welt (einschließlich derjenigen, die die Psychotherapie verließen, weil ihnen dort nicht geholfen wurde, und anderer, die von Psychiatern zu Traum-Workshops geschickt wurden) sind solche Befürchtungen nur ein weiteres Beispiel für katastrophische Erwartungen und tatsächlich unbegründet. Da die Hauptschuldigen an der Verbreitung solcher Befürchtungen Psychiater und Psychoanalytiker sind, frage ich mich manchmal, ob sie sich in Wirklichkeit nicht um den möglichen Verlust von Patienten oder von beruflichem Prestige Sorge machen.

Ich bin entsetzt über die Art und Weise, wie wir es zulassen, daß Fachleute unsere Gesellschaft beherrschen, wenn ein wenig Heimarbeit auf den verschiedenen Gebieten meistens ihre Dienste ganz unnötig machen würde. In seinem Buch *Selbstbegrenzung; Eine politische Kritik der Technik*, greift Ivan Illich die »anmaßenden« Berufe, wie er sie nennt, an, die Abhängigkeit fördern und Monopole auf bestimmte Bereiche unseres Lebens beanspruchen. Er sieht die moderne Medizin einschließlich der Psychiatrie als eine schwere Bedrohung der Gesundheit an, da sie sich hauptsächlich mit der Erhaltung kranken Lebens von ärztlich abhängigen Menschen in einer ungesunden Umgebung befasse. Er fügt hinzu, die wahre Gefahr liege nicht in zu wenig, sondern in zu viel ärztlicher Betreuung.

Zum Glück gibt es Anzeichen, daß sich die Ansichten der öffentlichen Meinung in dieser Frage ändern. Auf dem Gebiet der Gesundheit insbesondere wird die ganze Expertenfrage überprüft – zum Beispiel werden Frauen ermutigt, sich von ihren Gynäkologen freizumachen und ihren Körper wieder als ihre eigenen zu beanspruchen, und mit der Zeit werden die Sterbenden vielleicht auch in der Lage sein, ihren Tod selbst in die Hand zu nehmen und von sich aus den Ort und die Zeit ihres Sterbens zu bestimmen. Die Tage des Guru sind, wenn auch nicht vorbei, so doch gezählt, und immer mehr Menschen übernehmen die Verantwortung für ihr Tun und ihr Leben und greifen eher auf innere Ressourcen zurück, als daß sie jedesmal, wenn die Sache nicht ganz glatt geht, zu einem Experten rennen.

Ich würde niemals jemandem raten, zu einem Psychiater oder Psychotherapeuten zur Einzelbehandlung zu gehen, es sei denn im äußersten Notfall, denn normalerweise ist eine langwierige Therapie die Folge, die zu guter Letzt ein Rückzug aus dem Leben wird. Der verstorbene Dr. Berne, der Begründer der *Transactional Analysis*, sagte mit schonungsloser Offenheit, daß die meisten Patienten in der Psychotherapie jahrelang »Fortschritte machen« (was bedeutet, daß sie lernen, ein bißchen besser mit ihren Neurosen zu leben), statt ihr Leben zu ändern und gesund zu werden. Wenn irgendein Therapeut ein Teil Ihres täglichen Lebens wird und Sie sich auf seinen Rat und seine Unterstützung verlassen, dann haben Sie die Verantwortung für Ihr Leben aufgegeben und sind in Gefahr, ein wandelnder Automat zu werden. Aus diesem Grunde haben viele Fachleute (wie Berne, Carl Rogers, Perls und andere) ihre Therapie zum größten Teil in Gruppenarbeit umgewandelt. Das hat den zusätzlichen Vorteil, daß es einen eingebauten Schutz gegen den Therapeuten bietet, der dem Patienten den Stempel seiner eigenen Lebenswerte aufdrückt, was bei einer Einzeltherapie fast unvermeidlich ist, wie sehr der Therapeut auch beteuern mag, daß er eine urteilsfreie Funktion ausübt. Wer das Gefühl hat, er brauche Hilfe, dem rate ich, sich einer humanistisch ausgerichteten Therapiegruppe anzuschließen.

Was die Träume betrifft, so habe ich nie jemanden getroffen, der dadurch zerrüttet wurde oder in morbide Introspektion geriet, obwohl es manchmal möglich ist, daß man deprimiert oder geängstigt wird. Ich sehe darin nichts Alarmierendes, denn durch Geschehnisse und Traumata im täglichen wachen Leben werden wir oft in Angst oder Aufregung versetzt, ohne daß wir deshalb dahinsiechen oder einen Nervenzusammenbruch erleiden. Wie viele von uns sind wirklich so schwach und verletzlich, daß wir nicht dann und wann ein wenig Erregung vertragen können? In der Mehrzahl der Fälle ist es ein Fehler, Angst und Depression als »Symptome« anzusehen, die so rasch wie möglich beseitigt werden müssen; sie treten aus gutem Grund auf, gewöhnlich, damit wir unser Tempo verlangsamen oder unser Leben überdenken, und die Antwort ist nicht, sich dem Lebensstil wieder anzupassen, der die Symptome verursachte. Wenn wir uns unsere Träume und die Botschaften, die sie enthalten, geduldig anhören – selbst wenn sie uns manchmal verwirren –, werden sie uns zu guter Letzt zur Gesundheit führen, indem sie mehr und mehr Licht auf unsere Probleme werfen und den Weg zu konstruktiven Lösungen aufzeigen. Wieviel besser ist es doch, Rat von der anderen Hälfte von sich selbst als von einer anderen Person anzunehmen.

Wenn Teilnehmer an unseren Traum-Workshops sagen, sie hätten die Woche über nicht an einem beunruhigenden Traum gearbeitet, weil sie wußten, sie würden zur Gruppe oder zu ihrem Therapeuten kommen, bin ich besonders enttäuscht, denn der ganze Zweck der Übung ist, Vertrauen zur eigenen Kraft zu bekommen. Selbst Alpträume haben eine positive Funktion, wie ich in einem späteren Kapitel zeigen werde. Ich möchte, daß die Menschen ihre Seelen als ihr Eigentum erklären, und ich hoffe, daß dieses Buch allen, die es lesen, helfen wird, den einzig wirklich wichtigen Experten zu finden und ihm zu vertrauen – dem Guru im Innern, der uns nicht mehr Träume schicken wird, als wir jeweils verdauen können. Zum Beispiel hatte eine Freundin von mir lange Zeit intensiv mit Träumen gearbeitet und begann, ihre Angelegenheiten in der Außenwelt zu vernachlässigen. Sie wurde nicht etwa in die Sümpfe der unbekannten Seele hinuntergezogen, sondern die Traumerinnerung hörte plötzlich auf. Sie war eindeutig beunruhigt und wandte die Dialogtechnik an, um den Grund herauszufinden, woraufhin sie folgende Antwort von ihren »Träumen« erhielt: »Du mußt dir eine Stellung suchen. Dein Geld ist fast alle, und du kannst nicht von der Luft leben, deshalb werden wir wegbleiben, bis du in der Welt wieder Fuß gefaßt hast.«

Träume können ihr Kommen auch einstellen, wenn man sich auf eine Deutungsweise festgelegt hat, die einem nicht mehr nützlich ist. Das widerfuhr Charlie, einem Lehrer in Georgia, der Psychologie studierte und seit mehreren Jahren nach Jungschen Grundsätzen mit seinen Träumen gearbeitet und sie im Sinne von Archetypen gedeutet hatte. In einer College-Arbeit schrieb Charlie: »Dieser Denkansatz wurde zuletzt unergiebig. Da war tagaus, tagein eine entmutigende Eintönigkeit in den Archetypen – es gab keine Harmonie –, und diese Eintönigkeit durchdrang auch meine Deutungen. Schließlich hörte ich auf, so viel zu träumen, unterließ es, mich der Träume zu erinnern, und war über die ganze Geschichte verzweifelt. Ich wußte, daß ich ihr nicht Gerechtigkeit widerfahren ließ. Das ging einige Zeit so weiter, und ich gab zu, daß mich Träume nun langweilten . . .« In der Arbeit wird dann beschrieben, wie Charlies Interesse an Träumen und sein Erinnerungsvermögen daran wieder wach wurden, als er Fritz Perls' Gestalttechnik entdeckte. Die Moral der Geschichte ist nicht, daß die Gestaltmethode unbedingt richtig oder besser als die Jungsche ist, sondern lediglich, daß Charlie etwas Neues in seinem Traumleben brauchte. Jung selbst schrieb, daß es wichtig sei, nicht vorgefaßte, doktrinäre Ansichten über die von Träumen gemachten Aussagen zu haben. Sobald uns eine gewisse »Monotonie der Deutung« auffalle, wissen wir, daß unsere Betrachtungsweise doktrinär und daher steril geworden sei.

»Die Alternative zum Erinnern und Deuten von Träumen«, sagte Edgar Cayce (wie Harmon Bro in seinem Buch *Edgar Cayce on Dreams* berichtete), »ist nicht immer erfreulich. Die Menschen können nicht erwarten, immer bloß dahinzutreiben. Wenn sie nicht mit Hilfe ihrer Träume ihre Identität und die Richtung ihres Lebens heraustüfteln (und das sollte seiner Ansicht nach jeder normale Mensch versuchen), dann mag es sein, daß sie durch die unablässige Einwirkung ihrer aufgestauten Seelen in eine Krise geraten, die erfordert, daß sie mit sich selbst einig werden. Es kann eine gesundheitliche Krise sein. Es kann das Ende einer Ehe oder einer Stellung sein. Es kann eine Depression oder ein Sich-in-sich-selbst-Zurückziehen sein.«

Mit anderen Worten, die wirkliche Gefahr liegt nicht darin, das Kommen der Träume zu fördern, sondern darin, sie aus Ihrem Leben auszusperren.

3

Ein Traumtagebuch führen

Ich reise nie ohne mein Tagebuch. Man sollte immer etwas Sensationelles bei sich haben, um es im Zug zu lesen.
OSCAR WILDE

Der wichtigste Punkt beim Spielen des Traumspiels ist für gute und schlechte Erinnerer gleichermaßen, es sich zur Gewohnheit zu machen, jeden erinnerten Traum zu Papier zu bringen. Selbst bei Träumen, die langweilig zu sein scheinen, mag es sich herausstellen, daß sie *etwas* zu sagen haben, und sei es auch nur, um Sie damit vertraut zu machen, wie Ihre Seele arbeitet, während Sie schlafen, und dadurch das Verständnis anderer Träume zu erleichtern. Nichts ist zu uninteressant, um es zu notieren, besonders im Fall schlechter Erinnerer. In unseren Traumgruppen haben wir festgestellt, daß selbst winzige Bruchstücke von Träumen wertvolle Einsichten erbringen können, manchmal lebensverändernde Einsichten, wenn nichts anderes da ist, das man durcharbeiten kann.

Wer jede Nacht einen oder mehrere Träume zu erinnern vermag, wird es vielleicht schwierig finden, alle ausführlich durchzuarbeiten, und wird fast sicher irgendein vernünftiges Auswahlverfahren anwenden, um sich klar zu werden, welche Träume genau untersucht werden sollten. Dagegen ist nichts einzuwenden, denn nach meiner Erfahrung wiederholt sich die träumende Seele ständig: wenn Sie eine Botschaft aus einem Traum nicht erhalten, kommt sie normalerweise in einem anderen wieder zur Sprache, besonders wenn es sich um ein wirklich wichtiges Problem im Leben des Träumers handelt. Ich würde allerdings *nicht* raten, daß jemand, der sich an viele Träume erinnert, die weniger interessanten oder auch weniger zusammenhängenden Bruchstücke von Träumen nicht aufzeichnet, denn ich habe immer wieder gefunden, daß Träume sich im Laufe der Zeit gegenseitig erhellen.

Manchmal werden mehrere, anscheinend ganz unterschiedliche Träume derselben Nacht oder in einander folgenden Nächten erkennen lassen, daß sich die Seele immer mit demselben Problem herumschlägt, erst auf die eine Weise und dann auf eine andere, daß sie verschiedene Lösungen ausprobiert und weitere Träume über den offenbaren Erfolg oder Mißerfolg der vorherigen ersinnt. In anderen Fällen mag sich rückblickend herausstellen, daß ein Traumthema, das an einem Punkt im Leben des Träumers als besonders wichtig erscheint, schon früher in weniger offenkundiger Form aufgetaucht war, und das mag erhellen, welche Situationen im Leben des Träumers eben dieses Problem auslösen. Immer wieder muß betont werden, daß bei Träumen, die sich beim ersten Versuch nicht deuten lassen, die Einsicht sich später Bahn brechen mag, wenn sich viele Träume und Bruchstücke über eine lange Zeitspanne hinweg plötzlich zu einem Gesamtbild zusammenfügen und ein Gefühl der Erregung mit sich bringen ähnlich dem, das man bei einer wichtigen wissenschaftlichen Entdeckung oder bei der Lösung des Rätsels in einem Kriminalroman empfindet.

Und schließlich gibt es Bruchstücke von Träumen und kurze, langweilige Traumepisoden, die sich später als außersinnliche Eindrücke von hellseherischer oder präkognitiver Art herausstellen. Deshalb möchte ich allen ernsthaften Spielern des Traumspiels dringend nahelegen, eine Art Tagebuch zu führen, in dem *alles* erreichbare Traummaterial aufgezeichnet wird. Für schlechte Traumerinnerer ist allein die Tatsache, daß sie die Mühe auf sich nehmen, Träume regelmäßig aufzuschreiben, ein Anreiz, die Träume zugänglicher zu machen, denn es ist für die träumende Seele ein Beweis, daß wir bereit sind, sie ernst zu nehmen.

Haben Sie auf Ihrem Nachttisch immer Papier und Bleistift oder ein Tonbandgerät zur Hand, um sicher zu sein, daß Sie jeden Traum einfangen, aus dem Sie entweder nachts oder morgens plötzlich aufwachen. Träume sind Schäume, und das Gehirn scheint im Schlaf oder Halbschlaf nicht imstande zu sein, Gedächtnisspuren niederzulegen. Das ist der Grund, warum Träume, bei denen wir durchschlafen oder die wir beim Aufwachen vergessen, gewöhnlich für immer verloren sind, obwohl gelegentlich Bruchstücke davon später am Tag wieder auftauchen können. Die einzig sichere Methode, einen Traum zu erwischen, um später auf ihn Bezug nehmen zu können, ist, ihn sofort beim Aufwachen aufzuschreiben oder auf Band aufzunehmen, ehe er zu verblassen beginnt. Wenn Sie nachts aufwachen, ist es nicht schwieriger, nach dem Aufzeichnen wieder einzuschlafen, als wenn Sie sich gleich umdrehen und die Augen wieder zumachen. Diejenigen, die sich für schlechte Erinnerer halten, sind, wenn sie die Gewohnheit des Aufzeichnens annehmen, oft erstaunt, daß sie viel mehr Träume »haben«, als sie bis dahin gedacht hatten, und diese Entdeckung regt ein besseres Erinnerungsvermögen an, besonders wenn es zu einigen nützlichen Traumeinsichten führt.

Das folgende Schritt-für-Schritt-Verfahren zum Sammeln von Träumen und Führen eines Traumtagebuchs ist von vielen Menschen erfolgreich angewandt worden, aber Sie werden nach einiger Zeit vielleicht Ihre eigene Methode entwickeln. Befolgen Sie jedenfalls die Regeln, die Sie am nützlichsten finden, und wenn Sie selbst auf wirklich originelle Ideen kommen, wie man Träume einfängt, dann lassen Sie es mich bitte wissen!

1. Regel:
Haben Sie Ihr Aufzeichnungsmaterial griffbereit

Wenn Sie Bleistift und Papier verwenden, um Ihre Träume aufzuzeichnen, überzeugen Sie sich, ehe Sie einschlafen, ob Sie das Schreibmaterial vom Bett aus erreichen können. Wenn es nicht in Reichweite ist, werden Sie wahrscheinlich Ihren Traum einbüßen, denn selbst wenn Sie geneigt wären, in der Nacht danach zu suchen, wird Ihr Traum wahrscheinlich verschwunden sein, bis Sie es gefunden haben.

Wenn Sie allein schlafen, werden Sie wohl lieber ein Bandgerät verwenden und Ihren Traum später zu Papier bringen. Es ist ein sonderbares und wundervolles Erlebnis, am nächsten Tag Ihren Traum abzuspielen; Ihre Stimme klingt, als käme sie von einer anderen Welt – was tatsächlich der Fall ist, wenn Sie noch halb im Schlaf auf Band sprechen. Das ist ein vortrefflicher Zustand für die Aufnahme von Träumen, ein veränderter Bewußtseinszustand, in dem wir die fremdartige Welt der Träume mit ihren einzigartigen Gesetzen und unterschiedlichen Raum-Zeit-Dimensionen fast berühren. Ich empfehle, sich beim Sammeln von Träumen nach Möglichkeit eines Tonbandgeräts zu bedienen.

Falls Ihr Partner womöglich aufwacht, wenn Sie nachts Licht anknipsen, dann sollten Sie eine Taschenlampe auf dem Nachttisch haben und sie statt dessen benutzen. Eine andere Möglichkeit ist ein Leuchtstift, wie ihn Polizisten und Nachtschwestern im Krankenhaus verwenden. Es ist auch zweckmäßig, zusätzlich im Badezimmer Papier und Bleistift zu haben, denn Sie können Ihren Traum auch dort aufschreiben, wenn Sie während der Nacht dahin müssen. Sehen Sie nicht nur ein winziges Zettelchen oder ein kurzes Stück Tonband vor – das ist ein Mißtrauensvotum gegen die Fähigkeit der träumenden Seele, genug Material für Sie zu produzieren, und Ihr Erinnerungsvermögen wird darunter leiden.

2. Regel:
Datieren Sie Ihr Papier oder das Tonband im voraus

Das Datum eines Traums kann sehr wichtig sein, um seine Bedeutung zu verstehen. Er mag sich als einer dieser »Jahrestag«-Träume herausstellen, die ich im 1. Kapitel erwähnt habe. Einer von Johns Träumen entzog sich mehrere Monate lang der Deutung, bis ein zufälliger Blick auf das Datum über der Aufzeichnung – 31. Dezember – ihm klarmachte, daß seine träumende Seele eine Art Rückblick auf das letzte Jahr veranstaltete und ihm eine sehr viel optimistischere Ansicht vermittelte, als er sie im Wachzustand hatte.

Wenn Sie es sich zur Gewohnheit machen, Ihre schriftliche oder Tonbandaufzeichnung zu datieren, ehe Sie schlafen gehen, erübrigt sich nicht nur die nachträgliche Datierung, sondern es ist auch ein Beweis für die träumende Seele, daß Sie bereit sind, ihre Botschaften zu erwarten. Als einen weiteren Beweis in derselben Richtung schreiben Sie unter das Datum *1. Traum*, um zu zeigen, daß Sie in dieser Nacht für mehr als einen Traum bereit sind.

3. Regel:
Unterstützen Sie Ihre Träume durch Suggestion oder ein Gebet

Wenn Sie zum Schlafen bereit sind, knipsen Sie das Licht aus und entspannen Sie sich im Bett. Wenn Ihr Körper verkrampft ist, lockern Sie bewußt immer einen Muskel nach dem anderen, beginnen Sie mit den Zehen und arbeiten Sie sich bis zum Kopf voran. Es ist besonders vorteilhaft, die Gesichtsmuskeln zu entspannen, vor allem diejenigen um Mund und Kiefer. Diese Entspannungsübung ist nützlich für den Schlaf, ob Sie nun versuchen, Träume zu sammeln oder nicht, aber sie führt auch einen »suggestiblen« Geisteszustand herbei, in dem Sie sich selbst beeinflussen können, Ihre Träume zu erinnern.

Wenn Sie völlig entspannt sind, sagen Sie etwas dergleichen: »Träume, ich bin bereit für euch. Ich verspreche, wenn ihr mir heute nacht eine Botschaft sendet, werde ich mein Bestes tun, mich daran zu erinnern und sie aufzuschreiben.« Wiederholen Sie diese Bitte mehrmals und versuchen Sie, daran zu denken, wenn Sie einschlafen. Fromme Menschen werden es vielleicht vorziehen, zu Gott um Anleitung zu beten, statt an »Träume« eine Bitte zu richten. Schließlich ist es ein wichtiger Bestandteil aller religiöser Traditionen, daß Gott mit den Menschen im Traum spricht.

Wenn Sie entschlossener vorgehen wollen oder feststellen, daß Suggestion oder Gebet nicht zum Erfolg führen, versuchen Sie das folgende autohypnotische Verfahren. Entspannen Sie sich, wie oben beschrieben, und wiederholen Sie beim Einschlafen die Worte: »Beim Aufwachen wird mir ein Traum gegenwärtig sein, und ich werde ihn aufschreiben.« Falls Sie nicht während der Nacht aufwachen wollen, sagen Sie: »Wenn ich *morgens* aufwache, wird mir ein Traum gegenwärtig sein, und ich werde ihn aufschreiben.«

Das Traumspiel sollte keine unangenehme Aufgabe sein, und wenn Sie normalerweise nachts nicht aufwachen, brauchen Sie nicht unbedingt Ihre Gewohnheiten zu ändern. Der letzte Traum vor dem Aufwachen am Morgen ist gewöhnlich lang und verwickelt, und wenn Sie sich dazu erziehen können, ihn ziemlich regelmäßig zu erwischen, werden Sie reichlich Material haben, um sich mit Ihren Träumen zu beschäftigen.

4. Regel:
Vertrauen Sie nie Ihrem Gedächtnis allein und hüten Sie sich vor Aufschub

Weil die Gedächtnisspuren von Träumen so rasch verblassen, sollten Sie sich nie der Täuschung hingeben, daß Sie sich an einen Traum erinnern werden, wenn Sie ihn nicht sofort aufzeichnen, bloß weil er Ihnen im Augenblick so gegenwärtig ist. In den Jahren meiner experimentellen Traumforschung habe ich mich intensiv mit dem Problem befaßt und herausgefunden, daß meine Versuchspersonen von einem Traum, über den sie mir mitten in der Nacht berichteten und den ich notierte, morgens fünfzig Prozent vergessen hatten, ungeachtet der Tatsache, daß sie gezwungen worden waren, gleich beim Aufwachen aus dem Traum mir die Information zu geben.

Ebenso hat die Forschung erwiesen, daß, wie lebhaft ein Traum Ihnen auch noch im Gedächtnis sein mag, wenn Sie morgens aufwachen, Sie einen beträchtlichen Teil davon vergessen haben werden, wenn Sie gleich ins Badezimmer stürzen oder frühstücken, ehe Sie ihn aufgezeichnet haben, ganz zu schweigen davon, wenn Sie an die Arbeit gehen und die Aufzeichnung auf später verschieben.

Aufschub ist der Dieb der Träume und noch dazu der Dieb des Schlafes. Als ich damit anfing, Träume zu sammeln, lag ich oft wach und hatte einen Traum gegenwärtig, ich wußte, daß er wichtig war, aber ich brachte die Willenskraft nicht auf, ihn aufzuschreiben. Hin- und hergerissen zwischen dem Bedürfnis, an dem Traum festzuhalten, und dem Wunsch, weiterzuschlafen, lag ich oft eine Stunde oder noch länger wach und dachte über den Traum nach, bis ich erkannte, daß es mich weit weniger Schlaf kostet, wenn ich die Anstrengung auf mich nehme, den Traum sofort beim Aufwachen aufzuzeichnen.

5. Regel:
Niemals einen Traum als zu trivial abtun, um ihn aufzuzeichnen

Haben Sie keine vorgefaßten Meinungen darüber, was ein Traum ist. Wenn Ihnen beim Aufwachen *irgend etwas* gegenwärtig ist, schreiben Sie es auf. Selbst Gedanken und Eindrücke können interessant sein und uns sagen, was wir von irgendeinem Ereignis des Tages halten, und manchmal können sie präkognitiver Natur sein. Jung meinte in diesem Zusammenhang, der Traum befasse sich oft mit scheinbar albernen Einzelheiten und rufe daher einen Eindruck von Absurdität hervor, oder aber er sei vordergründig so unverständlich, daß wir verwirrt seien. Deshalb müßten wir immer einen gewissen Widerstand überwinden, ehe wir uns ernstlich daran machen, das komplizierte Gespinst zu entwirren. Doch wenn wir schließlich zur wahren Bedeutung vorstoßen, dann seien wir tief in die Geheimnisse des Träumers eingedrungen und entdecken erstaunt, daß ein scheinbar ganz sinnloser Traum im höchsten Maße signifikant sei und in Wirklichkeit nur von wichtigen und ernsten Dingen spreche.

Wenn Ihnen ein Traum entgeht, machen Sie sich keine Sorgen. Anspannung tut weder Ihnen noch Ihrem Traum-Erinnerungsvermögen gut. Wenn die Botschaft wichtig ist, wird Ihre träumende Seele sie später wieder vorbringen.

6. Regel:
Notieren Sie Ihren Traum so vollständig wie möglich

Zeichnen Sie so viel von Ihrem Traum auf, wie Sie erinnern, entweder vollständig oder in Stichworten. Sie bleiben vielleicht gern einen Augenblick entspannt im Bett liegen und überlegen sich den Traum noch einmal, ehe Sie ihn tatsächlich aufzeichnen, denn es gibt einige Hinweise, daß eine jähe Körperbewegung bewirken kann, daß der Traum verschwindet. Wenn Sie sich so verhalten, widerstehen Sie der Versuchung, wieder einzuschlafen; bleiben Sie in einer Haltung entspannter Aufmerksamkeit, und Sie werden feststellen, daß die Traumszenen allmählich wieder auftauchen. Wenn Sie so viel als möglich wieder beisammen haben, schreiben Sie alles auf oder sprechen es auf Band. Wenn Sie im Präsens schreiben, mag es dazu beitragen, den Traum lebendig zu erhalten.

Fügen Sie einige unmittelbare Assoziationen oder Gedanken über die mögliche Bedeutung des Traums hinzu und schreiben Sie alle Gefühle auf, die Sie in Verbindung mit dem Traum empfanden. Waren Sie glücklich, deprimiert, ängstlich, erregt oder gleichgültig? Das kann eine Deutung völlig verändern.

Vermerken Sie auch Ihre Stimmung beim Aufwachen. Fühlten Sie sich wohl oder schlecht, waren Sie froh oder traurig, friedlich oder beunruhigt? Das ist wichtig, denn wenn Sie nach einem anscheinend guten Traum beunruhigt sind, dann ist Ihnen etwas entgangen, und Sie werden danach suchen müssen, wenn Sie sich mit dem Traum beschäftigen. Dasselbe gilt für einen anscheinend schlechten Traum, nach dem Sie sich unerklärlich wohl fühlen – notieren Sie also Ihre Gefühle im Traum selbst und Ihre Stimmung beim Aufwachen.

Schreiben Sie auch jede Farbe auf, die in einem Traum deutlich auffiel, wie lächerlich oder selbstverständlich sie erscheinen mag, denn die träumende Seele bedient sich oft des Tricks, ein Bild oder eine Szene in lebhaften Farben zu malen, um Ihre Aufmerksamkeit auf deren Bedeutung zu lenken. Zum Beispiel hat mein Mann einmal geträumt, Königin Victoria steche ihm mit einer riesigen Akupunkturnadel in die Nase, und als er von dem Traum berichtete, erwähnte er, wie rot das Blut war. Die Röte des Blutes war tatsächlich der entscheidende Schlüssel zur Bedeutung des Traums, der sein Minderwertigkeitsgefühl wegen seines ganz gewöhnlich roten Blutes aufzeigte statt des blauen Blutes, das in den Adern von Aristokraten fließt!

Tatsächlich träumen wir alle meistens farbig, wie Traumforscher nachgewiesen haben, wenn sie Versuchspersonen aus dem REM-Schlaf weckten und sofort über die Farbe in ihren Träumen befragten. Die Versuchspersonen antworteten fast immer, daß das Gras grün, der Himmel blau, das Haus weiß war und dergleichen mehr. Indes verliert sich die Erinnerung an Farben in einem Traum sehr rasch, wie im wachen Leben auch, sofern nicht etwas dem Auge besonders auffällt. Wenn also in einem Traum eine bestimmte Farbe Ihre Aufmerksamkeit erregt, notieren Sie es, wenn Sie den Traum aufzeichnen.

7. Regel:
(Für wirkliche Enthusiasten!)

Wenn Sie im Laufe der Nacht einen Traum aufgezeichnet haben, schlafen Sie nicht wieder ein, ehe Sie den nächsten aufgefordert haben, zu Ihnen zu kommen, indem Sie unter Ihre Notiz die Worte *2. Traum* schreiben oder sie auf Band sprechen. Wenn Sie während der Nacht einen zweiten Traum zusammenbringen, beenden Sie Ihre Aufzeichnung mit den Worten *3. Traum*. Manchmal kann man auf diese Weise im Laufe einer einzigen Nacht drei oder vier Träume erwischen. Das ist ein interessantes Unterfangen, weil sich Träume derselben Nacht gewöhnlich auf dasselbe Problem oder dieselbe Situation in Ihrem jetzigen Leben beziehen und ein Traum oft nützlich ist, um Licht auf die Bedeutung eines anderen zu werfen.

Ich wiederhole: Strengen Sie sich nicht an, um Ihre Träume zu erwischen, und gönnen Sie sich genug Zeit zum Schlafen, wenn Sie dieses Experiment unternehmen, vielleicht dadurch, daß Sie etwas früher als sonst ins Bett gehen.

8. Regel:
Schreiben Sie Ihre Träume am nächsten Tag ab

Versuchen Sie, sich am nächsten Tag oder sobald als möglich die Zeit zu nehmen, Ihre Träume abzuschreiben. Sehen Sie für jeden Traum ein besonderes Blatt Papier (DIN A 5 ist ein praktisches Format) oder eine Karteikarte vor und datieren Sie sie deutlich. Wenn Sie in einer einzigen Nacht mehr als einen Traum haben, denken Sie daran, sie in der Reihenfolge ihres Auftretens zu numerieren – 1. Traum, 2. Traum, 3. Traum und so weiter. Fügen Sie alles hinzu, was Ihnen beim Abschreiben des Traums einfällt, aber vermeiden Sie, dem Traummaterial Gewalt anzutun oder es auszuschmücken. Heften Sie Ihre Traumaufzeichnungen der Reihe nach in einem Loseblattbuch ab oder ordnen Sie sie in einem Karteikasten ein.

9. Regel:
Bringen Sie den Traum mit einem Ereignis des Tages in Verbindung

Wenn Sie Ihren Traum sowie alle Assoziationen und Gefühle abgeschrieben haben, versuchen Sie, ihn mit einem Geschehnis des vorigen Tages in Verbindung zu bringen, denn das bietet den entscheidenden Schlüssel zur Bedeutung des Traums. Wenn Sie zum Beispiel im Traum ärgerlich oder ängstlich waren, fragen Sie sich, ob irgendein Vorkommnis des Tages bei Ihnen Ärger oder Angst ausgelöst hat, vielleicht ohne daß Sie es zu der Zeit bewußt registriert haben. Manchmal erleichtert es uns der Traum, indem er bestimmte Menschen, Orte oder Geschehnisse schildert, aber häufiger verwendet er eine symbolische Bildersprache, und es mag auf den ersten Blick so aussehen, als wäre der Traum ohne jede Beziehung zu allem, was Ihnen einfällt. Wenn Sie nicht sofort eine Verbindung zwischen Ihrem Traum und dem, was ihnen am Tag zuvor widerfuhr oder Sie stark beschäftigte, herstellen können, dann notieren Sie rasch die Hauptmerkmale des Tages, damit Sie, wenn Sie später an dem Traum arbeiten, ein oder zwei Bezugspunkte haben, von denen Sie ausgehen können. Insbesondere notieren Sie es, wenn Sie ein Fernsehprogramm gesehen oder ein Buch gelesen haben, oder was für ein Gespräch Sie vor dem Schlafengehen geführt haben.

Eine Warnung ist hier angebracht: Lassen Sie sich nie zu der Annahme verleiten, daß sich durch das Fernsehprogramm, das Buch oder das Gespräch am späten Abend ihr Traum »wegdisputieren« lasse. Solche Geschehnisse sind lediglich Auslöser für eine Traumphantasie, die Sie selbst produziert haben, und es liegt auf der Hand, daß hundert Menschen, die dasselbe Fernsehprogramm betrachten, hundert verschiedene Träume darüber haben werden. Ähnlich ist es, wenn Sie aufwachen, nachdem sie gerade von Feuerwehrwagen geträumt haben und feststellen, daß der Wecker läutet, oder Sie haben geträumt, Sie werden von einem Bären erdrückt und stellen fest, daß Sie sich eine dicke Decke über den Kopf gezogen haben; notieren Sie diese Träume unter allen Umständen, aber denken Sie daran, daß sie nicht ausreichen, um Ihre Traumphantasie zu erklären; schließlich könnte ein anderer, der denselben Stimuli ausgesetzt ist, von Kirchenglocken oder der Umarmung des Liebsten träumen. Dasselbe gilt für innerkörperliche Stimuli, etwa Blasendruck, Durst oder Verdauungsstörungen; zweifellos beeinflußt all das die Träume, aber es gibt eine unendliche Zahl von Traumgeschichten, die sich darum herumranken können. Sowohl äußere als auch innere Stimuli können von der träumenden Seele aufgegriffen und in *einen bereits vor sich gehenden* Traum eingebaut werden, aber sie können keineswegs eine REM-Periode vor ihrer Zeit in Gang bringen oder Sie zum Träumen »veranlassen«.

Nebenbei bemerkt, Sie können aus dem Traumspiel nicht das Beste herausholen, wenn Ihr Schlaf durch Verdauungsstörungen oder Trunkenheit gestört ist. Früher wurde angenommen, spät abends gegessener Käse und Pickles würden die Traumquoten erhöhen, aber die moderne Forschung beweist, daß eine solche Belastung des Verdauungssystems uns nur unruhiger macht und bewirkt, daß wir öfter in der Nacht aufwachen und uns vage, unzusammenhängende Bruchstücke von Träumen (meist aus Nicht-REM-Schlaf) gegenwärtig sind, die gewöhnlich für die spätere Deutung nicht sehr nützlich sind.

Ich werde oft gefragt, ob ich, da ich Träume für so wichtig halte, die Verwendung eines Weckers empfehlen würde, um als behelfsmäßiges, selbstgebasteltes Gegenstück zu dem zu dienen, was experimentelle Traumforscher im Labor tun, um das Aufwachen während der Nacht zu »forcieren«. Meine

Antwort lautet, daß solche drastischen Maßnahmen unter normalen Umständen nicht nötig sein sollten, obwohl es für echte Enthusiasten interessant ist, dann und wann das Experiment mit dem Wecker anzustellen. Der Zweck der Sache ist, die Uhr so zu stellen, daß Sie etwa die ganze Nacht über etwa alle zwei Stunden geweckt werden und dann aufzeichnen, was Ihnen beim Aufwachen durch den Kopf geht. Sie werden fast sicher mindestens zwei REM-Träume erwischen und vielleicht auch etwas Nicht-REM-Traummaterial, das Ihnen ermöglichen würde, den Unterschied zwischen den beiden Arten des Träumens herauszufinden. Ich schlage getrennte Schlafzimmer für verheiratete Spieler vor, solange das Weckerexperiment im Gang ist!

Ihr Traumtagebuch

Die angegebenen Regeln stellen die Idealform der Führung eines Traumtagebuchs dar, die ich so ausführlich beschrieben habe, damit Sie von Zeit zu Zeit wieder darauf zurückgreifen können, wenn Ihr eigenes Experiment nicht der Erwartung entspricht. Es mag sein, daß Ihnen ein oder zwei Punkte entgangen sind, und das kann durch nochmaliges Lesen des Kapitels in Ordnung gebracht werden. Nach meiner Erfahrung werden immer die zwei wichtigsten Regeln übersehen, nämlich, den Traum beim Aufwachen aufzuschreiben und ihn dann mit einem Geschehnis der letzten Tage in Verbindung zu bringen. Wird die erste Regel nicht befolgt, ist ein Verlust an Träumen die Folge, während ein Nichtbefolgen der zweiten Regel eine wirkungsvolle Deutung fast unmöglich macht, wie in späteren Kapiteln gezeigt werden wird.

Wenn Sie zugleich mit der Lektüre des Buches die Instruktionen befolgt haben, sollten an diesem Punkt schon die Anfänge Ihres Traumtagebuches vorliegen. Der aufregendste Teil kommt indes noch – die Bedeutung Ihrer Träume, die die Geheimnisse des verborgenen Lebens enthüllen, das Sie in den dunklen Stunden führen. Ich habe vorgeschlagen, daß Sie Ihre Träume abschreiben und in einem Loseblattbuch abheften. Dann können Sie später Ihre Deutungen eintragen, zusammen mit weiteren Gedanken, die Sie sich über die Träume und ihre Symbole machen. Der Sohn von Edgar Cayce, Hugh Lynn, sagte kürzlich, das beste Buch über Träume, das Sie je lesen werden, ist dasjenige, das Sie selbst schreiben.

Zweiter Teil

Das Spiel

4

Die Sprache der Träume – oder warum die Universalsprache kein Wörterbuch dafür hat

Selbst ein relativ dummes Gefühl als Folge der eigenen Vorstellungsbilder ist besser als Vernunft oder Vermutungen der besten außenstehenden Experten. Außenstehende neigen dazu, ihr eigenes Leben auf die Vorstellungsbilder zu projizieren. Gelegentlich habe ich es erlebt, daß sehr gute Freunde bedeutsame Vermutungen über die Vorstellungsbilder eines anderen äußerten. Aber Sie sind das Leben, das Ihre Vorstellungsbilder projiziert. Ihr höchst zögerndes Verständnis ist seiner eigenen Quelle näher.

WILSON VAN DUSEN

Manche Träume sind sehr leicht zu verstehen und erfordern keine Deutung. Wenn Sie träumen, Sie hätten eine sexuelle Beziehung zu einem recht attraktiven Nachbarn oder Kollegen, dann bringt Ihr Traum wahrscheinlich nichts weiter zum Ausdruck, als daß Sie sich erotisch zu ihm hingezogen fühlen – und das mag eine wirkliche Offenbarung sein, wenn Sie sich dieser Gefühle im Wachleben nicht bewußt sind. Ebenso ist, wenn Sie davon träumen, daß Sie jemanden in Ihrem jetzigen Leben umbringen, unschwer zu erkennen, daß Sie einige Feindseligkeit gegen ihn empfinden. In solchen Fällen überträgt der Traum einen Gedanken des Herzens unmittelbar und unverblümt in die Bildersprache, und eben die Tatsache, daß dieses Gefühl im Traum empfunden wird, erleichtert es, es im Wachleben zu akzeptieren und zu konfrontieren, und das müssen wir tun, wenn unser Leben nicht dadurch zugrunde gerichtet werden soll, daß sich das Gefühl unter der Oberfläche weiterfrißt und schließlich auf irgendeine abwegige Weise unbewußten Ausdruck findet.

Manchmal wird ein Traum ein dramatisiertes Bild nicht nur von einem verborgenen Gefühl über uns oder andere in unserem Leben bieten, sondern auch von dem Grund für dieses Gefühl. Zum Beispiel träumte ich vor vielen Jahren, als ich noch mit meinem ersten Mann verheiratet war, daß ich mich an ihn herangeschlichen hatte, während er schlief, und ihn mit einem Teppichklopfer zu Tode prügelte. Der Traum drückte ganz eindeutig Feindseligkeit gegen ihn aus, aber warum hat ihn mein Traum-Ich mit einem Teppichklopfer umgebracht statt mit einem Golfschläger oder Hammer? Es bedarf nur sehr wenig Phantasie, um die Vermutung zu wagen, daß mein Groll etwas mit dem häuslichen Leben zu tun hatte, obwohl der Traum die konkrete Frage nicht ausdrücklich anschnitt. Mein Mann bestand tatsächlich darauf, ich sollte meinen Beruf aufgeben und mich um das Haus und die Familie kümmern, eine Aussicht, die mich offenbar mit mörderischen Gedanken erfüllte, obwohl ich mir bewußt nicht über das volle Ausmaß meiner Feindseligkeit klar geworden war. Der Traum warnte mich daher auf unzweifelhafte Weise, ich würde, wenn ich seiner Forderung entspräche, so frustriert und unglücklich sein, daß ich tatsächlich dazu getrieben werden könnte, ihm irgendein Leid anzutun, vielleicht ohne mir über mein Tun klar zu sein. Wäre ich Künstlerin gewesen und hätte ein Bild von der Situation gemalt, hätte ich den Konflikt nicht klarer darstellen können als der Traum. Wäre mein Groll durch die langen Stunden ausgelöst worden, die er an seiner Werkbank oder auf dem Golfplatz verbrachte, hätte ich ihn im Traum mit einem Hammer oder einem Golfschläger umgebracht.

Selbst die verworrensten und bizarrsten Träume erfüllen im wesentlichen dieselbe Funktion wie die offenkundigeren, und zwar drücken sie Stimmungen, Gefühle und Intuitionen in der Bildersprache aus, nur sind ihre Bilder verwickelter, weil sie verwickeltere Gedanken ausdrücken. Hätte zum Beispiel zu den Gedanken meines Herzens das Gefühl gehört, daß mein Mann ein lausiges, männliches, chauvinistisches Schwein wäre, dann hätte mein Traum mich geschildert, wie ich mich an ein schlafendes Schwein heranschleiche und beobachte, wie es sich in eine Laus verwandelt, während ich es erschlage. Und wäre der Schauplatz des Traums das Elternhaus meines Mannes gewesen, dann wäre damit vielleicht das Gefühl ausgedrückt worden, daß seine Erziehung an seinem unvernünftigen Verhalten schuld war. Hätte andererseits der Mord im Traum in meinem eigenen Elternhaus stattgefunden, oder wäre die Fortsetzung gewesen, daß sich mein Mann in meine Mutter verwandelte, dann hätte der Traum die jetzige Situation mit einem ähnlichen Gefühl des Grolls in Verbindung bringen können, das ich als Kind empfand, etwa wenn meine Mutter verlangte, daß ich die Hausarbeit erledigte, während mein Bruder spielen gehen durfte. Träume fassen auf diese Weise mehrere oft verschiedene Gedanken und Eindrücke zu einem einzigen, kompakten Bild zusammen.

Die Logik des Herzens

Warum verwendet die träumende Seele derart komplizierte Ausdrucksformen? Freud, der für das moderne Verständnis von Träumen den Weg bahnte, glaubte, sie drücke sich in Symbolen aus, um dem Träumer die ganze Unerfreulichkeit all seiner primitiven sexuellen und aggressiven Triebe zu verhehlen, die im Wachleben verdrängt werden, weil sie als nicht »schicklich« oder anständig gelten. Laut Freud ist die gegebene Zeit, in der sie freigesetzt werden können, der Schlaf, wenn die bewußte Seele nicht »im Dienst« ist und diese Triebe sich in Phantasien äußern können, ohne wirklichen Schaden anzurichten. Der Traum, behauptete er, nehme seine Zuflucht zu einer symbolischen, verhüllenden Bildersprache, denn würde er sexuelle und aggressive Akte offen schildern, würde der Träumer entsetzt aufwachen und um seinen dringend benötigten Schlaf gebracht werden. Deshalb zeige die träumende Seele listig, wie der Träumer den Regenschirm seines Vaters zerbricht und auf dem Rücken einer Kuh reitet, und das ermögliche ihm, ungestört weiterzuschlafen, ohne sich der Phantasie, der er sich gerade hingegeben hat, bewußt zu werden: daß er nämlich seinen Vater kastriert und mit seiner Mutter geschlafen habe.

Diese Theorie hatte einen schädlichen Einfluß, weil sie die Vorstellung verbreitete, Träume seien darauf aus, uns durch Verhüllungen zu täuschen; nur ein Fachmann könne sie durchschauen, und er werde den Träumer zwingen, die unerfreulichen Wahrheiten zu akzeptieren, die der Träumer zu umgehen versuche. Schon zu Freuds Lebzeiten wandten einige seiner Schüler, unter denen Jung der bemerkenswerteste war, ein, daß Verschleierung im wesentlichen eine Funktion der wachen Psyche und ganz fehl am Platz sei bei Überlegungen über die tieferen Seelenprozesse, und diese Ansicht ist durch die moderne experimentelle Traumforschung bestätigt worden, die uns eine Fülle von Informationen über Träume und das Träumen zugänglich gemacht hat, die Freud einfach nicht zur Verfügung standen. Wir werden immer in seiner Schuld stehen, weil er die gebildete Welt davon überzeugt hat, daß Träume nicht als Unsinn anzusehen seien, und weil er uns viele wertvolle Einsichten über die Art und Weise vermittelt hat, wie sich die träumende Seele der symbolischen Bildersprache bedient, um unbewußte geistige Prozesse zum Ausdruck zu bringen. Doch wissen wir jetzt, daß Freuds »Verhüllungs«-Theorie eine unnötige Komplikation ist, die auf seiner Obsession beruhte, daß das Unbewußte ausschließlich aus unerfreulichen Trieben bestehe, denen die bewußte Seele nicht ins Auge sehen könne.*

Es ist jetzt weitgehend anerkannt, daß Symbole in Träumen dem Träumer die Wahrheit eher enthüllen als verhüllen und sie überdies in sehr präziser, gedrängter Form darstellen. Wenn ich zum Beispiel in einer Nacht träume, daß ich ein Schwein umbringe, und in der nächsten Nacht, daß ich meinen Mann zu Tode prügele, dann ist es vernünftiger anzunehmen, daß das Symbol Schwein zusätzliche Empfindungen vom männlichen Chauvinismus meines Mannes darstellt, statt als (höchst unwirksame) Verhüllung zu dienen, um mir eine peinliche Konfrontation mit meinen mörderischen Gefühlen zu ersparen. Tatsächlich ist der Hauptgrund für den Zweifel an Freuds Verhüllungstheorie, daß die in Träumen auftauchenden Bilder sich nicht von den Metaphern und Slang-Ausdrücken unterscheiden, die wir dauernd im Wachleben gebrauchen. Die symbolische Sprache ist keineswegs eine Verhüllung, sondern scheint die wirksamste Art und Weise zu sein, eine ganze Sammlung von Gefühlen zu artikulieren, und das gilt gleichermaßen, ob die Gefühle nun abscheulich oder edel sind.

* Ausführlich habe ich Freuds Theorie in *Dream Power* untersucht.

Dichter, Bühnenschriftsteller, Filmemacher und bildende Künstler haben sich dieser Sprache immer bedient. In mancher Hinsicht ist ein Traum sehr ähnlich wie ein Film, der im Schlaf eine Reihe Bilder vor dem geistigen Auge vorüberziehen läßt und seine Botschaft durch visuelle Metaphorik und Ideenassoziationen übermittelt. Und obwohl diese Bildersprache oft zuerst seltsam und kompliziert erscheint, stellen wir fest, wenn wir sie erst einmal verstehen, daß sie die klarste und sparsamste aller Sprachen ist, um die Subtilitäten und Kniffligkeiten des menschlichen Erlebens auszudrücken.

Mit Hilfe von Bildern und bildhaften Ideenassoziationen zu denken ist wahrscheinlich die älteste aller Denkarten und reicht zurück bis zu den Anfängen des Menschengeschlechts, als sich das Sprachvermögen gerade erst zu entwickeln begann und das abstrakte Denken noch nicht existierte. Der Höhlenmensch, der durch die Höhle zu seiner Frau hinüberschaut, *sah* sie wahrscheinlich wirklich als Wölfin oder Reh, ehe er den Gedanken artikulieren konnte, daß sie *wie* ein Tier sei – eine Form des Denkens, der es an wissenschaftlicher Genauigkeit mangeln mag, die aber eine große emotionale Unmittelbarkeit besitzt. Tatsächlich bedienen wir uns ihrer immer noch, um Gefühle auszudrücken, obwohl unsere Gattung mittlerweile die Sprache und das Vermögen, abstrakt zu denken, entwickelt hat, denn zu einem Großteil besteht unsere Sprache aus Bildern, die in verbale Metaphern übersetzt wurden: ein »lockerer Vogel«, »Wolf im Schafspelz«, »Eintagsfliegen«, »die Brücken abbrechen«, »Es ist, um auf die Bäume zu klettern«, »den Dampfer verpassen«, »sich in die Nesseln setzen«, »jemandem aufs Dach steigen« und unzählige vergleichbare Redewendungen, deren sich jede Sprache auf Erden wegen ihrer emotionalen Wirksamkeit und Aussagekraft ständig bedient außer bei ganz unpersönlichen wissenschaftlichen Dingen. Wenn sich der träumende Geist also in Filmbegriffen ausdrückt, alles »als ob« wegläßt und uns buchstäblich Straßen und Brücken überqueren läßt, wenn wir uns wichtigen Entscheidungen im Leben gegenübersehen, oder zeigt, wie wir buchstäblich verschlungen werden, wenn etwas »an uns nagt«, dann verwendet er die fundamentalste aller Sprachen, die Männern und Frauen jedes Alters und jeder Rasse gemein ist.

Der Mensch der Frühzeit mag rein bildhafte Träume gehabt haben, etwa wie Stummfilme, aber darüber können wir nur spekulieren. Seit Wörter ein wesentlicher Teil des menschlichen Lebens geworden sind, haben sich Träume ihrer immer bedient, aber sie spielen gewöhnlich eine weniger wichtige Rolle als die Äußerung von Gefühlen, die in der Bildergeschichte enthalten ist. Denn der träumenden Seele liegt an dem totalen Ausdruck irgendeines Gefühls oder einer Erkenntnis in aller Komplexität, Subtilität und Gründlichkeit, und Aktionsbilder sind in dieser Hinsicht weit ausdrucksvoller und weniger einschränkend als Wörter. Natürlich müssen wir unsere Träume in die Sprache des Kopfes übersetzen, wenn wir uns auf eine spürbare Weise zusammenreißen wollen, um integriert zu sein – aber selbst nach einer höchst sinnvollen Deutung bleibt der Traum in seiner Gesamtheit immer noch eine *Gefühls*aussage von anderer Art, die das Herz in etwa so anspricht wie ein Gemälde oder ein Gedicht. Während die Bildersprache der Träume also in einer Beziehung primitiver ist als die Sprache des Wachlebens, bedeutet das keineswegs, daß sie ungeschliffen, zusammenhanglos oder unlogisch wäre. Die träumende Seele gebraucht diese Sprache für einen bestimmten Zweck – um die Gedanken des Herzens möglichst vollständig auszudrücken –, und sie tut es so großartig und scharfsinnig, daß es im Altertum oft hieß, sie sei die Sprache Gottes.

Die Sprache der Träume hat in der Tat eine eigene Logik, die sich zwar von der mechanischen Logik der Gedanken unseres Kopfes oft stark unterscheidet, sich aber in Wirklichkeit genau auf die Gedanken des Herzens bezieht und uns überdies absolut vertraut ist, wenn wir uns die Mühe machen, sie zu verstehen. So kommt es einem im Traum gar nicht überraschend vor, wenn sich ein Mensch in ein Tier verwandelt oder man sich irgendwelchen Betätigungen aus der Kindheit hingibt, und zwar aus dem einfachen Grund, weil das Herz tagsüber diesen Menschen bereits als ein Tier *gesehen* hat oder ihm Kindheitserinnerungen eingefallen sind. Ebenso ist es ein allgemeines Merkmal von Träumen, daß man sich nur vor etwas zu fürchten braucht – daß sich ein gefährliches Tier in einem dunklen Keller aufhalten oder ein hohes Gebäude einstürzen würde oder ein einzelnes Insekt eine ganze Insektenplage ankündigen könnte –, damit es schon passiert, und das erscheint in einem Traum völlig natürlich, denn in der Sprache des Herzens bedeutet die Furcht vor etwas, daß man sich vorstellt, es geschehe wirklich. Das träumende Ich zuckt auch nicht mit der Wimper, wenn den Naturgesetzen dadurch Hohn gesprochen wird, daß der Träumer aus eigener Kraft fliegt, oder wenn dadurch gegen die gesellschaftlichen Bräuche verstoßen wird, daß man im Schlafanzug im Büro erscheint, denn das Herz weiß sehr genau, was »hochfliegende Gefühle« sind oder wie es ist, wenn man »bei der Arbeit schläft«.

Wenn uns ein Traum überrascht, dann deshalb, weil das Herz selbst während des Tages von irgend etwas überrascht wurde, ebenso wie ein Traum von chaotischen und verworrenen Geschehnissen ein Hinweis darauf ist, daß das Herz sich verwirrt fühlt, und nicht darauf, wie viele Leute glauben, daß der Traumvorgang etwas seinem Wesen nach Verworrenes an sich habe. Am entgegengesetzten Ende der Skala befindet sich der ganz spezielle Traumzustand, in dem wir etwas gewahr werden, das mit dem wachen Erleben nicht übereinstimmt, und wir im Traum erkennen, daß wir träumen; diese »Luzidität«, wie der Fachausdruck dafür lautet, ist ein höherer Bewußtseinszustand, der ein tatsächliches Zusammenkommen von Kopf und Herz irgendwo im wachen Leben während des Tagesablaufs widerspiegelt.

Calvin Hall, der einige von Freuds wichtigen Erkenntnissen über die Traumsymbolik in echt wissenschaftlichen, praktischen und vernünftigen Begriffen neu formulierte, faßt die Frage in seinem Buch *The Meaning of Dreams* prägnant zusammen: »Es gibt Symbole in Träumen aus demselben Grund, aus dem es Redefiguren in der Poesie und Slang in der Alltagssprache gibt. Der Mensch will seine Gedanken so klar wie möglich in konkreten Begriffen ausdrücken. Er will den Sinn präzise und knapp darlegen. Er will seine Vorstellungen in die am besten geeignete Form kleiden. Und vielleicht, obwohl wir dessen nicht allzu sicher sind, will er seine Gedanken mit Schönheit und Geschmack garnieren. Aus diesen Gründen verwendet die Sprache des Schlafs Symbole.« Er fügt hinzu, daß jeder, »der ein Bild ansehen und sagen kann, was es bedeutet, fähig sein sollte, seine Träume anzusehen und zu sagen, was sie bedeuten.«

Mein jetziger Mann John sagt nun, er könne oft stundenlang vor einem Bild stehen und wisse immer noch nicht, was es bedeute. Ich kann es ihm nachfühlen, denn mir ist es auch schon so gegangen. Während ich Hall insofern folge, als ich glaube, daß die meisten Menschen sich gewöhnlich über gewisse Aspekte eines Gemäldes einigen können – ob es Verzweiflung oder Freude ausdrückt, Stille oder Aufregung, böse Vorahnungen oder Hoffnungen, Tod oder Auferstehung –, stimme ich John zu, daß wir unmöglich genau wissen können, warum der Künstler einen Halbmond statt des Vollmondes malte oder warum jener Fisch mit einem Hund zwischen den Zähnen durch die Luft fliegt. Wir können so viele Vermutungen äußern, wie wir wollen, doch letztlich kennt nur der Künstler selbst die Bedeutung der Vorstellungsbilder in seinem Gemälde. (Wenn der Künstler sagt, er kenne sie nicht, dann müssen wir sagen, sein Bild habe keine alleinige »wahre« Bedeutung – es ist wie ein Tintenkleckstest, etwas, das jeder nach Belieben deuten kann. Doch solche Fälle sind selten.) Aus diesem Grunde möchte ich Halls Aussage abwandeln: »Da jeder (normalerweise) ein Bild, das *er selbst* gemalt hat, ansehen und sagen kann, was es bedeutet, sollte er fähig sein, seine Träume anzusehen und zu sagen, was sie bedeuten.«

Denn wir und nur wir sind die Maler unserer Traumbilder, und wenn wir lernen wollen, unsere Träume zu verstehen, brauchen wir nur zu lernen, die Sprache unseres Herzens zu verstehen – und darum geht es in diesem Buch. Ein Psychotherapeut oder Traum-Guru mag daherkommen und alle möglichen Deutungen vorschlagen, aber sofern sie nicht eine Resonanz bei Ihnen hervorrufen und Sie dazu bringen, Ihr Leben auf konstruktive Weise zu ändern, bleiben diese Deutungen nutzlose Spekulationen, was logisch dasselbe ist, als wenn man sagte, sie seien schlicht falsch. Außerdem garantiere ich Ihnen, daß Sie mindestens noch ein weiteres Dutzend »Experten« finden können, die Ihnen völlig unterschiedliche »richtige Deutungen« anbieten – wie es mir jedesmal passiert, wenn ich im Kollegenkreis über einige meiner Träume berichte.

Traumbücher, in denen Sie die Bedeutungen von Traumthemen und -symbolen nachschlagen können, sind gleichfalls nutzlos, ob sie nun der Tradition folgen oder auf irgendeiner modernen psychologischen Theorie beruhen. Während ein Traum von einer Banane für den Kompilator eines bestimmten Traumbuchs in der Tat eine Warnung sein mag, nicht zu viel zu essen, so ist es doch für einen anderen Autor mehr als wahrscheinlich, daß es ein phallisches Symbol ist. Gewiß bedeutet es für mich weder das eine noch das andere und vermutlich auch nicht für manche anderen. Man kann die Traumsprache nicht so lernen, wie man Französisch oder Spanisch lernt, denn jeder von uns hat sein individuelles Traumvokabular, das sich allein durch seine eigenen Lebenserfahrungen gebildet hat. In Kapitel 7 und im Anhang gebe ich Anleitungen für die Zusammenstellung Ihres eigenen Traumglossars, aber das läßt sich nicht dafür verwenden, die Träume Ihrer Freunde oder auch Ihres Partners zu deuten, obwohl jemand manchmal ein bestimmtes Symbol und seine Bedeutung von einem anderen »klauen« mag, wenn seine träumende Seele es zu dieser Zeit für nützlich oder belangvoll hält. Das erklärt bis zu einem gewissen Grad, warum Psychotherapeuten und andere Traum-Gurus es fertigbringen, an dogmatischen Theorien über die Bedeutung von Traumsymbolen festzuhalten, denn ihre Patienten und Schüler lernen oft die Traumsprache des Meisters und übernehmen dessen Symbole für ihre eigenen Träume. Ebenso werden Menschen, die in einer geschlossenen Gemeinschaft aufgewachsen sind, sagen wir in einem primitiven Stamm oder auf einer Insel, in der es eine tief verwurzelte Tradition in bezug auf Traumsymbole gibt, dazu neigen, in Übereinstimmung mit dieser Tradition zu träumen, einfach weil sie in ihre Erziehung eingebaut war. Aber selbst solche in sich geschlossenen Situationen wie diese sind kein Beweis gegen individuelle Variationen, und im allgemeinen gilt der Grundsatz, daß jeder Mensch sein eigenes Traumglossar hat.

Da wir alle Menschen sind, gibt es gewisse allgemeine *Themen*, die von Zeit zu Zeit in den Träumen von fast jedermann auftauchen, und diese scheinen für uns alle eine ähnliche Bedeutung zu haben, weil sie nämlich Bildmetaphern für ein Gefühl oder ein Erlebnis allgemeiner Art sind. Im nächsten Kapitel behandele ich solche allgemein üblichen Traumthemen – fallen, fliegen, nackt oder spärlich bekleidet in der Öffentlichkeit erscheinen, Prüfungen ablegen, Zähne verlieren, Wertsachen verlieren und wiederfinden und sexuelle Themen – als eine Einführung in die Art und Weise, wie die träumende Seele Bildmetaphern verwendet. (Andere übliche Traumthemen wie gelähmt sein, verfolgt werden, den Faden verlieren, zu spät kommen, von Einbrechern heimgesucht werden, einen Dampfer verpassen, berühmte Menschen treffen und dergleichen werden anderswo im Buch behandelt.) Indes können selbst so verbreitete Traumthemen wie diese nicht wirklich universelle Metaphern genannt werden, denn wenn sie normalerweise auch auf ähnliche Arten von Gefühlen oder Situationen hinweisen, so haben sie doch für jedes Individuum eine ganz unterschiedliche spezifische Bedeutung je nach seinen Lebensumständen zur Zeit des Traums.

In Kapitel 6 beschreibe ich, auf welch unheimliche Weise Träume Wortspiele, Slangausdrücke, Körpersprache und umgangssprachliche Redewendungen aller Art aufgreifen und verwenden, um ein gutes, lebendiges Bild von den Gefühlen des Träumers zu geben. Das ist einer der wichtigsten Aspekte der Sprache von Träumen, und er ist nicht genügend berücksichtigt worden. Aber auch hier kennt nur der Träumer selbst die spezifische Situation im Leben, auf die sich sein Traum bezieht, wenn er zeigt, wie der Träumer »den Anschluß verpaßt«, »unter den Tisch getrunken wird«, »sich am Riemen reißt« oder »zu heiß gebadet wird«.

Wenn es darum geht, die individuellen Symbole in Ihren Träumen zu verstehen, etwa Tiere, Fahrzeuge, Gebäude, Berge, Flüsse, Bäume und dergleichen, so ist es fast unmöglich, allgemeine Grundsätze aufzustellen, da unsere individuellen Erfahrungen so unterschiedlich sind. Freud versuchte eine Theorie der universalen Traumsymbolik aufzustellen, die auf der Vorstellung beruhte, daß Träume hauptsächlich aus einer seelischen Schicht stammen, die sich in der frühen Kindheit bildet, wenn alle Menschen auf dieselbe Weise damit beschäftigt sind, grundlegende Erfahrungen mit ihrem Körper und seinen Funktionen zu machen und zu lernen, eine Beziehung zu Eltern und Geschwistern herzustellen. Daher kommt die wohlbekannte Neigung der Psychoanalytiker, lange dünne Gegenstände als Penis-Symbole zu interpretieren, Öffnungen als Anus- oder Vagina-Symbole, geschlossene Räume als Mutterleib-Symbole, männliche Gestalten und wilde Tiere als Vater-Symbole, weibliche Wesen und sanfte Tiere als Mutter-Symbole, Insekten und kleine Tiere als Geschwister, runde Früchte als Brust-Symbole und dergleichen mehr. Nachdem die moderne Forschung die Vorstellung erschüttert hat, daß Träume sich in erster Linie von Kindheitserlebnissen herleiten, ist Freuds ganze Theorie von der universalen Symbolik hinfällig geworden. Bestenfalls sind seine Ideen Hinweise darauf, was *einige* Traumsymbole *manchmal* bedeuten können; schlimmstenfalls können sie echt irreführend sein, weil sie die Menschen dazu verleiten, bei ihren Träumen nach nur einer Art von Bedeutung Ausschau zu halten, während die wichtigste Regel sein sollte, alle möglichen Bedeutungen aufzuspüren, die ein Traum im Licht Ihrer derzeitigen Erfahrung haben kann.

In Kapitel 7 gebe ich Anweisungen, wie Sie die Bedeutungen Ihrer Traumsymbole und deren Relevanz für Ihre gegenwärtige Lebenssituation herausfinden können. Wenn zum Beispiel in Ihrem Traum eine Schlange vorkommt, ist die erste Frage, die gestellt werden muß (die die meisten Traumbücher und Traum-Gurus gewöhnlich übergehen), ob es in Ihrem gegenwärtigen Leben tatsächlich Schlangen gibt oder nicht. Der Traum könnte eine Warnung vor einer Schlange sein, die Sie am Tag zuvor mit halbem Blick im Garten gesehen haben, die Sie aber, da Sie zu der Zeit zu beschäftigt waren, nicht bewußt registriert haben – wie es mir tatsächlich in North Carolina passiert ist. Eine solche Warnung könnte lebensrettend sein. Doch selbst wenn es in Wirklichkeit gar keine Schlangen geben kann und der Traum symbolisch zu verstehen ist, ist die einzige allgemeine Aussage, die über die Traumschlange gemacht werden kann, daß sie ein Symbol für etwas oder jemanden in Ihrem Leben ist. Wofür genau, wird nicht nur von Ihren besonderen Umständen abhängen, sondern auch davon, was der Begriff Schlange für Sie bedeutet. Wenn er bei Ihnen das Bild eines schleimigen, giftigen Geschöpfs heraufbeschwört, dann bringt der Traum Ihr Gefühl zum Ausdruck, daß jemand in Ihrem Leben schleimig und giftig ist, und das könnte ein anderer Mensch sein oder ein Teil von Ihnen selbst. Wenn Sie hingegen Schlangen mögen, dann stellt der Traum eine wohltätige Kraft dar, und es liegt auf der Hand, daß der Unterschied entscheidend ist.

Nach meiner Erfahrung von vielen Tausenden von Träumen, sind Fälle, in denen sich Schlangen als sexuelle Symbole herausstellen, wie bei den meisten psychoanalytischen Deutungen, recht selten. Menschen, die durch eine biblische Erziehung stark beeinflußt sind, finden oft, daß Traumschlangen eine Versuchung irgendeiner Art symbolisieren, aber nicht unbedingt eine sexuelle. Edgar Cayce deutete Schlangen gewöhnlich als Versuchung, und ich bin sicher, daß das für viele seiner Anhänger gilt, die diese Assoziation übernommen haben, aber er selbst hätte als erster beteuert, daß das nicht unbedingt so sein müsse, und darauf gedrängt, daß die Träumer nachprüfen, ob nicht bei einem bestimmten Traum irgendeine andere Assoziation zu »Schlange« maßgeblich sein könnte. Bei den Caymaninsulanern zum Beispiel hält sich hartnäckig der alte Glaube, daß Traumschlangen auf geheime Feinde hinweisen, was natürlich bedeutet, daß sie wahrscheinlich solche Träume haben, wenn sie tagsüber unterschwellig Verrat wahrnehmen, ohne bewußt einen Anlaß zu Besorgnis zu registrieren. Dabei fallen einem Redewendungen wie »falsche Schlange« ein, und das scheint auch die üblichste Bedeutung von Traumschlangen für viele Menschen auf der ganzen Welt zu sein, denen vor Schlangen graut, auch wenn sie vielleicht noch nie eine lebendige gesehen haben.

In meinen eigenen Träumen kommen Schlangen je nach der Gelegenheit vor; wenn ich mich zum Beispiel sehr intensiv mit geistigen Dingen wie Meditation oder Joga beschäftigt habe, produziert mein Herz einen ganzen Schwarm von Traumschlangen, um mich zu ermahnen, wieder auf die Erde zurückzukehren und meinem physischen Leben Aufmerksamkeit zu schenken – und meinen letzten Schlangentraum hatte ich in der ersten Nacht nach unserer Ankunft auf einer kleinen Insel. Ich träumte, die Insel wimmele von freundlichen Schlangen, und als ich aufwachte, nahm ich an, ich hätte bei unserem Abendspaziergang unterschwellig eine Schlangenplage wahrgenommen. Ich war fast enttäuscht, als ich erfuhr, daß es auf der Insel nur zwei Arten völlig harmloser Ringelnattern gebe. Da die Schlangen in meinem Traum freundlich gewesen waren, wäre es keineswegs höflich gewesen, den Traum im Sinne von geheimen Feinden zu interpretieren, und die Bedeutung wurde mir erst klar, als mir einfiel, daß ich am Vortag von dem alten griechischen Brauch der Inkubation gelesen hatte, wonach Kranke im Tempel des Asklepios schliefen in der Hoffnung, der Gott werde sie durch einen Traum heilen.* Anscheinend harmlose gelbe Schlangen krochen dann über die schlafenden Gestalten im Tempel – was sofort eine Resonanz im Gefühl meines Herzens fand, daß diese Insel der ideale Ort wäre, um hier mein eigenes Traumzentrum zur Heilung und Regeneration durch moderne Traumtherapie wäre.

Schlangen waren in der Literatur der alten griechisch-römischen Welt übliche Symbole für die ärztliche Kunst, so ist es nicht verwunderlich, daß Berichte aus dem klassischen Altertum und dem Mittelalter über Menschen vorliegen, die von Schlangen träumen, wenn sie irgendeine Art von Therapie aufsuchten oder sich ihr unterzogen. Tatsächlich sind in vielen Gesellschaften überall auf der Welt Schlangen Symbole der Heilkunst, und dieses Phänomen hat mehrere Psychologen veranlaßt, darüber zu spekulieren, daß gewisse Symbole praktisch in jeder menschlichen Seele eingebaut sind ungeachtet der individuellen Lebensumstände. Jung, der erhebliche Einwendungen gegen Freuds Anschauung erhob, daß alle Träume letztlich von der Erfahrung der frühen Kindheit herrühren, war dennoch ein entschlossener Verfechter der Vorstellung, daß es im Unbewußten gewisse universale Grundmotive gebe, die die Tendenz haben, in allen menschlichen Gesellschaften in Träumen, Kunstwerken, Legenden, Märchen und Mythen zum Vorschein zu kommen. Er glaubte, diese universalen Grundmotive bildeten ein »kollektives Unbewußtes«, das der ganzen Menschheit gemein sei, und vermutete, sie könnten durch die Hirnstruktur vererbt werden. Für ihn war die Schlange eben ein solches »archetypisches« Symbol, das die tiefste Bewußtheit des Menschen von der Lebensenergie der Natur zum Ausdruck bringt, von der das Sexuelle als ein besonderer Aspekt angesehen werden könnte, die Versuchung als ein zweiter und das Heilen als ein dritter, während das profundeste von allen das alte Symbol der Schlange sei, die sich selbst in den Schwanz beißt, des Uroboros, der zum Ausdruck bringt, wie die Lebenskraft in der Natur aus sich selbst lebt und sich ewig selbst regeneriert.

Die Idee der archetypischen Symbolik hat sehr viele Menschen fasziniert,

* C. A. Meier, *Ancient Incubation and Modern Psychotherapy,* Northwestern University Press, 1967.

hauptsächlich, vermute ich, weil dadurch der Tätigkeit der menschlichen Seele eine Dimension von fast metaphysischer Bedeutung hinzugefügt wird, und ich kann mich in diese Einstellung gut hineinversetzen; aber für den praktischen Zweck, die Träume zu verstehen, hat diese Theorie dieselben Nachteile wie Freuds eher irdische Vorstellung von der universalen Körpersymbolik. Es mag tatsächlich eine Ebene geben, auf der sich unsere Seelen und Herzen mit universalen Problemen von metaphysischer Dimension herumschlagen – daß es das gibt, glaube ich, wie spätere Kapitel zeigen werden; aber gewiß stammen nicht alle Träume aus dieser Ebene, wie Jung selbst ständig in seinen Schriften betonte und alle vernünftigen Jungschen Therapeuten bei ihrer Praxis sehr genau feststellen. Die einzige Möglichkeit, in jedem einzelnen Fall herauszufinden, was eine Traumvorstellung bedeutet, besteht daher darin, in Erfahrung zu bringen, was sie nach Ansicht des Träumers selbst derzeit darstellen könnte, und jede der Weltliteratur entnommene »archetypische« Bedeutung ist bestenfalls ein Vorschlag, der als letzter Ausweg gemacht werden kann, wenn alle persönlichen Assoziationen versagen. Allzu oft suchen indes Leute, die Jung gelesen haben oder in die Hände der falschen Art von Guru geraten sind, in allen Träumen archetypische Bedeutungen, so daß ihnen simple Bedeutungen entgehen und sie sich in einer Fülle metaphysischer Abstraktion verlieren, statt sich mit praktischen Problemen auseinanderzusetzen.

Selbst wenn Sie es mit einem jener seltenen Träume zu tun haben, die aus den tiefsten, transzendentalsten Schichten der Seele zu kommen scheinen, kann die Vorstellung von archetypischen Symbolen und universalen Bedeutungen immer noch absolut irreführend sein, weil dabei nicht in Rechnung gestellt wird, auf wie unendlich unterschiedliche Weise die Menschen in den verschiedenen Teilen der Welt das Leben erfahren. Zum Beispiel ist die Sonne in der westlichen Literatur und in den meisten Träumen von Abendländern ein Symbol des Lebens, der Wärme und der Hoffnung, aber ein Saudi-Araber hat mir erzählt, daß in seinen Träumen und denen seiner Freunde die Sonne Zerstörung und Verwüstung bedeutet, eine Widerspiegelung der täglichen Erfahrung im Leben von Menschen in glühend heißen Wüstenländern. Natürlich können sowohl die lebenspendende Wärme als auch die versengende Zerstörung als Erfahrung von Energie interpretiert werden (wir haben in der westlichen Mythologie die Geschichte von Ikaros, bei dem das Wachs der Flügel schmolz, als er zu dicht an der Sonne flog), aber an diesem Punkt wird die »universale« Bedeutung des Symbols so allgemein, daß es praktisch nutzlos wird. Wenn jemand von der Sonne träumt, sehen wir uns einfach wieder der Notwendigkeit gegenüber, herauszufinden, was die Sonne für den Träumer in seinem gegenwärtigen Leben bedeutet. Wenn Sie eine Resonanz bei ihm hervorrufen können durch einen Hinweis auf etwas, das Sie in Büchern über Sonnensymbolik gelesen haben, dann ist das schön und gut, aber es ist kein Beweis, daß irgendeine Bedeutung von Sonnensymbolen in der menschlichen Psyche eingebaut ist.

Während es zutrifft, daß die träumende Seele eine Bildersprache spricht, die ungeachtet der Rasse, des Glaubensbekenntnisses, des Geschlechts oder des Zeitalters, in dem die Betreffenden leben, allen Menschen gemein ist, so ist es doch eine Sprache, für die es kein Wörterbuch gibt außer demjenigen, das jeder Träumer sich selbst zusammenstellt, und sogar dieses Wörterbuch ist nicht absolut unveränderlich, denn ein und derselbe Mensch kann unter unterschiedlichen Umständen auf verschiedene Weise von Symbolen Gebrauch machen. Außerdem kann manchmal ein und derselbe Traum auf verschiedenen Ebenen mehr als eine Bedeutung haben, wie ich in späteren Kapiteln zeigen werde. Dennoch kann man es im Grunde sehr leicht lernen, Traumsymbole zu verstehen, sobald man einmal damit angefangen hat, und in den folgenden Kapiteln werde ich Ihnen einige einfache Übungen vorführen, um Ihnen zu zeigen, wie es geht.

Ein letztes Wort der Warnung bei Träumen im allgemeinen: denken Sie daran, daß sie immer auf Ihr persönliches Leben, Ihre Hoffnungen und Ängste ausgerichtet sind. Es kommt in der Tat sehr selten vor, daß jemand von allgemeinen Themen wie Politik, Wissenschaft, sozialen Fragen oder Religion träumt, es sei denn, der Träumer wäre in seinem eigenen Leben persönlich mit solchen Dingen befaßt. Calvin Hall sagt darüber: »Ein Traum ist ein persönliches Dokument, ein Brief an einen selbst. Er ist kein Zeitungsbericht und Zeitschriftenartikel.« Manchmal haben wir tatsächlich Träume, aus denen die Gesellschaft als Ganzes eine Lehre ziehen könnte, aber solche Träume sind selten, und jedenfalls entstehen sie aus unseren eigenen Bedürfnissen zur Zeit des Traums. Sogar Jung, der Hauptverfechter der universalen Dimensionen der Seele, betonte, man solle niemals vergessen, daß man in erster Linie und fast unter Ausschluß von allem anderen von sich selbst träume.

5

Acht übliche Traumthemen

Was die Gedanken und Gefühle eines Menschen beschäftigt hat, während er wach war, wiederholt sich in seiner Phantasie, wenn er schläft.
THOMAS VON AQUIN

In diesem Kapitel werde ich acht übliche Traumthemen besprechen, die immer wieder bei Vorträgen, in der Korrespondenz, bei Fernseh- und Rundfunksendungen und sogar bei zwanglosen Unterhaltungen auftauchen; es sind dies Fallen, Fliegen, Nacktheit, Prüfungen, das Ausfallen von Zähnen, das Verlieren von Wertgegenständen, das Finden von Wertgegenständen und Sex. Statistische Untersuchungen haben gezeigt, daß diese acht zu den häufigsten Traumthemen in der westlichen Zivilisation gehören, und obwohl es noch viele andere gibt, die ebenso verbreitet sind (die ich an anderer Stelle in diesem Buch bespreche), habe ich diese acht ausgewählt, um zu veranschaulichen, wie die Traumdeutung vor sich geht. Wer das Traumspiel erst kürzlich aufgenommen und bisher nur ein paar Träume gesammelt hat, mag hier einen Anfang machen können, sie zu verstehen, indem er die in diesem Kapitel niedergelegten Grundregeln befolgt; und sogar alte Hasen und Fachleute sollten hier einige nützliche Hinweise finden, da meine empirische Methode sich nicht auf irgendeine Theorie der Traumsymbolik stützt, wie es die meisten Richtungen der Traumdeutung früher taten. Die Grundregeln des Traumspiels in diesem Stadium sind folgende:

1. Der Traum sollte zuerst einmal immer wörtlich aufgefaßt und auf Anzeichen von objektiver Wahrheit hin untersucht werden, etwa Warnungen oder Ermahnungen, ehe man zur metaphorischen Deutung übergeht.
2. Wenn der wörtlich aufgefaßte Traum keinen Sinn ergibt, dann (und erst dann) sollte er als eine metaphorische Darstellung der Gefühle des Träumers zur Zeit des Traums angesehen werden.
3. Alle Träume werden durch etwas in unseren Seelen oder unseren Herzen ausgelöst; deshalb muß es das erste Ziel sein, das Traumthema mit einem Ereignis oder einer wichtigen Tätigkeit der letzten Tage in Verbindung zu bringen.
4. Die Gefühlstönung des Traums gibt gewöhnlich einen Hinweis darauf, worum es sich bei dieser bestimmten Lebenssituation handelt. Wenn zum Beispiel die Gefühlstönung des Traums traurig war, dann war er durch irgendeine traurige Situation im jetzigen Leben des Träumers ausgelöst.

5. Übliche Traumthemen wie die in diesem Kapitel besprochenen deuten wahrscheinlich auf übliche Bereiche des menschlichen Fühlens und Erlebens hin, aber innerhalb dieser weit gezogenen Grenzen kann jedes Thema für verschiedene Träumer je nach ihren Lebensumständen zur Zeit des Traums eine ganz andere Bedeutung haben.

6. Dasselbe Traumthema kann von Zeit zu Zeit in den Träumen desselben Träumers wiederkehren und jedesmal eine andere, eigene Bedeutung haben, je nach den Lebensumständen des Träumers zur Zeit des jeweiligen Traums.

7. Träume kommen nicht, um uns etwas zu sagen, was wir schon wissen (es sei denn, es ist etwas, das wir wissen, ohne darauf reagiert zu haben; in diesem Fall werden sie immer wiederkommen, oft in Form von Alpträumen, bis wir darauf reagieren). Wenn es sich bei einem Traum also um etwas zu handeln scheint, dessen Sie sich ganz bewußt sind, dann sollten Sie nach einer anderen Bedeutung suchen.

8. Ein Traum ist dann und nur dann richtig gedeutet, wenn er dem Träumer im Hinblick auf seine gegenwärtige Lebenssituation einleuchtet und ihn veranlaßt, sein Leben konstruktiv zu ändern.

9. Ein Traum ist nicht richtig gedeutet, wenn die Deutung den Träumer unberührt läßt oder ihn enttäuscht. Träume kommen zu unserer Expansion, nicht um uns zu verkleinern.

Die folgenden Beispiele von üblichen Traumthemen sollen zeigen, wie diese Grundregeln in der Praxis anzuwenden sind, damit Sie Ihre eigenen Träume verstehen und ein Gefühl für die Wirkungsweise von Träumen bekommen, ohne ihnen Deutungen aufzuzwingen. Meine Untersuchung erschöpft keineswegs die Fülle möglicher Alternativdeutungen, die Sie vielleicht für Ihre eigenen Träume finden – tatsächlich hat dieses Kapitel einzig und allein den Zweck, Sie dazu anzuregen, im Licht Ihrer gegenwärtigen Lebenserfahrung selbst nach der Bedeutung der Träume zu suchen, die Sie gesammelt haben.

Fallträume

Der erste Schritt besteht darin festzustellen, ob der Traum eine Art Warnung vor einem möglichen buchstäblichen Sturz enthält, weil Sie in den letzten Tagen etwas vernachlässigt oder nicht bewußt registriert haben. Als ich zum Beispiel träumte, ich fiele vom Balkon unserer neuen Wohnung im 7. Stock, habe ich nach dem Aufwachen sofort das Geländer untersucht und entdeckt, daß es ausgesprochen wacklig war. Diese Tatsache hatte ich wohl am Vortag vage registriert, doch war ich zu beschäftigt gewesen, um von der möglicherweise gefährlichen Situation bewußt Kenntnis zu nehmen. Dieselbe Regel gilt, wenn wir träumen, daß ein anderer fällt. Zum Beispiel hatte unser Nachbar geträumt, sein Sohn sei von einer Leiter gefallen, und nachdem er mit uns darüber gesprochen hatte, daß man Träume zuerst einmal buchstäblich auffassen soll, hat er seine Leiter überprüft und eine lose Sprosse entdeckt. Wieder einmal hatte der Wachhund der Psyche dazu beigetragen, einen häßlichen Unfall zu vermeiden.

Wenn indes ein Traum vom Fallen keine buchstäbliche Warnung dieser Art überbringt, ist der nächste Schritt, zu fragen, über was für einen metaphorischen Fall oder Sturz sich der Träumer derzeit Gedanken macht. In meiner Traumsammlung finde ich folgende Beispiele: Ein Kollege hatte geträumt, die Treppe im College hinunterzufallen, und da er zu jener Zeit wegen unzulänglicher Arbeit eine Degradierung befürchtete, zeigt der Traum also seine Angst vor einem Statusverlust. Ein Schüler hatte geträumt, die Schultreppe hinunterzufallen, nachdem er am Vortag ein schlechtes Zeugnis nach Hause gebracht hatte, was sein Gefühl aufzeigte, sein Ansehen bei seinen Eltern werde sinken. Die Frau eines Rundfunkintendanten hatte mehrmals hintereinander vom Fallen geträumt, nachdem ihr Mann den Posten erhalten hatte, was zeigt, daß sie das Gefühl hatte, sie werde sich nicht »auf der Höhe« seiner neuen Stellung halten können. Ein katholisches Mädchen berichtete von einer Reihe sehr unerfreulicher Fallträume, nachdem sie begonnen hatte, mit ihrem Freund zu schlafen, was zeigt, daß sie tiefe Schuldgefühle hatte, weil sie glaubte, in Gottes Augen jetzt »ein gefallenes Mädchen« zu sein.

Bei all diesen Träumen wurde das Fallen als unerfreulich empfunden, aber das ist nicht immer so, und dann zeigt der Traum, daß irgendein »Fall«, den wir im Wachzustand erlebt haben oder voraussehen, von unserem Herzen als weniger beängstigend empfunden wird, als wir vielleicht glauben, oder daß er womöglich sogar ausgesprochen erfreulich sein mag. Als ich eine Sendung im amerikanischen Fernsehen hatte, erzählte die Schauspielerin Peggy Cass, sie habe vor einigen Jahren geträumt, sie wäre vom Empire State Building auf ein schönes weiches Bett aus Kiefernnadeln gefallen. Nachdem ich mich vergewissert hatte, daß das Gefühl des Fallens erfreulich gewesen war, und daran dachte, daß sie auf ein *Bett* gefallen war, äußerte ich die Vermutung, sie sehe sich wohl als eine »gefallene Frau« an. Unter allgemeinem Gelächter protestierte sie: »Nicht mehr . . .« Dieser Traum räumt mit dem weitverbreiteten Mythos auf, daß man sterben werde, wenn man in einem Traum vom Fallen auf den Boden aufschlägt; das ist Unsinn, denn ganz abgesehen von der Tatsache, daß Tausende von Menschen, zu denen auch Peggy und ich gehören, die in einem Traum auf den Boden aufgeschlagen sind, immer noch am Leben und gesund sind, können wir schließlich diejenigen, die im Bett starben, nicht fragen, ob sie zur Zeit ihres Todes vom Fallen träumten.

Flugträume

Da Träume vom Fliegen mit eigener Kraft keine buchstäbliche Bedeutung haben können (außer vielleicht für Astronauten), müssen wir auf der Suche nach ihrer Bedeutung das Bild in eine Idee oder einen Gedanken verwandeln – daß sie also das Gefühl des Träumers zum Ausdruck bringen, in seinem jetzigen Leben »high« oder »im siebenten Himmel« zu sein, oder daß sie vielleicht sein Streben zeigen, über die Umstände »erhaben zu sein« oder Einschränkungen zu vermeiden. Auch hier gibt der Gefühlston – gehobene Stimmung oder Angst – den Hinweis darauf, wie Sie diese Ereignisse in Ihrem Leben wirklich empfinden. Zum Beispiel träumt der Talkmaster Johnny Carson oft davon, daß er fliege und in der Luft akrobatische Kunststücke vollführe, wenn er im Studio einen guten Tag gehabt hat. Er genießt diese Träume ausgesprochen, ein Hinweis darauf, daß ihm die Darbietung seiner verbalen akrobatischen Künste tatsächlich »Auftrieb« verleiht. Ich selbst bin nach dem Erscheinen von *Dream Power* nächtelang im Traum geflogen, und es war eine überraschende Entdeckung, wie sehr es mich entzückte, eine Autorin geworden zu sein.

Vor einigen Jahren hatte ich eine Serie von Flugträumen, in denen ich versuchte, aus einer bedrohlichen Situation zu entkommen. Ich wurde von einem riesigen, grünen, ungestalten Ungeheuer verfolgt, und gewöhnlich wachte ich voll Schrecken auf, wenn das Geschöpf mich angriff. Die Träume fanden zu einer Zeit meines Lebens statt, als ich mit Gefühlen der Eifersucht auf meinen ersten Mann kämpfte, so daß es nicht schwierig war, das »grünäugige Ungeheuer« meiner Alpträume zu identifizieren, und die Botschaft war klar. Während mein Kopf ganz überzeugt war, daß ich diese Gefühle in der Gewalt hätte, zeigten die Gedanken meines Herzens deutlich, daß meine Bemühungen, »darüber erhaben zu sein«, gescheitert waren und ich immer noch von Eifersucht »verzehrt« wurde. Die Träume hielten an, mit Variationen je nach den Ereignissen des Vortages, bis ich der unerfreulichen Wahrheit, daß ich nicht so unbeteiligt war, wie ich glaubte, die Stirn bot und die Sache offen mit meinem Mann besprach. Erst dann war ich imstande, mich zusammenzureißen und die Sache vernünftig zu betrachten.

Die Höhe, in der Sie in Träumen fliegen, ist wichtig, und ebenso die Gefühlstönung. Jimmy Dean, der amerikanische Komiker, erzählte mir von einem Traum, in dem er in mittlerer Höhe flog und entdeckte, daß ihm ausgesprochen angst und bange wurde, wenn er sich höher hinaufwagte. Als ich ihn fragte, ob er im Leben »hoch hinaus« wolle, antwortete er: »Komisch, daß Sie das fragen. Mir ist gerade eine eigene Show am Broadway angeboten worden, aber ich habe abgelehnt, weil ich mich dafür nicht ganz ›auf der Höhe‹ fühlte.« Sein Herz und sein Kopf waren in puncto Ehrgeiz offenbar völlig einig.

Psychoanalytiker neigen dazu, alle erfreulichen Flugträume auf sexuelles Begehren zurückzuführen, aber das ist bestenfalls eine grobe Überverallgemeinerung und kann eine Bagatellisierung eines der außerordentlichsten Phänomene von Träumen sein. Meine Forschung hat gezeigt, daß Flugträume, wenn in ihnen etwas Erotisches mitschwingt, gewöhnlich Vorläufer eines außerkörperlichen Erlebnisses sind. Ich habe gefunden, daß ein Flugtraum sehr oft durch sexuelle Energie in Gang gebracht wird, die im Bereich des Lumbalplexus an der Wirbelsäulenbasis oder um die Geschlechtsorgane kreist. Wenn es der Energie gelingt, an der Wirbelsäule entlang bis zum Kopf hinaufzuströmen, dann macht sich der Träumer zu einem Flug auf, dessen Höhepunkt ein außerkörperliches Erlebnis ist. Wenn die Energie im unteren Rücken- oder Genitalbereich blockiert bleibt, wird sich der Träumer einem gewöhnlichen, selbstgebastelten sexuellen Traum hingeben. Ich finde diese Entdeckung faszinierend, denn seit Jahrhunderten haben Jogis Disziplinen wie Joga und Meditation angewandt, um die »Schlangenkraft« oder Kundalini, wie sie genannt wird, von der Wirbelsäulenbasis bis hinauf in das höchste Energiezentrum oder Chakra zu bringen, das sich oben im Kopf befindet, wo es für höhere geistige Betätigungen aller Art eingesetzt werden kann.

Träume von Nacktheit

Es ist eine weit verbreitete Annahme, daß Träume von Nacktheit oder spärlicher Bekleidung in der Öffentlichkeit Anzeichen für sexuelle Gefühle oder Schuldgefühle wegen Sex seien, aber in Wirklichkeit beziehen sich solche Träume in den meisten Fällen überhaupt nicht auf Sex, und selbst die wenigen Ausnahmen haben nur ganz zufällig damit zu tun. Erstens können solche Träume buchstäbliche Warnungen sein, daß etwas mit Ihrer Garderobe nicht stimmt – und wenn Sie träumen, Sie stünden nackt auf einem Flughafen, dann prüfen Sie nach, ob Sie Ihre Hosen für die morgige Reise eingepackt haben! Wenn in dieser Hinsicht alles in Ordnung ist, dann müssen Sie fragen, auf welche Weise Sie sich gegenwärtig in Ihrem Leben nackt, enthüllt, verletzlich, entblößt oder ungeschützt vorkommen.

Ein Universitätsdozent, den ich kenne, hat einen wiederkehrenden Traum, in dem er über den Campus geht oder in der Bibliothek liest und plötzlich spürt, daß alle Blicke auf ihn gerichtet sind. Wenn er dann an sich hinuntersieht, merkt er zu seinem Entsetzen, daß er nackt ist oder bloß Schuhe und Strümpfe anhat. Da der Schauplatz des Traums immer das College ist, geht es dabei offenbar um irgendeinen Aspekt seiner Arbeit, und er vermag den Traum mit der Tatsache in Verbindung bringen, daß er sich ganz unverfroren die Ideen anderer Leute zunutze macht, eine Gewohnheit, die er bewußt für schlau hält. Der Traum, der meist auftritt, nachdem er kurz zuvor einen Artikel veröffentlicht hat, bringt indes die Ängste seines Herzens zum Ausdruck, daß er diesmal bestimmt erwischt und als Hochstapler entlarvt werden würde; und der Traum wird zweifellos immer wiederkehren, bis er Kopf und Herz in dieser Frage in Einklang bringt.

Sara, deren Traumglossar im Anhang erscheint, berichtete von einem ähnlichen »Entblößungs«-Traum, aber bei ihr war das ein einmaliges Vorkommnis und kein wiederkehrendes Thema, aus dem einfachen Grund, weil sie nicht wie der Dozent in fast ständiger Angst vor Entblößung lebte. Nachdem sie uns bei einer Traumgruppe in Pennsylvania kennengelernt hatte, bat sie uns, sie wissen zu lassen, wann wir wieder in den Norden führen, damit sie eine private Gruppensitzung arrangieren könne. Wir kamen unerwartet nach Baltimore, und Sara bot an, sehr kurzfristig eine kleine Gruppe zusammenzutrommeln. In dieser Nacht träumte sie, sie stünde nackt in einem Krankenhauszimmer, als plötzlich die Tür aufgerissen wurde und eine Menschenschar durch das Zimmer marschierte, um in Begleitung eines Führers das Krankenhaus zu besichtigen. Völlig überrascht, versuchte Sara ihre Nacktheit zu verbergen, indem sie zum Bett lief, innehielt, um ein kleines Zettelchen aufzuheben, das auf dem Fußboden lag, und sich bei dem Führer bitter über den unangekündigten Einbruch in die private Sphäre beklagte. Der Traum zeigte in prächtiger Bildersprache Saras Ambivalenz hinsichtlich unserer unerwarteten Ankunft. Während sie bewußt entzückt war über die Gelegenheit, mit Träumen zu arbeiten, war ihr Herz wütend, denn sie würde nun als die Hochstaplerin enthüllt werden, die sie zu sein glaubte, weil sie ihre Träume nicht aufgeschrieben hatte, was sie bei unserem letzten Treffen versprochen hatte, und bestenfalls konnte sie jetzt hoffen, bis zum Wochenende einen einzigen kleinen Traum aufzugreifen (den Zettel). Das Wissen um die Gedanken ihres Herzens machte sie aufgeschlossen für ihren Ärger, der, wäre er nicht erkannt worden, uns allen das ganze Wochenende hätte verderben können.

Junge Männer fragen mich oft, was es bedeute, wenn sie träumen, ohne Hosen in der Öffentlichkeit zu sein, und wenn ich sie aushorche, stellt sich gewöhnlich heraus, daß sie bemüht sind, die Welt von ihren sexuellen Fähigkeiten zu überzeugen, während sie insgeheim von der Angst geplagt werden, als sexuell unzulänglich entlarvt zu werden. Eine Teilnehmerin an einer unserer Traumstudiengruppen sah im Traum ihren Lehrer nackt und war verblüfft über seinen winzigen Penis. Ihr bewußter Geist hatte ihn bewundert, aber der Traum verriet das Gefühl ihres Herzens, daß er nicht sehr männlich sei.

Der Gefühlston ist besonders wichtig, wenn man die Bedeutung von Nacktheitsträumen herausfinden will. Zum Beispiel träumte einer unserer jungen College-Studenten, er habe sich vor einer Beifall spendenden Schar von Kommilitonen entkleidet. Hier bestand ein Zusammenhang mit sexuellen Dingen, da er gerade zum erstenmal mit einem Mädchen geschlafen hatte; dennoch war das für die Bedeutung des Traums nebensächlich, denn es ging darum, daß es ihm gelungen war, seine moralischen Hemmungen »abzuwerfen«, und daß er darüber froh war. Hätten die Zuschauer im Traum Mißfallen geäußert, wäre das ein Hinweis auf Schuldgefühle gewesen, denn in der konkreten Welt hätten es seine Kommilitonen sicherlich gebilligt. Nach demselben Prinzip ist ein Traum, in dem Sie sich peinlich entblößt finden, aber niemand es auch nur zur Kenntnis nimmt, eine Botschaft Ihres Herzens, daß irgendeine Enthüllung, über die Sie sich bewußt große Sorgen machen, in Wirklichkeit nichts Ungewöhnliches ist.

Ehrlichkeit, Aufrichtigkeit und Verletzlichkeit werden in Träumen oft durch Nacktheit symbolisiert. Ich schlief kürzlich ein, während ich mir noch Gedanken darüber machte, ob meine kleine Tochter in einem Fall die Wahrheit gesagt hatte oder nicht, und ich träumte, daß sie nackt vor mir stand. Der Traum erhärtete mein bewußtes Gefühl, daß sie die Wahrheit gesagt hatte, und mein Herz bestätigte meine Vermutung, daß sie ehrlich sei. Damit will ich nicht andeuten, daß das Herz unbedingt immer recht habe: ich sage nur, daß es in diesem Fall während unserer Auseinandersetzung keine entgegengesetzten Eindrücke gewonnen hat. Als allgemeingültige Regel habe ich indes gefunden, daß, wenn Kopf und Herz in einer Frage einig sind, gute Aussicht besteht, daß sie recht haben, während man besser anfängt, Fragen zu stellen, wenn sie unterschiedlicher Ansicht sind.

Prüfungsträume

Die üblichste Art eines Prüfungstraums ist einer, in dem wir uns hinsetzen, uns die Prüfungsarbeit ansehen und zu unserem Entsetzen feststellen, daß wir keine einzige Frage beantworten können. Weniger häufig sind die Träume, in denen wir das Gefühl haben, die Prüfung erfolgreich bestanden zu haben. Die erste Frage, die man sich stellen sollte, wenn man nach einem Prüfungstraum aufwacht, ist, ob einem wirklich in nächster Zeit eine Prüfung bevorsteht oder nicht, denn bejahendenfalls ist der Traum eine deutliche Warnung, mehr zu arbeiten, oder die Lage sorgfältiger zu überprüfen. Das kann sich als sehr nützlich erweisen, wenn wir bewußt unsere Aussichten allzu zuversichtlich beurteilen.

Die Mehrzahl der Prüfungsträume ist indes metaphorisch und bringt die Gedanken unseres Herzens zum Ausdruck, daß wir in irgendeiner Angelegenheit unseres jetzigen Lebens »überprüft« oder »auf die Probe gestellt« werden, gewöhnlich begleitet von der Angst, wir würden durchrasseln. Es ist keineswegs überraschend, daß solche Träume im Leben der meisten Menschen in unserer Gesellschaft immer wiederkehren, denn uns ist von klein auf beigebracht worden, das Leben in allem als »eine einzige große Prüfung« anzusehen, angefangen mit der Anerkennung unserer Eltern, die wir erlangen müssen, über wirkliche Prüfungen in unserer Schul- und Studienzeit bis zu unserer Behauptung in einer auf Wettbewerb eingestellten Gesellschaft von Erwachsenen und dem unseren eigenen Idealen gemäßen Leben. So genügt es nicht, zu sagen, ein Prüfungstraum zeige, daß sich der Träumer ganz allgemein im Leben auf die Probe gestellt fühle: es wäre sehr ungewöhnlich, wenn er das nicht täte. Vielmehr ist es wesentlich, den Traum mit bestimmten Umständen in Verbindung zu bringen, denn dann wird es dem Träumer möglich sein zu erkennen, in welchem bestimmten Lebensbereich er unter Druck steht, und das wird ihm hoffentlich den Weg zu einer konstruktiven Lösung aufzeigen.

Ich träumte zum Beispiel kürzlich, daß ich ein Examen in Geschichte bestand und in einer englischen Linguistikprüfung durchfiel. Da ich damals vollauf damit beschäftigt war, dieses Buch zu schreiben, fiel es mir nicht schwer, die Geschichtsprüfung mit meinem Überblick über die Geschichte der Traumforschung in *Dream Power* in Verbindung zu bringen und die Linguistikprüfung mit dem Kapitel über Wortspiele, Slang und Metaphern in diesem Buch. Mein Herz warnte mich auf unzweideutige Weise, daß ich meine Aufgabe bei dem einen gut erfüllt hatte, daß aber das andere einiges zu wünschen übrig lasse, und deshalb bat ich einen Professor für Englisch, meine Angaben nachzuprüfen. Ich war meinem Traum außerordentlich dankbar, denn ich war in verschiedenen Punkten ungenau gewesen. Während man also mit Fug und Recht sagen könnte, daß es mir so vorkomme, als unterzöge ich mich mit diesem Buch einer Prüfung – was kaum überraschend ist, wenn man an die Besprechungen und Kritiken denkt –, so hätte mich eine so allgemeine Deutung kaum auf den Gedanken gebracht, ob ich wohl die Linguistikprüfung »bestehe«, und das war der Zweck des Traums.

In der Nacht, ehe ich im vorigen Jahr einen Vortrag über Träume halten sollte, träumte ich, ich ginge in einen Hörsaal zu einer Prüfung in Biologie. Mir fiel plötzlich ein, daß ich mich seit Jahren nicht mit Biologie beschäftigt hatte und wahrscheinlich durchfallen würde. Deshalb stellte ich mich dem Biologie-Prüfer mit einem ungewöhnlichen Aufflackern von Traum-Selbstvertrauen vor und sagte: »Ich werde mir die Fragen ansehen, aber wenn ich sie nicht beantworten kann, gehe ich wieder.« Die Bedeutung dieses Traums dämmerte mir erst, als ich mit meinem Vortrag begann und eine Biologin mich mit Fragen über die physiologischen Zusammenhänge des Traumprozesses unterbrach, die mir irrelevant erschienen. Da mir klar wurde, daß mein Traum eine spezielle Warnung in bezug auf dieses Problem gewesen war (wir hatten schon zwei Tage konferiert, so daß mein Herz Zeit gehabt hatte, unterschwellige Stimmungen der anderen Teilnehmer aufzufangen), erzählte ich der Gruppe sofort diesen Traum und fügte hinzu, ich würde nach Möglichkeit alle Fragen beantworten, mir aber das Recht vorbehalten, sie nicht zu beantworten, wenn ich es nicht könnte. Durch meinen Traum wurden an jenem Tag viel Zeit und Energie gespart, und ich war wirklich froh über meine neu erlangte Festigkeit und Kühnheit im Umgang mit meinen »Prüfern«.

Bei gläubigen Menschen spiegeln Prüfungsträume oft ihre Gefühle wider, ob sie in ihrer seelischen Entwicklung die Probe bestehen oder nicht, und das ist es wahrscheinlich, was der weitverbreiteten Annahme zugrunde liegt, daß Träume, in denen man sich unvorbereitet einer Prüfung unterzieht, darauf hinweisen, daß der Träumer auf den Tod und das »Jüngste Gericht« nicht vorbereitet sei. Ich betrachte diese ganze Denkweise als durchaus ungesund, denn sie zeigt, daß die Religion von eben der Krankheit befallen ist, die sie heilen soll. Echter seelischer Fortschritt bedeutet, die Anforderungen der

Welt in bezug auf Wettbewerb gelassen hinzunehmen und sich um Beifall ebensowenig zu kümmern wie die Lilien auf dem Felde. Demnach wäre der beste Hinweis auf seelische Entwicklung eine Verminderung der Examensträume, die wir haben, und nicht, ob wir die Prüfungen bestehen oder durchfallen.

Träume von ausfallenden Zähnen

Wenn Sie träumen, daß Ihnen die Zähne ausfallen, überprüfen Sie Ihr Gebiß erst sorgfältig daraufhin, ob womöglich mit Ihren Zähnen etwas nicht stimmt. Bei ihrem gründlichen Wiederholungsspiel der Tagesereignisse hebt die träumende Seele so oft unterschwellige Wahrnehmungen von wackligen oder kariösen Zähnen oder sich entwickelnden Abszessen hervor, die wir nicht bemerkt haben, weil wir zu stark beschäftigt waren, oder die womöglich so geringfügig waren, daß sie im Wachzustand nicht bewußt registriert werden konnten. Ich nehme solche Träume immer sehr ernst und fasse sie als buchstäbliche Warnungen auf, denn ich habe mir auf diese Weise mehr als einmal ernstliche Schwierigkeiten erspart.

Wenn Ihre Zähne indes in tadellosem Zustand sind, dann müssen Sie sich fragen, was für ein Gefühl Ihr Traum zum Ausdruck bringt, und das wird davon abhängen, was Zähne für Sie bedeuten. Wenn ich von ausfallenden Zähnen träume, spiegelt es fast immer mein Gefühl wider, daß ich während des Tages irgendwie »das Gesicht verloren« oder »meinem Selbstbild Schaden zugefügt« hätte, gewöhnlich dadurch, daß ich Angstgefühlen oder Schwäche nachgegeben hatte. Das »Kastrationsangst« (Furcht vor dem Verlust der eigenen Männlichkeit oder im Fall einer Frau ihrer Pseudo-Männlichkeit) zu nennen, wie es die Freudianer tun, ist abwegig, denn viele andere Menschen träumen von ausfallenden Zähnen, wenn sie ihrem sehr weiblichen, passiven, hegenden und pflegenden Selbstbild Schaden zugefügt haben.

Für Edgar Cayce bedeutet ein Traum von ausfallenden Zähnen eine lose Zunge und unbedachte Reden, ein Traum von falschen Zähnen Falschheit, und ein Traum von schlechten Zähnen eine unflätige Ausdrucksweise. Aber ebensowenig wie die Freudsche Interpretation kann das als universale Regel angesehen werden. Für viele Menschen sind Zähne ein Symbol der Aggression, während sie für Stephen Dedalus, die Hauptperson in James Joyces Roman *Ulysses,* Entschlossenheit bedeuten, und in den Traumsequenzen des Romans ist der Verlust der Zähne ein Symbol für den Verlust seiner Fähigkeit, entschlossen zu handeln. Ich bin auch auf Fälle gestoßen, in denen die Träume von ausfallenden Zähnen »erwachsen werden« im Sinne von Heranreifen zu einem neuen Lebensabschnitt bedeuten, vermutlich aufgrund einer Erinnerung des Träumers an die in der Kindheit ausfallenden Milchzähne.

Wenn Sie also von ausfallenden Zähnen träumen, ohne wirklich Zahnbeschwerden zu haben, dann fragen Sie sich, was Ihre Zähne für Sie bedeuten – Potenz, Aggression, äußere Erscheinung (Selbstbild), Entschlossenheit oder was auch immer – und versuchen Sie dann herauszufinden, was in Ihrem gegenwärtigen Leben Ihnen das Gefühl eingibt, »zahnlos« zu sein.

Träume vom Verlieren von Geld und Wertsachen

Wenn Sie träumen, Ihre Brieftasche, Geld oder andere Wertgegenstände zu verlieren, prüfen Sie immer am nächsten Morgen nach, ob Sie sie noch haben. Es mag sein, daß Sie am Vortag etwas verloren haben, ohne sich der Tatsache bewußt gewesen zu sein, und in diesem Fall hebt Ihre träumende Seele in dramatischer Form Ihre unterschwellige Wahrnehmung hervor, um Ihnen nahezulegen, etwas zu unternehmen, ehe es zu spät ist. Ich träumte einmal, ich hätte mein Portemonnaie verloren, und entdeckte am nächsten Tag, daß es tatsächlich nicht da war. Ich war am Abend an einem nahegelegenen Strand gewesen, also machte ich mich sofort auf, die Gegend abzusuchen, und fand es auch. Hätte ich mich nicht an den Traum erinnert, hätte ich den Verlust womöglich erst Tage später entdeckt, und dann wäre es zu spät gewesen.

Eine weitere praktische Möglichkeit ist, daß solche Träume Warnungen vor einem wahrscheinlichen zukünftigen Verlust oder Diebstahl sind. Eine Freundin von mir träumte, sie habe ihr Portemonnaie verloren, fand es aber am nächsten Morgen in ihrer Handtasche. Als sie danach suchte, bemerkte sie jedoch, daß die Nähte ihrer Handtasche aufgingen, und wurde sich klar, daß ihr Traum sie warnte, sie müsse die Handtasche reparieren lassen, ehe sie tatsächlich etwas daraus verlor. Sie hatte die offenen Nähte offenbar bemerkt, ohne die Tatsache bewußt zu registrieren.

Wenn Sie indes weder Geld, Wertsachen oder andere Besitztümer verloren haben noch in Gefahr sind, sie zu verlieren, und Sie träumen davon, dann sollten Sie sich fragen, welche Werte in Ihrem Leben Sie Ihrer Ansicht nach womöglich verlieren. Eine Studentin, die an meinem ursprünglichen Forschungsexperiment über Traumerinnerung in Großbritannien teilnahm, erzählte mir ihren Traum, sie habe die Rose in ihrem Ring verloren. Der Ring war ihr lieb und teuer, und sie war sehr erleichtert, als sie beim Aufwachen feststellte, daß er noch intakt war. Da sie etwas von Freud wußte, deutete sie selbst den Traum als Angst vor dem Verlust ihrer Jungfräulichkeit (Defloration) und brachte ihn mit der Tatsache in Verbindung, daß sie daran dachte, mit einem Freund zusammenzuleben. Bei einer weiteren Erörterung am nächsten Morgen stellte sich indes heraus, daß ihr weniger der tatsächliche Verlust der körperlichen Jungfräulichkeit Sorge machte als vielmehr das Gefühl, das studentische Leben werde den Verlust der von ihr hochgeschätzten Werte ihrer familiären Erziehung mit sich bringen.

Bei einer Fernsehsendung in New York berichtete mir eine ehemalige Miss America einen wiederkehrenden Traum, in dem sie über eine verkehrsreiche Straße rannte, ihr Portemonnaie fallen ließ und zum Bordstein zurücklief, um es aufzuheben. Wir hatten keine Zeit, den Traum gründlich zu besprechen, doch vermutete ich, daß sie das Gefühl hatte, in einem Übergangsstadium zu sein (das Überqueren der Straße), da sie sich schneller, als sie erwartet hatte, aus einem unbekannten Mädchen in eine Berühmtheit verwandelte und, weil sie es so eilig hatte, ein Star zu werden, merkte, daß sie in Gefahr war, einige ihrer Werte aufzugeben. Das brauchen nicht unbedingt sexuelle Werte zu sein: wenn man plötzlich berühmt wird, können die häuslichen Werte des Familienlebens bedroht sein, die moralischen Werte durch das Intrigieren, das bei einer Karriere im Lichte der Öffentlichkeit oft notwendig erscheint, oder sogar seelische Werte wie Warmherzigkeit und Empfindungsfähigkeit. Dieser Traum hatte allerdings ein Happy End, denn er zeigt, daß sie sich rechtzeitig zu »bremsen« vermag, um die betreffenden Werte zu retten.

Es ist wichtig, im Auge zu behalten, daß ein befürchteter Verlust von Werten nicht unbedingt vermieden werden kann: oft müssen alte Werte aufgegeben werden, damit wir uns dadurch weiterentwickeln können, daß wir neue und unbewußtere finden. In einer Traumserie, die mein Leben veränderte, habe ich nacheinander davon geträumt, daß ich mein Portemonnaie, meine Handtasche, Geld, Bücher, Kleider und mein Zuhause verlor, und während ich bei jedem Traum zuerst über den Verlust untröstlich war, stellte ich fest, daß ich mir noch im Traum selbst überlegte, daß das doch nicht das Ende der Welt sei, denn ich hätte reichlich Möglichkeiten, auch ohne diese Dinge mit dem Leben fertig zu werden. Diese Träume waren bezeichnend für meine langsam zunehmende Erkenntnis – die ich hauptsächlich durch meine Beschäftigung mit Träumen in meinem persönlichen Leben erlangte –, daß ich für meine wesentliche Identität nicht darauf angewiesen sei, irgendeine Rolle zu spielen, sei es die des sparsamen Geldverwalters (worauf meine Mutter gedrängt hatte), des Hausbesitzers (das Ideal meines Vaters), des Autors, Psychologen oder einer prominenten Persönlichkeit. Diese Entdeckung des wesentlichen Kerns der inneren Eigenständigkeit ist offenbar eng verknüpft mit dem, was die großen Disziplinen der Welt »Losgelöstheit« nennen – Losgelöstheit von sozialen Rollen zugunsten einer tieferen Wirklichkeit, die die göttliche Substanz genannt werden könnte –, aber in meinem Fall kam diese erste Erkenntnis nicht daher, daß ich zu Füßen irgendeines Guru saß, sondern sie stammte von dem »inneren Guru«, der jede Nacht in Träumen mit uns spricht, wenn wir uns die Mühe machen, ihm zuzuhören.

Träume, in denen man Geld oder Wertsachen findet

Geld zu finden scheint ein Hauptthema des großen amerikanischen Traums zu sein, denn praktisch jedesmal, wenn ich an einer amerikanischen Fernseh- oder Rundfunksendung teilnehme, stellt mir zumindest ein Mitarbeiter des Senders Fragen über einen Traum, in dem er Geld gefunden hat. Da sie einer wie der andere zur Zeit des Traums knapp bei Kasse waren, fürchteten sie, es könnte bloße Wunscherfüllung sein, aber ich versicherte ihnen, daß gewöhnlich erheblich mehr dran sei. Zum Beispiel: Wieviel Geld fanden sie? Wo fanden sie es? Und was haben sie damit gemacht?

Ein Studioleiter berichtete einen Traum, in dem er einen Haufen Goldmünzen unter dem Fundament eines Hauses fand, das er zu kaufen gedachte. Da es nicht sehr wahrscheinlich war, daß dort wirklich ein Schatz vergraben lag, fragte ich ihn nach dem Haus. »Ja, es scheint im Augenblick ziemlich teuer zu sein«, sagte er, »zumal unsere Mittel beschränkt sind, und meine Frau meint, wir könnten es uns gar nicht leisten. Ich habe ihr klarzumachen versucht, daß es mit den Jahren im Wert steigen wird . . .« Seine Frau und Kollegen waren geneigt, den Traum als Wunscherfüllung abzutun, die geeignet sei, seinen Standpunkt zu erhärten, aber als wir erklärten, sein Herz habe womöglich etwas über das Haus aufgegriffen, das in der Luft lag, fand das bei ihm sofort Widerhall, denn er war im Grunde überzeugt, das Haus werde dank seiner Lage in den nächsten Jahren zu einer »veritablen Goldgrube« werden, wenn Grundstücke mit eigenem Seeufer knapp würden. Sein Gefühl mag sich natürlich als ein Irrtum herausstellen, aber das kann bei allen finanziellen Spekulationen der Fall sein; der Traum versicherte ihm indes, daß sein Herz mit seinem Kopf übereinstimmte, was nach meiner Erfahrung eine ausreichende Ermutigung ist, um einer vagen Idee nachzugehen.

Wenn keine Aussicht auf einen buchstäblichen finanziellen Gewinn besteht, dann mag ein Traum, in dem Sie Geld oder Wertsachen finden, ein inneres Gefühl von Ihrem eigenen »Wert« oder »Verdienst« als Person widerspiegeln. Ein zehnjähriges Mädchen, das ich kenne, hat einen wiederkehrenden Traum, daß sie operiert werde, aber statt einer Krankheit findet der Chirurg in ihrem Körper immer einen Edelstein. Wir verfolgten den letzten Traum dieser Art zurück bis zu einem Familienstreit, bei dem ihre Mutter sie ein Scheusal und »durch und durch schlecht« genannt hatte, was ihr offenbar ziemlich häufig unter die Nase gerieben wurde. Es lag auf der Hand, daß ihr Herz gegen diese Beurteilung protestierte und ihr sehr gesundes Gefühl widerspiegelte, daß sie in Wirklichkeit gut sei, auch wenn der Augenschein gegen sie sprach.

Dasselbe gilt, wenn jemand sich in einer Pechsträhne befindet und in dieser Zeit davon träumt, Geld oder Wertsachen zu finden. Ein solcher Traum ist eine Versicherung aus den Tiefen der Psyche, daß es »innere Reichtümer« und Ressourcen in der Persönlichkeit gebe, die dafür sorgen werden, daß jede mißliche Lage bald überwunden wird. Zur Bestätigung dieses Standpunktes erhielt ich heute morgen einen Brief aus Australien, in dem eine junge Frau von der Angst und Einsamkeit berichtete, die sie nach der Trennung von ihrem Mann empfand. Diese Gefühle fanden ihren Niederschlag in wiederkehrenden Träumen, daß sie von einem Schiff ins tiefe Wasser falle, und dann voller Schrecken aufwache. Im letzten Traum der Serie, schrieb sie, »war ich wieder auf einem Schiff. Diesmal war ich nicht allein. Viele Menschen fielen über Bord, und ich sah, daß sie tief ins Wasser versanken und dann wieder auftauchten. Dann fiel ich ins Wasser, aber ich wachte nicht voll Schrecken auf, sondern landete heil und sicher auf dem Grund, wo ich ganz fröhlich Silbermünzen aufsammelte. Als ich aufwachte, war ich überzeugt, daß die große Angst vor Einsamkeit, die ich jetzt als pathologisch erkenne, geheilt war und ich sie nicht wieder verspüren werde, selbst wenn sich die äußeren Umstände meines Lebens vielleicht nicht ändern.«

Bei all diesen Beispielen waren die Träumer entzückt über den entdeckten Schatz und nahmen ihn gern an, aber das ist nicht jedermanns Einstellung zu einem Traumglücksfall. Oft hat der Träumer das Gefühl, er habe kein Recht auf das, was er gefunden hat, oder zumindest nicht auf alles, und er beschließt, den Fund abzuliefern. Träume dieser Art haben nichts mit der Ethik von wirklicher Schatzentdeckung zu tun: sie spiegeln ein psychisches Problem von Selbstmißbilligung wider, ein Gefühl, der eigene Wert sei so gering, daß Glück jeder Art zurückgewiesen werden müsse. Solche Träume sind wichtige Warnungen vor einer ungesunden Haltung, die dazu führen könnte, daß wir selbst unsere Erfolge sabotieren, und dieses Problem werde ich in Teil III des Buches ausführlich behandeln.

Sexträume

Ich verwende den Ausdruck »Sexträume« hier in seiner einfachen Bedeutung, um Träume zu kennzeichnen, die offenkundige sexuelle Betätigung oder deutliche sexuelle Gefühle schildern. Die Tatsache, daß einige scheinbar nichtsexuelle Träume sich als symbolische Darstellungen von Sex erweisen (mit einem Gewehr nach einer Kuh stoßen oder einen Schlüssel im Schloß umdrehen, um zwei häufig zitierte Beispiele zu nennen), ist eine völlig andere Sache, die Ihnen zeigt, wie Sie den Sex in Ihrem Leben empfinden (in den obigen Fällen als einen Aggressionsakt gegenüber jemandem, den Sie als »Kuh« sehen, oder als das Erschließen neuer Möglichkeiten oder als Anbahnung einer Beziehung).

Die allgemeine Ansicht über offenkundige Sexträume hat unter der Freudschen Anschauung gelitten, daß Träume Wunscherfüllungen seien – als Beweis dient der Mythos, daß virile Männer immer träumen, Raquel Welch an einem tropischen Strand zu besitzen. In Wirklichkeit träumen wir im großen und ganzen nicht mehr von Sex als von anderen Themen. Mit dem Sextraum verhält es sich tatsächlich wie mit jedem anderen Traumthema – er hat eine wörtliche Bedeutung, wenn er etwas über Ihre sexuellen Gefühle für wirkliche Menschen in Ihrem Leben zur Zeit des Traums verrät, aber andernfalls muß er als Metapher verstanden werden für »erregt«, »aufgeputscht«, »aufgedreht«, »stark beteiligt«, »frustriert«, »ernüchtert«, oder »belästigt« sein und mag sich auf eine Gelegenheit beziehen, die Sie »ergreifen«, oder auf einen Gedanken, dem Sie »nähertreten«, oder auf zwei Aspekte Ihrer Persönlichkeit, die »zusammenkommen«. In diesen Fällen sagt Ihnen die Metapher nicht, wie Sie den Sex ansehen, sondern wieviel Libido Sie in etwas in Ihrem Leben investiert haben.

Wenn Ihr Traum zeigt, daß Sie sexuell interessiert sind an jemandem in Ihrem jetzigen Leben, von dem Sie sich bewußt gar nicht angezogen fühlen, dann ist das gewiß ein ausgesprochen warnender Traum. Auf diesem Gebiet hat die Gesellschaft enormen Nutzen aus der Freudschen Revolution gezogen, die uns zu erkennen ermöglichte, daß jeder Mensch ständig sexuelle Gefühle für andere empfindet, auch für Gleichgeschlechtliche, Kinder und Blutsverwandte. Solche Gefühle und die Phantasien, die sie begleiten, sind eine normale Beigabe im Leben und bedeuten keineswegs, daß der Betreffende krank oder ein lüsternes Ungeheuer ist, dessen »wirkliches« Begehren es ist, sich der Promiskuität und dem Inzest hinzugeben. Wenn wir solche Gefühle und Phantasien verdrängen und ihrer nicht bewußt gewahr werden, können sie gefährlich werden, weil sie eine Spannung erzeugen, die uns dazu treiben kann, etwas zu tun, was wir überhaupt nicht wollen – und Sexträume treten oft auf, um uns diese Gefahr deutlich zu machen.

Eine Frau fragte nach der Bedeutung ihrer wiederkehrenden Träume, in denen sie mit ihrem Nachbarn schlief, was sie erschreckte, denn sie war glücklich verheiratet. Nachdem ich mich vergewissert hatte, daß der Nachbar einigermaßen attraktiv war, sagte ich, der Traum bedeute einfach, daß er sie sexuell errege, woraufhin sie entsetzt ausrief: »Aber ich liebe meinen Mann!« Sie schien erleichtert zu sein, als sie hörte, daß es nicht unvereinbar zu sein brauche, einen Partner zu lieben und sexuelle Phantasien über andere zu genießen. Ich riet ihr, die ganze Sache humorvoll zu betrachten, die Träume zu genießen und nach Möglichkeit mit ihrem Mann darüber zu sprechen, der sich vielleicht über seine eigenen sexuellen Phantasien in ähnlicher Weise Sorgen macht. Das Wichtigste ist indes in solchen Fällen, sich seiner eigenen Gefühle bewußt zu werden und dadurch die Gefahr zu vermeiden, daß verdrängte Impulse sich auf abwegige Weise zu äußern versuchen, vielleicht durch Ausbrüche von Wut auf den Partner oder dadurch, daß man sich »zufällig« im Wachleben in einer kompromittierenden Situation mit dem Traumgeliebten wiederfindet.

Wenn Sie feststellen, daß Sie im Traum sexuelle Dinge genießen unter Umständen, die ihre wache Seele anstößig findet, dann ist das ein sicheres Zeichen, daß Sie sich einen Lebensstil aufzwingen, der irgendwie unvereinbar ist mit Ihren natürlichen Gefühlen, und Ihr Traum ist eine Aufforderung, das zu ändern. In vielen Fällen ist die benötigte Änderung nicht mehr als ein besseres Gefühl für Proportionen in puncto Sexus, das Sie weniger ängstlich machen wird, und das läßt sich oft durch das Gewahrwerden der Tatsache erreichen, daß viele der Vorstellungen, die wir als absolute Wahrheiten hinnehmen, nicht mehr sind als überholte und verzerrte Ansichten, die von Eltern, Lehrern, Pfarrern und Autoritäten der Vergangenheit stammen. Es ist absolut normal, wenn man fast jedem gegenüber sexuelle Gefühle hat, auch Angehörigen der eigenen Familie gegenüber, und die Mutter, die sich sexueller Gefühle für ihr Kind bewußt wird, ist weit weniger in Gefahr, eine Mrs. Portnoy zu werden, als eine, die »nicht im Traum daran denken würde, so schmutzige Gedanken zu haben«. Ebenso wird das Mädchen, das sich darüber klar ist, daß sie sich von ihrem Vater oder ihrem Bruder angezogen fühlt, weit weniger Gefahr laufen, von ihrem Freund zu erwarten, daß er wie sie sein solle, als wenn sie sich ihrer Gefühle nicht bewußt wäre. Viele Frauen in unserer Gesellschaft sind entsetzt, daß sie von sich als Prostituierte träumen, bis sie erkennen, daß dies die Ansicht des Herzens ist über die Art und Weise, wie sie von klein auf dazu erzogen wurden, Liebesgunst nur gegen erhaltene Vorteile zu gewähren oder sie zu verweigern. Diese sehr heilsame Entdekkung kann einen sehr viel gesunderen Lebensstil herbeiführen.

Wenn Ihr Traum zeigt, daß Sie sexuell an jemandem interessiert sind, der nicht zu Ihrem jetzigen Leben gehört, dann muß der Traum den Sex als Metapher verwenden, und das trifft ebenso zu, wenn es sich um einen Traum vom Raquel Welch-Typ handelt oder um einen Inzesttraum mit einem Elternteil oder Geschwistern, die nicht mehr in direktem Kontakt mit Ihnen sind. Das erste, worauf man bei solchen Träumen achten muß, ist, welche Gefühle das sexuelle Erlebnis hervorrief, denn das wird Ihnen behilflich sein, das Ereignis des Tages zu identifizieren, auf das sich der Traum bezieht. Zum Beispiel hatte eine Frau in einer unserer Gruppen einen sehr lebhaften Traum, in dem ihre lang verstorbene Mutter sie mit einem riesigen, knochenähnlichen Penis vergewaltigte, und sie sagte, sie sei wütend gewesen über dieses gewaltsame Eindringen. Statt zu versuchen, diesen Traum im Sinne eines transsexuellen Ödipuskomplexes oder ähnlicher psychoanalytischer Begriffe zu deuten, fragten wir sie, ob sie während des Tages ein Gefühl gehabt habe, als ob ihre Mutter irgendwie störend eingriffe. Das fand sofort Widerhall bei ihr, denn sie erinnerte sich, daß sie vergnügt und geräuschvoll mit ihren Kindern gespielt hatte, als sie einen plötzlichen Zwang empfand, das Spiel abzubrechen, die Kinder zur Ruhe zu ermahnen und das Zimmer aufzuräumen. Ihr Herz deutete dieses Erlebnis als eine »Vergewaltigung« und ein »Eindringen« der strengen Ansichten ihrer Mutter über Kindererziehung, und sie erkannte, wie notwendig es sei, sich von dieser veralteten Konditionierung freizumachen. Das ist ein typischer Fall von Beherrschung durch einen Topdog, wie Fritz Perls es nennen würde, und in Teil III werde ich zeigen, wie man mit solchen Problemen fertig wird.

Als ich andererseits von einem leidenschaftlichen Liebeserlebnis mit Malcolm Muggeridge, dem ehemaligen Chefredakteur von *Punch*, träumte, empfand ich das unbestreitbar als sehr erfreulich, aber da ich ihn damals nicht persönlich kannte, mußte der Traum eine metaphorische Bedeutung haben. (Als wir ihm später von dem Traum erzählten, sagte er: »Aber natürlich – in meinem Alter konnte es nicht anders sein!«) Da er für mich sehr traditionelle Establishment-Haltungen verkörpert und auch häufig in der Öffentlichkeit auftritt, konnte ich den Traum unschwer mit meiner gehobenen Stimmung vom Vortag in Verbindung bringen, als ich (zu meiner Überraschung) bei einem Symposium freundlich aufgenommen wurde, bei dem die meisten anderen Teilnehmer in ihren Ansichten ziemlich traditionell und konventionell waren. Mein Herz sagte mir, daß ich durch dieses »Zusammenkommen« mehr »erregt« war, als ich mir vorgestellt hatte, denn ich hatte gefürchtet, sie würden einige meiner eher unüblichen Ideen ablehnen. Ähnlich verhielt es sich bei Sara (deren Traumtagebuch im Anhang erscheint): sie träumte, daß sie mit einem jungen schwarzen Führer der Bürgerrechtsbewegung, den sie nur einmal in ihrem Leben vor langer Zeit getroffen hatte, im Bett lag und frustriert war, weil es nicht zum Geschlechtsverkehr kam. Sie vermochte ihren Traum mit ihrem zunehmenden Gefühl von »Unbefriedigtheit« mit ihrer Arbeit in einer Organisation der Bürgerrechtsbewegung zur Wohnungsbeschaffung für Familien mit niedrigem Einkommen in Verbindung zu bringen.

Sara lieferte noch ein weiteres Beispiel für einen metaphorischen Sextraum, der einer der besten in meiner Sammlung ist. In dem Traum lag sie mit einem Unbekannten, von dem sie nur wußte, daß er Hal hieß, auf dem Fußboden, sie küßten und umarmten sich und waren aufs angenehmste mit dem sexuellen Reizspiel beschäftigt. Zu ihrem Entsetzen merkte sie, daß die Wände aus Glas bestanden und Hunderte von Gesichtern ihnen zuschauten. Sie war zu erregt, um aufzuhören, wurde aber frustriert, weil Hal sich damit zu begnügen schien, seinen Penis nur zwischen ihren Beinen zu reiben. Sie versuchte ihm zu helfen, aber er reagierte nicht. Zuletzt stand er auf, ging den Flur entlang und schien sehr befriedigt zu sein. Sara war bestürzt und frustriert durch die ganze Geschichte, doch hatte sie unerklärlicherweise das Gefühl, sie müßte ihm für das schöne Erlebnis danken!

Sara rief mich an, weil sie mit diesem Traum nichts anfangen konnte. Ihre einzige Assoziation war, daß Hal der Name eines impotenten Mannes war, der zu ihrer Kirchengemeinde gehörte, aber er war nicht der Mann im Traum gewesen, und sie hatte ihn seit Monaten nicht gesehen. Als ich sie fragte, was am Vortag geschehen war, sagte sie, der Prozeß, den sie gegen ihre Organisation wegen Nichtbezahlung von Auslagen angestrengt habe, sei sehr befriedigend außergerichtlich beigelegt worden, und alle – ihr Rechtsanwalt, ihre Eltern und Gemeindemitglieder – seien sehr froh, denn das bedeute, daß Sara rehabilitiert sei, und die Organisation habe ihre Verpflichtung anerkannt. Als ich Sara nach ihren eigenen Gefühlen fragte, erwiderte sie, sie sei auch sehr froh, obwohl es in etwa wie eine Antiklimax sei. »Wie das Liebesspiel mit Hal in der Öffentlichkeit?« fragte ich, und wir lachten beide, als die Bedeutung des Traums klar wurde. Sara war tatsächlich durch den bevorstehenden Prozeß sehr »erregt« und »aufgeputscht« gewesen, weil sie ihn als eine Gelegenheit ansah, sich an der Organisation zu rächen, von der sie sich so schlecht behandelt fühlte. Sie hatte eine Menge Ärger aufgestaut, und obwohl sie sich freute, das Geld zu bekommen und gerechtfertigt zu sein, fühlte sie sich irgendwie »klein und häßlich«, »enttäuscht«, »unbefriedigt« und ihres »Orgasmus« beraubt. Sie vermochte Hal jetzt als ein Symbol für ihren Rechtsanwalt (der auch der Kirche angehörte) zu identifizieren, denn nach dem Gefühl ihres Herzens hatte er sich wie ein impotenter Mann verhalten, weil er sich von seiner Friedensliebe bestimmen ließ, einen außergerichtlichen Vergleich und die Vermeidung eines »unchristlichen« Streits anzustreben, während sie nicht nur das Geld brauchte, sondern auch ein Ventil für ihren Ärger. Natürlich hatte sie sich nach dem Vergleich bei dem Rechtsanwalt bedankt, aber ihr Herz hatte geschäumt vor Frustration über die »Antiklimax« der ganzen »Affäre«.

In der Nacht, nachdem Sara und ich das herausgearbeitet hatten, hatte ich einen lebhaften, kurzen und sehr köstlichen Traum, in dem ich mit einem jungen Studenten schlief, der vor vielen Jahren einer meiner Versuchspersonen gewesen war, als ich mit dem EEG-Gerät experimentelle Traumforschung betrieb. Ein zufälliger Sextraum? Keineswegs. Er zeigte, daß die Klärung von Saras Traum mich sehr erregt und aufgedreht gemacht hatte – oder in der Sprache des Traums: ich hatte mich bei meinen »Versuchen«, nämlich der Traumdeutung, sehr »sexy« gefühlt. Mir fiel dann ein, daß Johns Geschäftsfreunde oft davon sprachen, ein neues Geschäft oder Projekt rege sie sexuell an, daß Journalisten oft davon redeten, sie fühlten sich sexy durch neue Ideen für einen Artikel, und daß Janis Joplin sagte, wenn sie mit einer Rockband auftrete, dann sei das »besser als mit irgendeinem Mann!«

Ein strenger Freudianer würde wahrscheinlich sagen, das zeige, daß alle unsere kreativen Tätigkeiten sublimierter Sex seien, aber ich finde es bedeutungsvoller und weniger herabsetzend, wenn man sagt, alle unsere Energien haben eine erotische Eigenschaft; der sexuelle Reproduktionstrieb ist nur eine von vielen möglichen Manifestationen des grundlegenden Lebensdranges, uns zu »verströmen« oder das »in uns aufzunehmen«, was uns in allen Fasern unseres Seins erregt. Unsere gewöhnliche wache Bewußtheit verdrängt die meisten dieser erotischen Gefühle, aber es ist wohlbekannt, daß unter dem Einfluß psychedelischer Drogen, wenn die Datenverarbeitung durch das Gehirn stark beschleunigt ist, die Menschen sich dessen bewußt werden können, daß sie auf diese Weise mit der ganzen Umwelt in Verbindung stehen, wobei sie immer dann einen Superorgasmus erleben, wenn die Lebensenergie frei zu fließen vermag. Ich glaube, das ist der Grund, warum Mystiker sich so oft einer erotischen Sprache bedient haben, um ihre Erfahrungen des völligen Einsseins mit der Wirklichkeit zu beschreiben. Es ist möglich, daß Träume uns diesen Aspekt des Erlebens erkennen lassen können, denn auch sie bringen die beschleunigte Datenverarbeitung durch das Gehirn mit sich, was eine Erklärung der Tatsache wäre, daß die Geschlechtsorgane in den REM-Perioden unabhängig vom Trauminhalt erregt werden. Und wenn unsere Träume Sex als Metapher verwenden, dann sagen sie uns, wieviel Libido wir bei einem bestimmten Geschehnis in unserem Leben festgelegt haben und welche Erlebnisse die Lebensenergie für uns zum Fließen brachten.

Identifizieren Sie Ihre Traumthemen

Wenn Sie ein Traumtagebuch führen, wie ich vorgeschlagen habe, dann wäre es in diesem Stadium des Traumspiels nützlich, die allgemeinen Themen der von Ihnen gesammelten Träume zu untersuchen. Jede Seite sollte datiert, der Traum mit einer Nummer versehen und voll ausgeschrieben sein, ergänzt durch eine kurze Beschreibung der Tagesereignisse und Assoziationen. Der nächste Schritt besteht darin, in einem Satz das Thema jedes Traums anzugeben, denn das bietet oft den Schlüssel zur Bedeutung des Traums, weil dadurch weitere Fragen angeregt werden. Hier einige Beispiele, um zu veranschaulichen, was ich meine:

1. *Thema*: Ich erforsche ein altes Haus und finde viele Räume, die ich nicht erwartet hatte.
   (Frage: Welche inneren oder äußeren Möglichkeiten erforsche ich im Augenblick, die größer sein mögen, als ich glaubte?)
2. *Thema*: Eine Flutwelle droht, mich unter sich zu begraben.
   (Frage: Durch wen oder was fühle ich mich im Augenblick bedrückt?)
3. *Thema*: Ein Einbrecher steigt durch mein Fenster.
   (Frage: Wen oder was versuche ich im Augenblick aus meinem Leben herauszuhalten?)
4. *Thema*: Der Krieg ist erklärt und die Kämpfe brechen aus.
   (Frage: In welcher Weise habe ich das Gefühl, daß mein gegenwärtiges Leben ein Schlachtfeld ist?)

Bei all diesen Beispielen arbeitet die träumende Seele sehr ähnlich wie ein Zeitungskarikaturist, der allgemeine Redewendungen aufgreift und ein buchstäbliches Bild aus ihnen macht. Träume spinnen dieses Verfahren oft zu außerordentlicher Länge aus und erlauben sich die haarsträubendsten Wortspiele, die die Menschen fassungslos machen, wenn sie zuerst auf sie stoßen, und das ist ein so wichtiger Teil der Traumsprache, daß er ein eigenes Kapitel verdient.

6

Wortspiele in Träumen

Ein Wortspiel ist eine Pistole, die am Ohr abgefeuert wird; nicht eine Feder, die den Intellekt kitzeln soll.

CHARLES LAMB

In der Nacht, ehe mein Buch *Dream Power* in New York erschien, träumte ich von einem Mann in langen, weißen Unterhosen, der mich mit einem Maschinengewehr niederschoß. Da ich am nächsten Morgen um halb sieben in der Frühschau auftreten mußte, hatte ich keine Zeit, über die Bedeutung meines Traums nachzugrübeln. Tatsächlich vergaß ich ihn ganz und gar in dem anschließenden Wirbel von Fernsehen-, Rundfunk- und Presse-Interviews, bis ich mich dann abends im Studio von Long John Nebel wiederfand, der mich zur Teilnahme an seiner vierstündigen Live-Sendung aufgefordert hatte. Als ich auf den Beginn der Sendung wartete, fiel mir plötzlich ein, daß lange Unterhosen in Amerika *long johns* heißen; der Unterhosen-Mann im Traum symbolisierte also Long John Nebel selbst. Ich geriet in Panik, denn ich erinnerte mich an Gerüchte über seine kritischen Angriffe auf Gäste, die viele dazu gebracht hatten, mitten in der Sendung das Studio zu verlassen. Mein bewußter Verstand hatte all das in der Aufregung über die Buchveröffentlichung vergessen, aber mein Herz erinnerte sich an jedes Wort und ließ im Traum eine Warnung los, ich sollte mich in acht nehmen, damit ich am nächsten Tag nicht »abgeschossen« würde. Da ich Mr. Nebel nicht persönlich kannte, hatte meine träumende Seele das Bild von einer Gestalt in langen Unterhosen hervorgerufen, um ihren Standpunkt klarzumachen.

Es war zu spät, um meinen Auftritt abzusagen – und außerdem hatte mein Traum nur eine *Furcht* widergespiegelt, daß er mich abschießen würde. Also biß ich die Zähne zusammen, war auf das Schlimmste gefaßt und entschlossen, bis zum Schluß durchzuhalten, komme, was da wolle. Was geschah, hat die Warnung mehr als gerechtfertigt, obwohl nicht Mr. Nebel das Schießen besorgte. Da er sich nicht für kompetent hielt, eingehend über Träume zu diskutieren, hatte er sich einen befreundeten Psychoanalytiker zu Hilfe geholt, und ich freute mich auf einen vernünftigen, wissenschaftlichen und anregenden Gedankenaustausch. Zu meiner Verwunderung setzte Dr. S. zu einem gehässigen Angriff auf mich an, weil ich gewagt hatte, den großen Meister Freud zu kritisieren, dessen Ansichten sich (laut Dr. S.) unzweifelhaft durchgesetzt hatten. Als ich um einen Beweis dafür bat, zitierte er einen veralteten Artikel eines Freudschen Analytikers, der Anfang der 1960er Jahre geschrieben worden war und nicht die geringste wissenschaftliche Stichhaltigkeit besaß, und als ich meine Argumente mit echt wissenschaftlichen Quellen erhärtete, nannte er mich eine unwissende Engländerin und eine vom Penisneid geplagte Frau! Den ganzen Abend ging es in diesem Stil weiter, er opponierte gegen meine Ideen nicht mit der wissenschaftlichen Redlichkeit, auf die ich gehofft hatte, sondern mit boshaften persönlichen Angriffen, die für das Thema der Träume überhaupt nicht relevant waren. Ich verließ das Studio um Mitternacht, betrübt, aber klüger geworden, doch ohne mir darüber klar zu sein, daß dies nur das erste von mehreren solchen Interviews mit Psychoanalytikern verschiedener Schulen gewesen war, die völlig unlogisch wurden, wenn man ihnen wissenschaftliche Beweise entgegenhielt, die ihre Lieblingstheorien bedrohten.

In jener Nacht träumte ich, ich sei zu einem Kricketspiel eingeladen worden, für einen Engländer der Inbegriff des fairen Spiels, aber als ich hinkam, nahm ich an einem sehr harten Baseballspiel teil, das von Long John Nebel und Dr. S. in goldverbrämten Uniformen geleitet wurde. Der Traum brachte in wunderschöner Sprache meine Gefühle über die Geschehnisse des Abends zum Ausdruck: ich war eingeladen zu einer, wie ich glaubte, fairen, freimütigen, vernünftigen Diskussion über Träume, aber für die Veranstalter waren Träume nur eine »Verbrämung« für ein »base« (gemeines) Spiel mit heimtückischen Tiefschlägen, bissigen Bemerkungen und hinterhältigen Angriffen, die für mich eindeutig kein »Kricket« waren.

Manche Menschen sind fassungslos, wenn sie das Vermögen der träumenden Seele entdecken, derartige Wortspiele zu machen, und das ist wahrscheinlich derjenige Aspekt meiner Arbeit, der am meisten Aufmerksamkeit in der Öffentlichkeit erregt hat, so daß solche Träume heutzutage oft »Faraday-Träume« genannt werden, obwohl das keineswegs eine Entdeckung von mir ist. Freud selbst stellte es bei seiner Arbeit zu Beginn des Jahrhunderts in Wien fest, und seitdem ist es von Jung und anderen Traumexperten in aller Welt bestätigt worden, zu denen auch Edgar Cayce in Amerika gehörte, was beweist, daß es nicht einfach ein Nebenprodukt des britischen Humors ist, wie viele Amerikaner meinen.

In Wirklichkeit machen zwar die verschiedenen Nationen teils mehr, teils weniger Gebrauch von Wortspielen, aber das Kunstmittel selbst – nämlich, grundverschiedene Begriffe zu verbinden, weil die Wörter zufällig gleich klingen – ist eines der wesentlichsten Bestandteile des menschlichen Denkens. Arthur Koestler ist sogar so weit gegangen, in seinem Buch *Insight and Outlook* zu behaupten, Witze seien die ursprüngliche Basis des kreativen Denkens, weil sie Gedanken zusammenbringen, die normalerweise als nicht miteinander zusammenhängend angesehen werden, und das sei der entscheidende Faktor bei jeder wirklichen Originalität.

Wenngleich es nicht möglich ist, absolut feststehende Unterscheidungen auf diesem Gebiet zu treffen, so halte ich es doch für lohnend, wenigstens sechs verschiedene Arten von Wortspielen zu identifizieren, die sich die träumende Seele gern erlaubt:

1) Träume, in denen die Wortspiele auf dem Doppelsinn eines Wortes beruhen (z.B. das Schloß, ein Gebäude, und das Schloß in der Tür oder einem Gewehr) oder auf der Klangähnlichkeit zweier Wörter (z.B. Lid und Lied oder malen und mahlen).

2) Träume, in denen die Wortspiele auf Wortumformungen beruhen (z.B. der Wagen überholt mich, der Fährmann holt mich über).

3) Träume, die sich visueller Wortspiele bedienen und ein Bild hervorrufen, das auf dem einen Sinn eines Wortes beruht, aber einen Gedanken ausdrücken soll, der auf einem ganz anderen Sinn desselben Wortes fußt (z.B. mein Traum vom Baseballspiel, um meine Ahnung widerzuspiegeln, daß ich in ein gemeines (*base*), hinterhältiges Spiel hineingezogen wurde).

4) Träume, die auf Wortspielen mit Eigennamen beruhen (z.B. als ich von einem Mann in langen Unterhosen träumte, der Long John Nebel darstellen sollte).

5) Träume, die ein buchstäbliches Bild von umgangssprachlichen oder Slang-Metaphern hervorrufen (z.B. mein Traum von einem Mann, der mich »abschoß«, womit meine Furcht dargestellt wurde, ich könnte verbal angegriffen werden).

6) Träume, die ein buchstäbliches Bild der üblichen Körpersprache hervorrufen (z.B. ein nackter Rücken, der das Gefühl darstellt: »er kann mir den Buckel runterrutschen«, oder ein hinkender Mann, der das Sprichwort versinnbildlicht: »Lügen haben kurze Beine«).

Jedenfalls sind die wichtigsten Deutungsregeln die im vorigen Kapitel angeführten, nämlich daß die Bedeutung des Traums auf seinem Zusammenhang mit einem Geschehnis oder Gedanken der letzten Tage beruht, daß er uns etwas sagen will, das wir noch nicht wissen, und daß er richtig gedeutet ist, wenn er dem Träumer so einleuchtet, daß er dadurch angeregt wird, sein Leben auf eine konstruktive Weise zu ändern.

Träume, bei denen die Wortspiele auf Doppelsinn oder auf Klangähnlichkeit beruhen

Als wir ein Wochenende in einer Long Island-Kommune verbrachten, lernte ich dort einen Mann kennen, dessen rüdes, aggressives Benehmen für die anderen Mitglieder so unerfreulich war, daß sie ernstlich daran dachten, ihn aufzufordern, die Kommune zu verlassen. In der Nacht träumte ich, er liefe herum und griffe uns alle mit Rasierklingen an, und während ich im Traum noch verzweifelt versuchte, ihm zu entkommen, bemerkte ich, daß seine Augen sehr rot und verquollen waren, als ob er geweint hätte. Noch im Traum fiel mir dabei das »Auge« eines Wirbelsturms ein, und ich verband das mit der Vorstellung, daß irgend etwas in ihm »stürmte«, und er selbst vielleicht innerlich verletzt sei. Als ich am nächsten Morgen einigen der Kommunenmitglieder von meinem Traum berichtete, fand ich sofort Widerhall bei ihnen, und sie beschlossen, die Sache mit ihm zu besprechen, statt ihn einfach aufzufordern, die Kommune zu verlassen.

Seitdem habe ich in meinen Träumen immer genau auf die Augen geachtet. Immer, wenn ich ein Tier mit goldenen Augen sehe, weiß ich, daß meine Träume mich an das essentiell Gute, das reine Gold im Kern unserer vielgeschmähten »animalischen« Natur erinnern. Geschlossene Augen spiegeln mein Gefühl wider, daß ich oder jemand anderes in meinem Leben irgendeiner Sache gegenüber unaufgeschlossen und zugeknöpft ist und sich neuen Möglichkeiten verschließt. Und als ich von einer Nonne mit glänzenden, feurig roten Augen träumte, wurde mir klar, daß jemand in meinem derzeitigen Leben eine sehr warmherzige, leidenschaftliche Persönlichkeit unter einem kalten, nonnenartigen Äußeren verbarg.

Neulich träumte ich, ich ging in ein Restaurant und ließ mir die Speisekarte geben. Es gab nur ein einziges Gericht – Äpfel im Schlafrock –, und das Menü, bei dem ein Getränk im Preis eingeschlossen war, kostete 5 Pfund. Ich fand das ungeheuer teuer und beschloß, es nicht zu essen. Ich verstand den Traum nicht, bis ich mich an meine Tagesarbeit machte, die darin bestand, für eine Zeitschrift ein Buch zu besprechen. Als ich den Titel und den Namen des Verlegers tippte, bemerkte ich, daß der Preis des Buches fünf Pfund war, und da fiel mir sofort mein Traum ein. Ich hatte das Buch gelesen, ehe ich schlafen ging, und mich gefragt, was ich darüber schreiben sollte. Mein Herz brachte seine Gefühle darüber sehr deutlich zum Ausdruck: daß zwar die »geistige Nahrung« etwas »Spirituöses« einschloß, aber »Äpfel im Schlafrock« doch recht langweilig zu sein schienen und gewiß keine fünf Pfund wert waren. Da das mit meinem bewußten Gefühlen über das Buch übereinstimmte, fiel es mir nicht schwer, die Rezension rasch abzufassen.

Andere hübsche Beispiele für Wortspiele dieser Art aus meinen Unterlagen sind das »Rückwärtsfahren mit dem Rolls Royce«, das »Rollenumkehrung« bedeutete; und der Hund, der an einer Sandale nagte, was ein Gefühl reflektieren sollte, daß etwas »am Herzen nagte«.

Träume, bei denen die Wortspiele auf Wortumformungen beruhen

Bei einer Traumgruppe in Baltimore erhielt ich ein Beispiel für eine andere Art Wortspiel, ein Bild, dem die Bedeutungsänderung eines Partikels zugrunde liegt. Donna, eine Studentin, träumte, sie fuhr mit etwa 110 km/st auf der linken Fahrbahn einer Schnellstraße und weigerte sich, nach rechts zu fahren und den hinter ihr hupenden Wagen vorbeizulassen. Es fand keinen Widerhall bei ihr, als die Gruppe meinte, jemand in ihrem Leben wolle sie wohl »überholen«, aber sie reagierte sofort, als ihr Tutor fragte, ob sie sich gegen jemanden wehre, der versuche, sie zu sich »herüberzuholen«. Es stellte sich heraus, daß der Missetäter ihr Vater war, der sich ständig in ihr Leben einmischte und sie zu dem machen wollte, was er sich unter einem »braven Mädchen« vorstellte, und sie widersetzte sich heftig seinen Bemühungen, sie in eine »kleine Dame« zu verwandeln. »Halte dich gerade und latsche nicht so herum, Donna«, sagte er dauernd. »Sitze nicht mit übergeschlagenen Beinen, und ziehe Röcke an und nicht diese alten Jeans . . .« und so weiter. Donna empfand das als eine Vergewaltigung ihres eigenen Ich, und der Traum zeigte, daß ihr Kopf und ihr Herz sich einig waren in der entschlossenen Weigerung, sich zum Lebensstil des Vaters »herüberholen« zu lassen.

Roy träumte, daß ein Bulldozer durch die Zimmer seines Hauses fuhr. Da es zu jener Zeit weder buchstäblich noch bildlich Bulldozers in Roys Leben gab, waren wir alle der Meinung, daß damit ein Teil seiner eigenen Persönlichkeit gemeint sein müsse, eine Schlußfolgerung, die wir verwunderlich fanden, denn Roy war keineswegs ein offenkundig aggressiver Mensch. Als wir den Traum mit Roy und einigen Freunden bei einer Thanksgiving-Party diskutierten, traf jemand den Nagel auf den Kopf, als er ausrief, Roy sei eher ein »dösender Bulle« als ein Bulldozer. Das fand ungeheuren Widerhall; alle einschließlich Roy selbst waren der Meinung, daß das Bild eines dösenden Bullen genau auf ihn passe. Er macht den Eindruck eines verschlafenen Ferdinands, der lieber an Blumen riecht als streitet und gleichzeitig auf einem gewaltigen Vorrat schwelender Energie sitzt, die eines Tages hervorbrechen und ihn veranlassen könnte, zum Angriff überzugehen. Ich vermute, daß Roy sich dieser Energie sehr wohl bewußt ist und sie fürchtet und es vorzieht, sein Bild eines »dösenden Bullen« zu verwenden, um sich seinen Weg durchs Leben zu bahnen, wobei er seinen Willen durchsetzt, ohne anderen offenkundigen Schaden zuzufügen. Von seiner Familie und seinen Freunden wird er jetzt liebevoll »großer Häuptling dösender Bulle« genannt.

Andere Beispiele für Wortumformungen in meiner Traumsammlung sind »herunternehmen« für »etwas unternehmen« und »überprüfen« als Warnung vor einer »Überwachung«.

Träume, die auf visuellen Wortspielen beruhen

Die beiden vorigen Abschnitte haben gezeigt, daß die träumende Seele Bilder hervorruft, die auf Wortverdrehungen beruhen. Träume rufen auch rein visuelle Wortspiele hervor, indem sie Bilder produzieren, die auf der einen Bedeutung eines Wortes beruhen, um Gefühle oder Gedanken auszudrükken, die auf einem anderen Sinn desselben Wortes fußen.

In der in diesem Kapitel schon erwähnten Long Island-Kommune kamen vier von uns überein, wir wollten versuchen, voneinander zu träumen und uns am nächsten Tag unsere Träume zu erzählen, denn wir hielten es für wichtig, daß Menschen, die unter einem Dach leben, wissen, was einer vom anderen hält. Ich war bestürzt, daß ich von Stan, einem gut aussehenden, charmanten, freundlichen und intelligenten Mann als einem deutschen Nazi träumte, was darauf schließen ließ, daß mein Herz Hinweise auf mögliche Rücksichtslosigkeit und Grausamkeit aufgegriffen hatte. Er seinerseits träumte von uns dreien als Figuren in dem Stück, das er schrieb, und schien eine ganze Menge Erkenntnisse aus dem Traum zu erlangen. Wir vergaßen die Träume, bis uns eine Woche später, als wir wieder in New York waren, Stans Freundin anrief und unter Tränen sagte: »Ann, dein Traum war richtig. Der Mann ist ein Scheusal. Er ist an diesem Wochenende nur mit mir mitgekommen, um sich an einer anderen Frau zu rächen und sie eifersüchtig zu machen.« Während ich meine Freundin tröstete und mich zu meinem nicht außersinnlichen, aber unterschwelligen Wahrnehmungsvermögen beglückwünschte, erkannte ich plötzlich, daß Stans Traum eine ähnliche Botschaft für uns enthielt. Er war eine wortspielerische Darlegung der Tatsache, daß er mit uns allen in dem Sinne bloß »spielte«, als er uns eine Rolle in dem Drama zuwies, das er für seine eigenen Zwecke inszeniert hatte.

Viele visuelle Wortspiele in Träumen sind wiederkehrende Symbole, um einen bestimmten Gedanken oder ein Gefühl zum Ausdruck zu bringen. Jedesmal, wenn ein befreundeter Schriftsteller von einer Stoffrolle träumt, weiß er, daß der Traum etwas über »Stoff« für sein neues Buch aussagt. Eine Rolle von altem Stoff bringt sein Gefühl zum Ausdruck, daß etwas »altes Zeug« sei, aber neuer Stoff spiegelt sein Gefühl wider, etwas »Neues« für sein Buch gefunden zu haben; und ein rauhes Gewebe bedeutet, daß er den in Rede stehenden Stoff etwas zu deftig findet, um ihn zu veröffentlichen.

In ähnlicher Weise weiß ich jedesmal, wenn ich von alkoholischen Getränken träume, daß mein Traum etwas über »Geist« sagt. Wenn das Getränk alkoholfrei ist, dann spiegelt der Traum mein Gefühl wider, daß es irgendeiner Sache in meinem Leben an Geist mangele, und neuerdings bin ich mir darüber klar geworden, daß meine wiederkehrenden Träume, ich sei eine Barfrau, mein Gefühl widerspiegeln, im religiösen Sinne »dem Heiligen Geist zu dienen« – ein Thema, auf das ich später in diesem Buch zurückkommen werde. Wenn Sie sich im Traum in einem Eisenbahnzug befinden, erwägen Sie also die Möglichkeit, ob Sie vielleicht das Gefühl haben, bei irgend etwas »im besten Zuge« zu sein, oder wenn Sie im Traum in einen Stau auf der Autobahn geraten, überlegen Sie sich, ob damit vielleicht ein Stillstand in Ihrer Entwicklung gemeint ist.

Träume, die auf Wortspielen mit Eigennamen beruhen

Wie viele seiner Kollegen vom Fernsehen und Rundfunk, die wir auf unserer Reise durch die Vereinigten Staaten kennenlernten, erinnert sich Bill Gordon selten seiner Träume. Doch als wir in seiner Livesendung in San Diego auftraten, befragte er uns vor der Kamera triumphierend über einen Traum der letzten Nacht, in dem er im Fechtanzug mit einer Maske vor dem Gesicht wütend auf die Zweige eines schönen, zierlichen Baums einhieb. Wir äußerten die Vermutung, daß er am Tag zuvor auf jemanden wütend gewesen sein müsse, vielleicht ohne sich bewußt darüber klar zu werden, und seine wahren Gefühle aus Angst oder Berechnung »maskiert« habe. Er habe tatsächlich ein sehr ärgerliches Gespräch mit einem seiner Chefs gehabt, antwortete er, und wir hielten den Traum damit für gedeutet, mit Ausnahme eines Punktes. Warum hatte der Traum den Chef als Baum dargestellt? Hieß er Lindner oder Eschenbacher oder Holzmann oder Busch, oder bot sein Name irgendeinen anderen Hinweis, der rechtfertigen würde, warum der Traum einen Baum als Symbol für den Gegenstand seines Zorns wählte? Da Bill keinen Zusammenhang finden konnte, beließen wir es dabei.

Auf dem Nachhauseweg fragte uns indes sein Spielleiter, ob wir einen Laut des Erschreckens aus dem Publikum gehört hätten, als wir das Wort »Baum« erwähnten? Es war Bills Freundin Theresa gewesen, die Treesa genannt wurde (tree = Baum) und sich eindeutig als die Zielscheibe von Bills Wut erkannte; sie führte es auf die Tatsache zurück, daß sie nach seinem traumatischen Gespräch mit dem Chef nicht auf ihn gewartet hatte. Sie wußte, daß er enttäuscht und ärgerlich gewesen war, aber das volle Ausmaß seines Ärgers hatte sie sich nicht klargemacht. Und Bill auch nicht. Er war so mit dem Gespräch beschäftigt gewesen, daß alle anderen Gefühle verbannt gewesen waren und erst später in Form eines Traums wieder auftauchten. Das Ergebnis war ein prächtiges Namenswortspiel, das allein auf dem Klang beruhte.

Warum hat der Traum geschildert, daß Bill auf einen Baum einhieb und nicht auf Theresa selbst? Ich glaube nicht, daß der Traum darauf aus war, die schmerzliche Wahrheit zu verhüllen, wie Freud gesagt haben würde, sondern eher, daß er das Symbol des Baums verwendete, um eine Zusammenballung von Gedanken zum Ausdruck zu bringen, wozu auch Bills tiefere Gefühle für Theresa gehörten. Vor seinem geistigen Auge stand ihm wahrscheinlich ein Bild von Theresa als einer schönen, zarten Quelle des Wachstums in seinem Leben, doch völlig schutzlos und verletzlich durch jeden Angriff, den er auf sie unternehmen könnte. Das letzte Wort muß natürlich Bill sprechen, doch alle, die Theresa kennen, sind einhellig der Meinung, daß diese Traumvorstellung von ihr vollkommen ist. Betty, deren Traum von Nacktheit im letzten Kapitel beschrieben wurde, gab uns ein sehr hübsches Beispiel für ein Namenswortspiel, als wir sie in Kirkridge in einem von Jack und Jane Nelson geleiteten christlichen Heim kennenlernten. Betty träumte von einer Frau, die Grace Nelson hieß, und sie deutete diese Namensänderung als den Gedanken ihres Herzens, daß Jane eine sehr graziöse und gütige Frau sei.

Die Namen, die wir unseren Traumgestalten beilegen, sind oft amüsant, aber sie haben immer den Zweck, unsere Aufmerksamkeit auf irgendeine bestimmte Eigenschaft der in Rede stehenden Person zu lenken. Zum Beispiel träumte John, er habe in einer Kirche ein Gespenst mit Namen Eduard Knauser getroffen, und dieses Bruchstück eines Traums verdichtete sich zu einer einzigen bildhaften Vorstellung der Gedanken seines Herzens über einen seiner Freunde – nämlich daß er nicht in Gelddingen knausrig sei, sondern mit dem Ausgeben der Lebensenergie, wie es das entkörperte Vorstellungsbild eines Gespenstes andeutete. Und als eine meiner Freundinnen von einer fiktiven Figur träumte, die Mrs. Bagley hieß, fiel ihr ein, daß der Psychotherapeut, mit dem sie am Vortag gesprochen hatte, ein alter »windbag« gewesen war – ein Schwätzer.

Bei all den obigen Beispielen rief die träumende Seele ein Bild von einer imaginären Figur mit einem besonderen Traumnamen hervor, um Gefühle über wirkliche Menschen im Leben des Träumers widerzuspiegeln, aber es gibt auch Fälle, in denen das Wortspiel umgekehrt vor sich geht. David Frost erscheint zum Beispiel oft in Träumen, um ein Gefühl der Kälte bei irgendeinem Aspekt des Lebens zum Ausdruck zu bringen, und ich selbst hatte einen Traum, in dem Bob Hope und Dorothy Lamour vorkamen und die Begriffe »Hoffnung« und »Liebe« verkörperten. Das wurde kürzlich in einem Vortrag von Elsie Sechrist (Verfasserin von *Dreams - Your Magic Mirror*) in der *Association for Research and Enlightenment* (ARE), der Edgar Cayce-Stiftung, übertroffen, die über den Traum eines Studenten berichtete, in dem Bob Hope auf einem Pogostock die Straße entlangsprang – eine Illustration der Gedichtzeile von Alexander Pope, daß »Hoffnung ewig springt«!

Menschen, die sich und ihre Freunde unter dem Aspekt der Tierkreiszeichen sehen, werden oft Träume haben mit Wortspielen, die auf den astrologischen Zeichen beruhen, selbst wenn sie an die Wahrheit der Astrologie nicht glauben. Wenn in meinen Träumen ein Stier vorkommt, stellt er fast sicher John dar, der ein Taurus ist – ein nützliches Wortspiel für mein Herz, das es immer anwendet, wenn ich ihn tagsüber dickköpfig oder blind aggressiv fand. Die Tatsache, daß ich ein Zwilling bin, bietet mir ein auf der Hand liegendes Symbol, wann immer ich mich gespalten fühle. Wenn Sie also von einem wütenden Löwen träumen, fragen Sie sich, ob Sie sich von jemandem in Ihrem Leben bedroht fühlen, der ein Leo ist, ehe Sie anfangen, darüber zu spekulieren, ob es sich um ein archetypisches Symbol Ihrer eigenen aggressiven Triebe handelt, und deuten Sie einen Traum von einer Jungfrau nicht als ein Jungsches Anima-Symbol, ehe Sie sich überlegt haben, ob Sie jemanden kennen, der eine Virgo ist.

»Traum-Karikaturen« mit üblichen Slang-Ausdrücken und umgangssprachlichen Metaphern

Ich hoffe, wir werden die Tatsache nie aus dem Auge verlieren, daß Träume oft außerordentlich komisch sind und sich viel geistreicher und witziger ausdrükken, als wir es gewöhnlich im Wachleben tun. Solche Träume haben den Vorzug, daß sie sowohl unterhalten als auch belehren, und manchmal können wir tagelang über sie lachen, was an sich schon ein unerhört entspannender und heilsamer Prozeß ist. Mir ist aufgefallen, daß solche Träume oft gerade zu einer Zeit auftreten, wenn ein wenig Humor in unserem Leben vonnöten ist. Zum Beispiel erhielt ich kürzlich einen Brief von einer Freundin, die in der Nacht, ehe sie wegen eines möglicherweise schweren Leidens zu einer ärztlichen Untersuchung gehen mußte, träumte, daß eine Gruppe von zwanzig Menschen bald sterben werde, aber keiner wußte von den anderen, daß sie in derselben Lage waren. »Jeder war dabei, auf andere Weise zu sterben«, schrieb Sue. »Dann sah ich die Freundin eines ehemaligen Liebsten vor vielen Jahren, und als ich sie fragte, woran er denn sterbe, sagte sie: ›an seinen Beinen‹, er werde gelähmt. Das haute mich um, denn ich dachte sofort: ›Natürlich, seine Beine – von all dem Herumtreiben!‹ An diesem Punkt verlor der Traum das Beklemmende, und mir war nach Lachen zumute!« Dieser Traum erfüllte zwei Funktionen – er brachte in die Situation ein Gefühl für richtige Proportionen ein, indem er Sue daran erinnerte, daß wir alle eines Tages auf unsere eigene Weise sterben müssen, und noch wichtiger war, daß er sie aufgeschlossen machte für eine der größten Gaben von allen, unseren Sinn für Humor, den sie in dem Augenblick dringend brauchte.

Eben dieser Teil von Sues Traum kann mit dem Humor eines Karikaturisten verglichen werden, und »Traumkarikaturen«, die auf umgangssprachlichen und Slangausdrücken beruhen, sind in der Tat sehr häufig, nur müssen wir die Kunst lernen, sie aufzuspüren. Als ich die Semesterschluß-Aufsätze unserer Studenten über die Deutung ihrer eigenen Träume durchsah, fiel mir schon die erste Zeile von Daves Traum auf, wo er schrieb: »Einige Freunde und ich fuhren in ein Lager im Wald«, ein völlig harmloser Satz, der nur die Aufmerksamkeit von sehr argwöhnischen Gemütern erregen konnte. Ich habe ein solches Gemüt, wenn es darum geht, die Botschaften der Träume zu entziffern, und ich erwog sofort die Möglichkeit, daß sich Daves Traum um Homosexualität drehte, weil das Wort »camp« (Lager) im Slang gebraucht wird, um homosexuelles Verhalten zu beschreiben; allerdings war ich durchaus bereit, den Gedanken sofort fallen zu lassen, falls er bei Dave keinen Widerhall erwecken sollte. Indes brauchte ich ihn gar nicht danach zu fragen, denn er fuhr dann fort: »Ich nahm zwei Jungs im Wagen mit. Sie erwiesen sich als Homosexuelle. Ich versuchte zu fliehen – einer von ihnen holte mich ein . . .« Dave schloß: »Ich sehe in diesen Träumen einen Ausdruck meiner Ängste vor Homosexualität. Ich habe nie ein homosexuelles Erlebnis gehabt, aber ich habe mich oft gefragt, ob ich ohne die Gehirnwäsche der Gesellschaft vor solchen Begegnungen fliehen würde, wie ich es im Traum versucht habe.« In diesem Fall war der Slang-Ausdruck »in ein Lager gehen« überflüssig, weil die Homosexualität später im Traum offenkundig war.

Dasselbe geschah in Als Traum, in dem sein Freund X. ins Zimmer kam, einen Ball vor sich hertrieb und versuchte, Al zum Mitspielen zu überreden. Al selbst erkannte den Slangausdruck »einen Ball vor sich hertreiben« als Bild der Homosexualität und vermochte ihn mit der Tatsache in Verbindung zu bringen, daß X., der bisexuell war, ihn dazu bringen wollte, »bei dem Spiel mitzumachen«. Die Träume von Dave und Al waren beide insofern »überdeterminiert«, als das Thema auf verschiedene Weise wiederholt wurde, nicht um zu versuchen, die Wahrheit zu verschleiern, wie Freud glaubte, sondern weil die Gedanken des Herzens doppelt bemüht waren, dem Träumer die Botschaft zu übermitteln.

Lisa Hammel von der *New York Times* berichtete einen »Faraday-Traum«, wie sie ihn nannte, in dem sie in ein Zimmer ging und sich hinsetzte und zu ihrem Entsetzen merkte, daß sie auf dem nächsten Stuhl saß. Sie wachte auf und wurde sich darüber klar, daß sie »außer sich« war über etwas, das sie bisher für ein unbedeutendes Problem in ihrem Leben gehalten hatte. Der Traum zeigte, wie erregt sie tatsächlich darüber war, und reproduzierte das Gefühl, in zwei Teile gespalten zu sein, das der Redensart zugrunde lag.

Caroline, eine Mitarbeiterin im Büro meines Verlegers, träumte, daß sie vor einer Frau stand, die versuchte, ihr den Pullover über den Kopf zu ziehen. Als Caroline aufwachte, wurde sie sich klar über das, »was ich seit Wochen vermutet habe, daß diese Frau mir die Wolle über die Augen ziehen will.« Hier griff der Traum die englische Redewendung auf, die das ausdrückt, was wir »jemandem Sand in die Augen streuen« nennen würden, und die ihren Ursprung darin hat, daß den Unglücklichen, die zur Folter oder Hinrichtung geführt wurden, die Augen mit wollenen Tüchern verbunden wurden. In einem anderen Traum nahm Caroline in einem chinesischen Restaurant einen gewaltigen Bissen auf die Stäbchen. Kaum hatte sie ihn im Mund, verbrannte er ihr die Zunge, so daß sie alles auf den Tisch spuckte. Sie brachte den Traum sofort mit dem Gefühl in Verbindung, daß sie »den Mund zu voll genommen« oder sich zu viel zugemutet hatte, als sie einen neuen Kursus in Orientalistik belegte.

Mary, die zusammen mit Sara und Jane in Virginia eine kleine Traumgruppe gegründet hatte, träumte, sie sei ein Dienstmädchen und wische die Krümel vom Küchentisch ab, während die Familie am Frühstückstisch sitze und überhaupt keine Notiz von ihr nehme. Sie wachte auf und erkannte, wie sehr die Rolle der Wirtschafterin sie bedrückte, die sie der Familie zuliebe übernommen hatte. Sie hatte, um zu beschreiben, wie ihr zumute war, den Slang-Ausdruck »crummy« gebraucht, der in England »mollig« und in Amerika »lausig« oder »miserabel« bedeuten kann. Ich war entzückt von dem Wortspiel des Traums, besonders nachdem ich ein etymologisches Wörterbuch zu Rate gezogen und entdeckt hatte, daß »crummy« von dem altenglischen »crumme« – Krümel – herrührt und seine übliche Slangbedeutung das Gefühl zum Ausdruck bringt, man zerkrümele unter Druck oder sei mit Krümeln bedeckt wie ein unaufgeräumter Tisch.

Ein andermal träumte Mary, eine Freundin, die sie gerade gesehen hatte, sei voller Ungeziefer (bugs) gewesen, und sie war verblüfft, als sie erfuhr, daß die Freundin am Abend nach dem Traum in eine Nervenklinik (»bughouse«) eingeliefert worden war. Mary glaubte, daß sie unterschwellig irgendwie gespürt hatte, daß es ihrer Freundin nicht so gut ging, wie es äußerlich erschien. Als sie mir diesen Traum erzählte, fiel mir ein, daß Insekten oft in Träumen erscheinen, um das Gefühl des Träumers widerzuspiegeln, er werde von etwas oder von jemandem in seinem Leben verrückt gemacht (»bugged»). Auch hier wurde mir der Zusammenhang klar, als ich in einem etymologischen Wörterbuch fand, daß »bug« von dem altenglischen Wort »bugge« herrührt, das Kobold oder böser Geist bedeutete und später auf Insekten angewandt wurde, die ja wahre Plagegeister sein können. Die träumende Seele zeichnet also ein durchaus zutreffendes Bild, wenn sie sich der Insekten bedient, um ein Gefühl der Belästigung oder Verärgerung darzustellen oder sogar eine wirkliche Gemütskrankheit, die ja früher darauf zurückgeführt wurde, daß der Kranke von bösen Geistern besessen sei.

Durch das Erkennen des Wortspiels wird es uns oft möglich, Träume einfach und sofort in einem allgemeinen Sinn zu deuten, obwohl manchmal weiteres Nachdenken nötig ist, um die aktuelle, spezielle Situation herauszufinden, auf die sich der Traum bezieht. Ein amerikanischer Komiker, der wiederkehrende Träume hat, in denen er bei starkem Verkehr schnell und gefährlich fährt, kann die Botschaft unschwer verstehen, er solle aufhören, »sich abzuhetzen«, und das Tempo mindern, ehe es einen Unfall gibt. Aber trotz der zusätzlichen Warnung über die Ziellosigkeit seines Lebens (»im dunkeln« fahren) hält er an seiner fragwürdigen Lebensweise fest – und sein Traum wird wiederkehren, bis er sie ändert.

Ein Mann aus der Wirtschaft sah im Traum eine riesige Waage, in deren einer Schale alle seine Kollegen saßen und in der zweiten er. Bis dahin hatte er über gewisse Zustände im Geschäft den Mund gehalten, aber jetzt nahm er sich den Rat des Traums zu Herzen, mehr als bisher »sein Gewicht in die Waagschale zu werfen« und seine »leichtgewichtigen« Kollegen nicht zu schonen.

Mein Mann John träumte, er sehe Fred Astaire mit Rita Hayworth tanzen, als Frank Sinatra plötzlich Fred ein Messer in den Rücken stieß. Die Vorstellung von Eifersucht fand bei John sofort Widerhall, aber er vermochte nicht einzusehen, daß solche Gefühle bei ihm mörderisch werden könnten. Als ich ihn fragte, was die Traumgestalten für ihn bedeuteten, antwortete er, sie könnten eine gute Schau aufziehen. Wir lachten beide über die Botschaft des Traums – daß John aus der ganzen Frage »eine Schau« gemacht und seine Gefühle in höchst dramatischer Form aufgeblasen hatte.

Andere Traumkarikaturen aus meiner Sammlung sind »die Wände hochgehen«, »die Sache auf dem Buckel haben«, »die Schrift an der Wand sehen«, »auf der Palme sein«, »das ist nicht mein Bier«, »aufs Glatteis führen«, »einer Sache auf den Grund gehen«, »den Mittelweg einschlagen«, »andere Saiten aufziehen«, »die Hand im Spiel haben«, »den Schnabel halten«, »es ist, um auf die Bäume zu klettern«, »den Stier bei den Hörnern packen«, »mit jemandem ein Hühnchen rupfen«, »es ist für die Katz«, »wenn's dem Esel zu wohl wird, geht er aufs Eis«, »gefesselt sein«, »die Nase voll haben«, »sich zusammenreißen«, »jemanden festnageln«, »bekloppt sein« und viele andere Redewendungen, die später im Buch noch zur Sprache kommen werden. Im Wachleben gebrauchen wir solche Ausdrücke oft, ohne (gewöhnlich) an ihre wörtliche Bedeutung zu denken, aber das Herz registriert sie genau, weil die von ihnen heraufbeschworenen Bilder uns auf die deutlichste Weise die ganze Intensität einer aktuellen Lebenssituation klarmachen.

Träume mit Wortspielen aus der Körpersprache

Unter der gewaltigen Zahl von metaphorischen Redewendungen, aus denen unsere Sprache besteht, sind die fundamentalsten wahrscheinlich diejenigen, die Gefühle durch die Bezeichnung von Körperhaltungen ausdrücken, etwa »die Ohren steif halten« oder »ein Geizhals sein«, denn sie beschreiben oft tatsächlich somatische Veränderungen, die die in Rede stehenden Gefühle begleiten, gewöhnlich ohne daß wir uns dessen bewußt werden. Im letzten Jahrzehnt ist es in den meisten der verschiedenen Arten von Psychotherapie gang und gäbe geworden, diese Wechselbeziehung zwischen Psyche und Körper sehr ernst zu nehmen, und es wird genauso auf das geachtet, was die Patienten mit ihren Körpern »sagen«, wie angehört wird, was sie mit Worten sagen. Ich glaube, auch wir sollten es uns besonders angelegen sein lassen, Traumwortspiele aufzuspüren, die auf Körpermetaphern beruhen, denn wahrscheinlich werden sie die Aufmerksamkeit auf Gefühle lenken, die nicht nur unser psychisches Wohlergehen beeinflussen, sondern auch unsere physische Gesundheit, weil sie psychosomatische Erscheinungen hervorrufen.

Meinem ersten Mann, der Arzt ist, fiel schon vor Jahren auf, daß Menschen mit »gebrochenem Herzen« anfällig für Herzkrankheiten sind, daß Atembeschwerden oft durch etwas verursacht werden, das dem Patienten »auf der Brust liegt«, daß Schmerzen im Genick häufig darauf zurückgeführt werden können, daß dem Betreffenden die Angst vor jemandem »im Nacken sitzt«, und so weiter. Besonders schön war der Fall eines Patienten, der im Alter von fünf Jahren zu schielen begonnen hatte, als seine Mutter mit einem anderen Mann durchgebrannt war, und völlig geheilt wurde, als er mit meinem Mann sprach und schließlich der Wahrheit »ins Auge sah«, daß die Mutter nicht zurückkommen würde. In den letzten Jahren hat die Medizin begonnen, einige der Mechanismen aufzudecken, durch die sich psychosomatische Einflüsse dieser Art auswirken, und das wird jetzt als ein viel wichtigerer Faktor der physischen Gesundheit angesehen, als es die mechanistisch ausgerichtete Medizin des vorigen Jahrhunderts tat.

Ein hübsches Beispiel für ein auf Körpersprache fußendes Traumwortspiel erhielten wir kürzlich, als wir bei Freunden zum Essen eingeladen waren, weil sie uns mit ihrem Sohn Jay und ihrer Schwiegertochter Cindy bekanntmachen wollten, die seit drei Jahren verheiratet waren. Jay und seine Eltern waren sehr moderne Leute, vertraten sehr unkonventionelle Ansichten über die Sexrollen in der Gesellschaft, die Familie und das Leben im allgemeinen, was für Cindy schwierig ist, die von einer Mutter aus den Südstaaten in der alten Tradition erzogen worden war. Während wir uns unterhielten, war es offenkundig, daß sie sich sehr bemühte, »auf der Höhe« zu sein, sich aber durch die ganze Situation bedroht fühlte. Sie berichtete von einem wiederkehrenden Traum, in dem sie ein Kind habe, das sprechen könne, aber alles Fleisch, das sie ihm zu essen gebe, ausspucke. Sie glaubte, der Traum habe etwas mit ihrem Wunsch zu tun, ein Kind zu bekommen, und sagte scherzend, jede Mutter erwarte schließlich, ein Wunderkind zu bekommen. Zwar mag dieser Wunsch den Traum ausgelöst haben, aber es war allen Anwesenden völlig klar, daß der Traum ein schönes Bild von Cindy selbst zeichnete, die trotz ihrer tapferen *Reden* von der neuen Kultur sich durchaus wie ein Kind in einer Welt fühlte, die sie nicht versteht, und die diese unangenehmen Vorstellungen nicht aufnehmen (»schlucken« und »verdauen«) kann. Durch den Traum artikulierte Cindy Gefühle, deren sie sich nicht voll bewußt war, und eine Bitte an die Familie, ihr nicht ihre Ansichten zu rasch aufzudrängen. Ich möchte stark annehmen, daß sie, wenn ihr ein neuer Lebensstil aufgezwungen wird, ehe sie ihn »verdauen« kann, in Gefahr gerät, körperlich krank zu werden. (Eine Nachschrift zu dieser Geschichte: Als wir Cindy das letztemal sahen, sagte sie uns, sie habe »die Nase voll und sei es satt«, von der Familie wie ein Baby behandelt zu werden, und beharrte darauf, daß ihr Bedürfnis, erwachsen zu sein, wozu gehöre, daß sie ein Kind bekomme, befriedigt werden müsse.)

Manchmal geht die träumende Seele so weit, daß sie eine wirkliche Krankheit schildert, um ihren Standpunkt klar zu machen. Ich war sehr besorgt über einen Anruf, den ich nach einer Rundfunksendung von einer Frau erhielt, die sagte, sie habe einen wiederkehrenden Traum, daß sie einen Klumpen aus dem Magen erbreche. In solchen Fällen rate ich zu einer ärztlichen Untersuchung, denn es mag sein, daß die träumende Seele eine Erkrankung entdeckt, ehe sie im Wachleben bemerkbar wird. Indes schien die Anruferin überzeugt zu sein, daß sie körperlich in Ordnung sei, und führte den Traum darauf zurück, sie könne die Tatsache nicht »verdauen«, daß ihr Mann eine Geliebte habe. Denn die Träume hätten begonnen, kurz nachdem er es ihr gesagt habe. Ich riet ihr, ganz aufrichtig mit ihrem Mann über die Lage zu reden und ihm zu sagen, wie ihr zumute sei, ehe sie wirklich »krank« werde. Ich habe in der Tat Menschen gekannt, die starben, nachdem etwas oder jemand in ihrem Leben sie »todunglücklich« gemacht hatte.

Ähnlich verhielt es sich, als ein Teilnehmer an einem unserer englischen Workshops träumte, er sei operiert worden; dabei habe sich ein Herzfehler herausgestellt, und er habe ein schönes, winziges Plastikherz bekommen. Der Chirurg habe ihm gesagt, es werde sich zuerst etwas kalt anfühlen, aber mit der Zeit werde er sich daran gewöhnen. In diesem Fall war eine ärztliche Untersuchung nicht nötig, denn er war am Vortag beim Arzt gewesen; das war vermutlich der Auslöser des Traums gewesen, erklärte ihn aber nicht, denn sein Herz und seine ganze körperliche Verfassung hatten sich als tadellos erwiesen. Als wir ihn fragten, ob er selbst sich irgendwie »kaltherzig« vorkomme, fand das Gefühl sofort Widerhall bei ihm, daß er, da er in Erwägung ziehe, sich scheiden zu lassen, ein fehlerhaftes Herz haben müsse. Indem das Problem voll zur Bewußtheit gebracht wurde und er rational erkannte, daß die Auflösung seiner unbefriedigenden Ehe keine »kaltherzige« Tat sei, wurde er davor gerettet, eine Menge Energie auf selbstquälerische Schuldgefühle zu verschwenden – die Art von »gefährlichem Zeug, die das Herz bedrückt« und auf lange Sicht bei ihm womöglich wirkliche Herzbeschwerden hätte hervorrufen können.

In etwas lustigerem Ton verwendet die träumende Seele oft Wortspiele, die auf körperlichen Metaphern beruhen, um ein wenig Humor in unser Leben zu bringen, wenn wir ihn nötig haben. Ein gutes Beispiel war ein Freund von mir, der träumte, daß sein linkes Knie beim Gehen unter ihm wegrutschte. Als wir ihn fragten, ob er in letzter Zeit in seinem Verhalten »weiche Knie« habe erkennen lassen, lachte er und sagte, er gebe dauernd den Forderungen seiner ehemaligen Frau nach. Dabei fiel ihm ein früherer Traum ein, in dem er versucht hatte, eine Katze abzuschütteln; je mehr er sich bemühte, sie loszuwerden, um so fester klammerte sie sich an ihn. »Ich habe lange versucht« sagte er, »sie mir ›vom Hals zu schaffen‹, und glaubte, wenn ich nett zu ihr wäre, würde das am ehesten gelingen.« Die Träume machten ihm klar, daß seine »knieweiche« Haltung die Forderungen nur erhöhte, und beschloß, standhafter zu sein in der Hoffnung, sich die »Katze« dann ein für allemal vom Hals zu schaffen. Dieser Entschluß wurde prompt in der nächsten Nacht durch einen Traum bestätigt, in dem er unter einer schweren Last zusammenbrach, den er selbst dahingehend deutete, daß er es »nicht mehr ertragen« konnte.

In meiner Traumsammlung finden sich noch viele Traumkarikaturen, die auf Redewendungen beruhen wie den folgenden: doppelzüngig sein, beide Augen zudrücken, den Kopf hängen lassen, Hummeln im Hintern haben, einen krummen Rücken machen, ohne Rückgrat sein, das Gesicht verlieren, die Nase hoch tragen, sich an die eigene Nase fassen, die Ohren spitzen, jemanden auf die Knie zwingen, auf beide Beine fallen, den Buckel hinhalten, sich den Schädel einrennen, Haare auf den Zähnen haben und dergleichen mehr.

Finden Sie die Wortspiele in Ihren Träumen

Mittlerweile sollten Sie imstande sein, einige Wortspiele in Ihren Träumen selbst zu entdecken, aber wenn nicht, dann lassen Sie sich nicht von dem Gefühl entmutigen, Sie hätten eben keine Ader dafür. Im Grunde sind wir alle Wortspielmacher, und früher oder später werden in Ihren Träumen unweigerlich Wortspiele vorkommen. Als ich kürzlich auf einer internationalen Konferenz einen Vortrag über Träume hielt, war ich entzückt, als die Vorsitzende, Dr. Margaret Mead, der Hoffnung Ausdruck gab, ich würde die Bedeutung von Wortspielen und Körpersprache in Träumen hervorheben. Nachdem sie im Laufe vieler Jahre ihre eigenen Träume und die anderer Menschen in vielen Kulturen studiert hatte, war auch sie darüber enttäuscht, daß dieser Aspekt der Kreativität der träumenden Seele in der Literatur so stiefmütterlich behandelt wird, obwohl die meisten Fachleute in der Praxis damit wohl vertraut sind.

Wenn Sie also das nächstemal Ihre Träume noch einmal durchgehen, versuchen Sie, sie laut zu wiederholen, um herauszufinden, ob irgendwelche Wortspiele dem Ohr auffallen – oder stellen Sie sich den Traum als Karikatur vor und fragen Sie sich, wie die Bildunterschrift lauten würde. Zu lernen, Wortspiele in Träumen aufzuspüren, ist nicht nur wichtig für das Verständnis, wie die träumende Seele vorgeht, sondern es macht Sie auch aufgeschlossen für den grundlegenden Fundus an Witz, Kreativität und Humor, von dem Sie vermutlich gar nicht wußten, daß Sie ihn besitzen.

7

Entlarven Sie Ihre Traumvorstellungen

Es würde keinen Traum aus dem Unterbewußten *geben*, es sei denn, der Träumer setzt sich mit irgendeinem Problem in seinem bewußten Leben auseinander – einem Konflikt, einer Angst, einer Verwirrung, einem Kreuzweg, einem Rätsel oder einer Situation von unwiderstehlicher Merkwürdigkeit. Das heißt, der Anreiz zum Träumen – das, was meinen bestimmten Traum in einer bestimmten Nacht auslöst – ist mein Bedürfnis, aus der Welt, in der ich in diesem Augenblick lebe, »etwas zu machen«.

ROLLO MAY

Wenn Sie bisher die Anweisungen befolgt haben, sollten Sie zumindest ein paar Träume aus der letzten Zeit aufgeschrieben und ihre *Themen* (fallen, gejagt-werden, berühmte Menschen kennenlernen und dergleichen) sowie alle *Traumwortspiele*, die Ihnen aufgefallen sind, notiert haben. Wenn Sie Ihre Träume auch mit den Geschehnissen oder Gedanken des Tages in Verbindung bringen konnten – und ohne das ist jede Traumdeutung unvollständig –, dann sollten Ihnen mehrere Ihrer Träume klar sein. Die Mehrzahl der Träume schildert indes seltsame und sogar unheimliche Vorstellungsbilder und Traumfiguren und erfordert gewöhnlich weitere Arbeit, ehe ihre Bedeutung erkennbar wird. Es ist besonders wichtig, die Geschehnisse und Gedanken des Tages mit diesen Träumen zu verknüpfen, weil es bei jedem Traumsymbol immer mehrere Deutungsmöglichkeiten gibt und Sie die »richtige« Deutung nur finden können, wenn Sie den Traum mit etwas in Verbindung bringen, das Sie im Sinn oder auf dem Herzen hatten, als Sie einschliefen.

Für die Klärung der Frage, ob eine Traumvorstellung wörtlich oder symbolisch zu verstehen ist, gelten folgende Regeln:

1) Wenn eine Traumfigur – ob Mensch, Tier, Pflanze oder etwas Anorganisches – eine *wirkliche* Person oder ein Ding in Ihrem Leben zur Zeit des Traums ist oder Ihre Gedanken beschäftigt, dann sollte sie in erster Linie wörtlich aufgefaßt werden und nur dann symbolisch, wenn eine wörtliche Deutung keinen Sinn ergibt. (Selbst Jung, der überzeugte Verfechter einer ausgeklügelten Traumsymbolik, betonte nachdrücklich, daß Träume vom Ehemann, der Ehefrau, dem Kind oder Nachbarn und Kollegen, dem Hund und jedem, mit dem wir zur Zeit des Traums engen Kontakt haben, sich fast immer eher auf die Individuen selbst als auf etwas Subtileres beziehen.) Ich weiß aus eigener Erfahrung, daß es falsch ist, einen Traum von einer Autopanne als ein Symbol für mangelnden inneren Antrieb zu deuten, solange Sie

vorigen Nacht, in dem ihr ein Mann in einer Kirche eine Halskette umlegte. Später im Traum wurde ihr Ehemann Fred wütend, als er die Halskette sah, riß sie ihr ab und sagte, sie dürfe sie nicht tragen und auch nicht behalten. Als ich fragte, was sie von dem Traum halte, antwortete sie, sie habe noch nicht gründlich darüber nachgedacht, aber sie nehme an, daß Fred die Werte symbolisiere, mit denen sie sich »vermählt« habe und die irgendeinen anderen Aspekt ihrer Persönlichkeit gefährden. Bei dem weiteren Gespräch stellte sich indes heraus, daß der wirkliche Fred sehr eifersüchtig auf sie war, weil sie die Möglichkeit hatte, sich jederzeit mit geistigen Dingen zu beschäftigen, während er zu Hause bleiben und Geld verdienen mußte; ich äußerte daher die Meinung, daß sich der Traum eher auf ihre Ehe als auf etwas Symbolisches beziehe.

Später schrieb mir Janis und bestätigte das: »Ich kam am 16. September zu ARE und hatte den Traum am 20. Fred sollte am nächsten Tag nachkommen, deshalb habe ich gar nicht daran gedacht, ihn anzurufen. Doch er wurde mit jedem Tag eifersüchtiger und wütender auf mich. Als ich mit Ihnen über den Traum sprach, wußte ich noch nicht, daß er wütend war, weil ich nicht angerufen hatte: das stellte sich erst heraus, als ich später mit ihm über den Traum und das Eifersuchtsthema sprach. Deshalb bin ich jetzt sicher, daß der Fred im Traum ihn selbst darstellt und nicht einen Teil von mir. Wie Sie sagten, kann eine Ehe kaputt gehen, während man noch zu verstehen versucht, welcher Aspekt des ›inneren‹ Ehemanns eifersüchtig ist ... gewiß ist es bis zu einem gewissen Grad ein Aspekt der eigenen Seele, sonst würde man es nicht erkennen oder in Begriffe fassen können; aber das heißt nicht, daß es nicht auch etwas anderes von größerer *unmittelbarer* Bedeutung sein kann.«

Jon, der zu einer unserer Studentengruppen gehörte, beschrieb einen Traum mit einem annähernd ähnlichen Thema in seinem Semesterschlußaufsatz wie folgt:

»Ich bin in einem Zimmer im College und unterhalte mich mit einem Freund. Als ich aus dem Fenster schaue, merke ich, daß ich über den Hof in mein Zimmer im zweiten Stock hineinsehen kann. Sue liegt auf dem Bett mit Roger, einem Freund von mir. Während ich hinschaue, legt sich Roger auf Sue und beginnt sie zu küssen. Ich stürze aus dem Zimmer und renne hinüber zu meinem Zimmer. Als ich hinkomme, liegen Sue und Roger bloß auf dem Bett und unterhalten sich.«

Da Sue zur Zeit des Traums Jons feste Freundin war und Roger ein gemeinsamer Freund, der täglich mit ihnen beiden engen Kontakt hatte, war es höchst wahrscheinlich, daß die Traumfiguren wörtlich aufzufassen waren und der Traum fast gewiß Jons Gefühle über die beiden widerspiegelte. Die Ereignisse des Tages, wie Jon sie beschrieb, bekräftigten diese Annahme: »Roger war an dem Abend, ehe ich diesen Traum hatte, bei uns gewesen«, schrieb er. »Ich habe gespürt, daß Rogers Interesse an Sue zu Zeiten mehr als freundschaftlich ist. Er macht Bemerkungen zu Sue wie: ›Warum gibst du dieser Tunte nicht den Laufpaß und suchst dir einen richtigen Mann?‹«

Die Bedeutung des Traums ist ganz klar, es blieb nur herauszufinden, ob er eine objektive Wahrnehmung der Situation widerspiegelte oder lediglich eine neurotische Paranoia von Jon. Nachdem er mit Sue über den Traum gesprochen hatte, schrieb Jon: »Sie stimmte mir zu, daß Roger sich aufführt, als ob er sie mir abspenstig machen wolle. Ich glaube, mein Unterbewußtes hat das aufgegriffen und diesen Traum veranlaßt, der meine Besorgnis über Rogers Absichten widerspiegelt.«

Eine ideale Analyse in Jons Traumtagebuch wäre etwa folgende gewesen:

Tagesereignisse und Assoziationen: Roger war gestern abend da und machte seine üblichen verbalen Annäherungsversuche bei Sue.

Traumthema: Freundin betrügt mit Freund.

Traumfiguren und Symbole: Sue und Roger – wörtlich zu verstehen, sie selbst.

Traumbotschaft: Ich bin beunruhigt über Rogers Interesse an Sue.

Maßnahmen: mit Sue sprechen.

Das ist ein sehr gutes Beispiel für die Art und Weise, wie Träume dramatisieren, um ihren Standpunkt klarzumachen, denn Sue versicherte Jon, daß sie ihn tatsächlich nicht mit Roger betrogen hatte. Der Traum warnte Jon, was geschehen *könnte*, wenn man die Dinge weiter treiben ließe. Viele Menschen träumen von Affären ihrer Partner mit anderen, und gewöhnlich ist es ein Anzeichen, daß das Verhältnis auf irgendeine Weise verbessert werden könnte. Sehr selten ist ein Traumpartner symbolisch. Das gleiche gilt für Nachbarn und Kollegen, mit denen wir in ziemlich engem Kontakt sind. Ich träumte einmal, daß ein neuer Nachbar seine Frau verprügelte, und war darüber verblüfft, denn er schien ein sehr freundlicher Mensch zu sein, aber bei näherem Kennenlernen stellte sich dann tatsächlich heraus, daß er einen boshaften Charakter hatte und ganz deutlich zu primitivem, männlichem Chauvinismus neigte.

Auch hier hatte der Traum seinen Standpunkt dramatisiert – in Wirklichkeit prügelt der Nachbar seine Frau nicht –, aber er zeigte, daß ich reale Hinweise aufgefangen hatte, ohne es zu wissen.

Eines der dramatischsten Beispiele dafür, daß Traumgestalten wörtlich aufgefaßt werden müssen, lieferte mir Rachel, eine Anhängerin der Gestalttherapie, die *alle* Traumsymbole als Teil der eigenen Persönlichkeit ansieht und es für unmöglich hält, daß Traumfiguren sich selbst darstellen. In diesem Fall war die Traumgestalt Rachels ungeborenes Kind, und sie berichtete die Geschichte wie folgt:

»In der Nacht, in der wir das Kind zeugten, träumte ich und behielt den Traum, obwohl ich mich sonst selten an Träume erinnere. Im Traum war mir, als ob ich ganz plötzlich geweckt würde, und das Licht ging aus. Mir wurden Dias vorgeführt. Es war nur ein einziges Bild im Schieber, und das Bild stellte einen Foetus dar. Ich wußte gleich, daß mit dem Foetus etwas nicht stimmte.

Ich wartete auf ein zweites Dia, aber es kam keins. Das Licht ging wieder an, und ich schlief bis zum Morgen. In der nächsten Nacht hatte ich denselben Traum. Sie können sich vorstellen, daß es nicht sehr erfreulich war.

Der Traum kehrte in den drei Monaten meiner Schwangerschaft ungefähr jede fünfte oder sechste Nacht wieder. Ich wurde im Schlaf geweckt, sah das Dia, und das war alles. Der Traum war mir morgens nicht mehr deutlich bewußt, aber er verdüsterte mir den Tag. Nachdem das fast drei Monate so gegangen war und ich dieses Erlebnis abwechselnd als neurotisches Verhalten bezeichnete und für eine wichtige Botschaft hielt, kam ich eines Abends zu dem Schluß, daß irgend etwas hier grundverkehrt sei. ›Ich weiß nicht, ob ich bereit bin, ein Kind zu bekommen. Ich will das durcharbeiten.‹ Es war etwa Mitternacht, als wir zu guten Freunden gingen (die Therapeuten sind) und ich erklärte: ›Ich bin sehr erregt. Ich glaube, ich bin nicht bereit, ein Kind zu bekommen.‹ Mein Freund, der mich recht gut kennt, sagte: ›Rachel, du bist wieder ungeduldig, du bekommst nicht gleich ein Kind. Man fährt nicht mal eben in die Stadt und bekommt ein Kind. Du mußt neun Monate warten. Mit dir ist alles in Ordnung.‹

Ich war erleichtert nach dieser kurzen Unterhaltung, die damit endete, daß wir uns um ein Uhr früh noch ein Salami-Sandwich zu Gemüte führten, und dann ging ich vergnügt ins Bett und bekam im Traum wieder das Dia vorgeführt. Am nächsten Tag setzten Krämpfe ein, und am übernächsten Tag hatte ich eine Fehlgeburt ... die Ausschabung ergab, daß der Foetus von Anfang an an der falschen Stelle gesessen hatte.«

Rachels träumende Seele hatte sehr deutlich das Gewahrsein ihres Körpers von der Lage des Foetus hervorgehoben, die ihr waches Bewußtsein nicht entdecken konnte.

In einigen seltenen Fällen kann indes eine Person oder eine Sache, die eng zu Ihrem Leben gehört, in Träumen eine symbolische Bedeutung annehmen. Meine sechsjährige Tochter Fiona erscheint in meinen Träumen oft als sie selbst, aber auch symbolisch als »mein Kind« – das heißt meine Traumarbeit – und als »natürliche Tochter« meiner Persönlichkeit. Sie kann auch als ein kleines Tier irgendeiner Art erscheinen, je nachdem, was für Gefühle ich zur Zeit des Traums für sie hegte. Die goldene Regel lautet, eine Traumfigur so lange nicht als symbolisch anzusehen, bis man die Möglichkeit ausgeschlossen hat, daß sie buchstäblich sie selbst ist. Wenn Sie wirklich überzeugt sind, daß Sie das gründlich überprüft haben, dann und nur dann ist es berechtigt, wenn Sie zu einer symbolischen Deutung übergehen.

Symbolische Traumgestalten und -vorstellungen

Jim, der an einem unserer englischen Workshops teilgenommen hatte, träumte:

»Ich gehe eine Dorfstraße entlang, an der Händler ihre Waren ausgestellt haben. Außer dem Gemüsehändler, dem Metzger und so weiter ist da ein sehr ehrbarer Schneider, der seine Anzüge vor seinem Geschäft auf einen Kleiderständer hängt, und ich sehe mit einiger Überraschung, daß er ein Bäffchen trägt. Im Vorbeigehen wird mir plötzlich klar, daß die ganze Straße nicht echt ist, sondern eine Tarnung für eine geheime Giftgasfabrik – und in diesem Augenblick werden mir plötzlich von hinten die Arme gefesselt, und ich wache voll Panik auf, denn ich weiß, daß sie mich umbringen werden, weil ich ihr Geheimnis entdeckt habe.«

Auf den ersten Blick rief das keinerlei Widerhall hervor. Jim war nicht am Vortag auf einem offenen Markt gewesen und auch nicht bei seinem Schneider. Ein gut Teil des Tages hatte er vielmehr mit seinem Rechtsanwalt verbracht bei dem vergeblichen Versuch, seinen Scheidungsprozeß zum Abschluß zu bringen, der sich jetzt bald vier Jahre hinzog, was für alle Beteiligten unerfreulich und schmerzlich war. So schienen die Tagesereignisse nicht den Schlüssel zur Bedeutung des Traums zu bieten.

Als Jim indes über den Schneider nachdachte, fiel ihm ein Schneider ein, der in seiner Kindheit eine sehr autoritative Persönlichkeit gewesen war. Er hieß Ash – und dann wurde ihm blitzartig klar, daß das der Name seines Anwalts war. Für einen Engländer wurde damit das Wortspiel klar, denn »suit« bedeutet unter anderem »Anzug« und auch »Prozeß«, und der Schneider, der Anzüge aufhängte, symbolisierte natürlich den Rechtsanwalt, der den »Prozeß hängen« ließ. Das war sehr interessant, denn Jim hatte seiner Frau die Schuld an der Verzögerung zugeschoben, während sein Herz die Sache ganz anders sah: der Anwalt ließ aus religiösen Gründen – worauf das Bäffchen im Traum hinwies – den Prozeß hängen. Nachdem Jon darüber nachgedacht hatte, fiel es ihm wie Schuppen von den Augen, und als er sich Vorwürfe machte, daß er so blind gewesen war, wurde ihm klar, daß ihm der Traum auch den Grund für seine Blindheit gezeigt hatte, indem er Mr. Ash nicht als Anwalt, sondern als eine autoritative Persönlichkeit aus der Kindheit dargestellt hatte. Jims Scheu vor solchen autoritativen Persönlichkeiten hatte ihn daran gehindert, das Verhalten seines Anwalts in Zweifel zu ziehen. Die Giftgasfabrik blieb indes unerklärt, bis eine Freundin von Jim mehrere Wochen später erwähnte, daß eben dieser Anwalt durch seine frömmelnde Einstellung gegenüber Trennung und Scheidung ihr ganzes Familienleben vergiftet habe, bis ihr Mann dann starb.

Jim ergänzte diese Seite seines Traumtagebuchs wie folgt:

Tagesereignisse und Assoziationen: Besprechung mit Anwalt wegen Scheidung

Traumthema: Entdeckung einer gefährlichen Situation

Wortspiele: »suit« bedeutet Anzug und Prozeß

Traumfiguren und -symbole:

Ash, der Schneider: (eine autoritative Persönlichkeit der Vergangenheit):	Ash, der Anwalt (eine autoritative Persönlichkeit der Gegenwart)
Bäffchen:	moralistische Einstellung
Giftgasfabrik:	etwas Giftiges an der Situation
Metzger und Gemüsehändler:	Requisiten: keine besondere Bedeutung

Traumbotschaft: Ich habe das Gefühl, daß Mr. Ash meinen Scheidungsprozeß wegen religiöser Vorurteile hängen läßt, und seine Ehrbarkeit ist eine Tarnung für eine wirklich giftige Situation. Daß ich mich nicht früher dazu durchrang, an ihm zu zweifeln, beruht auf meiner Furcht vor autoritativen Persönlichkeiten.

Maßnahmen: Den Rechtsanwalt wechseln oder meinen Scheidungsprozeß genau überwachen und ihn so schnell wie möglich abschließen. Mich auf lange Sicht von meiner Furcht vor autoritativen Persönlichkeiten frei machen.

Mein Mann John träumte:

»Ich bin zu einem internationalen Bankett im Weißen Haus eingeladen, und die Feier beginnt damit, daß Präsident Nixons Kumpane um ihn herumstehen und ›Heil dem Chef‹ singen, während der Präsident eine scheinheilig bescheidene Miene aufsetzt. Als wir dann über den Flur zum Bankettsaal gehen, packt mich der Präsident am Arm und stößt hervor: ›Sie müssen mir helfen, John. Stellen Sie sich bitte vor mich und sorgen Sie dafür, daß die anderen mich nicht sehen . . .‹, woraufhin er sich anschickt, sich laut und unappetitlich in die Vorhänge zu schneuzen. Aus dem Augenwinkel sehe ich Tschou En-lai, den Ministerpräsidenten der Volksrepublik China, und denke bei mir, was für Fehler Nixon auch immer gemacht haben mag, er wird stets als der große Integrator von Ost und West in Erinnerung bleiben.«

Die Ereignisse des Vortages waren keineswegs ungewöhnlich gewesen – John hatte das Haus überhaupt nicht verlassen, und es war auch kein Besuch gekommen. Wir hatten den Tag damit verbracht, an dem Buch zu arbeiten, und hatten zuletzt eine kleine Meinungsverschiedenheit gehabt, aber keinen ernstlichen Krach.

Da John nicht wirklich ins Weiße Haus eingeladen worden war und Präsident Nixon zu jener Zeit nicht buchstäblich in seinem Leben eine Rolle spielte, mußte John sich fragen, ob Nixon ein Symbol für jemanden oder etwas in seinem jetzigen Leben war. Johns erste Assoziation: unser Haus war gerade weiß getüncht worden, also bezog sich das Traumdrama offensichtlich auf etwas, das in unserem »weißen Haus« stattgefunden hatte. Als wir beim Frühstück über den Traum sprachen, nieste ich laut und schnaubte mir die Nase, was John in Erinnerung rief, daß sich bei mir am Vortag ein Schnupfen eingestellt hatte. Da biß die Maus keinen Faden ab – Nixon symbolisierte mich! Nachdem ich in Johns Träumen mehrmals als Königin Elizabeth erschienen war, mußte ich mit dieser Möglichkeit rechnen, aber Nixon, fand ich, das ging ein bißchen zu weit! Außerdem habe ich mich nie in die Vorhänge geschneuzt.

Aber mittlerweile war der ganze Traum klar geworden. John erinnerte sich, daß ich am Vortag alte Post durchgesehen hatte, weil ich etwas von dem Papierberg beseitigen wollte, und ihm ein paar Verehrerbriefe vorgelesen hatte, ehe ich sie endgültig wegwarf. Dann hatten wir gearbeitet und den Tag mit einem Streit gekrönt, bei dem ich mich, wie ich zugeben muß, nicht gerade sehr würdevoll aufgeführt habe. Johns Traum spiegelte in prächtiger Bildersprache wider, was er über den Tag dachte, und schilderte, wie sich dann der »Präsident«, umgeben von bewundernden und »Heil dem Chef« singenden Anhängern, absolut daneben benahm, was aber nur John sehen konnte. Offenbar hat er sich im Wachzustand, ohne es bewußt gewahr zu werden, den Gedanken durch den Kopf gehen lassen, was meine Verehrer wohl von mir halten würden, wenn sie wüßten, wie ich wirklich bin. »Sag es ihnen nicht, John«, stellt er sich vor, daß ich ihn bat, »hilf mir, bitte.« Aber während er noch in dieser geheimen Genugtuung schwelgt, bemerkt er Tschou En-lai, was ihn daran erinnert, daß er, was für ein Schlamassel ich auch in meinem Privatleben anrichten mag, in mir den großen »Integrator« entgegengesetzter Meinungen und widersprechender Theorien in der Welt der Träume sieht. Ich bin sehr dankbar dafür, denn wenn ich im täglichen Leben einmal nicht gerade vollkommen bin, kann ich jetzt immer zu John sagen: »Denke an Tschou En-lai!«

John ergänzte diesen Traum in seinem Tagebuch wie folgt:

Tagesereignisse und Assoziationen: Fassade unseres Hauses weiß gestrichen. Ann las Verehrerbriefe vor, und wir arbeiteten am Buch. Wir hatten Streit.

Traumthema: Treffen und Interaktion mit berühmten Leuten.

Traumfiguren und -symbole: Das Weiße Haus – unser Haus; Präsident Nixon – Chef unseres weißen Hauses – Ann; der Chef hat Schnupfen –

Ann hat Schnupfen; Mitarbeiter – Verehrer; Vorhänge – Selbstbild, Persona; in die Vorhänge schneuzen – Gesichtsverlust; Tschou En-lai – Traumexperte mit entgegengesetzten Ansichten.

Traumbotschaft: Ich empfinde, daß Ann es liebt, bewundert zu werden, doch nicht will, daß die Welt ihre »Watergates« sieht, die ich sehe. Aber ich empfinde sie als einen wirklichen Bahnbrecher, deshalb kann ich sie nicht zu sehr ducken.

Maßnahmen: In Zukunft Verärgerung und Gereiztheit zum Ausdruck bringen und nicht darauf warten, daß diese Gefühle in einem Traum zum Vorschein kommen.

Ich will hier kurz abschweifen, um darauf hinzuweisen, daß alle Träume, in denen berühmte Persönlichkeiten oder Fürstlichkeiten geschildert werden, eine Bedeutung für das gegenwärtige Leben des Träumers haben, und wie jedes andere Traumsymbol stellen diese Traumfiguren entweder einen Dritten oder einen Teil von uns selbst dar. Zum Beispiel hatte ich kurz nach meiner ersten Heirat wiederkehrende Träume, in denen die Königinmutter zu allen Stunden des Tages unangemeldet bei mir erschien, um mir das neueste Rezept für ein billiges Rindfleischgericht zu geben oder mir die zur Zeit gültigen Preise für Fleisch und Gemüse zu nennen. In einem Traum kam sie wie üblich und wollte mir beibringen, wie man Hühnersuppe kocht, obwohl ich einwandte, daß wir beide eine Abmagerungskur durchmachten. Jedesmal weinte ich beim Aufwachen vor Zorn und Frustration, denn wie hätte ich zur Königinmutter unverhüllt grob sein können?

Wenngleich ich damals in der Kunst der Traumdeutung unerfahren war, fiel mir bald auf, daß diese Träume immer nach einem Besuch meiner Schwiegermutter auftraten, und es war nicht schwierig, sie als die Königinmutter in meinem damaligen Leben zu erkennen, die fürstliche Herrscherin im Hause meines Mannes, die entschlossen war, mich in der Haushaltsführung zu unterrichten, obgleich sie genau wußte, daß ich studierte und promovieren wollte. Die Träume hörten auf, als ich ein Machtwort sprach und bestimmte Besuchszeiten für sie festlegte, was sie mir nie verzieh. Seit unserer Scheidung hat sie ihren Platz als Königinmutter wieder eingenommen und herrscht in der zweiten Familie meines Mannes in der Weise, wie sie es früher gewohnt gewesen war.

Mir fällt in diesem Zusammenhang die große Zahl von Patientinnen in der Praxis meines ersten Mannes ein, die von erfreulichen und oft erotischen Träumen von Prinz Philip berichteten. Es war mir damals nicht klar, daß sie wahrscheinlich von meinem Mann träumten, der auch Philip hieß, und daß ihre Träume ihn so darstellten, weil sie ihn als eine sehr stattliche, fürstliche Person sahen – einen echten Sohn der Königinmutter!

Psychologen und Laien gleichermaßen neigen dazu, Träume von berühmten Persönlichkeiten als bloße Wunscherfüllung oder Ausgleich für die Langweiligkeit des täglichen Lebens anzusehen. Typisch für diesen Standpunkt ist ein Buch von Brian Masters, einem Engländer, mit dem Titel *Träume von Ihrer Majestät der Königin und anderen Angehörigen der königlichen Familie,* das über eine Fülle von Träumen von Leuten berichtet, die in ihrem Wachleben nie mit der königlichen Familie zu tun hatten. Viele dieser Träume sind lustig: in einem hat die Königin Pferde in ihrem Schlafzimmer, weil die königlichen Ställe besetzt sind (»Es heißt, es sei unhygienisch, aber ich habe immer noch ein bißchen Einfluß«, sagte sie). Und in einem anderen Traum steht die Königin unterhalb der Niagarafälle, murmelt etwas, daß sie »diesen scheußlichen Regenmantel« tragen müsse, und versucht gleichzeitig vergeblich, ihre blindgewordene Krone auf ihrer Regenmütze festzuhalten, »weil das Volk hier drüben es von einem erwartet«. Unzählige Hausfrauen träumen davon, daß die Königin zum Tee zu ihnen komme: in einem Traum ist sie sehr verlegen, weil sie einen unerwarteten Gast mitbringt, und hinter der Tür steht in Gummistiefeln und mit sehr ängstlicher Miene die Königinmutter. Enttäuschenderweise billigt Masters diesen Träumen nur eine einzige Bedeutung zu, nämlich daß sie etwas Farbe in das graue Dasein des Träumers bringen. »Man träumt von Fürstlichkeiten, weil erhabene, königliche Gestalten ein Ausgleich für das Einerlei des täglichen Lebens sind«, schreibt er. »Sie machen die prosaische Welt ein wenig spannend.« Ich würde mit Masters wetten, daß, wenn einer von seinen Träumern mir einen Traum dieser Art und dazu die Tagesereignisse und Assoziationen berichtet hätte, wir in der Lage gewesen wären, die fürstlichen Traumfiguren entweder als Menschen in seinem Leben oder als Aspekte seiner eigenen Persönlichkeit zu identifizieren. Träume kommen nicht bloß, um uns zu unterhalten, obwohl sie oft unterhaltsam sind. Sie kommen, um uns zu einer neuen Stufe des Verständnisses für andere und für uns selbst zu führen.

Mary, die an der Gründung einer kleinen Traumgruppe unter Freunden beteiligt war, berichtete folgenden Traum:

»Ich bin an einem Ferienort, und irgend etwas stimmt mit dem Herd nicht. Ich glaube, ich muß ihn reparieren lassen. Es gibt eine Explosion, ein Teil der Herdplatte wird abgerissen, und auf dem Fußboden ist eine Pfütze, Wasser oder Gas. Ich habe das Gefühl, ich müsse etwas tun, aber ich kann es nicht ertragen, mir die Bescherung anzusehen. Aus den Brennern steigt Rauch auf, und es sieht aus, als ob ein Loch unten in die Herdplatte gebrannt sei. Die Asche raucht immer noch.«

Mary befolgt unsere Regeln und überprüft ihren Herd, ob der Traum sie womöglich auf einen Defekt hinwies, der eine gefährliche Explosion zur Folge haben könnte. Da sie nichts dergleichen fand, fragte sie sich, was »Herd« für sie bedeutete. Ihr fiel nichts anderes ein, als daß er zur Kücheneinrichtung gehört und zum Kochen gebraucht wird. Wann immer es einem Träumer schwer fällt, eine sinnvolle Assoziation zu einer Traumfigur oder -vorstellung herzustellen, fordern wir ihn auf, es mit der Methode des »kreativen Monolog« zu versuchen, die darin besteht, eben jene Traumvorstellung zu »werden« und sie zu beschreiben. Mary setzte sich also auf ihren Stuhl, schloß die Augen und versuchte sich in das Gefühl hineinzuversetzen, das man hat, wenn man ein Herd ist. Dann lieh sie dem Herd eine Stimme und begann: »Ich bin ein Herd, ein Teil der Kücheneinrichtung. Ich gehöre in die Küche. Die Menschen stellen mich an, wenn sie mich gebrauchen wollen, und stellen mich ab, wenn sie fertig sind . . . Ich habe es satt, so behandelt zu werden . . . Ich werde ausgenützt und vernachlässigt . . . und wenn mir nicht bald jemand Aufmerksamkeit widmet, werde ich explodieren.«

Die kreative Monologtechnik kann immer angewandt werden, wenn ein Träumer Schwierigkeiten hat, eine sinnvolle Gedankenverbindung zu einer Traumvorstellung herzustellen, und sie führt nicht immer zu dem Schluß, die Traumvorstellung sei ein Aspekt des Träumers selbst. Hätte zum Beispiel Marys Mann von einem explodierenden Herd geträumt, dann hätte er die Methode anwenden können, um die Identität des Herds herauszufinden, und hätte dabei Einblick in die explosiven Gefühle seiner vernachlässigten Frau gewonnen. Es ist eine sehr wirksame Methode, die ständig in unseren Traumgruppen angewandt wird, um schwer faßbare Traumsymbole zu erkennen, und insofern besonders nützlich ist, als sie Gruppenmitgliedern ermöglicht, manches zu sehen, was dem Träumer entgangen sein mag, denn sehr oft tauchen Aspekte der Persönlichkeit des Träumers auf, die ihm unbekannt sind, wenn er die Rolle spielt. Wie ich bereits betont habe, sind Anregungen und Kommentare von der Gruppe immer willkommen, aber sie müssen im Herzen des Träumers Widerhall finden, um für ihn wirklich nützlich zu sein.

Nachdem Mary den Herd als einen Teil von sich erkannt hatte, der in Gefahr war, zu explodieren, warf sie einen Blick zurück auf die Tagesereignisse und entdeckte, was ihren Traum angeregt hatte. Sie schreibt:

»Als Jane, Alice und ich uns am 28. Februar trafen, hatten wir vorgehabt, einige meiner Träume durchzuarbeiten, was ich nicht gern in der Gruppe tun wollte, wenn mein Mann dabei war. Ich war am Morgen früh aufgestanden und zornig gewesen, konnte mir aber nicht erklären, warum – ich vermutete, daß ich wieder geträumt hatte, ein Dienstmädchen in meinem eigenen Haushalt zu sein, doch konnte ich mich an nichts erinnern. Jane war in einem entsetzlichen Zustand, als sie kam, und ich vergaß meine Wut rasch und ging in dem Wunsch auf, ihr zu helfen, damit sie die nächsten drei Abende im Klub durchhielt. Als ich später an dem Nachmittag die Tonbänder abhörte, war ich ganz entsetzt, wieviel Aggression in meiner Stimme durchklang, und über die Art und Weise, wie ich Jane aufstachelte, den inneren strafenden Stimmen

Paroli zu bieten. Kein einziges Mal hatte ich das Gefühl, auf Jane wütend zu sein, und ich war es auch nicht, aber ich konnte mir den Eindruck nicht erklären, den mein Verhalten und meine Stimme auf dem Tonband bei mir hervorriefen. Obwohl Alice der Meinung war, daß bei mir tatsächlich Aggression im Spiel sei, was nötig zu sein schien, um Jane an diesem Punkt zu helfen, kam ich mir immer noch wie ein Fischweib vor. Nachdem Jane gegangen war, verbrachte ich weitere drei Stunden mit Alice und hörte mir an, warum sie in bezug auf ihr Kind deprimiert war. Am Ende des Tages saß ich immer noch mit meiner Wut da, und weder ich noch jemand anderes hatte sich damit befaßt. In jener Nacht träumte ich von dem Herd.

Ich deute den Traum folgendermaßen. Ich bin natürlich der Herd, und das Gaswerk (Kraftwerk) ist die Traumkraft-Gesellschaft, die Gruppe, die ich zusammengerufen hatte, um über meine elenden Träume, daß ich ein Dienstmädchen sei, zu sprechen. Es war mir nicht möglich gewesen, in Gegenwart meines Mannes über meine Gefühle zu sprechen, daß ich von ihm ausgenutzt und vernachlässigt werde, und ich hatte beschlossen, eine zusätzliche Gruppensitzung einzuberufen, während er verreist war. Der Traum sagt mir also vor allem, wie sich die Tagesereignisse abgespielt haben: Ich hatte eine Versammlung der Gesellschaft einberufen, um über meine Träume zu sprechen, denn es war mir klar, daß mit einem Teil von mir (der Herd) etwas nicht stimmte. Die Probleme von Jane und Alice schienen vordringlicher zu sein als meine, deshalb kümmerte ich mich nicht um mein Bedürfnis nach Aufmerksamkeit, sondern half ihnen, mit den ihren fertig zu werden. Als ich später meine Gefühle betrachtete (die Asche), da war ich ausgebrannt und rauchte noch, denn ich war explodiert, hatte die Wut (die Asche) nach unten auf eine tiefere Ebene geschoben, wo sie noch rauchte und mir ein Loch in den Bauch brannte. Es war eindeutig ich gewesen, die der Kraft-Gesellschaft nicht mitgeteilt hatte, daß ich im Begriff sei, zu explodieren, wenn ich meiner Wut keine Aufmerksamkeit schenkte – und diese Wut hatte ich in die Gruppe mitgebracht, es war keine Wut, die ich auf Jane oder Alice empfand.

Der Traum sagt auch etwas über mein Leben im allgemeinen. Mein Gewissen bellt mich immer an, daß meine Bedürfnisse ganz unten auf der Dringlichkeitsliste stehen. Die Botschaft des Traums an mich lautet, daß ich meinen Gefühlen lauschen und ihnen eine Stimme geben sollte, sonst würde ich explodieren und Schaden verursachen. Ich verstand nicht, was die Pfütze auf dem Fußboden im Traum bedeutete, bis Jane eines Tages herkam, als ich ganz am Boden zerstört war und dringend jemanden brauchte, der mich bloß in den Arm nahm, und als sie das tat, brach ich sofort in Tränen aus. Ich bin nun mal so veranlagt, daß ich aufgestauten Gefühlen entweder durch einen Wutausbruch oder einen Tränenstrom Luft mache – und manchmal durch beides.

Lebt wohl – ich muß gehen und meinen Herd saubermachen! Mary.«

So erscheint Marys Traum in ihrem Traumtagebuch:

Tagesereignisse und Assoziationen: Rief Traumgruppe zusammen, um meine Träume durchzusprechen, aber die Probleme der anderen waren so vordringlich, daß wir nicht mehr zu meinen kamen.
Traumthema: Explosion.
Wortspiele: Die Herdplatte wird abgerissen – da geht einem der Hut hoch.
Traumfiguren und -symbole: Herd – ein Teil von mir, der in Gefahr ist, zu explodieren, weil er sich gebraucht, aber vernachlässigt fühlt.
Kraftwerk – Traumkraft, d.h. die Traumgruppe.
Pfütze – Tränen
Asche – ausgebrannte Wut
Herdplatte – mein Bauch
Traumbotschaft: Ich muß meine Gefühle (wenn möglich) zum Ausdruck bringen, wenn sie aufsteigen, und Aufmerksamkeit für meine Bedürfnisse verlangen, sonst werde ich in Wut oder Tränen ausbrechen, oder beides.
Maßnahmen: Immer mit meinen Gefühlen in Berührung bleiben.

Barbara, eine Collegelehrerin aus Georgia, hatte in einer Nacht drei Träume, die sie wie folgt beschreibt:

1) Ich sehe drei Felder – ein kleines, eins von mittlerer Größe und ein großes. Irgendwie sind sie für Sex symbolisch (als ich aufwachte, hatte ich das Bild der Felder im Sinn und wußte, daß ich von Sex geträumt hatte). Ich schlief wieder ein.

2) Ich gehöre zu einer Basketballmannschaft (ein wiederkehrendes Motiv). Ich überlege mit einer kleinen Gruppe, ob ich genug Energie haben werde, um es mit ihnen aufzunehmen. Ich glaube es. Soll ich »Stürmer» oder »Verteidiger« spielen? Ich bin kleiner als mehrere andere Spieler, was meine Technik als Verteidiger beeinträchtigen könnte, aber ich weiß nicht, ob ich gut genug werfen kann, um Stürmer zu spielen.

3) Malcolm R. und seine Freundin Dawn besuchen uns. Die Stimmung ist entspannt und freundschaftlich. Ich zeige Dawn die Kleider, die in meinem Schrank hängen. Ohne mich zu beleidigen, schlägt sie diskret Verbesserungen vor, die an meiner Garderobe vorgenommen werden müssen – vor allem, daß ich an meinen Jeans ein paar Knöpfe annähen sollte. Obwohl Charlie und ich in dem Haus wohnen, ist es mir relativ wenig vertraut. Ich gehe am nächsten Morgen durch die Zimmer und bin erstaunt, daß genug Schlafzimmer da sind, um Gäste über Nacht dazubehalten. Sie sind geräumig und sauber. Mir fällt das Bett auf, in dem Malcolm und Dawn schlafen. Es hat einen hohen Rahmen, auf dem die Matratze liegt. Es sieht sehr massiv und stabil aus.

Auf den ersten Blick war keiner dieser Träume einleuchtend, und es schien auch kein Zusammenhang zwischen ihnen zu bestehen. Es gab in Barbaras Leben damals keine buchstäblichen Felder oder Basketballspiele, und Malcolm und Dawn hatte sie in letzter Zeit nicht gesehen; außerdem war sie in ihrer Kleidung immer sehr penibel, und ihre Jeans waren nicht reparaturbedürftig. Sie erinnerte sich, daß sie am Vortag mit einigen Freunden über ihre Ambivalenz bezüglich Mutterschaft gesprochen und noch daran gedacht hatte, als sie einschlief. Zur Zeit ihres Traums war Barbara Anfang Dreißig und hatte keine Kinder.

Sie beschloß, die Träume der Reihe nach in Angriff zu nehmen, fand aber keinen Anhaltspunkt für das erste Traumfragment; deshalb wandte sie die kreative Monologtechnik an und »wurde« eines der Felder. Sie gab ihm eine Stimme und begann: »Ich bin ein Feld und im Begriff, bepflanzt zu werden ...« Nach nur ein paar Worten war offenbar geworden, daß das Feld ein Mutterleibsymbol und Barbaras Herz der Meinung war, daß sie zur Schwangerschaft bereit sei. Das deutete sofort auf die Möglichkeit hin, daß das Feld, auf dem Barbara und die Mannschaft im zweiten Traum spielten, dasselbe bedeuteten, und nachdem mehrere Wortspiele erkannt waren, wurde die Bedeutung des Traums rasch klar. Der Traum schildert Barbara beim »Ballspielen« (amerikanischer Slang für Spaß haben, z.B. beim Geschlechtsverkehr) und ihre Überlegungen, ob sie in die Schwangerschaft »stürmen« oder sich dagegen »verteidigen« solle.

Der dritte Traum, der auf den ersten Blick keinen Zusammenhang mit den anderen zu haben scheint, enthält ein Wortspiel, das die Verbindung zwischen den drei Träumen der Nacht herstellt. Dawn weist darauf hin, daß Barbaras Jeans (»Gene« wird auf englisch genauso ausgesprochen) in schlechtem Zustand seien – eine prachtvolle Traumkarikatur, die Barbaras Zweifel an ihrer Erbmasse zum Ausdruck bringt. Barbara schreibt: »Hier bestehen eindeutige Zusammenhänge. Einige Wochen früher hatte ich von meinem jüngeren Bruder als einem Kindesmörder geträumt und meine Mutter im Traum beschuldigt, die Ursache seiner Geistesgestörtheit zu sein. Der jetzige Traum scheint zu zeigen, daß ich mir unbewußt Sorgen mache, ich könnte meinen Nachkommen diese Probleme vererben.«

Zu diesem Traum bemerkte Barbara noch, da sie Dawn seit einiger Zeit nicht gesehen habe, müsse sie sie als eine symbolische Traumfigur auffassen, und deshalb fragte sie sich, was Dawn für sie verkörpere. Die Antwort lautete: »Kultiviertheit«, und Barbara schrieb: »Dawn ist die Tochter eines wohlhabenden Grundbesitzers und in einem Mädchenpensionat erzogen worden. Sie ist eine bildende Künstlerin mit feinem Empfindungsvermögen und auch in Übereinstimmung mit ihrem Körper – sie reitet, schwimmt und treibt Joga. Sie scheint immer alles ›beieinander‹ zu haben, auch ihre Kleidung. Im Gegensatz dazu muß ich mich darum bemühen, alles beieinander zu haben, auch meine Kleider (ein wiederkehrendes Thema meiner Träume). Malcolm ist vielleicht noch kultivierter, und sie sehen beide außerordentlich gut aus.«

Barbara schloß: »Der Traum zeigt meine Zweifel an meiner Vollkommenheit als Frau. Ich wuchs in wirtschaftlich und gesellschaftlich beengten Verhältnissen auf und habe mein Leben lang bewußt versucht, meine Benachteiligung zu überwinden. Dawn ist in dieser Hinsicht das Gegenteil von mir. Wird mein Mangel an gesellschaftlicher und besonders weiblicher Kultiviertheit meine Fähigkeit beeinträchtigen, die sexuelle Erfüllung der Mutterschaft zu erfahren? Aber mir wird gezeigt, daß mein Haus (das ich immer mit meinem Selbst und meinen Fähigkeiten assoziiere) größer ist, als ich dachte, und viele Zimmer für Gäste (Kinder?) hat. Überdies versichert mir der Traum, daß mein durch das Bett symbolisiertes Herkommen keineswegs unzulänglich ist, sondern eine solide und stabile Basis für weiteres Wachstum darstellt.«

Über diese Träume schreibt Barbara in ihrem Traumtagebuch:

Tagesereignisse und Assoziationen: Hatte den Tag zuvor bei den Ks. verbracht. Abends sprachen wir über meine Einstellung zur Familie und die Möglichkeit, daß ich kein Kind bekäme.
Traumthema: 1. Sex (Feld)
2. Basketballspielen (wiederkehrendes Motiv)
3. Etwas stimmt mit meiner Kleidung nicht (wiederkehrendes Motiv)
4. Haus größer, als ich angenommen hatte (wiederkehrendes Motiv)
Wortspiele: »Stürmer« – etwas vorantreiben
»Verteidiger« – auf der Hut sein vor etwas
»Basket*ball*« – Geschlechtsverkehr
»Jeans« – Gene
»Bett« – Herkommen
Traumfiguren und -symbole:

Feld	Mutterleib
Malcolm und Dawn	gesellschaftliche Kultiviertheit
Haus	mein Selbst, seelischer Raum, Entwicklungsmöglichkeiten

Traumbotschaft: Mein Körper fühlt sich zur Schwangerschaft bereit, aber ich bin mit mir selbst darüber nicht einig in Anbetracht meiner »schlechten Gene« und meines Mangels an Kultiviertheit. Doch mein Herz versichert mir, daß ich es ruhig wagen kann und mein Herkommen keineswegs ein Hindernis, sondern eine solide Basis für weiteres Wachstum ist.
Maßnahmen: Ein Kind bekommen!

Und das tat sie. Einige Wochen nach dem Traum schrieb Barbara, daß sie schwanger und darüber glücklich sei. In einem weiteren Brief nach der Geburt ihres Sohnes schrieb sie: »Charlie und ich haben nie ein Kind ›geplant‹ und auch keine drastischen Maßnahmen (d.h. die Pille) ergriffen, um kein Kind zu bekommen. Es schien etwas zu sein, das zur rechten Zeit kommen würde, wenn wir dafür bereit wären. So hat es sich wohl mit Jonathan zugetragen.«

Margaret, eine Freundin, bei der wir in Kalifornien wohnten, schrieb uns kurz nach unserer Abreise, sie habe von mir geträumt und voll Begeisterung festgestellt, daß sie den Traum selbst deuten konnte. In ihrem Brief beschrieb sie den Traum:

»Ann (Faraday) ist mit meinem Freund Fred verlobt. Ich komme nur als Zuschauer vor und merke, daß Fred ihr wahnsinnig auf die Nerven geht. Ich mag sie beide, und es tut mir leid, mitanzusehen, daß er sie durch sein Verhalten schließlich verlieren wird. Abends empfiehlt er ihr, früh ins Bett zu gehen, da sie einen anstrengenden Tag gehabt habe; bei den Mahlzeiten drängt er sie, mehr zu essen, weil sie abnehme; und als sie hinausgeht, holt er einen Pullover und legt ihn ihr über die Schulter – spielt sich also als jüdische Mutter auf. Die Ann im Traum ist genauso wie im wirklichen Leben – absolut imstande, für sich zu sorgen und ihre Entscheidungen selbst zu treffen, und Fred ist wie der wirkliche Fred – ein sehr freundlicher Typ, der es viel nötiger hat als sie, daß man für ihn sorgt.«

Margaret beschreibt in dem an mich gerichteten Brief, wie sie an dem Traum arbeitete:

»Der Traum scheint mit mir überhaupt nichts zu tun zu haben und offenbar auch nichts mit Dir und Fred, denn ich habe Euch beide lange Zeit nicht gesehen. Ich glaubte schon, ich würde meine Träume nicht deuten können, nachdem Du jetzt nicht mehr da bist, und dann kam ich auf die Idee, Dich dort ›auszuleihen‹, wo immer Du auch bist. So zitierte ich Dich herbei und setzte Dich im Auto neben mich, und – ob Du es glaubst oder nicht – ›Du‹ hast all die richtigen Fragen gestellt. Erstens hast Du mir gesagt, ich solle Fred fragen, warum er so viel Getue um Ann mache, und ›er‹ antwortete: ›Weil ich sie so liebe und das die einzige Möglichkeit ist, ihr die Liebe zu bekunden, die ich dauernd für sie empfinde.‹

Kurz und gut, ich setzte mich dann auf ›Anns‹ Platz und hatte sofort ein deutliches Bild meiner Mutter vor Augen, die um mich Getue macht. Noch heute, wenn ich sie besuche und ins Eßzimmer komme, ruft sie mir zu: ›Komm und frühstücke‹, und wenn ich mich gerade hinsetze, sagt sie: ›Setz dich hin und iß.‹ Wenn ich vorhabe, in die Stadt zu fahren, holt mein Vater den Wagen für mich aus der Garage usw. usw. Vermutlich wußte ich im Grunde, daß all dies Getue bei Kleinigkeiten ein Zeichen von Liebe sei, aber dieses Wissen war verdeckt durch den Verdruß über all das und den Unmut, daß sie mir sämtliche einfachen Dinge abnahmen, aber nichts von dem, was wirklich zählt. Es war bloß eine Menge Geschwätz, aber wenn ich mir den Traum betrachte, dann erkenne ich, daß sie einfach keine andere Möglichkeit hatten, ihre Liebe zum Ausdruck zu bringen, und ich konnte meiner Mutter die gekränkte Bestürzung nachfühlen, daß ihr Getue (d.h. ihre Liebe) zurückgewiesen wurde.

Das machte mich aufgeschlossen für meine gegenwärtigen Verlustgefühle – daß ich meine Tochter Deborah hier in Kalifornien zurücklasse, wenn ich nach Washington zurückgehe, und mir wurde klar, daß ich ihr neue Kleider gekauft und dafür gesorgt hatte, daß sie genug Wäsche hatte usw., und ich sah ein, daß ich genau das tat, was Fred im Traum und meine Mutter in Wirklichkeit tun würde. Daher erzählte ich Deborah den Traum, und wir lachten über die ersatzweise Verwendung von Schlüpfern, um Liebe zum Ausdruck zu bringen.«

Der vervollständigte Traum erscheint wie folgt in Margarets Traumtagebuch:

Tagesereignisse und Assoziationen: Plante Rückkehr nach Washington. Kaufte Wäsche für Deborah.
Traumthema: Aufspielen als jüdische Mutter.
Traumfiguren und -symbole:
Ann - Deborah in bezug auf ihre Unabhängigkeit
Fred - ich in bezug auf Überfürsorglichkeit
Traumbotschaft: Mein Getue um Deborah ist ein echter Ausdruck meiner Liebe und Anteilnahme für sie, wird aber unser Verhältnis trüben, weil es sie ärgert.
Maßnahmen: Deborah den Traum erzählen und versuchen, meine Gefühle offen zu zeigen. Auf lange Sicht sollte ich für mein eigenes Bedürfnis, manchmal von jemandem umsorgt zu werden, aufgeschlossen sein.

Hätte der Traum lediglich darlegen wollen, daß Margaret ihrer Tochter gegenüber überfürsorglich war, dann hätte er wahrscheinlich Margaret selbst gezeigt, wie sie um Deborah Getue machte. Aber offenbar hatte er mehr zu sagen als das. Indem der Traum Fred erscheinen ließ, wies er zusätzlich darauf hin, daß es jemanden gab, der selbst Liebe, Fürsorge und Aufmerksamkeit brauchte, und durch das Vorstellungsbild von Ann vermochte Margaret die Botschaft aufzunehmen, daß Deborah jetzt ein großes Mädchen war, das selbst für sich sorgen konnte, und dadurch fiel es ihr viel leichter, sie zurückzulassen.

Margarets Methode, ihr anfängliches Gefühl der Hilflosigkeit angesichts dieses Traums zu überwinden, war interessant: durch die Heraufbeschwörung des Vorstellungsbildes von mir, das ihr sagte, was sie tun sollte, wurde ihr die Tatsache klar, daß sie in ihrem Inneren tatsächlich wußte, was sie tun sollte. Gewiß hat Margaret nicht gewußt, daß das eine Methode ist, die viele Jungianer anwenden, wenn sie nicht weiterkönnen – sie beschwören die Gestalt von Jung, verleihen ihm eine Stimme und vermögen dann ihre eigenen, inneren Ressourcen anzuzapfen. Und Fritz Perls hat tatsächlich vorgeschlagen, es sollten zu demselben Zweck »Fritz-Puppen« auf den Markt gebracht werden. Es wird mir also ein Vergnügen sein, mich zur Verfügung zu stellen – beim Frühstückstisch, im Flugzeug oder wo immer Sie sich zufällig befinden –, wenn Sie noch Hilfe bei Ihren Träumen brauchen, nachdem Sie dieses Buch gelesen haben.

Die drei Gesichter des Träumens

Wenn Sie in der Kunst der Traumdeutung Übung bekommen, werden Sie bemerken, daß Ihre Träume ihre wirksamste Bedeutung auf einer von drei Energiestufen erhalten. In *Dream Power* nannte ich sie »Die drei Gesichter des Träumens«, und ich will Ihnen deutlich machen, was ich damit meine, indem ich Ihnen zeige, wie alle in diesem Kapitel geschilderten Träume auf einer oder mehreren dieser Stufen ihre wirksame Deutung fanden.

Nach außen schauend, finden wir, daß viele Träume stichhaltige Auskünfte über Menschen oder Situationen in der Außenwelt liefern. Solche Träume werden gewöhnlich ausgelöst durch subliminale Wahrnehmungen oder unterschwellige Hinweise, die während des Tages aufgegriffen, aber von der wachen Seele nie bewußt registriert werden. Zum Beispiel hatte Janis wirkliche Hinweise auf Eifersucht von Fred aufgegriffen; Jon hatte entdeckt, daß Roger mehr als freundschaftliche Absichten gegenüber seiner Freundin hatte; und Jim hatte richtig wahrgenommen, daß sein Anwalt seinen Scheidungsprozeß aus moralistischen Gründen in die Länge zog, was später von einer Freundin bestätigt wurde. Träume, die ihre nützlichste Botschaft auf dieser Stufe übermitteln, sind gewöhnlich Warnungen und Ermahnungen, die zu ignorieren wir uns nicht leisten können, und sehr oft sind sofortige Maßnahmen erforderlich. Aus diesem Grunde befassen wir uns nie mit komplizierteren Deutungen, solange wir die äußere Stichhaltigkeit unserer Träume nicht nachgeprüft haben.

Durch den Spiegel von Träumen erhalten wir Botschaften über unsere *subjektiven* Reaktionen auf Menschen und Situationen in der Außenwelt. Alle Träume sind in einer Beziehung Bilder der subjektiven Realität, aber manche haben mehr objektive Stichhaltigkeit als andere, und es ist Sache des Träumers zu entscheiden, wo sich die Energie seines Traums befindet. John hatte nur das Gefühl, daß ich mich wie Nixon benahm. Die Patientinnen meines ersten Mannes *sahen* ihn als Prinz Philip, und ich habe ein *inneres Vorstellungsbild* von seiner Mutter als Königinmutter. Solche Träume spiegeln unsere persönlichen Gefühle über jemanden oder etwas in unserem Leben zur Zeit des Traums wider, die von anderen geteilt werden oder auch nicht. Ebenso spiegelte Margarets Traum nur ihr *Gefühl* wider, daß sie sich wie Fred benehme und daß Deborah wie ich sei – Gefühle, die objektiv stimmen mögen oder auch nicht. Spiegelträume scheinen ihre Energie im Gegensatz zu denjenigen, die nach außen schauen und ihre Energie fast gänzlich auf einer objektiven Stufe finden, im gleichen Ausmaß aus der Innen- und der Außenwelt zu beziehen, so daß die objektive Realität durch subjektive Gefühle etwas getrübt wird.

Nach innen schauende Träume geben uns ein Bild davon, wie wir unsere persönliche Innenwelt empfinden; ein Beispiel dafür ist Marys Traum von dem explodierenden Herd. Der Herd war nicht ein Symbol für jemanden oder etwas in ihrer Außenwelt, sondern stellte einen Teil von ihr selbst dar, ebenso wie Dawn in Barbaras Traum von den »schlechten Genen« und Fred in Margarets Traum. Diese beiden Träume beziehen sich auf Konflikte, aber nicht mit Gestalten der Außenwelt, sondern mit abgespaltenen Teilen des Selbst in den Tiefen der Psyche. Teil III dieses Buches behandelt hauptsächlich das Nach-innen-Schauen und das Aufspüren von Mitteln und Wegen, um innere Konflikte zu lösen, entfremdete Teile der Persönlichkeit »zusammen« zu bringen und eine ganze Person zu werden.

Das Ziel des Traumspiels ist es, Ausschau zu halten nach Botschaften *welcher Art auch immer*, die Ihnen Ihre Träume auf *irgendeiner* dieser Energiestufen zukommen lassen, und diese können Sie natürlich erst nach Abschluß Ihrer Deutung beurteilen. In manchen Fällen werden Sie feststellen, daß ein Traum mehr als eine Botschaft für Sie hat – wie in Margarets Traum, bei dem es sich herausstellte, daß er sowohl das Verhältnis zu ihrer Tochter als auch die »innere Tochter« betraf. Die Energiestufe des Traums bestimmt, welche Maßnahmen Sie ergreifen, wenn Sie die Traumbotschaft beherzigen; deshalb ist es wichtig, daß Sie selbst eine Beurteilung vornehmen und sich nicht von der Deutung eines Dritten beeinflussen lassen. Wenn Sie eine Meinung darüber haben, was die Gestalten in Ihrem Traum bedeuten oder nicht bedeuten, dann vertrauen Sie dieser Meinung und nicht der Deutung irgendeines »Experten«.

Wenn Ihnen die Bedeutung nach wie vor unklar ist, befolgen Sie Jungs Rat und betrachten Sie den Traum von allen Seiten, lassen Sie Ihre Phantasie damit spielen, sprechen Sie mit anderen Menschen darüber. Wenn man so vorgehe, meint Jung, gebe einem der Traum alle möglichen Ideen und Assoziationen ein, die uns zu seiner Bedeutung hinführen, und wenn man lange und gründlich genug über einen Traum nachdenke, komme fast immer etwas dabei heraus.

Eine sehr wirksame Methode ist es, sich im Laufe des Tages bequem hinzusetzen oder hinzulegen und darum zu bitten, daß einem ein Vorstellungsbild in den Sinn komme, das einem einen Hinweis auf die Bedeutung des Traums gibt. Lassen Sie sich den Traum in allen Einzelheiten durch den Kopf gehen, wiederholen Sie das Verfahren, lassen Sie sich dabei treiben und bleiben Sie empfänglich für alle Vorstellungsbilder, die vielleicht auftauchen. Sie können das auch mitten in der Nacht tun oder morgens vor dem Aufstehen, wenn der Traum, den Sie gerade hatten, Ihnen noch klar ist. Oft wird das Vorstellungsbild ein Gesicht sein, das Ihnen einen Hinweis auf die Identität einer bestimmten Traumfigur geben mag, oder es kann eine Gedächtnisrückblende sein, die Sie an eine ähnliche Situation in der Vergangenheit erinnert. Es klappt nicht immer, aber es lohnt sich, es zu versuchen.

Wenn alle Bemühungen vergeblich sind, können Sie ein neues Experiment anstellen, das gut klappt: Bitten Sie Ihre Träume um Hilfe. Ehe Sie einschlafen, bitten Sie Ihre Träume, Ihnen die Bedeutung eines bestimmten, schwer faßbaren Symbols zu übermitteln oder sogar einen rätselhaften Traum noch einmal in einer Weise zu wiederholen, die Sie verstehen können. Wir haben diese Methode so wirkungsvoll gefunden, daß wir sie auch anwenden, um die Gedanken unseres Herzens über Schwierigkeiten bei der Arbeit im Wachleben, über menschliche Beziehungen und dergleichen oder neue Lebenspläne und Vorhaben zu erfahren.

8

Ihre Träume um Hilfe bitten

Bittet, so wird euch gegeben
MATTHÄUS-EVANGELIUM

Da die Hauptschwierigkeiten, wenn man einen Traum verstehen will, darin bestehen, herauszufinden, welches Problem, das Ihnen auf der Seele oder am Herzen liegt, den Traum hervorgerufen hat, können Sie das Verfahren abkürzen, indem Sie vor dem Einschlafen Ihre Träume bitten, Ihnen bei einem Problem von emotionaler Bedeutung behilflich zu sein. Sie können sicher sein, daß es sich um ein Problem handelt, bei dem Ihr Herz beteiligt ist, wenn Sie einen Traum nicht verstehen konnten, denn er ist von Anfang an von Ihrem Herzen gekommen. Jeder Träumer muß selbst herausfinden, wie er am besten Hilfe von Träumen erhalten kann. Ich wende mich gern an die »Traumkraft«, und wenn ich ganz entspannt im Bett liege und das Licht aus ist, formuliere ich meine Bitte etwa so:

»Ich danke dir, Traumkraft, für den Traum von der Insel (oder was immer es war), den du mir in der letzten Nacht geschickt hast. Ich halte ihn für einen wichtigen Traum, aber so sehr ich mich auch bemühe, ich kann die Botschaft nicht verstehen. Bitte schicke mir heute nacht noch einen Traum und kleide die Botschaft in eine Form, die ich verstehen kann. Ich werde mich besonders bemühen, mich meiner Träume zu erinnern, und verspreche, gleich beim Aufwachen alles aufzuschreiben, was du mir schickst. Danke.«

Beim Einschlafen wiederhole ich diese Bitte und achte darauf zu betonen, daß ich mich meiner Träume erinnern und sie aufschreiben werde, und ich füge das »danke« hinzu als Zeichen meines Vertrauens auf die Traumkraft. Manche Menschen ziehen ein entschlosseneres Vorgehen wie Autosuggestion vor, und es ist nichts dagegen einzuwenden, wenn man beim Einschlafen zum Beispiel wiederholt: »Ich werde mich heute nacht (oder morgens) an einen Traum erinnern, der den Traum von der Insel in der letzten Nacht aufklären wird. Ich werde mich an meine Träume erinnern und sie beim Aufwachen aufschreiben.« Fromme Menschen, denen Gebete selbstverständlich sind, werden vielleicht gern Gott um Aufklärung über den Traum bitten. In welche Form Sie Ihre Bitte auch kleiden, wesentlich ist, daß Sie Ihr Aufzeichnungsgerät zur Hand haben, denn wenn Sie das nicht haben, ist es ein sicheres Zeichen, daß Sie es nicht ernst meinen, und die unbewußte Psyche läßt sich nicht zum Narren halten.

Sehr oft scheint der Traum, den Sie als Antwort auf Ihre Bitte um Klarstellung erhalten, gar keine Ähnlichkeit zu haben mit dem ursprünglichen Traum, doch wenn man ein wenig Mühe darauf verwendet, zeigt sich bald, daß die grundlegende Botschaft dieselbe ist. Ein klassisches Beispiel dafür lieferte John mit der Lösung eines Traumrätsels, das so aufregend war wie ein Kriminalroman.

Das Rätsel begann mit zwei Träumen in derselben Nacht, die ein gemeinsames Thema hatten: er fand unerwartete Werte in alten Möbeln, die er von seinem Vater, einem Handwerker, geerbt hatte. Im ersten Traum stellte sich ein altes Sofa aus seiner Kindheit als ein wertvolles antikes Möbel heraus. Im zweiten war er dabei, ein altes Harmonium zum Sperrmüll zu geben, das sein Vater (im wirklichen Leben) ganz billig gekauft hatte, um abends darauf zu spielen, und später zu einem Schreibtisch für Johns erste Wohnung umgebaut hatte. Kurz bevor John es im Traum weggab, beschloß er, hinter den Fächern nachzusehen, ob irgendwelche Papiere dort hinuntergefallen waren, und fand zu seiner Überraschung eine große Geldsumme.

Das wiederholte Thema deutete auf eine wichtige Botschaft hin, und eine wörtliche Bedeutung kam nicht in Frage, da das Sofa und auch der Harmonium-Schreibtisch längst den Weg alles Irdischen gegangen waren. Es schien daher, daß Johns Herz ihn drängte, *Werte* zu erkennen, die er von seinem Vater geerbt und die keiner von ihnen richtig gewürdigt hatte, und das wurde bestätigt, als wir die kreative Monologtechnik anwandten. John übernahm die Rolle des Sofas und sagte: »Du hast jahrelang *auf mir gesessen*, ohne meinen Wert zu erkennen.« Das Mißliche dabei war nur, daß er sich nicht vorstellen konnte, worin dieser Wert bestehen sollte, und weder der Traum noch ein weiterer Dialog brachten den entscheidenden Hinweis. Deshalb bat er um einen aufklärenden Traum.

Auf den ersten Blick schien dieser Traum überhaupt nichts mit der Bitte zu tun zu haben. Er zeigte John, wie er an der Außenseite des Gebäudes hinaufkletterte, in dem er mehr als zwanzig Jahre gearbeitet hatte, ehe er freier Schriftsteller wurde. Da er im Traum beim Hinaufklettern große Angst hatte, beschloß er, durch ein Fenster einzusteigen und dann über die Treppe zu gehen. Er fand sich in einem Zimmer wieder, dessen Tür verschlossen war. Da sich niemand sonst im Gebäude aufhielt und auch keine Möglichkeit bestand, wieder durchs Fenster zu steigen, wachte er in einer klaustrophobischen Panik auf.

Als John am nächsten Morgen den Traum durcharbeitete, spielte er seine eigene Rolle im Traum und sagte: »Es ist beängstigend, sich *außen* nach oben zu arbeiten, aber *innen* ist es noch viel schlimmer, weil man sich ganz und gar in der Falle fühlt.« Das fand sofort Widerhall bei John, denn das war seine Empfindung gewesen, als er die große Gesellschaft verließ, die ihm in all den

Jahren Schutz und Schirm gewährt hatte – und plötzlich wurden die früheren Träume klar.

Johns Vater war sein Leben lang ärmer gewesen, als er nach Ansicht seiner Freunde hätte sein müssen, denn er bestand hartnäckig darauf, selbständiger Handwerker zu bleiben, was für einen Installateur im Großbritannien der 1930er Jahre ein sehr schweres Leben bedeutete. Da er sich ständig über seine Armut beklagte, ließ John sich das eine Lehre sein und strebte nach wirtschaftlicher Sicherheit, indem er einen Posten in der Industrie annahm. Als er ihn schließlich aufgab, um *draußen* seinen Weg zu machen, hatte er ausgesprochen Angst gehabt, und wenn er von Zeit zu Zeit von Panik ergriffen wurde, fragte er sich, ob er nicht wieder eine Stellung *drinnen* annehmen sollte. Der Traum sagte ihm in unzweideutiger Weise, daß das ein Gefühl der Klaustrophobie mit sich bringen würde, die weit erschreckender sei als die Unsicherheit eines Freischaffenden. Der Geldfund in dem Traum-Schreibtisch ermöglichte John auch, seine lange vergessenen, verborgenen Ressourcen und sein Zutrauen zu seiner Fähigkeit, draußen zu überleben, zurückzugewinnen. Was John bei seinem Vater für neurotisch gehalten hatte – die Weigerung, für einen anderen zu arbeiten –, erwies sich als ein befreiender Wert, der, wäre er früher erkannt worden, John viele lange Jahre der Einkerkerung in der Industrie hätte ersparen können.

Nachdem ich diese Methode der Traumaufklärung jahrelang bei der individuellen und Gruppenarbeit angewandt hatte, stellte ich fest, daß Edgar Cayce durch seine Trance-Arbeit schon viel früher zu der gleichen Entdeckung gelangt war, und zwar ohne jede professionelle psychologische Sachkenntnis. Er fügte einen Hinweis hinzu, den ich besonders faszinierend fand, nämlich daß der Bitte um einen aufklärenden Traum manchmal durch einen Traum besonderer Art entsprochen werde, den er einen »Versuch« nannte – ein Bilddrama, begleitet von einer Erklärung, die in einem mündlichen Kommentar von einem »Deuter« oder »Interviewer« abgegeben wird. Ich war zuerst skeptisch, denn alle Erfahrungen lassen erkennen, daß mündliche Aussagen nicht die normale Sprache von Träumen ist. Ich beschloß indes, das Experiment anzustellen, und bat die Traumkraft ausdrücklich um einen solchen Versuch, um ein bestimmtes Symbol aufzuklären, das in meinen Träumen immer wiederkehrte – das Symbol eines Flugzeuges, in dem ich manchmal reise, das ich aber oft vergeblich erwarte und sogar verpasse.

Bei meinem letzten Traum dieser Art, vier Tage, ehe ich meine Bitte aussprach, stand ich auf einem Feld und wartete auf ein Flugzeug, das nicht kam. Während ich noch wartete, sah ich einen altmodischen Zug, der sich langsam über das Feld quälte, und wurde mir klar, daß ich am falschen Ort sein mußte, denn hier konnte unmöglich ein Flugzeug landen. Ich machte mich auf den Weg, um den Flugplatz zu suchen, von dem ich wußte, daß er nicht weit weg sein konnte, denn der Traum spielte auf einer kleinen Insel.

Als ich am nächsten Tag an dem Traum arbeitete, vermutete ich, daß der Zug wahrscheinlich ein wortspielerisches Symbol für Im-Zug-sein im Sinne von Übung war – eine Metapher, die ich aus Johns Träumen stibitzt und mehrfach in meinen eigenen verwendet hatte; aber die Bedeutung des Traums als Ganzes blieb dunkel, bis ich um einen aufklärenden »Versuch« bat und der »Interviewer« die Lösung lieferte.

In einem sehr lebhaften Traum befand ich mich in einem Fernsehstudio und im Begriff, ein Interview zu wiederholen, an dem ich einige Tage zuvor teilgenommen hatte. Eine etwas erschöpfte Interviewerin stürzte herein, setzte sich mir gegenüber und fragte: »Was war doch unser Thema – waren es astrale Projektion und außerkörperliche Erlebnisse?« Ich antwortete lachend: »Das hoffe ich, denn darüber habe ich gesprochen.« Und damit wachte ich auf.

Ich war erstaunt – und auch höchst belustigt –, daß die Traumkraft Cayce wörtlich genommen und mir einen »Interviewer« von der Art besorgt hatte, mit der ich im Wachleben durchaus vertraut bin, und mir gleichzeitig die Klarstellung verschaffte, die ich suchte. Die Frage der Interviewerin verriet mir, daß das Flugzeug in meinen früheren Träumen ein wortspielerisches Symbol für das »astrale Flugzeug« und ein Hinweis auf meine neuerlichen Erfahrungen war, bei denen der Traumkörper (der in der okkulten Literatur oft »astrales Fahrzeug« genannt wird) den physischen Körper zu verlassen scheint und sich in einer weit realeren und lebendigeren Welt als Träumen oder Wachen bewegt. Den Traum, in dem ich auf der Insel auf das Flugzeug wartete, hatte ich zu einer Zeit gehabt, in der mein »astrales Fahrzeug« eine Weile nicht erschienen war und ich mir überlegte, ob ich mein Joga und die Meditation intensivieren sollte, um ein erhöhtes Bewußtsein zu erreichen. Der Traum gab mir die Antwort meines Herzens, nämlich daß ich das als eine entsetzlich langsame, quälende »Übung« ansah, die einen lebenslänglich beschäftigen und nicht zu dem Erlebnis der Art führen werde, auf das ich damals aus war.

Cayce schlug vor, wir sollten sofort nach einem rätselhaften Traum um Aufklärung bitten, entweder noch in der Nacht, wenn wir aufwachen und einen solchen Traum noch im Sinn haben, oder sonst in der nächsten Nacht. Das mag erklären, warum meine »Interviewerin« erschöpft wirkte, als ich bat, etwas zu wiederholen, was vor mehreren Tagen gewesen war. »Ach, wissen Sie, ich habe jede Nacht fünf oder mehr Programme«, hatte sie tatsächlich gesagt, »da ist es ein bißchen viel verlangt, daß ich mich nach so langer Zeit noch an eines erinnern soll.« Die Traumkraft indes erinnerte sich offenbar und sorgte entgegenkommend für die Lösung des Rätsels, doch faßte ich die Bemerkung der Interviewerin als einen leicht rügenden Hinweis auf, sie in Zukunft nicht zu sehr zu belasten. Ich habe seither das Experiment unternommen, um einen vollständigen Versuch mit verbaler Deutung zu bitten, aber ohne großen Erfolg, was mein Gefühl bestätigt, daß die Traumkraft damit überfordert ist, weil sie sich üblicherweise der Bildersprache bedient. Die Experimente mögen indes durch meine Erwartung ungünstig beeinflußt gewesen sein, und es würde mich interessieren, von Lesern zu hören, die oft aufklärende Versuche in der von Cayce beschriebenen Form haben.

Ich stimme Cayce selbstverständlich zu, daß, wenn Sie die Traumkraft um Hilfe bitten, um einen Traum zu verstehen, es vernünftig ist, es bald zu tun. Bringen Sie in einer Nacht nie mehr als eine Bitte vor und halten Sie sie so einfach wie möglich. Aus diesem Grunde empfehle ich manchmal, sich darauf zu beschränken, nur um die Aufklärung rätselhafter Symbole zu bitten, nicht von ganzen Träumen, obwohl wir auch dabei bemerkenswerte Ergebnisse erzielten. Nachdem eine unserer Studentinnen geträumt hatte, sie habe einen Wolf getötet, bat sie um Aufklärung dieses Symbols und nicht des ganzen Traums, und sie träumte dann, sie stehe am Grab ihres Vaters. Durch die Erkenntnis, daß der Wolf ihr Vater war, wurde die Bedeutung des restlichen Traums klar.

Indes findet man selten, daß alle Teile eines Traums zusammenpassen wie die Teile eines Puzzlespiels, und es ist eine Verschwendung von guter Traumzeit und Energie, zu verlangen, daß jede Einzelheit einen vollständigen Sinn ergibt. Ich pflegte das in der Anfangszeit meiner Traumforschung zu tun, als ich ganz berauscht war von den Wundern, die Träume vollbringen, bis die Traumkraft in ihrer Weisheit mir einen Sinn für richtige Proportionen eingab. Ich hatte um Hilfe gebeten bei der Enträtselung der Bedeutung gewisser unwesentlicher Bestandteile eines Traums und bekam einen Baum gezeigt. Mein Gefühl in dem Traum selbst war, daß ein Traum wie ein Baum sei, dessen Wurzeln im Boden bleiben müssen, wenn er wachsen und Früchte tragen soll. Beim Aufwachen begriff ich es – Träume sind wie das Leben, und wenn man versucht, jede winzige Kleinigkeit zu entziffern, ist es, als ob man versuchte, einen Lebensprozeß zu blockieren. Wahrscheinlich muß das Gespinst aus Assoziationen und Gedanken, aus dem der Traum erwächst, unbewußt bleiben wie die Maschinerie hinter den Kulissen im Theater, wenn eine überzeugende Botschaft zum Vorschein kommen soll.

Das war eine sehr heilsame Lehre, und jetzt rate ich allen Schülern, zufrieden zu sein, wenn sie eine nützliche Botschaft von dem Traum erhalten haben – die Früchte des Baums –, die sie veranlaßt, konstruktive Maßnahmen in ihrem Leben zu ergreifen. Das heißt nicht, daß man bei der Traumdeutung schludern soll – die wichtigsten Symbole und Geschehnisse müssen einleuchtend sein, damit er verstanden werden kann –, aber es ist nicht nötig, sich schier umzubringen bei dem Versuch, für jeden einzelnen Punkt im Traum eine Bedeutung zu finden.

Das letzte Beispiel zeigt, wie die Traumkraft die bewußte Seele zu einem besseren Gefühl für Proportionen bringt, und das ist eine sehr wichtige Aufgabe von Träumen. Jung war so beeindruckt davon, daß er oft sagte, das Unbewußte wirke manchmal wie der *Spiritus rector* der mittelalterlichen mystischen Theologen – eine innere Weisheit, die als eine regulierende oder ausgleichende Kraft dient, um einseitigen oder übertriebenen Einstellungen der bewußten Seele entgegenzuwirken.

Ich warne die Menschen immer davor, wenn sie mir sagen, sie wollten ihre Träume so programmieren, daß sie sie aufmuntern, wenn sie bedrückt sind. Mit einer Bitte oder einem Vorschlag dieser Art an die Traumkraft wird es nur als einstweilige Maßnahme klappen, um Ihnen die Ermutigung und Energie zu geben, die Sie brauchen, um mit einem Problem fertig zu werden, aber das kann nicht als permanentes Fluchtmittel vor der Wirklichkeit angewandt werden. Die Traumkraft wird sich unter diesen Umständen über eine Bitte hinwegsetzen und statt dessen einen Traum hervorbringen, der zeigt, was Ihr wirkliches Problem ist – und oft tut sie das mit sarkastischem Humor. Als John um einen Flugtraum bat, flog er tatsächlich die ganze Nacht – mit PanAm, British Airways und jeder anderen vorstellbaren Linie! Das war kein Witz, und John verstand die Botschaft, daß er sich nämlich den größten Teil seines Lebens auf die Kraft der Industrie und der Technologie verlassen hatte, daß sie ihn in der Welt »hoch« bringen würde, daß er sich aber noch nicht an den Gedanken gewöhnt hatte, er könne mit eigener Kraft »fliegen«. Und als ich die Traumkraft einmal bat, mich im Traum an einen erfreulichen Ort zu bringen, da wurde ich buchstäblich die ganze Nacht in einem Auto dort hingebracht – aber ich kam nie an. Der Traum sagte mir, wenn ich in meinem Leben wirklich zu erfreulichen Orten kommen wollte, dann müßte ich die Geschwindigkeit verringern, nicht mehr herumrasen und mich mehr konzentrieren. Und die Moral der Geschichte: »Wie im Leben, so in Träumen«.

Bedienen Sie sich also immer der Traumkraft, damit Sie für die Weisheit Ihres Herzens aufgeschlossen sind, damit Sie im Leben vorankommen, aber erwarten Sie nicht, daß sie Ihnen ein Fluchtmittel bietet oder wie ein guter Geist wirkt, der für Sie alles durch Zauberei zuwege bringt. Mir wurde in dieser Hinsicht vor Jahren eine harte Lehre erteilt, als ich so etwas ähnliches wie die dunkle Nacht der Seele erlebte, in der das Leben keinerlei Sinn mehr zu haben schien. Ich bat die Traumkraft um Licht – und ich bekam es zusammen mit einer Botschaft, die mich schier um den Verstand brachte. Ich träumte, daß meine Mutter mich allein im Haus gelassen hatte, und das Licht ging aus. Ich tappte eine Weile in der kleinen Kammer herum, dann wurde ich ängstlich in der Dunkelheit und beschloß, hinauszugehen, bis sie wiederkam. Später sah ich einen Lichtschimmer unter der Tür und wußte, daß sie, tüchtig wie immer, das Licht repariert hatte.

Der Traum ließ mich erkennen, daß ich mein Leben lang in bezug auf »Licht« von meiner Mutter abhängig gewesen war und krank wurde und deprimiert war, wann immer ich das Gefühl hatte, ich würde den hohen Idealen nicht entsprechen, die mir als Kind eingebleut worden waren. Immer, wenn ich in Wut geriet, warf mir ihre Stimme in mir vor, ich wäre schrecklich und unverbesserlich und litte womöglich an einer Drüsenkrankheit; immer, wenn ich mich entspannte, warf mir die Stimme Faulheit vor und dergleichen mehr und erweckte bei mir das Gefühl, das »Licht« von Gottes Billigung wäre meinem Leben entzogen. Meine »dunkle Nacht« sei in der Tat nicht mehr als Selbstbestrafung für meine Sünden, und das Licht würde wieder erscheinen, wenn »Mutter« bereit sei, mir zu verzeihen. Der Traum zeigte, daß es ganz unnötig war, weiter auf diese passive Weise zu leiden, und daß ich selbst Licht anknipsen könnte, wann immer ich wollte. Wenn jetzt Dunkelheit mein Leben zu überschatten scheint, weiß ich, daß die Lösung nicht darin besteht, die Traumkraft oder Gott zu bitten, sie zu beseitigen, sondern in mein Inneres zu schauen und herauszufinden, was ich getan habe, das die Vorwürfe der Stimme meiner Mutter in mir hervorgerufen hat – und dann das Licht anzuknipsen, indem ich entweder ihre unmöglichen Forderungen durchschaue oder mir selbst immer wieder und wieder verzeihe ... denn es kommt eine Zeit, da muß man sein Leben selbst in die Hand nehmen.

Traumkraft als Familienberater

Bei den meisten Besorgnissen des Herzens dreht es sich um persönliche Beziehungen, und das ist ein Lebensbereich, in dem Bitten an die Traumkraft ungeheuer hilfreich sein können. Die Methode ist im wesentlichen die zu Beginn des Kapitels beschriebene: sich im Bett entspannen und die Traumkraft bitten: »Sei so gut und schicke mir heute nacht einen Traum, um mir zu zeigen, was ich in Wirklichkeit über meine Ehe ... meinen Mann ... meine Freunde (oder was immer) denke.« Lassen Sie nicht außer acht, daß es sich um eine ernste Bitte handeln muß, die Ihr Herz betrifft.

Rob, der an einer unserer Studentengruppen teilnahm, kam eines Morgens und sagte, er habe unser Bittexperiment ausprobiert, und es habe nicht geklappt. Er hatte gerade eine sehr traumatische Liebesaffäre hinter sich und jetzt eine neue Beziehung zu einer Studentin angeknüpft, und da er nicht wieder schlechte Erfahrungen machen wollte, hatte er die Traumkraft nach den Gedanken seines Herzens in dieser Angelegenheit gefragt. Er träumte, Brot zu backen, was er im Wachleben oft und gern tat. Wir forderten ihn auf, sich auf einen von zwei einander gegenüber stehenden Stühlen zu setzen, das »Brot« auf den anderen Stuhl zu setzen und mit ihm zu reden. Er bewegte Hände und Arme, als ob er Teig knetete, und begann: »Ich mache dich und knete dich, und ich knete dich gern ...« Dann hörte er auf, weil die Klasse über das köstliche Wortspiel der Traumkraft in Gelächter ausbrach. (Kneten

– knead – klingt im Englischen genau wie brauchen – need. Anm. d. Übers.) Das Gefühl, daß er das Mädchen »brauche«, fand sofort Widerhall bei Rob; er setzte sich auf den anderen Stuhl, gab dem »Brot« eine Stimme und fuhr fort: »Und ich bin froh, daß du mich knetest (brauchst)« – ein glückverheißender Beginn einer hoffentlich glücklichen Beziehung.

Joan, eine Teilnehmerin an einem Wochenend-Workshop, bat die Traumkraft, ihr zu sagen, was sie im Grunde ihres Herzens von ihrer Ehe halte. Ihr Kopf wußte, daß sie unbefriedigend war, aber sie hatte der Kinder wegen eine Scheidung nicht in Betracht gezogen. Sie träumte, in dem berühmten Kaufhaus Marshall Field in Chicago sei ein Brand ausgebrochen, und drinnen würden Kinder verbrennen. Sie holte sie heraus, aber als sie das Gebäude verließ, hatte sie eine Vision von einer Frau, die in einem kleinen, dunklen Raum in einem der oberen Stockwerke mit Abrechnungen beschäftigt war und nichts von der Gefahr merkte.

Da sie Marshall Field immer als ein »Familien«-Kaufhaus angesehen hatte, fiel es ihr nicht schwer, den Traum auf ihre Ehe zu beziehen. Ihr Kopf hatte sie bereits als unbefriedigend erkannt, aber ihr Herz sah sie als eine Katastrophe an, »in Flammen aufgehend« und die Kinder verbrennend. Joan glaubte, die Frau, die oben mit Abrechnungen beschäftigt war, sei der Teil von ihr, der sich nicht ehrlich mit der Situation auseinandersetzen wollte – die Haushälterin, die weiter Abrechnungen macht, während das Haus um sie herum niederbrennt. Ich weiß nicht, wie die Geschichte endete. Damals war es genug, daß Joan die Gedanken ihres Herzens in dieser Frage verstand und, nachdem sie miteinander eins geworden war, eine vernünftige Entscheidung traf.

Traumkraft als Berufsberater

Ebenfalls können Bitten an die Traumkraft sehr nützlich sein, wenn es sich darum handelt, Entscheidungen über den weiteren Verlauf Ihres Lebens zu treffen – wenn Sie zum Beispiel eine neue Stelle in Erwägung ziehen oder Ihre Lebensweise ändern wollen. Auch hier sollte nicht außer acht gelassen werden, daß die Traumkraft nicht eine Art Orakel ist, das den Kopf von der Verantwortung für vernünftige Entscheidungen freispricht. Sie hilft Ihnen nur, dadurch ganz miteinander eins zu werden, daß Sie sich der Gedanken Ihres Herzens bewußt werden – und Ihr Herz mag ganz andere Maßstäbe anlegen als Ihr Kopf. Wilson Van Dusen drückt das in seinem Buch *The Natural Depth of Man* sehr gescheit aus:

»Im allgemeinen befaßt sich das Innere mit der ganzen Qualität und dem Stil Ihres Lebens. Es ist nicht sehr daran interessiert, ob Sie diese oder jene Stellung annehmen usw., sofern die Stellungen nicht sehr anders erscheinen und grundsätzlich unterschiedliche Lebensauffassungen repräsentieren. Das Innere wird über Richtungen sprechen, die Sie jetzt einschlagen oder erwägen, aber es prophezeit selten. Wenn Sie eine Auskunft von ihm haben wollen, welche Aktien Sie kaufen sollen, wird es Sie wahrscheinlich damit aufziehen, daß Sie so törichte Ziele haben. Obwohl es über die Zukunft Bescheid wissen mag, wird es das selten zeigen. Es ist eher wie ein Psychotherapeut oder ein sehr guter Freund. Sein Hauptanliegen ist die Gestaltung und Qualität Ihres Lebens, nicht aber, Sie reich oder berühmt zu machen. Was die Gestaltung und Qualität Ihres Lebens betrifft, so ist es ein meisterhafter Ratgeber ...«

Als Janet und Dan an einem Wochenende-Workshop teilnahmen, waren sie mit einem ebensolchen Problem beschäftigt. Dan war ein neuer Posten in der Republikanischen Partei in Ohio angeboten worden, und sie waren sich beide nicht schlüssig, ob er ihn annehmen sollte. Insbesondere für Janet bedeutete es, ein Heim aufzugeben und den Lebensstil grundlegend zu ändern. Deshalb hielten sie es für durchaus berechtigt, die Traumkraft um Hilfe zu bitten. Am nächsten Morgen berichtete Janet einen Traum, in dem sie in einer Spielhölle war und Poker spielte. Als jemand sie aufforderte, ihre Karten vorzuzeigen, antwortete sie: »Ich bin doch nicht The Cincinnati-Kid!«, womit sie die Gedanken ihres Herzens verriet, daß Ohio nicht der richtige Ort für sie sei. Und als Dan zu dem Teil seines langen Traums kam, bei dem er sich in einer Schar von Leuten befand, die alle den Arm zum Nixon-Gruß erhoben, während er wie gelähmt dastand, betrachtete die ganze Gruppe einschließlich Janet und Dan ihr Problem gelöst. Als wir uns verabschiedeten, waren beide entschlossen, den neuen Posten nicht anzunehmen.

Sehr oft ist die Kernfrage nicht so sehr die tatsächliche Entscheidung für einen Posten, als vielmehr die Richtung, die das Leben einschlägt oder einschlagen sollte. Paul, der Psychiater, der Janet und Dan an jenem Wochenende betreute, fragte die Traumkraft nach ihrer Meinung über sein Leben. Er träumte, er gehe über die Via Condotti in Rom, wo er vor kurzem einen Urlaub verbracht hatte. Die Straßen waren gerade und schmal und wimmelten von Verkehr, und ihm fiel besonders die deutliche Trennungslinie zwischen dem kräftigen Blau des Himels und der rötlichen Irdischkeit der Straße auf. Er deutete den Traum als den Gedanken seines Herzens, daß er in diesem Augenblick sein Leben weiter seinen Patienten widmen sollte, denn das italienische Wort »con« bedeutet »mit«, und seine Patienten könnten eindeutig als »dotty« (übergeschnappt) bezeichnet werden. Den klaren blauen Himmel assoziierte er mit der Welt des Geistes, die er manchmal gern erforschen würde, und die rötlichen Straßen mit der »geraden und schmalen«, praktischen Aufgabe, die er in der wimmelnden Welt des menschlichen Konflikts an seinen übergeschnappten Patienten glaubte erfüllen zu müssen.

Einer unserer Studenten, Jefferson, bat die Traumkraft, ihm zu sagen, warum er auf dem College sei und was für Konsequenzen das habe. Er träumte: »Ich erhalte hier im College eine Elektroschocktherapie. Meine Eltern und alle Beteiligten scheinen aufrichtig nur mein Bestes zu wollen und zu glauben, es sei die einzige Heilungsmöglichkeit für ein Leiden, von dem ich nicht wußte, daß ich es hatte. Ich bekomme zwei Behandlungen und erinnere mich, daß sie äußerst schmerzhaft waren. Ich bin mir klar, daß ich nicht die lebende Leiche bin, für die ich gehalten werde, aber ich täusche es vor in der Hoffnung auf Flucht ... dann telephoniere ich mit meiner Mutter und versuche, sie davon zu überzeugen, daß die Schockbehandlung zu hart ist und ich sowieso geistig gesund bin. Ich erinnere mich, daß ich im Traum das Gefühl hatte, der Anruf sei vergeblich gewesen.«

In seinem Semesterschlußbericht schrieb Jeff:

»Ehe ich in dieses College kam, hatte ich eine Vision von Menschen, die über die kleinlichen Konkurrenzkämpfe und das aggressive Verhalten, die ich in der höheren Schule und in dem einen Jahr auf dem traditionellen College erlebt hatte, erhaben sind. Ich stellte mir vor, wir würden alle sensibel und von höherer Wahrheit, was immer das sein mochte, durchdrungen sein. Aber die Studenten hier scheinen alle Gefühle abgeschaltet zu haben und interesselos zu sein, wie lebende Leichen. Ich gleite unmerklich in ihre Verhaltensweise hinein, weil alle, einschließlich meiner Eltern, glauben, es sei gut für mich. Aber ich weiß, daß sie krank sind und ich geistig gesund bin ... doch ist es zwecklos, sie davon überzeugen zu wollen. Sie sagen, ich müsse mich auf die Welt der großen Konkurrenzkämpfe vorbereiten, aber ich will ihr nicht angehören. Wirklich interessiert bin ich an Bildhauerei.«

Ich weiß nicht, welche Entscheidung Jeff getroffen hat, und auch nicht, was an dem College ihm so mißfallen hat, aber es ist offensichtlich, daß er einen entsetzlichen Preis bezahlen würde, falls seine Eltern oder sonst jemand versuchte, ihn zum Weitermachen zu überreden, bloß weil sie seine Einstellung absurd finden. Gefühle können nicht durch einen Willensakt geändert werden, nur weil jemand sie für falsch hält, und wenn sie so stark sind wie diese, sind sie ein Zeichen dafür, daß sich das College zumindest für Jeff als entsetzlich disharmonisch und qualvoll erwies, gleichgültig, was viele andere Studenten darüber denken. Wenn unsere Herzen solche heftigen Kummersignale ausstoßen, ist gewöhnlich eine radikale Änderung des Lebensstils angebracht – und heutzutage gibt es Alternativen für junge Leute.

Ann, eine Psychologie-Professorin, die an mehreren unserer Workshops teilgenommen hatte und die Traumkraft jetzt in ihrem Unterricht verwendet, hatte eine ganz spezielle Bitte. Ich zitiere wörtlich aus ihrem Brief:

»*Bitte:* Traumkraft, mir bereitet etwas entsetzliche Kopfschmerzen. In einer meiner Klassen geht es schrecklich zu, weil zwei Personen dem feindlich gesinnt sind, was ich lehre. Ich habe große Angst vor *etwas*. Was geht vor? Ein

Student wirft mir vor, ich manipulierte und führte einen Kreuzzug allein für meine eigene Auffassung der Psychologie. Stimmt das, Traumkraft?

Traum: Ich bin die erste Astronautin, die zum Mond fliegt. Ich lande mit meinem Raumschiff und stürze mit Geschenken zwischen der Mondoberfläche und dem Raumschiff hin und her. (Ich schenke dem Mond den ersten Weihnachtsbaum und was nicht alles.) Ich bin so aufgeregt über meine Geschenke, daß ich vergessen habe, die Funkverbindung mit der Erde aufrecht zu erhalten – und ich habe vergessen, die wissenschaftlichen Experimente durchzuführen.

Ich wandere umher und erforsche und komme zu einem kleinen blauen Haus hinter einem Lattenzaun. Als ich mich der Tür nähere, kreischt eine ›klimakterische Frau‹ und brüllt mich an, und ihr Mann drinnen sieht mich drohend an. Ich habe nichts getan, was sie ärgern könnte. Sie scheinen einfach mißmutige Leute zu sein. Ich erzähle der Frau, daß ich die erste Astronautin bin, die zum Mond fliegt, und sie ist unbeeindruckt, abgesehen von der Tatsache, daß ich die erste Astronau*tin* bin. Ich bitte um eine Zeitung und lese sie und stelle fest, daß ich nicht auf dem Mond, sondern in Schweden bin. ›Auch gut‹, sage ich, ›ich war noch nie hier.‹

Deutung: Okay, Ann, du bringst eine Menge Neues mit deiner Methode, an diesem College Psychologie zu lehren. Du bist was Besonderes. Aber in dieser Klasse war deine Funkverbindung mit der Erde unterbrochen, weil du so aufgeregt warst, daß du deinen Studenten so viele Geschenke gemacht und ihnen neue Erfahrungen vermittelt hast. Du mußt besseren Kontakt mit der irdischen Seite der Dinge halten – was deine Studenten über den Kursus denken, ob du sie in deiner Überbegeisterung überfordert hast. Und du mußt dem wissenschaftlichen Teil der Psychologie gerechter werden – mehr Objektivität, wenn du Auffassungen darstellst, mit denen du nicht übereinstimmst. Der Student und die Studentin, die dir Scherereien machen, sind auf ihrem eigenen Wut-Trip. Sie ist klimakterisch, da muß sie wohl so sein. Das ist dir noch nie widerfahren, du bist noch nie an einem Ort (in einer Klasse von dir) gewesen, der so von der Anarchie geprägt war, die du mit Schweden assoziierst, also ist es Okay. Bleibe nur nächstesmal in Funkverbindung.

Es ist ein großartiges Gefühl, die erste Astronautin zu sein. Ich bin noch nicht auf dem Mond gewesen, aber ich werde noch hinkommen ...«

Traumkraft als Seelenberater

Bei unserem Aufenthalt in Kalifornien lernten wir zu unserer Freude einen unorthodoxen jungen Psychiater kennen, Dr. Douglas M. Gregg, der das *Medical Hypnosis Center* in San Diego leitet, und freundeten uns mit ihm an. Dr. Greggs Hauptinteresse gilt der gekoppelten Verwendung von Träumen und Hypnose, aber er leitet auch Encounter-, Ehepaar- und Meditationsgruppen und befaßt sich zusammen mit seiner Frau McGlenna mit Astrologie und verwandten Fächern. Ich war fasziniert, als sich herausstellte, daß er seit Jahren in seinem eigenen Leben und in seiner Praxis mit Patienten die Methode anwendet, um Träume zu bitten. Wenn ein neuer Patient zur Behandlung kommt, wird ihm beigebracht, sich zu entspannen und sich in einen leichten Hypnose-Zustand zu versetzen, und dann suggeriert ihm Dr. Gregg, daß er von der grundlegenden Ursache seines Problems träumen werde.

In seiner Broschüre *Hypnosis, Dreams and Dream Interpretation* erklärt Dr. Gregg, wie der Patient das zu Hause selbst tun kann:

»Entweder durch Suggestion im Wachzustand oder durch posthypnotische Suggestion kann jeder sein Unbewußtes darauf programmieren, Träume hervorzubringen, die so lebhaft sind, daß sie ihn entweder wecken oder bis zum Aufwachen am Morgen in seinem Bewußtsein bleiben. Zusätzlich dazu, daß Träume suggeriert oder erbeten werden, kann ihnen auch eine Richtung gegeben werden. Dieser Prozeß ist außerordentlich nützlich, um Probleme rasch zu erkennen und dadurch vollständig zu lösen, daß die Problembereiche auf ihre jeweiligen Ursachen hin erforscht werden. Wenn von Träumen richtig Gebrauch gemacht wird, ist es möglich, ein Programm zu entwerfen, um die Gesundheit des Patienten dadurch wiederherzustellen, daß die Ursache gewisser physischer und emotionaler Probleme beseitigt wird, statt einfach zu versuchen, die Symptome zu lindern.«

Als ich das las, fiel mir die Beobachtung von Wilhelm Stekel ein, die er in seinem zweibändigen Werk *The Interpretation of Dreams* erwähnt, daß jeder einigermaßen lebhafte Traum ein Bild der Parapathie (Neurose) des Patienten liefert, und so beschloß ich, Dr. Greggs Methode anzuwenden, um die Traumkraft nach meinem eigenen Hauptkonflikt im Leben zu fragen. Ich träumte, ich war in einem Restaurant und wurde absolut nicht bedient. Ich wurde sehr ärgerlich und beschloß, woanders hinzugehen, aber vorher wollte ich einen Zettel schreiben, um meine Unzufriedenheit zum Ausdruck zu bringen, und ihn auf dem Tisch liegen lassen. Mit großer Mühe schrieb ich ein Wort auf ein Stück Papier, und als ich fertig war, sah ich das Wort »Opfer« in großen Buchstaben über das Blatt gekritzelt.

Die offenkundige Botschaft fand Widerhall bei mir – nämlich daß ich dazu neigte, alle kleinen Mißlichkeiten im Leben zum Anlaß zu nehmen, das »Opferspiel« zu spielen. Statt sie als normale Geschehnisse zu betrachten, die ihrem Wesen nach weitgehend zufällig waren, sah ich sie als absichtliche Ablehnungen meines essentiellen Wertes an. Meine Hauptneurose war offensichtlich eine paranoide Tendenz, und das leuchtete mir ein, als ich auf viele Ereignisse in meinem Leben zurückblickte.

Bei jeder Neurose müssen wir die Frage stellen: »Was bewirkt sie für den Patienten?« Mit anderen Worten, der Patient muß *etwas* aus ihr herausholen, wenn er so verzweifelt an ihr festhält. (Psychoanalytiker nennen das »sekundären Gewinn«.) Wir wissen, daß Krankheit uns Mitgefühl, Fürsorge und Aufmerksamkeit seitens unserer Umgebung einträgt und uns außerdem von allen möglichen unangenehmen Pflichten befreit. Deshalb fragte ich mich, was das Opferspiel für mich bewirken könnte, und kam zu dem Schluß, daß ich offenbar auf eine masochistische Weise das Leiden genoß, obwohl ich den Grund dafür nicht verstand.

Ich kam erst wieder auf das Thema zurück, als ich die Tonbandaufnahme eines Vortrags von Elsie Sechrist hörte, der Verfasserin von *Dreams – Your Magic Mirror*, in dem sie anregte, wir sollten unsere Träume bitten, uns das größte Hindernis für unser geistiges Wachstum aufzuzeigen. Während es mir lieber gewesen wäre, mich nach meinem positivsten Aspekt zu erkundigen, beschloß ich, ihr Experiment zu versuchen und das meine später nachzuholen – und ich war wirklich sehr froh, daß ich ihren Rat befolgte, denn das ermöglichte mir, das unerledigte »Opfer«-Rätsel zu lösen. Als Antwort auf meine Bitte hatte ich drei Träume in derselben Nacht:

1. Traum: Elsie Sechrist steht vor meinem Fenster und schaut vorwurfsvoll herein.

2. Traum: Dr. Calvin Hall (der Traumpsychologe) hat mir für die Nacht sein Haus in Santa Cruz überlassen, während er bei seiner Mutter übernachtet. Ich schlafe morgens lange und renne verzweifelt herum auf der Suche nach dem Glückszeichen, das er mir am Vorabend gegeben und auf das er die Zahl 13 gekritzelt hatte.

3. Traum: Ich räume meine Schrankkammer auf und finde einige tote Pflanzen, die wir Dornenkrone nennen. Ich verbrenne sie und bin wirklich froh darüber.

Als ich die Träume durcharbeitete, fiel mir ein, daß einige von Edgar Cayces Anhängern das Hineinschauen in ein Fenster als einen Überblick über das Unterbewußte oder Innenleben deuten – hier war also Elsie Sechrist, die bei ihrer Arbeit mit Träumen von Cayce ausgeht, und sah sich mein Unterbewußtes genau an. Unter Verwendung der kreativen Monologtechnik fragte ich sie, was sie tue, und »sie« antwortete: »Die Traumkraft hat mich hergeschickt, um mir Anns Unterbewußtes anzusehen, denn sie wollte wissen, welches ihr größtes Hindernis für geistiges Wachstum sei. Ich bin sehr geschickt darin, Schwächen, Fehler und Sünden aufzuspüren, und ich muß sagen, hier gibt es eine Menge. Tatsächlich sind es so viele, daß es mir schwer fällt, das Haupthindernis zu bestimmen.« Da das alles war, was ich aus diesem Traum herausholen konnte, ging ich zum nächsten über, um zu erfahren, was »Elsie« für unterbewußte Schwäche hielt.

Da ich Dr. Hall seit über einem Jahr nicht gesehen hatte, konnte sich der Traum nicht auf ihn persönlich beziehen, auch hatte er mir weder ein Glückszeichen gegeben noch erlaubt, in seinem Haus zu übernachten. Meine unmittelbare Assoziation betraf seinen Namen Calvin, der stellvertretend für Puritanismus stehen könnte, ein Gedanke, der sofort durch die Tatsache bestätigt wurde, daß Santa Cruz spanisch ist und »heiliges Kreuz« bedeutet, ein Symbol des Leidens. So schien dieser Traum an denjenigen anzuknüpfen, den ich hatte, als ich Dr. Greggs Experiment unternahm – das Haupthindernis für mein geistiges Wachstum war mein neurotischer Wunsch zu leiden. Im Geist entschuldigte ich mich bei dem armen Dr. Hall, daß ich ihm diese Assoziation aufgehalst hatte, denn im wirklichen Leben wäre er der letzte, der versuchte, Glück durch Unglück zu kompensieren, denn so sah ich es jetzt an, daß er auf ein Glückszeichen die Zahl 13 geschrieben hatte.

Ich war sehr dankbar dafür, den Hinweis erhalten zu haben, daß mein »Masochismus« etwas mit der puritanischen Überzeugung zu tun hatte, Glück müsse durch Leiden abgelöst werden – und ich war hocherfreut, daß ich in mir die Ressourcen gehabt hatte, mit der Dornenkrone »aufzuräumen«, diesem weiteren Symbol des Leidens, was ich schon vor Jahren hätte tun sollen. Aber mir war immer noch nicht klar, welchen sekundären Gewinn ich aus meinem Leiden ziehen könnte, und so bat ich die Traumkraft um Aufklärung.

Die Antwort kam laut und deutlich in einem Traum, in dem ich Barfrau in einem jämmerlichen Restaurant war und für ungefähr fünfzig Cents die Stunde Getränke servierte und Geschirr spülte. Als ich aufwachte, assoziierte ich sofort das Servieren von Getränken mit »dem heiligen Geist dienen« im religiösen Sinn und wurde mir klar, daß ich wohl mein Leben lang mit dem (unbewußten) Eindruck zu kämpfen gehabt hatte, ich könnte Gott nur wirklich dienen, wenn ich unglücklich, erfolglos und möglichst hungrig sei – denn war mir nicht vor langer Zeit eingetrichtert worden, daß Gott die Armen, die Hungrigen, die Trauernden, die Verfolgten, die Verunglimpften und Verworfenen liebt? Diese Lehren und viele ihresgleichen waren in mein kindliches Gemüt eingedrungen und hatten mich veranlaßt, mein Leben lang über mein Glückszeichen 13 zu schreiben, da Gott ja bekanntlich die glücklichen und erfolgreichen Menschen dieser Welt nicht liebt.

Dank meiner Traumkraft habe ich jetzt mit dieser Dornenkrone in der Schrankkammer meines Unbewußten aufgeräumt und kann das Leben genießen, ohne mir sündig vorzukommen. Aber es ist traurig, daß ich es überhaupt für nötig hielt, das Opferspiel zu spielen, um Gottes Liebe zu erlangen.

In meinem nächsten Traum war ich wieder in dem Restaurant und spülte Geschirr, aber diesmal dämmerte es mir im Traum, daß ich Psychologin und Autorin war und solche Arbeit nicht mehr nötig hatte – also kündigte ich! Der Traum war das, was Dr. Gregg einen »Verifikationstraum« nennen würde, der auftritt, nachdem ein Problem gelöst ist, und bestätigt, daß die Lösung richtig ist. Wenn Sie jemals an einer Deutung Zweifel hegen, können Sie immer um eine solche Verifikation bitten.

Traumkraft und kreative Inspiration

Die Vorstellung, daß Träume die kreative Inspiration für Kunstwerke, Erfindungen und wissenschaftliche Entdeckungen beschaffen können, ist uralt, und es gibt eine Reihe berühmter Fälle, die oft zitiert werden: Robert Louis Stevenson träumte die Fabel von *Dr. Jekyll and Mr. Hyde*; Elias Howe träumte die Erfindung der Nähmaschine; Kekulé von Stradonitz stellte die ringförmige Benzolformel auf, nachdem er von einer Schlange geträumt hatte, die sich in den Schwanz biß, und dergleichen mehr. Ich bin im Lauf meiner Arbeit auf eine Reihe anderer Fälle dieser Art gestoßen: Margaret Mead erzählte uns, sie führe seit Jahren ein Traumtagebuch und erhalte oft Ratschläge von ihren Träumen; Meredith Sabini, eine Doktorandin in Kalifornien, schilderte 1972 in ihrer Dissertation über Traumgruppen, daß ein Traum sie veranlaßte, ein anderes Thema zu wählen, und daß sie Hinweise und Hilfe von ihren Träumen erhielt, während sie die Doktorarbeit schrieb; und Kreskin, der berühmte Mentalist, erzählte mir, daß ihm viele seiner »Effekte« in Träumen kommen.

Eine Inspiration von eher ungewöhnlicher Art hatte mein Mann, als wir bei dem Komponisten John Benson Brooks und seiner Frau Peggy in New York zu Gast waren. John hatte einen sehr seltsamen Traum, in dem er angewiesen wurde, John Benson mitzuteilen, daß sein nächster Song den Titel »Love Becomes an Owl« (Liebe wird eine Eule) haben sollte. John Benson nahm den Traum tatsächlich sehr ernst, und das Ergebnis ist ein sehr schöner Song, komplett mit Text und Musik, unter diesem Namen. Wir nennen ihn unseren »Traumsong«.

Ob die träumende Seele selbst schöpferisch tätig wird oder ob der kreative Akt tagsüber in verborgenen Gedanken vollzogen und dann in Träumen herausgebracht wird, ist eine im Augenblick noch offene Frage. Eine der am häufigsten zitierten Geschichten von Trauminspiration in der Wissenschaft ist die des Biologen und Nobelpreisträgers Otto Loewi, der angeblich in einem Traum auf die Idee des Chemismus der Nervenleitung gekommen war – aber die meisten, die diese Geschichte weitererzählen, sind offenbar über die Tatsache nicht im Bilde, daß Loewi später erkannte, daß er diese Idee achtzehn Jahre früher bewußt ausgearbeitet und sie dann völlig vergessen hatte. In diesem Fall hat der Traum offenbar eine im Wachleben bereits gefaßte Idee wieder hervorgeholt, was immerhin nützlich war. (Viele andere faszinierende Fälle von Kryptomnesie – verborgenes Erinnerungsvermögen – werden von Robert Merton in seinem Buch *The Sociology of Science* zitiert.)

Diejenigen, die in Träumen eine kreative Inspiration erhalten, sind fast immer im Wachleben mit ihrem Problem stark beschäftigt, deshalb sollte es nicht überraschend sein, daß wir auf diesem Gebiet unsere Träume um Hilfe bitten können. Manchmal ist das Ergebnis nicht eine unmittelbare Inspiration, sondern es wird gezeigt, was unsere kreative Energie im Wachleben blockiert – aber meistens bedenkt uns die Traumkraft mit einer Lösung. Als ich zum Beispiel Barbara Seaman, Herausgeberin einer im ganzen Land bekannten Zeitschrift, auf einer literarischen Veranstaltung in New York traf, war sie bekümmert, weil sie nicht den »richtigen« Titel für ihr neues Buch finden konnte, und ich gebe die Geschichte in ihren eigenen Worten wieder:

»Sechs Monate lang habe ich versucht, einen Titel zu finden, und die Titelsuche war Gegenstand einer Diskussion bei einer Versammlung der *Society of Magazine Writers*, an der wir alle teilnahmen. Ann riet mir, ich solle beim Einschlafen denken, daß ich im Traum einen Titel finden würde. Sie sagte, wenn ich aufwache, würde ich wahrscheinlich feststellen, daß der Titel wie Himmelsschrift oder dergleichen erschienen sei. Es könnte aber auch sein, daß ich scharfe Vorstellungsbilder aus meinen Träumen behalte, und dann sollte ich gedankliche Verbindungen zu ihnen herstellen. In dem Traum, an den ich mich am nächsten Tag erinnerte, war Diana oder eine andere griechische Göttin durch den Wald gelaufen. Das war ein höchst ungewöhnlicher Traum für mich, denn in den meisten Träumen, an die ich mich erinnere, bin ich die Hauptfigur. Diana oder wer immer es war, trug das traditionelle wallende Gewand, durch das man ihren wohlgestalteten weiblichen Körper und ihre kräftigen, aber schönen Arm- und Beinmuskeln sehen konnte. Sie war sehr feminin, auch sehr stark und glücklich. Ich assoziierte mit ihr, wie Ann mich instruiert hatte, und das erste, woran ich dachte, war feminin und frei. Dann fand ich, daß feminin zu affektiert klang und nicht überzeugend genug war. Und so war mein nächster Gedanke ›free and female‹ (frei und weiblich).«

Free and Female erschien bald danach, wurde ein großer Erfolg und ist jetzt als Taschenbuch herausgekommen. Im Vorwort dankt mir Barbara für die Hilfe bei dem Titel – aber der Dank gebührt in Wirklichkeit der Traumkraft. Offenbar vermochte ihre träumende Seele das genau passende Motiv zu finden, das sie brauchte, während ihre wache Seele völlig ratlos war – sie hatte dreihundert Titel aufgeschrieben, als wir uns trafen, und nicht einer davon war »richtig«. Barbara war so beeindruckt von der Kraft der Träume, daß sie sich ihrer seitdem immer bedient, um wichtige Konflikte in ihrem Leben zu lösen.

Träume haben bei der künstlerischen Kreativität immer eine große Rolle gespielt und Künstler wie Leo Katz und Irene Rice Pereira zu einigen ihrer schönsten Werke inspiriert. Als ich Leo Katz kennenlernte, erzählte er mir, viele seiner Gemälde seien tatsächlich fast exakte Nachbildungen von Träumen oder Visionen, die er in veränderten Bewußtseinszuständen hatte. Eines seiner berühmtesten Gemälde, *Metamorphosis 1942*, entstand nach einem sehr schönen und lebhaften Traum, der ihm solchen Eindruck machte, daß er sich an jede Einzelheit erinnern konnte. Der Traum erscheint jetzt auf einer fast zehn Quadratmeter großen Leinwand und wird von vielen als das wichtigste prophetische Gemälde des 20. Jahrhunderts angesehen.

Das Leben von Irene Rice Pereira, der Dichterin und Künstlerin, die 1970 starb, war auch untrennbar von ihrem Werk, und so ist es nicht überraschend, daß ihre Träume ebenfalls eine ständige Quelle der Inspiration und Anregung waren. Ihr Leben lang verzeichnete sie ihre Träume in einem Tagebuch, und ich hoffe, Näheres darüber zu erfahren, wenn ihre Papiere Forschern zugänglich gemacht werden. Ehe sie abends einschlief, erteilte sie ihrer träumenden Seele Aufträge, und sie pflegte im Morgengrauen aufzustehen, um die Gedanken und Eindrücke zusammenzustellen, die aufgetaucht waren. In ihrer Illustrierten Mappe *The Lapis** beschreibt sie einen Traum, der einen kreativen Durchbruch in der künstlerischen Technik herbeiführte und damit ihr Leben veränderte:

»Ich überquerte eine Brücke. Das Wasser wogte hoch an beiden Seiten der Brücke. Das machte es sehr gefährlich. Die Brücke war ganz dicht an dem wogenden Wasser; aber es war eine stabile Brücke, so überquerte ich sie heil und sicher.

Jetzt bin ich an einem Ort mit vielen Menschen. Jemand spricht mit mir über einen Traum und schlägt vor, ich solle ihn malen. Ich sage: ›Ich kann nicht den Traum eines anderen malen, ich kann nur malen, was wirklich mein ist.‹ Jetzt sehe ich das vorgeschlagene Bild. Es ist ein Vorstellungsbild und recht schön, aber es ist nicht wirklich, denn das Vorstellungsbild liegt flach.

Während ich jetzt die Szene betrachte, sehe ich die ganze Sache. Das Vorstellungsbild liegt flach auf einer kreisrunden Insel in der Mitte eines wunderschönen kreisrunden blauen Sees, umgeben von einer frischgrünen Landschaft mit Bäumen und einem ätherischen Himmel. Es ist wunderschön. Aber ich bin traurig, weil das Vorstellungsbild flach liegt.

Als ich jetzt hinschaue und diese Szene betrachte, erhebt sich das Vorstellungsbild aus eigenem Antrieb in eine senkrechte Position. Ich sehe es jetzt. Es ist ein ovaler Stein in Lebensgröße, glatt und poliert. Er ist etwa 30 Zentimeter dick und anderthalb, zweieinhalb oder drei Meter hoch. Das steinerne Standbild ist ein polierter Lapislazuli, auf den eine weiße Figur eingemeißelt oder eingeschnitten ist. Es war wirklich wunderschön. Die Figur sah aus wie die Kameenschnitzerei im Lapislazuli eines Rings, nur in Lebensgröße. Die eingeschnittene Figur sah wie ein archaischer Grieche oder ein Prophet aus dem Altertum aus. Was mich enttäuschte, war die Tatsache, daß die Rück-

* Corcoran Gallery of Art, Washington, D.C., 1957

seite des Lapislazuli-Standbilds unbekannt war, d. h. auf ihr war keine Figur.
Jetzt ist mir alles klar. Ich sehe das Bild von dem, was ich malen sollte; es kommt in Sicht. Es ist wundervoll beleuchtet und lebendig in einer beleuchteten, ätherischen Atmosphäre von sphärischer Tiefe.«

Als sie aufgewacht war und meditiert und sich dann an die Arbeit gemacht hatte, wurde ihr klar, daß sie sich vor ein fundamentales Problem der künstlerischen Imagination gestellt sah, denn sie merkte, daß sie nicht die Gesamtheit ihrer Traumvision zu Papier bringen konnte, ohne Teile davon zu zerstören. Die Bäume im Vordergrund, die den See umgaben, mußten weggelassen werden, damit der Stein überhaupt zu sehen war, und ein Teil der Hintergrundszenerie wurde unweigerlich durch den Stein selbst verdeckt. Sie verbrachte viele Wochen mit dem Versuch, zu irgendeiner Lösung zu gelangen, studierte alle möglichen wissenschaftlichen Werke über Perspektive und erforschte die Beziehung zwischen der Geschichte der Malerei und der sich wandelnden Naturauffassung der Menschheit. Sie kam zu dem Schluß, daß geometrische Denksysteme das Unendliche vermieden haben, während die visuelle und intuitive Wahrnehmung das Unendliche einschließt, indem sie uns ermöglicht, das Ganze zu sehen. Zu guter Letzt brachte die Traumvorstellung sie zu einer ganz neuen Licht- und Raumauffassung in ihrem Werk und zu einem neuen Verständnis ihrer Weltanschauung als Künstlerin.

Robert Masters und Jean Houston von der *Foundation for Mind Research* in New York haben viele faszinierende Experimente über die Anwendung hypnotischer und ähnlicher Techniken ausgeführt, um die Blockierung der Kreativität bei Künstlern, Schriftstellern und Musikern zu überwinden, und eine besonders interessante Entdeckung von ihnen ist, daß eine Versuchsperson, wenn ihr suggeriert wird, die Zeit vergehe langsam, einen kreativen Akt in einem Bruchteil der normalerweise benötigten Zeit vollbringt. Das muß mit der Beschleunigung der Gehirnprozesse zusammenhängen, eine Hypothese, die sie in ihren Büchern *The Varieties of Psychedelic Experience* und *Mind Games* darlegten. Wenn ich recht habe, daß das REM-Träumen eine ähnliche Beschleunigung der Gehirnprozesse zur Folge hat, könnte das bedeuten, daß Träume ungeheure Möglichkeiten bieten, die die kreativ Tätigen fördern.

Masters und Houston glauben, ernste Blockierungen der Kreativität würden dadurch verursacht, daß die psychischen Energien in einem tiefen, inneren Konflikt arretiert werden, der auf »kultureller Trance« beruht, wie sie es nennen, einer Fixierung auf überholte Werte und Institutionen. Das schließt unmittelbar an meine eigene Erfahrung an, daß eine gewaltige Menge kreativer Energie freigesetzt wird, wenn man sich der Träume bedient, um solche inneren Konflikte zu konfrontieren und zu überwinden. Kurz vor seinem Tod hat der Philosoph Ernest Becker in einem bemerkenswerten Interview mit

Sam Keen in *Psychology Today* im April 1974 auf sehr interessante Weise dieses Phänomen genau dargelegt: »Als ich Mitte Dreißig war«, sagte er, »begann ich plötzlich große Angst zu verspüren, und ich wollte herausfinden, warum. Deshalb legte ich, wenn ich ins Bett ging, einen Block und einen Bleistift bereit, und wenn ich mitten in der Nacht aus einem wirklich eindrucksvollen Traum aufwachte, schrieb ich ihn auf und auch, was für Gefühle ich an bestimmten Punkten im Traum hatte. Mit der Zeit sagten mir meine Traumbotschaften, mein Unbewußtes, was mich quälte – ich lebte von übertragenen Kräften. Meine Kraftquellen waren nicht meine eigenen, und sie waren in der Tat fossil.« Im nächsten Teil des Buches will ich zeigen, was einige dieser übertragenen Kräfte sind – jene inneren Stimmen von Eltern, Lehrern, Pfarrern und anderen Autoritäten, die längst fossil und für das jetzige Leben und Wachstum des Individuums irrelevant sind – und wie Träume uns behilflich sein können, um aus der kulturellen Trance auszubrechen, damit wir unsere verlorene Unabhängigkeit, Vitalität und Kreativität wiedergewinnen.

Dritter Teil

Spiele für Fortgeschrittene

9
Die Höllenhunde

Nicht die Lüge, die einem durch den Sinn geht, sondern die Lüge, die in ihn eindringt und sich festsetzt, ist es, die Schaden anrichtet.
FRANCIS BACON

Vor einiger Zeit brachte unsere Lokalzeitung eine Episode aus Jack Moores Karikaturenreihe *Kelly*, die ein wichtiges psychologisches Problem berührt. Es begann damit, daß Kelly, der kleine Junge, den jungen Hund Duke fragt, warum er Kleider trage.

»Ich hörte diese Stimme ›Duke, Duke‹ rufen«, antwortet der junge Hund und deutet hinauf zum Himmel.

»Und was hast *du* gesagt?« fragt Kelly.

»Was? Was?« antwortet Duke und legt die Hand hinters Ohr, als ob er lauschte. »Dann sagt mir die Stimme, ich soll in die Welt hinausgehen und alle schmutzigen und abscheulichen Dinge verdecken.«

»Was für Dinge?«

»Die Stimme sagte, ich könnte damit anfangen, meinen KÖRPER zu bedecken.«

»Wie klang die Stimme?« fragt Kelly.

»Laut, hysterisch und schrill«, antwortet Duke.

»Die Mutti?« fragt Kelly.

»Die Mutti«, antwortet Duke.

Eine der wichtigsten Lehren, die wir aus Träumen ziehen können ist, daß unser Leben beherrscht, unsere Energie vergeudet und unser Glück getrübt wird durch Stimmen aus der Vergangenheit, die uns in einer für die Gegenwart völlig ungeeigneten Weise konditionieren. Ebenso wie Duke sind die meisten von uns überzeugt, daß das, woran wir glauben und was wir tun, von Gott dekretiert wurde oder uns in Fleisch und Blut übergegangen ist, weil ein Wohlverhaltenskodex, dem wir uns nicht entziehen können, es uns vorschreibt, und dabei erfüllen wir lediglich Gebote unserer Eltern, Lehrer, religiöser Gurus oder anderer Autoritäten der Vergangenheit, die sich unserem Sinn so fest eingeprägt haben, daß wir sie für selbstverständlich halten. Die ganze Psychotherapie befaßt sich auf die eine oder andere Weise mit den schwächenden Konflikten, die sich in den Menschen dann abspielen, wenn diese tief eingeprägten autoritären Stimmen im Widerspruch stehen zu wirklich grundlegenden Bedürfnissen der Persönlichkeit; aber nicht nur »kranke« oder »neurotische« Menschen leiden auf diese Weise – in der heutigen Gesellschaft unterliegen wir alle die meiste Zeit irgendwelchen Einschränkungen. Wahrscheinlich läßt sich die Gesundheit oder Krankheit einer Gesellschaft tatsächlich nach dem Ausmaß beurteilen, in dem das Leben ihrer Mitglieder durch solche verheerenden inneren Kämpfe beherrscht wird – und ich vermute, daß darin das zentrale psychologische Problem der gesamten Menschheit besteht.

Freud stieß gleich auf dieses Problem, als er begann, das Unbewußte zu erforschen, und sein Modell des Menschen weist ein gieriges, triebhaftes Es auf, das ständig bestrebt ist, sexuellen und aggressiven Triebbedürfnissen gegen die moralischen Diktate eines kulturell konditionierten Über-Ich Ausdruck zu verleihen. Die einzige Lösung sah er in der Sublimierung dieser Grundbedürfnisse in kulturell kreative Aktivitäten wie Kunst oder in harmlose aggressive Aktivitäten wie Sport. Das ist eine sehr pessimistische Auffassung von der menschlichen Natur und eine, die keine Möglichkeiten zur Transzendenz bietet. Der Psychologe, der das Problem am klarsten und einfachsten darstellte, es aber auch am gründlichsten untersuchte und die Möglichkeit aufzeigte, es zu transzendieren, war meiner Ansicht nach Fritz Perls, der »Erfinder« der Gestalttherapie. Er nannte die inneren autoritären Stimmen die »Topdogs« der Seele; ständig, wenn auch vergeblich, versuchen sie, der übrigen Persönlichkeit ihren Willen aufzuzwingen, die sich wie ein »Underdog« verhält, sich beim Topdog anbiedern will und gleichzeitig versucht, ihren Willen durchzusetzen. Ich ziehe das dem Freudschen Modell eines »Über-Ich«, das gegen Triebe kämpft, und auch Eric Bernes Vorstellung von einer inneren Eltern-Instanz, die ständig ein inneres »Kind« wegen unannehmbaren Verhaltens ausschilt, vor. Perls' Modell läßt die Tatsache erkennen, daß es viele verschiedene Arten von Topdogs geben kann und jeder von uns sich im Laufe seines Lebens mit mehreren und ganz getrennten auseinandersetzen muß – nicht nur mit den absolut grundlegenden Tabus in bezug auf Sex und Gefühlsbeherrschung, die uns von den Eltern eingeimpft werden, sondern auch mit den Geboten und Werten von Schulfreunden, Nachbarn, Landsleuten, Religionslehrern usw. In diesem und in späteren Kapiteln werde ich einige der vielen und unterschiedlichen Rassen von Topdogs beschreiben, die im Verein mit ihren entsprechenden Underdogs in unseren Traum-Workshops zum Vorschein gekommen sind.

Perls fand heraus, daß Topdogs und Underdogs oft spontan auftauchen, wenn der Träumer mit Hilfe der Dialogtechnik seinen Traum in wacher Phantasiefolge spielt, wobei er zweien seiner Traumfiguren eine Stimme verleiht und sie miteinander reden läßt. Wenn auch der Traumdialog selbst nicht eine Entdeckung von Perls war, so war doch seine Methode, sich auf diese inneren Konflikte zu konzentrieren und sich durch sie hindurchzuarbeiten bis zu einer kreativen Lösung, ein wichtiger Durchbruch in der Traumpsychologie, durch den unsere eigene Arbeit mit Träumen gewiß eine tiefere Dimension erhielt. Nach Perls' eigenen Worten bringt sie einen in sehr kurzer Zeit ins Zentrum der Persönlichkeit – obwohl es viel länger dauern mag, sich bis zur Freiheit durchzuarbeiten!

Das folgende Beispiel aus einem unserer Workshops zeigt, wie sich ein derartiger Dialog abspielt und eine der in unserer westlichen Zivilisation verbreitetsten Topdog-Arten zutage fördert. Um zu veranschaulichen, worauf es mir ankommt, habe ich absichtlich einen kurzen, einfachen Traum ausgewählt, der zu einem typischen Topdog-Underdog-Konflikt führte.

*Topdog an der Futterkrippe**

Im Traum angelte Sam, ein leitender Angestellter mittleren Alters, am Hafendamm seines Wohnorts, als ein schwarzes Auto auf der Straße hinter ihm zu hupen begann. Zuerst versuchte er, sich nicht darum zu kümmern, aber bald ärgerte es ihn, daß der Krach nicht aufhörte, und er ging nach Hause.

Das schwarze Auto erinnerte Sam an den Wagen, den der Präsident seiner Firma fuhr, aber der Gedanke, daß er zur Zeit des Traums, den er an einem Wochenende gehabt hatte, den Präsidenten oder seinen Wagen im Sinn gehabt haben könnte, rief keine Resonanz bei ihm hervor. Der Traum schien vielmehr einen Konflikt in seinem eigenen Herzen zum Ausdruck zu bringen, und zwar zwischen der Pflicht, zu arbeiten, und seiner Leidenschaft für das Angeln als Entspannung, und er räumte ein, der Traum sei wahrscheinlich dadurch ausgelöst worden, daß er kürzlich insgeheim geplant hatte, für ein langes Wochenende allein wegzufahren, um sowohl der Arbeit als auch den familiären Belastungen zu entfliehen. Indes schien das nur der Anfang der Geschichte zu sein, deshalb forderten wir Sam auf, sich auf einen Stuhl zu setzen, das Auto des Präsidenten auf dem Stuhl gegenüber Platz nehmen zu lassen und mit ihm zu reden. Der Dialog ging etwa so vonstatten:

SAM: Warum hupst du dauernd? Du hast mich beim Angeln gestört.

AUTO (von Sam gespielt, der sich auf den anderen Stuhl setzt): Das kann ich mir vorstellen. Du hättest auch überhaupt nicht angeln dürfen, wenn du zu Hause so viel Arbeit hast.

SAM (setzt sich wieder auf seinen Stuhl): Aber ich brauche mal eine Pause. Ich habe in letzter Zeit wirklich zu viel gearbeitet ...

AUTO: Unsinn. Nur Schwächlinge brauchen Pausen. Nun komm schon, reiß dich zusammen.

SAM (mißmutig): Aber ich will heute nicht arbeiten. Ich will angeln. Es hat mir wirklich Spaß gemacht.

* Die englische Redewendung vom »Hund an der Futterkrippe«, die einen Neidhammel bezeichnet, geht auf eine Fabel von Äsop zurück: Aus Futterneid läßt ein Hund, obwohl er gar kein Heu frißt, die Kuh nicht an die Raufe. Anm. d. Übers.

AUTO: Du bist nicht auf der Welt, um Spaß zu haben. Und du mußt die Aufträge für die nächste Woche vorbereiten.

SAM (flehentlich): Ja, ich weiß, aber das wollte ich morgen tun. Hör jetzt mal auf und laß mich heute in Frieden angeln, ich verspreche dir, daß ich morgen alles nachholen werde.

AUTO: Bestimmt nicht. Wenn du heute blau machst, wird das eine Gewohnheit. Und denke immer dran: ›Morgen, morgen, nur nicht heute, sagen alle faulen Leute.‹ Und denke dran, was Baba Ram Dass in dem Buch sagt, das du gerade gelesen hast – du mußt die Trägheit überwinden, um zu geistiger Größe heranzuwachsen.

SAM (weinerlich): Ja, ja, aber du kennst auch das Sprichwort: ›Immer Arbeit, nie ein Spiel, wird dem Knaben Hans zuviel.‹

AUTO (streng): Darum geht es gerade, Sam. Wann wirst du endlich begreifen, daß du kein Kind mehr bist? Du bist ein erwachsener Mann und hast Verpflichtungen deiner Frau und deiner Familie gegenüber. Du lebst nicht mehr nur für dich allein. Deine arme Frau wird maßlos enttäuscht sein, wenn du diese Beförderung nicht bekommst. Sie wird gar keinen Respekt mehr vor dir haben ... (seufzt) Ich wünschte, du würdest begreifen, daß ich dir nur helfen will, denn ich weiß, was für dich gut ist.

SAM: Ach ja, ich weiß ... für Ellie bedeutet es sehr viel.

AUTO: Und dein armer Vater würde sich im Grabe umdrehen, wenn er den Eindruck hätte, daß du bloß herumgammelst – nach allem, was er für dich getan hat.

SAM: Ach ja, ich weiß ... ach du liebes bißchen.

Bei jedem derartigen Dialog wird die wahre Identität der Topdog-Stimme hinter der Maske der einschüchternden Traumvorstellung plötzlich klar. In diesem Fall stellte sich heraus, daß das Auto, das an einem Punkt als Sams »Antrieb« zum beruflichen Erfolg hätte verstanden werden können, mit den Geboten auf ihm herumhackte, die ihm vor langer Zeit von seinem Vater eingeschärft worden waren, einem erfolgreichen Geschäftsmann, der sein Bestes getan hatte, Sam zu seinem Ebenbild zu machen. Da Sam mit liebevoller Anerkennung belohnt wurde, wenn er den Maßstäben seines Vaters entsprach, ihm diese Anerkennung aber entzogen wurde, wann immer er protestierte oder rebellierte, war er während seiner ganzen Kindheit und Jugend gezwungen gewesen, zwischen der Zufriedenstellung seiner im Grunde leichtlebigen Natur und der Anerkennung seines Vaters zu wählen. Da der Entzug der elterlichen Liebe dem psychischen Tod eines Kindes sehr ähnlich ist, entschied sich Sam für die Anerkennung seines Vaters, trat in die Firma ein und versuchte, haargenau das Leben seines Vaters nachzuvollziehen. Und obwohl der Vater schon lange tot war, weil seine Arbeitswut ihm einen Herzinfarkt eingetragen hatte, lebte seine Stimme in Sam weiter und nörgelte, wann immer Sam von dem geraden und schmalen Pfad der puritanischen Arbeitsethik abwich. Wenn er sich ein wenig Entspannung gönnte, versuchte Sam natürlich dann und wann, es damit zu rechtfertigen, daß er um der Gesundheit willen etwas Erholung brauche, aber unweigerlich erhob sich die nörgelnde Stimme wie das Bellen des Hundes an der Futterkrippe und verdarb ihm das Vergnügen.

Ehe ich zeige, wie ein solcher Topdog/Underdog-Konflikt gelöst wird, ist es zweckmäßig, auf die grundlegenden Charakteristika von Topdog und Underdog hinzuweisen, die in diesem Dialog (der typisch ist) sehr gut zum Ausdruck kommen, so daß Sie, wann immer Sie bei der Durcharbeit Ihrer Träume auf solche Figuren stoßen, das Schema erkennen, selbst wenn es sich bei Ihrem Problem um ganz etwas anderes handeln mag.

Topdog

1) Seine Lieblingsworte sind »dürfte« und »müßte« – du *dürftest* nicht angeln, du *müßtest* arbeiten.

2) Er weiß immer, was für Sie am besten ist und beharrt darauf, daß das, was er tut, Ihnen zugute kommt.

3) Er liebt Klischees, Gemeinplätze und Zitate und zieht möglichst viele heran, um seinen Standpunkt zu erhärten – »Morgen, morgen, nur nicht heute, sagen alle faulen Leute«. Er hat auch die häßliche Angewohnheit, gerade die Leute zu zitieren, die Sie am meisten bewundern. – »Baba Ram Dass sagt«.

4) Er predigt nicht mehr und nicht weniger als Perfektion.

5) Seine ganzen Argumente beruhen auf einer *katastrophischen Erwartung*, daß, wenn du einem Bedürfnis nachgibst, es bald die Oberhand über dich gewinnen und dich zugrunde richten wird – »Wenn du herumgammelst« – oder »Deine Freunde werden dich nicht mehr schätzen» oder »Deine Frau wird keinen Respekt mehr vor dir haben«.

6) Er ist rechthaberisch und trifft autoritäre Feststellungen wie »Du bist verantwortungslos« und »Du bist ein fauler Gammler«, statt seine eigene *persönliche* Meinung zu äußern und etwa zu sagen: »Ich mag es nicht, wenn du dich ausruhst, es bekümmert mich.«

7) Er hält sehr gern kleine Moralpredigten – »Du bist nicht auf der Welt, um Spaß zu haben« oder »Du lebst nicht mehr nur für dich allein«. Wenn der Underdog irgendwie erkennen läßt, daß er ihm die Stirn bieten oder gegen ihn rebellieren will, wird er oft eine vorwurfsvolle und verletzte Miene aufsetzen und sagen: »Wie kannst du so grausam sein, mich so zu behandeln, wenn mir doch nur dein Wohlergehen am Herzen liegt?« – ein Trick, den auch Eltern und andere in der Wirklichkeit anwenden, die entschlossen sind, ihre Herrschaft aufrechtzuerhalten, wenn es mit dem regelrechten Tyrannisieren nicht klappt.

Kurz und gut, der Topdog ist ein Moralprediger, ein Prinzipienreiter, ein Perfektionist und ein Tyrann – aber wenn Sie genau hinschauen, dann ist er auch ein Hypnotiseur und übertrieben scheinheilig. Er ist all das, was Jesus an den Pharisäern verurteilte.

Underdog

1) Die Argumente von Topdog machen ihn fertig, daher ist er kleinlaut und entschuldigt sich – »Ich habe in letzter Zeit wirklich zu viel gearbeitet.«

2) Indes weiß er auch, wie stark seine Bedürfnisse sind, deshalb jammert und bettelt er: »Laß mich heute angeln.«

3) Er neigt zu der Annahme, daß Topdog sowohl Recht als auch Macht auf seiner Seite hat, deshalb verlegt er sich auf Versprechungen – »Ich verspreche dir, daß ich morgen alles nachholen werde.«

4) Wenn ihm zugesetzt wird, wehrt er sich nicht sehr überzeugend und versucht oft, auf Topdogs Sprüchemacherei seinerseits mit Sprichwörtern zu reagieren – »Immer Arbeit, nie ein Spiel, wird dem Knaben Hans zuviel.«

5) Er versucht, Topdogs Verzeihung durch Selbstbezichtigung zu erlangen – »Ach ja, ich weiß ... ach du liebes bißchen ...«

6) Zu guter Letzt gibt er Topdog gegenüber gewöhnlich klein bei, weil er das Gefühl hat, daß er ohne seine Anerkennung nicht leben könne – aber ...

7) ... wenn Sie genau hinschauen und zuhören, werden Sie merken, daß er in Wirklichkeit nicht ganz und gar klein beigegeben hat – insgeheim hofft er immer noch, irgendwie das zu bekommen, was er will, ohne sich Topdogs Mißbilligung zuzuziehen.

Kurz und gut, Underdog (prächtig verkörpert durch Jack Moores Duke) ist der archetypische Feigling, Opfer, Masochist und Gefoppte – aber er ist auch ein Betrüger, der auf hinterhältigen, krummen Wegen zu bekommen versucht, was er haben will, ungeachtet seiner offen zur Schau getragenen Gefügigkeit.

Dieser letzte Punkte ist entscheidend, um zu verstehen, warum das menschliche Leben ständig von diesen Konflikten bedroht ist, und warum Perls den Kampf zwischen Topdog und Underdog das »Selbstquälerei-Spielchen« nannte, das endlos zwischen diesen Clowns der Persönlichkeit im Gange ist – das Spiel des »ich sollte«, »ich sollte nicht«; »ich kann«, »ich kann nicht«; »ich werde«, »ich werde nicht«. In Dialogen wie dem von mir beschriebenen kann ein aufmerksamer Beobachter gewöhnlich entdecken, daß Underdog insgeheim entschlossen ist, eine Möglichkeit zu finden, um zu bekommen, was er haben will, wenn der Beobachter auf die Haltung des Betreffenden achtet, sobald er auf dem Underdog-Stuhl sitzt, und auf seinen Gesichtsausdruck, der seine demütigen und reumütigen Worte oft Lügen straft – und wenn Sie den Dialog für sich allein machen, werden Sie vielleicht Ihre verschlagenen Hintergedanken bemerken können. Ein Karikaturist würde die Situation durch eine Sprechblase über Underdogs Kopf mit den Worten darstellen: »Er denkt: Wenn ich wie verrückt arbeite, wird es meine Gesundheit vielleicht so angreifen, daß der Arzt mir einen Angelurlaub verordnet« oder dergleichen.

Denn im Leben findet Underdog unweigerlich Mittel und Wege, um durch geschickte Manipulation der Umstände das zu bekommen, worauf er aus ist, und dann den Anschein zu erwecken, als wäre es ohne sein Zutun geschehen. Eine Unzahl von Krankheiten läßt sich auf dieses Verfahren zurückführen, gewöhnlich wenn Underdog sich ausruhen oder umsorgt werden will. Aber das ist nur einer seiner vielen heimlichen Tricks. Ein anderer besteht darin, daß er seinen Partner oder seine Familienangehörigen dazu bringt, ihn darum zu bitten, das zu tun, was er tun will, so daß er dann tatsächlich zu Topdog sagen kann: »Mir würde es natürlich nicht im Traum einfallen, so etwas zu machen, aber ...« Sind seine Bedürfnisse sexueller Art, versteht er es so einzurichten, daß er verführt wird, oder er schafft es irgendwie, daß die Umstände eine »überwältigende Versuchung« darstellen, und dann verspricht er, er werde nie wieder der Schwäche nachgeben. Wenn wir uns auf diese Weise selbst manipulieren, wird das gewöhnlich euphemistisch mit dem Wort »Gewissen« bezeichnet und gerechtfertigt – was keinen jemals daran hinderte, zu tun, was er wollte, bloß daß er es dann nicht genoß!

Daß wir auf die Stimme des »Gewissens« nicht gehört und unseren inneren Vollkommenheitsidealen nicht entsprochen haben, ist zu allen Zeiten gang und gäbe gewesen, und Paulus hat das auf klassische Weise zum Ausdruck gebracht, als er im Brief an die Römer schrieb: »Denn das Gute, das ich will, das tue ich nicht, sondern das Böse, das ich nicht will, das tue ich.« Aber diese traditionelle Ausdrucksweise gibt in Wirklichkeit ein völlig falsches Bild von der ganzen Situation, und das ist der Grund, warum die Menschheit so wenig Fortschritte macht.

Der entscheidende Punkt, der durch die traditionelle Sprachregelung im dunkeln gelassen wird, ist, daß eine Blockierung *nur* entsteht, wenn das Gute, das wir zu tun versuchen, auf irgendeine Weise unrealistisch ist, entweder für das Individuum oder für die Gesellschaft als Ganzes, etwa wenn man von einem Mandelbaum verlangen würde, er solle Apfelsinen tragen. Der Bösewicht des Bühnenstücks ist Topdog, der seine eigene Voreingenommenheit zugunsten von Apfelsinen predigt, als ob das zum göttlichen (oder Natur-) Gesetz des Wachstums für alle Pflanzen gehörte. Eltern, Lehrer, religiöse Gurus und andere Autoritäten tun das in Wirklichkeit immer, aber der Eindruck wird in der Seele des heranwachsenden Kindes durch die Tatsache verstärkt, daß es, um zu überleben, völlig auf die Anerkennung der Erwachsenen angewiesen ist und nicht wissen kann, daß deren Gebote gar nicht göttlich sind. Manchmal stellt Topdog Forderungen, die der wahren Natur des Individuums absolut zuwiderlaufen – etwa daß ein von Natur aus introvertiertes

Kind zu einem extrovertierten werden soll, ein Typus mit wenig Tatkraft zu einem dynamischen und stürmischen, ein Mensch mit künstlerischen Neigungen zu einem Intellektuellen, ein geborener Jogi zu einem Kommissar und umgekehrt – und das führt dann zu einer Art Zusammenbruch.

Aber normalerweise finden die Gebote von Topdog bei etwas in der Konstitution des Individuums wirklich Anklang, und darum fällt es dem armen Underdog so schwer, sich dagegen zu wehren. Das beruht auf der irrigen Annahme, daß die Art und Weise, wie Topdog das Gute erreicht – durch immer mehr Kontrollen und Disziplin –, richtig sei, statt zu erkennen, daß es gerade die Kontrollen sind, die Wachstum und Fortschritt wirkungslos machen und verhindern. Wenn eine innere Stimme leise flüstert, daß Sie sich vielleicht etwas mehr bemühen könnten, um ein erwünschtes Ziel zu erreichen, und Sie können das ohne allzu viel Anstrengung tun, dann kommt es nicht zu einer Topdog/Underdog-Blockierung, und das bedeutet, daß das Ziel *für Sie* realistisch ist, obwohl es das für andere nicht sein mag. Aber wenn Sie niemals Ihrem inneren Ideal zu entsprechen vermögen, dann tun Sie etwas Verkehrtes, und es ist an der Zeit, daß Sie einen Haken schlagen und Ihr Ideal ändern, statt sich in ein Prokrustesbett zu zwängen, das für einen anderen bestimmt ist. Wir wachsen, indem wir uns entfalten, nicht dadurch, daß wir uns kleiner machen.

Der große Fehler aller Sittenprediger, angefangen von Paulus bis zu den Durchschnittseltern oder -lehrern, besteht darin, daß sie Underdogs Widerstand gegen Topdog als etwas Böses ansehen, das überwunden werden muß, gleichsam als ein wildes Pferd, das sich nicht zähmen läßt, während es in Wirklichkeit die »Weigerung« der Mandel ist, eine Apfelsine zu werden. Der Sittenprediger (und der Topdog in jedem von uns) sieht nur die häßlichen und plumpen Schößlinge, das Ergebnis des Konflikts zwischen seinen Bemühungen, die Pflanze nach seinem Willen zu ziehen, und der ihr inhärenten Natur, und nie nimmt er sich die Zeit, darüber nachzudenken, daß die Pflanze die Fähigkeit hat, sich allein zu etwas sehr Schönem zu entwickeln, wenn er nur bereit wäre, ihr zu helfen, statt ihr sein Klischee aufzuzwingen. Statt dessen kommt er zu dem Schluß, sie bedürfe einer noch strengeren Zucht, um eine Apfelsine zu werden, was die Lage nur verschlimmert. Die wirklich großen Religionsdenker haben das immer erkannt – und die moderne Psychologie kann lediglich die Weisheit von Laotse bestätigen, die in seinen Worten zum Ausdruck kommt:

Wenn ich mich nicht in die Angelegenheiten der Menschen einmische, werden sie selbst für sich sorgen,
Wenn ich den Menschen keine Befehle erteile, benehmen sie sich gut,
Wenn ich die Menschen nicht dauernd ermahne, bessern sie sich,
Wenn ich die Menschen nicht beeinflusse, werden sie sie selbst.

... oder die moderne Lehre von Don Juan, dem alten mexikanischen Indianer, der Carlos Castanedas Mentor wurde und in *Reise nach Ixtlan* zu ihm sagte: »Was dem Geist schadet, ist, immer jemanden hinter sich zu haben, der einen schlägt und einem sagt, was man tun oder lassen soll.« In der jüdisch-christlichen Überlieferung findet sich dieselbe Weisheit in der Geschichte, daß das Böse in der Welt von Luzifer stammt, dem Engel des Lichts (»Gewissen«), der sich erhöhen und Gott gleich sein wollte.

Die Menschheit hat die Form des Familienlebens oder der sozialen Ordnung noch nicht gefunden, die Laotses Ziel erreicht, und so bleibt der Topdog/Underdog-Konflikt ein wichtiges Lebensproblem, auch in den meisten angeblich »toleranten« Kreisen. Er ist nicht beschränkt auf Leute wie Sam, die sich äußerlich der Autorität ihrer Eltern oder Lehrer fügen. Kinder, die rebellieren und ihren Eltern oder anderen moralischen Autoritäten Trotz bieten, entgehen ihrem inneren Topdog nicht, sondern zahlen für ihre scheinbare Freiheit einen entsetzlich hohen Preis in Gestalt von Schuldgefühlen, wie ich aus eigener, schmerzlicher Erfahrung weiß.

Mein Haupt-Topdog stammt von meiner Mutter, die mir das Ideal eintrichterte, kühl und entschlossen frei zu sein von Emotionen und körperlichen Gefühlen – Sex, Vorliebe für gutes Essen und Komfort, Wärme, Herzlichkeit, Ärger, Angst oder auch begeisterte Freude. Wenn ich sie als Kind umarmen wollte, hieß es, es sei doch allgemein bekannt, daß sie sich nicht gern küssen lasse; wenn ich weinte, hieß es, ich solle mich nicht wie ein Baby aufführen; wenn ich einen Wutanfall bekam, hieß es, ich benähme mich wie ein Ungeheuer; und als ich im Alter von fünf Jahren bei sexuellen Erforschungen mit dem kleinen Nachbarjungen erwischt wurde, hallte die ganze Nachbarschaft wochenlang von dem anschließenden Gezeter wider. Die ganze Situation war unmöglich, und obwohl ich mich sehr bemühte, meine aufgestauten Emotionen zurückzuhalten, brachen sie von Zeit zu Zeit aus – und eben das bestätigte die Erwartung meiner Mutter, wie abscheulich sie sein könnten; sie schlug sogar vor, mich zu einem »Psychiater« zu bringen, damit ich geheilt werde. Als ich mit der Schule fertig war, rebellierte ich, ging nach Europa und stürzte mich in eine Orgie der Promiskuität, aber die Freiheit war recht illusorisch, denn mein innerer Topdog brachte es immer irgendwie fertig, mir den Spaß zu verderben.

Außerdem setzte sich dieses vergebliche Hin und Her zwischen Verdrängung, Explosion, Schuldgefühlen und weiterer Verdrängung noch immer fort, nachdem mein Kopf längst begriffen hatte, daß die Gebote, die meine Mutter für ihr Kind aufstellte, das Ergebnis davon waren, daß sie selbst in ihrer Kindheit unter emotionaler Deprivation gelitten hatte. Erst als ich im Zusammenhang mit der Gestalttherapie an meinen Träumen arbeitete, lernte ich, das Selbstquälerei-Spielchen zu beenden und wirklicher Freiheit fähig zu werden – und damit ist die Freiheit gemeint, Bedürfnisse zum Ausdruck zu bringen und in Schach zu halten, und zwar je nach Lage der Dinge (der einzig berechtigte Maßstab), nicht weil man sich strengen Regeln, die von einer äußeren oder inneren Autorität diktiert werden, fügt oder gegen sie rebelliert. Wenn Underdog hervorkommt, heimlich wie Sam oder in einer Art offener Rebellion wie ich, dann geht er oft zu weit, über das hinaus, was das Individuum eigentlich will, und zwar aus dem einfachen Grund, weil er so lange niedergehalten wurde – aber man kann nicht wissen, was seine *wirklichen* Bedürfnisse sind, wenn Topdog immer in den Kulissen darauf lauert, herauszukommen, mit dem Finger zu drohen und zu sagen: »Da hast du's. Das habe ich dir doch gesagt. Ich habe dich gewarnt. Das willst du ja überhaupt nicht. Hättest du doch bloß von Anfang an auf mich gehört.«

Ein Hauptziel aller psychologischen Therapien ist es, das Gewissen umzuerziehen, damit wir unser natürliches menschliches Selbst akzeptieren und in Übereinstimmung mit ihm leben können, und Perls' Ziel ist es, Underdog dazu zu bringen, daß er Topdog unumwunden die Stirn bietet und alle seine Prämissen voll Überzeugung anficht, was ganz etwas anderes ist als Rebellion. Sam machte in seinem Dialog einen schwachen Versuch zu rebellieren, als er sagte: »Immer Arbeit, nie ein Spiel, wird dem Knaben Hans zuviel«, und im Wachleben hatte er insgeheim das lange Angel-Wochenende geplant. An Punkten in einem Dialog wie diesen pflegte Perls einzuwerfen: »Ich höre dich winseln«, und das pflegte er sogar zu wiederholen, wenn Underdog seinen ganzen Mut zusammennahm, um noch aggressiver zu rebellieren, denn Schimpfen ist nur verstecktes Winseln. So ging es auch in Sams Fall, denn an dem Punkt, an dem er dem Nörgeln des »Topdog-Autos« nachgab, schrie ihm die ganze Gruppe zu, er solle sich wehren, und tapfer versuchte er es. Da es mittlerweile offenkundig war, daß das »Auto« seines Traums mit der Stimme seines Vaters sprach, schlugen wir vor, er solle seinen Vater auf den anderen Stuhl setzen und den Dialog mit ihm fortsetzen, der sich dann etwa folgendermaßen abspielte:

SAM: Hör mal, ich bin es nachgerade leid, daß du mir ewig im Nacken sitzt. Du hast geschuftet, bis dich ein Herzanfall ins Grab gebracht hat, und ich werde es dir nicht gleichtun. Ich bin jetzt erwachsen und kann selbst meine Entscheidungen treffen, also hör auf, mir das Leben zu vergällen.

An dieser Stelle klatschte die Gruppe Beifall, was oft vorkommt, und Sam sah sehr selbstzufrieden aus, aber wir wußten, daß Siege über Topdogs nicht so leicht zu erringen sind, und deshalb forderten wir Sam auf, sich auf den anderen Stuhl zu setzen und für seinen Vater zu antworten.

VATER: Aber, Sam, du weißt doch, ich würde nicht auf dir herumhacken, wenn es nicht zu deinem Besten wäre. Gegen das Angeln ist nichts einzuwenden – ich wünschte, ich hätte Zeit dafür gehabt, aber ich habe mir immer zu viel Sorgen um dich und deine Mutter gemacht. Doch da deine Beförderung vor der Tür steht, ist es jetzt nicht gerade angebracht. Außerdem weißt du im Grunde deines Herzens ganz genau, daß du, wenn ich dich nicht dauernd daran erinnern würde, deine Arbeit einfach vergessen würdest – und was würde dann aus deiner armen Familie? Wir brauchen einfach etwas Überwachung im Leben, sonst fangen wir an zu bummeln.

SAM: Ich habe dir doch gesagt, daß ich groß genug bin, um für mich zu sorgen und selbst meine Entscheidungen zu treffen . . . (seine Stimme war immer leiser geworden, und dann wandte er sich an die Gruppe) . . . aber er hat recht. Wir brauchen etwas Überwachung. Es könnte leicht passieren, daß ich manchmal einfach angeln gehen würde und die Arbeit Arbeit sein ließe . . . und das ist verantwortungslos und leichtfertig. Ich könnte nicht mit mir leben, wenn es dazu käme.

Das ist die Sackgasse, der »tote Punkt«, an dem die Energien der Persönlichkeit völlig blockiert werden – und wer versucht, gegen den Topdog zu rebellieren, leidet ebenso wie derjenige, der ihm nachgibt. Er kann den Topdog nicht in den Mülleimer werfen, weil er wirklich glaubt, ohne Topdogs Hilfeleistung würde er in der Tat ein verantwortungsloser, leichtfertiger Bummelant oder sonst was werden. Wenn man in die Sackgasse gerät, riskiert man, sein kostbares Selbstbild zu verlieren, und das bedeutet, wie Sam sagt, den Tod, wenn man das Gefühl hat, ohne es nicht leben zu können. Darum sah Perls die »Todesschicht« hinter der Blockierung lauern – die katastrophische Erwartung, daß wir, wenn wir unsere Bedürfnisse und Gefühle zum Ausdruck bringen, ungeliebt, bestraft, verfolgt sein und sterben werden, und es wird uns zumute sein wie einem Kind bei der Aussicht, die Liebe seiner Eltern zu verlieren. Statt also durch die Blockierung hindurch in die Schicht des Todes zu gehen, implodieren wir unsere Energien, wir ziehen und ballen uns zusammen in einer Art katatonischer Lähmung und sind bestenfalls nur noch halb lebendig. Zur ersten Blockierung kommt es in der Kindheit, wenn dem Kleinkind klar wird, daß es nie um seiner selbst geliebt werden wird, sondern um dessentwillen, was die Eltern von ihm erwarten, daß es das werde, und gewöhnlich verbringt es den Rest seines Lebens damit, die Rollen zu spielen, die ihm Liebe und Anerkennung eintragen. Doch besteht ein großer Unterschied zwischen der mißlichen Lage eines Kindes und der des Erwachsenen: während das Kind wirklich keine Möglichkeiten hat, ohne die Fürsorge seiner Eltern am Leben zu bleiben, besitzt der Erwachsene die Möglichkeit, doch weil er sich immer noch als Kind sieht, wird er sich darüber nicht klar und bleibt in der Blockierung.

Zwar war Perls durchaus dafür, daß die Menschen ihre eigenen Ressourcen mobilisieren und ein gewisses Maß von Selbsttherapie vornehmen, doch sah er die Blockierung als einen Punkt an, über den man ohne Hilfe nicht hinweggelangen kann, und zwar aus dem einfachen Grund, weil man selbst das nicht sehen kann, was für einen anderen offenkundig ist. Darum empfehlen wir, daß in Gruppen oder paarweise gearbeitet werde; doch unsere eigene Erfahrung und die zahlloser anderer Menschen zeigt, daß die Befreiung von der Blockierung für den Träumer, der allein arbeitet, nicht unmöglich ist. Der befreiende Schritt ist eine *intellektuelle Übung,* bei der man versucht, *Topdog bei einer Lüge zu ertappen* – einer so ungeheuerlichen und doch versteckten Lüge, daß man sie sein Leben lang nicht bemerkt hat. Da Sam seinen Traum in einer Gruppe durcharbeitete, will ich an seinem Beispiel veranschaulichen, wie die anderen Mitglieder ihm halfen, diese Lüge zu erkennen (wir weichen insofern von der strengen Gestalttherapie ab, als wir zulassen, daß Gruppenmitglieder an der Erfahrung des einzelnen, der seinen Traum durcharbeitet, teilhaben); doch bitte denken Sie immer daran, daß Sie das genauso gut allein tun können.

Sam hatte an dem Punkt aufgehört, an dem er mit Topdog völlig einig war, daß »wir einfach etwas Überwachung brauchen« – und es schien, als wäre die Blockierung erreicht. Sam sah keinen Ausweg aus dem Dilemma.

GRUPPENMITGLIED: Ja, Sam, das finde ich auch – *etwas* Überwachung brauchen wir . . .

EIN ANDERES GRUPPENMITGLIED: Er hat recht. Du kannst nicht *dauernd* angeln . . .

SAM (verblüfft): Aber ich will ja gar nicht *dauernd* angeln, nur manchmal, wenn mir danach zumute ist. Meine Arbeit macht mir ja auch Spaß . . .

Die Gruppe lachte und klatschte Beifall und wurde wieder still, als Sam offenbar ein Licht aufging: »Mensch«, sagte er, beugte sich auf seinem Stuhl vor und bot »Vater« die Stirn. »Du gemeiner Betrüger, du Schwindler . . . mein Leben lang hast du durchblicken lassen, ich würde total vergammeln, wenn du mich nicht bei der Stange hieltest. Ich will ja gar nicht *dauernd* angeln, du altes Ekel. Das habe ich nie getan und werde es auch nie tun – es besteht nicht die geringste Gefahr, daß ich vergammele. Ich sehe jetzt, was du mir angetan hast – du befürwortest gar nicht *etwas* Überwachung, du willst mein ganzes Leben beherrschen und überwachen. Na, damit ist es nichts. Das lasse ich nicht zu – also verdammt nochmal, verschwinde aus meinem Leben. Verschwinde, verschwinde!«

An diesem Punkt durchbrach Sam die Blockierung mit einer Energie-Explosion, die er später als seltsam, schrecklich und wundervoll für ihn beschrieb. Für solche Gelegenheiten haben wir immer ein paar Kissen in Reserve (und Papiertaschentücher, wenn der Durchbruch Tränen hervorruft), und wir warfen Sam eins zu, damit er es knuddeln konnte, während er sich von der Wut auf seinen Vater, dem Ärger und der Frustration seines ganzen Lebens befreite. Meine eigene Wut auf meine Mutter wurde auf ähnliche Weise freigesetzt, als ich mir klar wurde, daß ich ihr mein Leben lang die verrückte Idee abgenommen hatte, ohne ihre totale Überwachung würde ich einer entsetzlichen Gefühlsduselei ausgeliefert sein. (Daß ich mir über meinen sehr passiven Vater Sorgen machte, kam in einer anderen Gruppe heraus, an der ich teilnahm, als der Leiter mich fragte, warum ich versuchte, sein Leben für ihn zu leben. »Na«, erwiderte ich, »*einer* muß es doch tun«, woraufhin ein allgemeines Gelächter ausbrach, weil ich von vornherein unterstellte, daß er es nicht selbst könne!) Als nächstes werden wir uns dann darüber klar, daß die Menschen, denen nachzueifern wir uns so sehr bemühen, oft selbst ganz traurige Gestalten mit wenig Eigenleben sind – aber das Erstaunliche ist, daß selbst diejenigen von uns, die bewußt beschließen, sie wollten anders sein als ihre Eltern, immer noch die Gebote und katastrophischen Erwartungen im Sinn haben, die sie von ihnen gelernt haben, und gegen ihren Willen unweigerlich betrübliche Ebenbilder von ihnen werden. All die implodierte Energie, die wir in unseren Körpern als Angst aufgestaut haben, explodiert, wenn wir durch die Blockierung durchbrechen, in eine Erregung, die eben die Energie und Essenz des Lebens ist. Das Ergebnis ist oft ein Mini-Satori, wie Perls das nennt, wobei ein lebloser Roboter lebendig wird.

Indes ist das selten das Ende der Geschichte, denn Topdog kann ein sehr durchtriebener Bursche sein, wenn seine Autorität angefochten wird: wir glauben vielleicht, wir hätten ihn aus unserem Leben verdrängt, und merken mit einemmal, daß er zur Hintertür wieder hereinschleicht. Ein dafür typischer Fall war der einer jungen Frau in einem unserer Workshops, die träumte, daß eins ihrer Kinder sich vernachlässigt fühle, während das wirkliche Kind keine derartigen Gefühle hatte (oder keine, über die sie nicht schon Bescheid wußte). Als sie die Rolle des Kindes spielte, das ein tapferes Gesicht aufsetzte, um die Schwierigkeiten des Lebens zu bewältigen, zu denen auch der Tod des früh verstorbenen Vaters gehörte, wurde sie aufgeschlossen für ihr eigenes Bedürfnis nach Liebe und Trost, das hinter ihrem stoischen Äußeren verborgen war, als sie in der Kindheit den Tod ihres eigenen Vaters und später den ihres Mannes bewältigen mußte. Das war in dem Augenblick eine Offenbarung für sie, und bei den Gruppenmitgliedern, die sie gut kannten, fand dieses verborgene Bedürfnis auch Widerhall; aber in der nächsten Woche kam sie wieder und sagte, sie könne unmöglich zulassen, daß sie in Selbstmitleid verfalle. Wir lachten und fragten, wer etwas von Selbstmitleid gesagt habe – und da wurde sie sich klar, daß Topdog sich wieder eingeschlichen und versucht hatte, sie mit seinen alten listigen Lügen und katastrophischen Erwartungen, was geschehen würde, wenn er die Überwachung aufgäbe, zu verführen.

Eben die Tatsache, daß Topdogs Gebote uns allen zusagen, bedeutet in

Wirklichkeit, daß seine guten Eigenschaften *bereits da* und unserem Wesen fest eingeprägt sind, und sie tauchen in unserer Entwicklung auf, ohne daß wir dauernd zu kämpfen und uns abzumühen haben, als ob sie aus einem ganz und gar widerspenstigen Material herausgemeißelt werden müßten. Was die elterlichen Topdogs betrifft, so sind viele ihrer wirklichen guten Eigenschaften wahrscheinlich ganz buchstäblich in unseren Genen – aber natürlich haben wir auch noch andere Charakterzüge, und nur dann können wir uns auf realistische Weise entwickeln, wenn eine Harmonie zwischen unseren sämtlichen Eigenschaften besteht. Für Eltern und Autoritätspersonen ist das indes gewöhnlich nicht genug, denn sie sind mehr an unserem Gehorsam als an unserer Entwicklung interessiert, und das gilt sogar noch mehr für unsere inneren Topdogs. Wie Luzifer begnügen sie sich nicht damit, Teil des größeren Ganzen zu sein und der gesamten Organisation der Persönlichkeit dadurch zu dienen, daß sie ihre eigenen, speziellen Begabungen beisteuern, wenn sie gebraucht werden. Sie wollen herrschen und werden uns das Leben zur Hölle machen, um das zu erreichen, wie Satan, der Vater der Lügen in Miltons *Das verlorene Paradies,* dessen Motto es war: »Lieber in der Hölle herrschen, als im Himmel dienen.«

Das wirkliche Geheimnis, wie wir uns von unseren kleinen, persönlichen Höllen befreien können, besteht nicht darin, daß wir versuchen, unsere Topdogs einfach in den Mülleimer zu werfen – das geht gar nicht, denn sie sind ein Teil von uns –, sondern ihrer tyrannischen Herrschaft über uns ein Ende zu bereiten, da wir wissen, daß wir die von ihnen gerühmten guten Eigenschaften *bereits* in uns haben. Darum versuchen wir in unseren Workshops, eine kreative Lösung herbeizuführen, indem wir Topdog und Underdog beide fragen, was einer am anderen schätzt und wie sie in Zukunft als ein Ganzes (eine Gestalt) zu funktionieren gedenken. Der Schluß von Sams Dialog mit seinem inneren Vater verlief etwa folgendermaßen:

SAM: Nun hör mal, du alter Gauner – versteh das richtig. Ich schätze eine ganze Menge an dir – deine Fürsorge, dein Bedürfnis nach einer Art höherem Leben, deine Ausdauer –, aber du hast das ganz verkehrt angefangen. Du hast deine eigenen Anstrengungen sabotiert. Ich werde viel eher der von dir gewünschte Mensch sein, wenn du mich zufrieden läßt und aufhörst, an mir herumzunörgeln. Du könntest dich sogar sehr nützlich machen, wenn du ein Berater statt ein Beherrscher würdest – die Aufgabe kannst du tatsächlich übernehmen und mich von Zeit zu Zeit anstupsen, wenn ich es mal zu bunt treiben sollte.

VATER: Okay, Sam, Eins zu Null für dich. Und wenn ich ehrlich bin, muß ich sogar zugeben, daß ich dich deswegen bewundere. Ich habe mir nie etwas gefallen lassen und hoffte immer, auch du würdest dich eines Tages auf die Hinterbeine stellen. Und ich bewundere es, daß du dich entspannen und die Dinge leicht nehmen kannst – ich konnte nie abschalten, und das hat mich umgebracht. Und du hast ein so gutes Verhältnis zu Ellie, wie ich es mit deiner Mutter nie geschafft habe. Ich werde in der Nähe bleiben – ich meine, ich hätte das sowieso nicht so lange getan, wenn ich dich nicht gern hätte – und werde beobachten, wie du wächst, und das Beschneiden und Düngen besorgen, wenn du es nötig hast. Weißt du, eigentlich ist es sehr schön, daß ich mich nicht mehr um dich zu sorgen brauche – als allererstes werde ich mich wohl mal ein bißchen ausruhen ...

Das Ergebnis ist kein Kompromiß, denn bei einem Kompromiß verlieren beide Seiten. Es ist eine kreative Lösung, bei der beide Seiten gewinnen, weil beide alles *Reale,* das sie haben wollen, bekommen. Praktisch werden zwei Energieladungen freigesetzt, um kreativ zu leben – die eine, die bisher für das Selbstquälerei-Spielchen vergeudet wurde, und die andere, die im Underdog selbst zurückgehalten worden war. Jetzt stehen sie Sam ganz zur Verfügung, und mit einemmal merkt er, daß er seine Arbeit doppelt so schnell erledigen kann wie früher, so daß er genug Zeit zum Angeln hat. (Später hörten wir von Sams Frau, daß er, sehr zu ihrer Erleichterung und Freude, nie mehr seine Aktentasche voller Arbeit mit in den Urlaub nahm.) Das einzige, das verlorengeht, ist Topdogs Herrschaft über das Königreich von Sams Persönlichkeit, aber seine wirklichen guten Eigenschaften zeigen sich deutlicher denn je zuvor. Seiner usurpierten Macht beraubt, kehrt Luzifer zu seiner eigentlichen Rolle als Schutzengel oder Engel des Lichts zurück. In dieser neuen Rolle können Sie ihn sogar Gewissen nennen, wenn Sie wollen, solange Sie dessen eingedenk sind, daß das Gewissen oder der Schutzengel wie Feuer ist – ein guter Diener, aber ein entsetzlicher Gebieter. Es gibt ein Prinzip der »Rechtschaffenheit« in uns, das insgesamt ein höheres ist als das Gewissen, denn das Gewissen ist im günstigsten Fall sozial konditioniert. Das wahre göttliche Prinzip ist eines der Ganzheit im Kern unseres Wesens und bewirkt, daß wir in einem sich selbst regulierenden System, in dem »Selbstvervollkommnung« überflüssig ist, natürlich wachsen und funktionieren. Das bedeutet, daß sich im Underdog weit mehr göttliche Energie findet als im Topdog. Wie Jung sagte, ist die »Schatten«-Seite der Persönlichkeit, die wir im Interesse irgendeines »höheren« Guten normalerweise zu unterdrücken versuchen, zu neunzig Prozent reines Gold.

Es ist unwahrscheinlich, daß die eingefleischten Gewohnheiten eines ganzen Lebens nach einem einzigen Erlebnis, wie dramatisch auch immer, abgelegt werden; es ist also eher anzunehmen, daß die Herbeiführung einer kreativen Lösung wie der von Sam den Beginn eines neuen Lebensstils ankündigt, der im Laufe von Monaten oder gar Jahren konsolidiert werden muß, aber nicht ein endgültiger Durchbruch ist. Die Topdogs versuchen immer wieder, sich Geltung zu verschaffen, und wenn wir unsere Träume beobachten, können wir in Erfahrung bringen, wann das geschieht. Doch ein wirklich lebhafter Traumdialog wie der von Sam bleibt einem im Gedächtnis als eine ständige Mahnung an Topdogs Lügen, und wenn wir ihn weiterhin energisch auf den ihm zukommenden Platz verweisen, lernt Underdog zu guter Letzt, keine krummen Wege einzuschlagen, sondern die Verantwortung für sich zu übernehmen und sich seiner Haut zu wehren, was natürlich bedeutet, daß er dann nicht mehr Underdog ist. Das ist das Zutagetreten des wahren göttlichen Prinzips in der Persönlichkeit.

Ein weiterer Punkt sollte nicht vergessen werden, nämlich daß die meisten von uns nicht nur einen, sondern mehrere innere Topdogs haben, da wir uns in unserer Jugend mit mehreren Autoritätspersonen auseinandersetzen mußten. Sam zum Beispiel hatte nicht nur seinen »Topdog der puritanischen Ethik«, sondern sah sich in einer späteren Gruppe einem »finanziellen Topdog« gegenüber, wie man ihn nennen könnte, der ihm im Wachleben zusetzte und in seinen Träumen erschien, wann immer er glaubte, Sam gebe zu viel Geld für etwas »Frivoles« aus. Sam brauchte einige Zeit, bis er lernte, daß es ganz in Ordnung ist, wenn man sich gelegentlich eine kleine Frivolität leistet, und daß man sich dafür nicht entschuldigen oder vorgeben muß, sie diene in Wirklichkeit einem nützlichen Zweck. Ich selbst hatte mit einem »Topdog des christlichen Leidens« und einem »Topdog vortrefflicher akademischer Leistungen« zu kämpfen sowie mit den von meiner Mutter stammenden sexuellen und emotionalen Topdogs plus einigen kleineren. Deshalb ist es wichtig, Ihre Träume daraufhin zu beobachten, ob diese Clowns, die Ihnen das Leben zur Hölle machen, darin auftauchen, sie dann bei ihren Lügen zu ertappen und dem Selbstquälerei-Spielchen ein für allemal ein Ende zu bereiten.

Ich würde gern all die verschiedenen Arten von Topdogs vorstellen, die in unseren Traumgruppen zum Vorschein gekommen sind, aber aus Platzgründen muß ich mich hier auf ein oder zwei beschränken, doch werden in späteren Kapiteln noch weitere erwähnt werden. Während Sam in seinem Traum als Underdog zu erkennen war, ist Mike in dem folgenden Beispiel ein Zuschauer des Selbstquälerei-Spielchens, das auf der Bühne seines Traums aufgeführt wird.

Ein Ehe-Topdog – und Underdog ist mit seinem Latein am Ende

Mike, ein Musiker mit drei halbwüchsigen Kindern, hatte ein paar Jahre vor dem Traum die Familie verlassen und mit einer seiner Schülerinnen gelebt. Später war er zu seiner Frau zurückgekehrt, war wieder ausgezogen und dann von neuem bei seiner Familie, als wir ihn besuchten. Dieses Hin und Her zwischen der Ehefrau und der Geliebten hatte für alle Beteiligten einschließlich der Kinder Frustration und Zorn zur Folge gehabt, weil keiner wußte, woran er mit ihm war. Mike selbst beschrieb sein Verhalten mit Perls' Worten als

»weder scheißen noch vom Topf aufstehen«, eine Situation, bei der Topdog und Underdog in eine Sackgasse geraten waren. Eine Woche vor unserer Ankunft träumte Mike:

»Ich bin an einem schönen, sonnigen Tag in Miami und stehe dort an der Schnellstraße, wo sie eine Hochstraße ist. Zusammen mit einigen Zuschauern sehe ich über eine Absperrung auf der östlichen Seite der Straße hinweg, wo der Verkehr blockiert worden ist, auf einen mittleren Teil, wo ein großer Lastwagen-Sattelschlepper umgestürzt und nur noch ein Trümmerhaufen ist. Es war ein entsetzlicher Unfall, und ich bin krankhaft interessiert daran. Die anderen Zuschauer unterhalten sich darüber, wie gefährlich die Schnellstraße ist, und ich sage: ›Man kann sie fahren, ich hab's getan, aber vorsichtig.‹

Ich schaue wieder hin und sehe einen Polizisten mit verbissenem Gesicht neben einer Zeltbahn knien. Ich schaue genauer hin; er scheint einen schwarzen Schlauch, der wie ein Feuerwehrschlauch aussieht, aufzurollen und zu entwirren. Ich springe über das Geländer, überquere die Straße und gehe dicht heran. Es ist entsetzlich. Der Lastwagenfahrer ist bewußtlos, eingehüllt in einen Taucheranzug, wie es scheint, oder eher eine Fliegermontur, aber sie ist naß, mit Salzwasser getränkt, denn der Fahrer hat entsetzliche Brandwunden. Sein Kopf und das Gesicht sind mit Plastik verhüllt, als ob er mit Sauerstoff versorgt würde. Aber unterhalb der Brust ist sein Körper aufgeplatzt... aus seinem Bauch quillt schwarzes Gedärm heraus. Der Polizist ist dauernd dabei, den Darm zu entwirren, zusammenzurollen und wieder in die Bauchhöhle zu stopfen. Aber er bläht sich immer wieder auf, als ob er ein eigenes Leben hätte. Abgesehen von meinem Entsetzen bewundere ich die Disziplin und Sorgfalt des Polizisten.«

Mike war überzeugt, daß der Traum etwas über seine Ehe-Misere aussagte. Die Unterhaltung über die Gefahren der Schnellstraße assoziierte er mit der Tatsache, daß er, wenn er gefragt wird, wie man zurecht kommt, wenn man verheiratet ist und Kinder hat, antwortet: »mühsam«, analog der alten Scherzfrage, wie Stachelschweine sich paaren – »sehr vorsichtig«. Miami bezeichnet er auch gern als »moralische Glasfaser«, womit er einen Ort meint, der ihm nicht koscher vorkommt. Der Traum schien also ein klares Bild von einem Unfall auf dem Schnellweg seiner Ehe zu sein, verursacht durch einen Mangel an moralischem Rückgrat (Glasfaserverstärkung), weil er seine Familie im Stich gelassen hatte. Mike selbst deutete den Traum wie folgt:

»Ich bin ein Zuschauer (rückblickend betrachtet), weil ich Brandwunden davongetragen habe und mein Gedärm herausgequollen ist, und weil ich im Begriff bin, mich (mühsam) von der Katastrophe zu distanzieren und mich zusammenzureißen. Für mich bedeutet der offenliegende und herausquellende Darm, daß ich mich für Kate (die Geliebte) absolut angreifbar gemacht habe; jetzt (im Traum) versuche ich, mich zusammenzureißen, um wieder auf die Straße zu kommen, die zum Leben führt.«

Wir sprachen mit Mike dann und wann während des Tages über den Traum, und er gab zu, daß hier im Traum selbst ein Topdog/Underdog-Konflikt dargestellt wurde. Polizisten und ähnliche Autoritätspersonen symbolisieren gewöhnlich die Topdogs, während sich der Darm auf eine typische Underdog-Weise verhielt, als er sich allen Bemühungen von Topdog, ihn in Schach zu halten, entzog. Während Mike im Traum offenkundig auf Seiten des Polizisten war und sein sorgsames und diszipliniertes Vorgehen, als er versuchte, den Darm zurückzuschieben, billigte, vermochte er sich durch weitere Arbeit an dem Traum in die Gefühle des Darms hineinzuversetzen – jenes Teils von ihm, den Perls als »entfremdet« oder unannehmbar bezeichnen würde. Der Dialog ging etwa so vor sich:

POLIZIST: Nun komm schon, sei ein braver Darm, geh wieder dahin, wo du hingehörst. Wenn du so herausquillst, bist du ekelhaft – ganz schwarz und voller Scheiße. Du bist kein hübscher Anblick – es regt die Leute auf. Gehe bitte wieder hinein, da wirst du in Schranken gehalten, hast es gemütlich und kannst mit dem übrigen Körper harmonisch funktionieren.

DARM: Ich habe es da drinnen gar nicht gemütlich, und harmonisch funktioniert habe ich auch nicht. Ich bin zu groß, um da eingepfercht zu werden – darum bin ich herausgequollen. Ich brauche mehr Platz und Freiheit, obwohl ich sagen muß, es ist ein wenig beängstigend, überhaupt nicht in Schranken gehalten zu werden . . . und ich nehme dir deine Bemerkung übel, ich sei voller Scheiße – und die Schwärze ist das Gefühl von Leblosigkeit, weil ich so lange in einem zu kleinen Raum eingesperrt war.

POLIZIST: Nun komm schon, du weißt doch ganz genau, daß ein Darm drinnen sein *sollte* – wenn du draußen bleibst, wird dieser arme Kerl hier sterben.

DARM: Ach du liebes bißchen, ich fürchte, du hast recht, Därme sind nicht dazu da, herauszuquellen, und ich will wirklich niemandem ein Leid antun.

Das war die treibende Kraft, die Mike jedesmal, wenn er versucht hatte, »auszubrechen«, wieder nach Hause brachte – und es hätte natürlich in der Tat das Ende von Mikes Selbstbild als freundlicher, liebevoller, fürsorglicher Familienvater bedeutet, wenn er beschlossen hätte, wegzubleiben. Indes machte der Traum deutlich, daß Underdog mit seinem Latein am Ende und es für ihn Zeit war, sich gegen Topdog etwa auf folgende Weise zur Wehr zu setzen:

DARM: Weißt du, wenn ich *könnte,* würde ich es ja tun, aber ich *kann* nicht. Da drinnen ist einfach nicht genug Platz für mich. Ich bin zu groß dafür.

POLIZIST: Unsinn, du versuchst es gar nicht richtig. Sag »Ich will nicht« statt »Ich kann nicht«. Das ist einfach Mangel an moralischem Rückgrat. Wenn du dich genug zusammenziehen würdest, könntest du es tun.

DARM: Na schön, du wolltest es ja so haben. Ich *will* nicht wieder nach drinnen, ich *will* mich nicht so zusammenziehen, daß ich nicht mehr funktionieren kann, ich *will* mich nicht dauernd zu Knoten verschlingen und versuchen, das zu tun, was für andere Leute gut ist . . . ganz abgesehen davon, daß ich in diesem leblosen Zustand nur Schaden angerichtet habe. Wenn ich draußen bleibe, bedeutet es den Tod dieses Mannes, aber wenn ich wieder hineingehe, ist es mein Tod – und das bedeutet Tod für beide.

POLIZIST: Ich werde den Chirurgen rufen, damit er dich einnäht und du nicht mehr heraus kannst.

DARM: Dann werde ich eben einen Eingeweidebruch verursachen. Ich gehe nicht wieder rein, das sage ich dir . . . wir müssen eine andere Lösung finden.

POLIZIST: Aber es gibt keine.

DARM: Doch. Wie wäre es, wenn man den Körper dieses Menschen größer machte, damit ich mehr Platz habe: Auf diese Weise hätte er eine Chance, am Leben zu bleiben, aber wenn ich immer wieder aufplatze, stirbt er bestimmt.

POLIZIST: Na schön, Eins zu Null für dich. Und weißt du was, ich bewundere es, wie entschlossen du auf deinen Bedürfnissen bestehst. Dazu gehört wirklich Schneid.

DARM: Und ich weiß es zu würdigen, daß du an diesem Mann hier und an mir solchen Anteil nimmst. Du hast recht, von *etwas* muß ich in Schranken gehalten werden, sonst richte ich Unheil an, aber es muß größer sein. Doch das konntest du nicht wissen. Bei einem anderen hätte es klappen können. Was für den einen richtig ist, ist nicht unbedingt für alle richtig.

Mike fiel es nicht schwer, die Botschaft zu verstehen – daß er eben einen größeren, freieren Lebensstil als seine jetzige Ehe finden müsse. Noch wichtiger war Mikes Erkenntnis, daß er in seinem Inneren Platz schaffen mußte für den *fühlenden* Teil seines Wesens, den er im Interesse der Vernunft und des Verstandes sein Leben lang unterdrückt hatte. Weil er ständig versucht hatte, bei allen Aspekten des Lebens seine Gefühle in Schach zu halten, neigten sie dazu, sich aufzublähen, wenn er es am wenigsten erwartete, und wahrscheinlich hatte er sich für Kate angreifbarer gemacht, als er eigentlich wollte. Nur wenn er das Selbstbild des freundlichen, vernünftigen, fürsorglichen Familienvaters, der das Leben im Griff hatte, aufgab, konnte er zu etwas viel Größerem und Besserem werden und damit eine weitere psychische Hernie und möglicherweise eine physische verhindern. Er lebt jetzt mit seiner Frau in einer »offenen Ehe«, und beide bauen sich nun ein neues Leben auf, ohne die einengende gegenseitige Abhängigkeit der traditionellen Ehe. Mike hat jetzt ein so harmonisches Verhältnis zu seiner Familie wie nie zuvor. Ihr Wohlergehen, das dem Polizisten am Herzen lag, ist nun gesicherter, als es hätte erreicht werden können, als er Mike zwingen wollte, sich dem alten Verhaltensmuster anzupassen. Mike schrieb kürzlich, er habe keine Ahnung, ob er die Ehe beibehalten werde oder nicht – er will das von der Lage, nicht von einer Regel entscheiden lassen. In einem weiteren Brief schrieb er:

»Ich mache mir mit einiger Betrübnis Gedanken über Kate und wie es ihr wohl geht . . . Ich habe mich nicht mit ihr in Verbindung gesetzt, und sie sich nicht mit mir. Ich sehe erwartungsvoll neuen Abenteuern, neuen Lieben entgegen und fühle mich viel freier als seit Jahren. Und ich sehe, daß das noch mehr auf meine Frau zutrifft. Wer weiß – wie Zorba werde ich vielleicht meinen Gürtel lockern und Hals über Kopf eine andere Frau auftun, nur werde ich mich diesmal weniger belastet fühlen. Jedenfalls ist es schön, am Leben zu sein! Ich liebe mich und auch andere Leute und finde mich großartig. Und bescheiden!«

Mikes Problem ist so verbreitet, daß wir es begrüßen müssen, wenn heute viele Menschen mit Alternativen zu der auf der monogamen Ehe beruhenden Form des Familienlebens experimentieren. Solange wir an der gesellschaftlichen Annahme festhalten, daß diese Form die richtige und angemessene für jedermann sei (eine höchst unwahrscheinliche Vorstellung angesichts der gewaltigen Ungleichheit des menschlichen Charakters), wird eine noch so große Liberalisierung der Scheidungsgesetze oder der Sexualethik nicht verhindern, daß die Menschen unter Druck stehen, weil sie wissen, daß ihre Familienangehörigen darauf rechnen, daß sie sich an die bestehenden Normen halten, wie sehr sie ihnen auch gegen den Strich gehen. Das Ausbrechen erfordert in der Tat wirklichen Schneid, wenn einem die innere Stimme wie im Fall von Mike sagt: »Du darfst nicht nur an dich und deine eigenen Bedürfnisse denken; das Leben von anderen steht auf dem Spiel, versuche es also mit etwas mehr Willenskraft.« Die hier versteckte Lüge beruht auf dem Mangel an Einsicht, daß Partner und Kinder noch mehr darunter leiden werden, wenn sie mit jemandem zusammenleben, der sich innerlich umbringt, weil er seine Bedürfnisse unterdrückt (oder es versucht, aber dann doch immer wieder ausbricht). Alle Lebensformen erfordern natürlich *etwas* Disziplin, aber wenn jemand so zermürbt wird wie Mike, wird keine Disziplin der Welt bewirken, daß etwas Gutes dabei herauskommt – was alle dann letztlich einsahen. Welchen Schaden auch immer Mikes Familie durch seine Entscheidung erleidet, er wird gewiß geringer sein als der Schaden, den jede andere Handlungsweise anrichten würde, die eine Folge des Versuchs wäre, seine Bedürfnisse zu unterdrücken. Tatsächlich hat sich keine seiner düsteren Erwartungen erfüllt, und offenbar fühlen sich jetzt alle in ihrer Haut wohler als zuvor. Wenn wir experimentell lernen könnten, eine Gesellschaft zu schaffen, die viele verschiedene Formen des Zusammenlebens bietet – Gruppenehen, Kommunen und monogame Ehen mit oder ohne sexuelle Freiheit und dergleichen mehr –, so daß die Kinder nicht mit starren Vorstellungen von der »richtigen« Art und Weise, wie Bedürfnisse zu befriedigen sind, aufwachsen, bestünde Hoffnung, daß sich die Zahl der Fälle verringert, in denen Probleme wie die von Mike entstehen, oder daß diese Probleme überhaupt aus der Welt geschafft werden. Fromme und andere Konservative, die glauben, das würde ein gesellschaftliches Chaos bedeuten, übersehen die Tatsache, daß das Chaos bereits herrscht. Die traditionellen Normen brechen zusammen, nicht aus Mangel an Willenskraft, sondern weil wir nicht länger gewillt sind, scheinheilig das Leid zu vertuschen, das immer im Verborgenen schwärte. Wer meint, es bestünde kein Bedarf an Alternativlösungen, sollte, ehe er versucht, sein Fehlverhalten anderen aufzuzwingen, der Worte von William Blake eingedenk sein:

»Diejenigen, die das Begehren unterdrücken, tun es, weil das ihre so schwach ist, daß es sich unterdrücken läßt; und der Unterdrücker oder die Vernunft maßt sich dessen Platz an und beherrscht den Unwilligen.«

Einem so komplexen Lebewesen wie dem Menschen muß die Welt so viele Wahlmöglichkeiten bieten, wie es nur geht, denn es kann nicht eine einfache, ideale Lebensform für alle geben, nicht einmal für denselben Menschen in verschiedenen Phasen seines Lebens.

Die Bulldoggen-Rasse

Perls erwähnte einmal, daß es uns schwerer fallen mag, uns von Topdogs zu befreien, als es sein müßte, weil wir aus einem ziemlich miesen Grund an ihnen festhalten. In *Gestalt-Therapie in Aktion* sagt er:

»Normalerweise nehmen wir selbstverständlich an, daß der Topdog im Recht ist, und in vielen Fällen stellt der Topdog unerfüllbare perfektionistische Forderungen. Wer also mit Perfektionismus gestraft ist, der ist absolut unten durch. Dieses Ideal setzt einen Maßstab, der einem dauernd Gelegenheit gibt, sich selbst einzuschüchtern, sich selbst und andere zu bekritteln. Da dieses Ideal unerfüllbar ist, kann man es nie im Leben verwirklichen. Der Perfektionist liebt seine Frau nicht. Er ist in sein Ideal verliebt, und er verlangt von seiner Frau, daß sie in dieses Prokrustesbett seiner Erwartungen hineinpaßt; und er tadelt sie, wenn sie's nicht tut . . . das Wesen des Ideals ist, daß es jenseits des Möglichen liegt, unerreichbar, so recht eine gute Gelegenheit zum Beherrschen und Mit-der-Peitsche-Knallen. Neulich hatte ich ein Gespräch mit einer Freundin. Ich sagte zu ihr: ›Bittschön, bring das in deinen Schädel hinein: Fehler sind keine Sünden‹, und sie war nicht halb so erleichtert, wie ich gedacht hatte. Dann sah ich es ein: Wenn Fehler keine Sünden mehr sind, wie kann sie dann noch andere züchtigen, die Fehler machen?«

Das scheint das sehr verblüffende Verhalten eines gewissen Topdog von der Bulldoggen-Rasse zu sein, der als britischer Topdog bekannt ist. Dieser besondere Topdog verhöhnt und verachtet den Materialismus, die Hemmungslosigkeit, die Ungeschliffenheit, den Mangel an Geschmack und die Geschäftstüchtigkeit seiner amerikanischen Vettern und zögert keine Minute, die »oberflächliche« amerikanische Lebensweise zu verurteilen – aber von Zeit zu Zeit findet man ihn jenseits des Atlantik, wo er Vorträge hält oder gewinnträchtige Geschäftsabschlüsse tätigt, wann immer er knapp bei Kasse ist. Die dem zugrunde liegende treibende Kraft trat zutage, als ein mit uns befreundeter Akademiker uns in Florida nach einer sechswöchigen Vortragsreise besuchte, die zum größten Teil, wie er sagte, wegen des Trubels und der Oberflächlichkeit sehr unerfreulich gewesen sei, doch habe er das auf sich nehmen müssen, weil er das Geld brauchte, um seine Tochter in England aufs College zu schicken. Drüben hätte er fast ein Jahr gebraucht, um dieselbe Summe Geldes zu verdienen, und während er sich sehr bemühte, uns gegenüber zu betonen, daß die gesamten Steuern abgezogen würden, war eindeutig klar, daß er den Gedanken nicht aus seinem *Herzen* verbannen konnte, das ganze Unterfangen sei unredlich und eine unverzeihliche Sünde seinerseits, und das ging auch aus seinem Traum in der ersten Nacht hervor.

Darin beobachtete er voll Abscheu und Mißbilligung, wie ein Amerikaner mit einem großen, protzigen Wagen eine Auffahrt rückwärts herunterkam, dabei über eine Ecke des Gartens fuhr und eine ziemliche Verheerung anrichtete. Als er uns beim Frühstück den Traum erzählte, bemerkte er dazu, daß er die Amerikaner so sehe – immer in solcher Eile, Geld zu verdienen, daß sie gar nicht merken, was für Verheerungen sie dabei anrichten. Da er sein Flugzeug nicht verpassen durfte, hatten wir nur noch Zeit, ihn daran zu erinnern, daß Träume niemals kommen, um uns etwas zu sagen, was wir schon wissen, aber als er fort war, konnten wir nicht umhin, darüber zu lachen, daß er am Vorabend seine lukrative Vortragsreise durch die USA als das gerechtfertigt hatte, was zu tun die Kinder Israel in der Bibel geheißen wurden: »So nahmen sie es von den Ägyptern zur Beute.«

Wäre er länger bei uns geblieben, hätten wir ihm vorgeschlagen, daß er, da ihm der Traum nichts Neues sagte über seine Einstellung zu den Amerikanern, die Möglichkeit erforschen könnte, ob der Traum vielleicht ihn darstellte, wie er über eine sehr große Ecke des Gartens fuhr, um in sehr kurzer Zeit genug Geld für die Ausbildung seiner Tochter zu verdienen. Der Fahrer des Wagens hätte dann einen »häßlichen amerikanischen« Underdog in ihm symbolisiert, der von seinem feinfühligen britischen Topdog mit dem guten Geschmack und dem geringen Geschäftsinn verachtet wird und dennoch einen Vorwand findet, um das zu tun, was er tun will. Ein Dialog zwischen unserem Freund X und dem Fahrer hätte sich wie folgt abspielen können:

X: Da haben wir es wieder, wie du losstürzt, um Geld zu verdienen. Typisch! Du hast es so eilig, daß du alles kaputt machst. Du solltest dich schämen.
FAHRER: Aber ich brauche dieses Geld. Ich habe Familienverpflichtungen.
X: Das ist kein Grund, etwas kaputt zu machen. Du hast eine entsetzliche Verheerung angerichtet. Du bist so gefühlsarm.
FAHRER: Ach herrjemine, das war mir gar nicht klar . . . Das habe ich nicht bemerkt. Nächstes Mal werde ich besser aufpassen.
X: Ich hoffe von Herzen, es wird kein Nächstesmal geben. Du brauchst dieses zusätzliche Geld nicht. Du hast schon zwei Häuser, einen sehr guten Posten und kannst es dir wirklich leisten, deine Tochter aufs College zu schikken, ohne dich auf solche hektischen Unterfangen einzulassen.
FAHRER: Na ja, du wirst wohl recht haben – aber mir gefällt es eben. Es macht mir Freude, mal wegzufahren – es ist nicht bloß das Geld, es ist die ganze Szene. Es ist reichlich langweilig, dauernd zu Hause zu bleiben oder auf meinem guten Posten zu arbeiten. Ich brauche dann und wann etwas Anregung.
X: Ich kann dazu nur sagen, es ist sehr unreif von dir, und du solltest dich bemühen, diese kindische Regung zu korrigieren.
FAHRER: Ja, ich weiß, ich werde versuchen, nicht wieder schwach zu werden. (*Denkt:* Ich werde schon einen Weg finden.)

Während ich dies schreibe, muß ich wieder lachen, denn dieser Dialog ist völlig frei von mir erfunden, und doch würde ich eine große Summe Geldes wetten, daß er eine genaue Wiedergabe eines Gesprächs zwischen unserem Freund und seiner Frau vor seiner Reise war. Vor seinem Besuch hatte sie uns geschrieben, sie bleibe lieber daheim in der Friedlichkeit und Stille des englischen Landlebens und schaue zu, wie die Zwiebeln wachsen, und sie ließ durchblicken, daß ihr Mann ein unreifer und gefühlsarmer Halbwüchsiger sei, weil er den Trubel und die Pöbelhaftigkeit der großen amerikanischen Szene vorziehe. Man kann sich leicht vorstellen, wie er seinerseits einwandte, daß sie das Geld brauchten. Ich vermute jetzt, was mir vorher nicht klar war, daß X darauf brannte, die Vereinigten Staaten kennenzulernen, eine Abwechslung von seinem in sich gekehrten, ruhigen und undramatischen Dasein in England (zu uns war er aus Kalifornien gekommen, wo er von seinen berühmten Freunden einen großen Bahnhof bekommen hatte), aber er konnte es nicht über sich bringen, das seiner Frau einzugestehen – und nicht einmal sich selbst.

Internationale Beobachter haben in den letzten Jahren viel über die »Neurose« geschrieben, die seit dem Zweiten Weltkrieg die britische Wirtschaft befallen zu haben scheint. Ein Grund dafür ist gewiß die Tatsache, daß die Engländer nicht zugeben wollen, daß auch ihnen der Sinn nach Geld, Erfolg und Anregungen steht, weil sie fürchten, die unmittelbare Folge würde dann sein, daß ganz Großbritannien alsbald von der amerikanischen Geschäftstüchtigkeit in ihrer schlimmsten Form überrollt würde. Die Bulldoggen-Rasse würde erheblich gesünder und weniger scheinheilig sein, wenn sie mit sich selbst über die Realität ihrer Gefühle einig würde – aber dann wäre natürlich ihrer Kritik an den Amerikanern der Boden entzogen, und die letzte verbleibende Bastion des britischen Überlegenheitsgefühls würde fallen!

In Topdogs verwandelte Underdogs

Ähnliche Haltungen wie die des britischen Topdog habe ich bei einigen amerikanischen Akademikern gefunden, aber hier ist gewöhnlich ein ganz anderer Antrieb am Werk. Während die von stolzer Überlegenheit über »hemmungsloses Geltungsbedürfnis« und »eklatanten Materialismus« geprägte britische Haltung ein soziales Verhaltensmuster ist, das mehrere Generationen zurückreicht und im nationalen Erziehungssystem fest eingebaut ist, rebellieren Amerikaner, die diese Haltung einnehmen, nach meiner Erfahrung gewöhnlich *gegen* die vorherrschenden Werte der Gesellschaft, in der sie aufgewachsen sind – und damit wird ein sehr wichtiger, allgemeingültiger Gesichtspunkt angeschnitten.

Weil Underdog (solange er Underdog bleibt) die sadistischen, moralisierenden Prämissen von Topdog akzeptiert und versucht, ihm mit gleicher Münze heimzuzahlen (d.h. ein Klischee mit einem Klischee zu beantworten), können Menschen, die in der Gesellschaft Underdogs sind, sehr ekelhafte neue Topdogs erzeugen, wenn sie erfolgreich rebellieren und versuchen, einen auf ihrer Rebellion basierenden Lebensstil zu schaffen, ohne das in ihnen selbst bestehende Problem wirklich durchzuarbeiten. Auf der politischen Ebene geschah das mit fürchterlichen Ergebnissen bei den nationalsozialistischen und kommunistischen Revolutionen, wobei diejenigen, die die Underdogs der Gesellschaft gewesen waren, gegen eine Ordnung rebellierten, die ihnen kein legitimes Betätigungsfeld für ihre Energien ließ, und dann ihre eigenen Werte und Vorurteile auf noch grausamere Weise als die alte Ordnung durchsetzten. Indes ist das hervorragendste Beispiel in der Geschichte wahrscheinlich das Christentum, das einer Generation nach der anderen spielverderberische Topdogs eingeimpft hat, gestützt auf Aussagen von Jesus, die er zu seiner Zeit machte, um den Armen, den Leidenden, den Unterdrückten und den sexuell Ausgebeuteten Mut zuzusprechen.

Christliche Topdogs treten in mancherlei Gestalt auf und sind gerade deshalb besonders schwer zu durchschauen, weil die ethischen Werte von Jesus im großen und ganzen so offenkundig bewundernswert waren. William Blake war so beeindruckt von diesem Phänomen, daß er sagte, die meisten Christen seien in eine Falle geraten und beten Satan unter dem Namen Jesus an. Sobald man das wesentliche Prinzip des Topdog/Underdog-Selbstquälerei-Spielchens indes begriffen hat, kann man Topdogs ertappen, die genau wie jeder andere Topdog, aber in christlicher Ausdrucksweise Moralpredigten halten über die Notwendigkeit von Demut, Selbstlosigkeit, Armut, Keuschheit, Leiden oder was nicht immer. Immer und überall ist die Topdog-Lüge die gleiche, nämlich daß das rechtschaffene Leben dadurch erreicht werden muß, daß wir uns von der inneren Stimme *überwachen* lassen, die uns triezt, etwas zu tun, was wir gar nicht tun wollen. Blake sagte, wenn Jesus das gewollt hätte, dann wäre er Pharisäer gewesen, aber nicht einer, der die Pharisäer haßte. Wenn Jesu Werte überhaupt bei uns Anklang finden, dann werden sie sich ganz von selbst und auf ihre Weise einstellen, wenn sie die Zeit für gekommen halten, und zwar entsprechend unserer eigenen grundlegenden Wachstumsanlage. Jeder Versuch, das mit Gewalt oder Zwang zu erreichen, wird nur das gegenteilige Ergebnis herbeiführen. Perls sagte dazu:

»Wir sind alle mit der Idee der Veränderung beschäftigt, und die meisten gehen da heran, indem sie Programme machen. Sie wollen sich ändern. ›Ich sollte so sein‹ und so weiter. Was aber tatsächlich geschieht, ist, daß die Idee einer vorsätzlichen Änderung niemals, nie und nimmer, funktioniert. Sobald man sagt: ›Ich möchte mich ändern‹ – ein Programm aufstellt –, wird eine Gegenkraft in einem erzeugt, die von der Veränderung abhält. *Änderungen finden von selbst statt.* Wenn man tiefer in sich hineingeht, in das, was man *ist*, wenn man annimmt, was da vorhanden ist, dann ereignet sich der Wandel von selbst. Das ist das Paradoxe des Wandels.«

Bei unserer Arbeit mit Studenten ist uns sehr deutlich ein neuer, zum Topdog gewordener Underdog aufgefallen, der seinen häßlichen Kopf unter denjenigen erhebt, die sich für Anhänger oder Förderer der Gegenkultur halten. Auch das ist ein Topdog, bei dem die Schlechtigkeit oft schwer zu erkennen ist, weil er so vieles sagt, was offenbar richtig ist. Es stimmt, daß die westliche Gesellschaft oft korrupt, habgierig und unmenschlich ausbeutend ist; es stimmt, daß unsere wissenschaftliche Weltanschauung in ihrem engstirnigen Materialismus lebensverneinend ist und unsere Technologie die Umwelt zerstört; vor allem aber stimmt es, daß wir unbedingt neue Möglichkeiten finden müssen für diejenigen, die der Meinung sind, die »konventionelle« Welt biete ihnen keine Gelegenheit zum Wachstum und essentiellem Selbstausdruck. Aber sobald die gegenkulturell eingestellten Menschen zu moralisieren anfangen und predigen, daß jeder friedlich und sanft sein *sollte*, warmherzig und fühlend statt intellektuell sein *sollte*, mit anderen teilen *sollte*, nie auf einen Ego-Trip gehen *sollte*, nie Geld verdienen *sollte* und so weiter, verfallen sie dem schlimmsten Übel der konventionellen Gesellschaft – was unvermeidlich eine neue Generation von emotional Gestörten zur Folge haben muß.

Ich entdeckte diesen Gegenkultur-Topdog eines Tages bei mir selbst am Werk, als ich mir ziemlich teure Häuser mit eigenem Seeufer angesehen hatte. In jener Nacht träumte ich, ich fliege, aber mein Gegenkultur-Topdog zwang mich dadurch zu landen, daß er mir eine Injektion gab (eine anti-aufgeblasene Kapitalistenspritze vermutlich). Ich befand mich dann an einem Bergabhang, wo junge Leute herumsaßen und Flöte spielten und nähten. Ein Mädchen sagte, sie wolle mir ein Kleid für 200 Dollar machen. Als ich gerade noch dachte, das sei ein sehr teures Kleid, flüsterte mir eine Stimme ins Ohr: »Aber *sie* braucht es«, was heißen sollte, daß die Gegenkultur mein Geld nötiger brauchte als ich. Als ich aufgewacht war und den Traum verstand, konnte ich nur auf echte Underdog-Weise antworten: »Ja, du hast ganz recht.« Aber tief in meinem Inneren war ich wütend über die Verletzung meiner angeborenen Integrität durch einen Topdog, der glaubte, ich müsse gezwungen werden, mein Geld auf die richtige Weise auszugeben. Ich zog daraus die Lehre und schrie ihn an: »Verflixt nochmal, verschwinde aus meinem Leben. Halte du mir keine Moralpredigten. Ich weiß alles über deine neuen Werte, und *ich* werde entscheiden, wann ich von ihnen Gebrauch machen will. Ich bin durchaus imstande, mein Geld vernünftig auszugeben. Je mehr du nörgelst, um so wahrscheinlicher ist es, daß du dich bei mir nicht durchsetzt. Also verschwinde aus meinem Leben.«

Innere Topdogs kommen nie wie ein Blitz aus heiterem Himmel: sie müssen irgendwoher stammen und eine reale Stimme haben. Diesen Topdog hatte ich aus dem höchst moralischen Tonfall so mancher Sprecher der Gegenkultur in mich aufgenommen. Viele Eltern werden dieselbe Prahlerei aus den Stimmen ihrer Kinder heraushören, und in unseren Traumgruppen haben wir zahlreiche junge Leute gefunden, die durch ihren inneren Gegenkultur-Topdog völlig verrückt gemacht werden, weil er ihnen das Auslaßventil für ihre natürlichen Energien und Bestrebungen verweigert. Ich würde der Gegenkultur raten, sich ins Gedächtnis zu rufen, was sie über die Einmischung der Topdogs der konventionellen Gesellschaft dachten, und zu versuchen, eine psychologische Lehre zu ziehen, statt bloß das Pendel nach der entgegengesetzten Seite ausschlagen zu lassen. So schrieb auch der kalifornische Kongreßabgeordnete John Vasconellos im *Journal of Humanistic Psychology*, daß die Politik die inneren Realitäten berücksichtigen müsse:

»Mir wird immer klarer, daß die Entdeckung einer neuen Politik für unsere Kultur von meinem Leben und Erleben und dem Entdecken einer ›neuen Politik‹ in mir abhängt – so aufgeschlossen sein für alle Teile meines eigenen

Wesens, daß ich aus dem sich ergebenden innerlichen Einssein heraus immer mehr enthüllend leben werde, um die Institutionen und Gebräuche unserer Kultur zu entlarven, die dem Einssein in uns, zwischen uns, zwischen uns und der Erde im Wege stehen.«

Fritz an der Futterkrippe

Wie dieses und die folgenden Kapitel zeigen, glaube ich, daß Perls dadurch einen wichtigen Beitrag zur Psychologie und Psychotherapie geleistet hat, daß er uns das »Topdog/Underdog«-Modell geschenkt hat, das jeder anwenden kann, um aus dem Selbstquälerei-Spielchen auszubrechen. Das mag nicht der Schlußstrich unter Therapie oder psychischem Wachstum sein, doch ist es gewiß der erste wesentliche Schritt, um den unterbewußten Teil unserer Psyche auszuräumen und wieder ganz beisammen zu sein, denn solange wir mit der Persönlichkeit auf dem Kriegsfuß stehen, werden wir mit der Welt auf dem Kriegsfuß stehen. Selbst diejenigen, die sich dem religiösen oder geistigen Wachstum verschreiben, sollten dessen eingedenk sein, daß man Gott nicht die Hälfte von sich anbieten kann – es muß alles oder nichts sein, und wir können dem Hund des Himmels nicht begegnen, ehe wir nicht frei sind von den eitlen Handgemengen der Höllenhunde.

Weil ich die Gestalttherapie so hoch einschätze, kränkt es mich, daß sie ihrerseits oft ein neues Dogma wird und alle anderen Auffassungen von Therapie und Träumen ablehnt. Zum Beispiel beharrt Perls darauf, daß *alle* Traumvorstellungen unweigerlich Teile von einem selbst seien und entfremdete Elemente der Persönlichkeit darstellen, die man wegschiebe, weil man sie nicht mag. Wie ich in diesem Buch durchweg zu zeigen versucht habe – und ich betone es noch einmal auf die Gefahr hin, mich zu wiederholen –, kann ein Traum *auf vielen verschiedenen Ebenen* verstanden werden, und oft tritt die Schönheit und Genauigkeit eines Traums mit einer klaren Botschaft in Erscheinung, ohne daß man Dialoge zwischen den Traumfiguren abhalten muß. Sich darauf zu versteifen, in allen Träumen Topdog/Underdog-Konflikte zu suchen, geht zu weit, ebenso wie Psychoanalytiker zu weit gehen, die nicht zufrieden sind, wenn sie einen Traum nicht auf etwas Sexuelles zurückführen.

Wenn man versucht, alle Träume in irgendein begrenztes Modell oder eine Theorie zu zwängen, dann schließt man sich damit der Schar der Traummörder an. Bei unserer eigenen Arbeit versuchen wir, die Träume sich von selbst offenbaren zu lassen, und bedienen uns der Mittel und Wege, die für die Situation geeignet sind, und gewiß auch der Deutungen, wenn das zweckmäßig ist. Indes stoßen wir immer wieder auf Gestalttherapie-»Top-Dogmatiker«, die behaupten, jeder Versuch, nach der Bedeutung eines Traums zu suchen, sei »mindfucking« (Rationalisieren), wodurch den wahren emotionalen Problemen aus dem Weg gegangen werde.

Natürlich kann ein Gestalttherapeut das Argument anführen, er wolle den Traum auf die Art und Weise für die Therapie verwenden, die er am besten versteht, und den Traum selbst nicht erörtern – wogegen nichts einzuwenden ist, vorausgesetzt, er gibt es zu und versucht *nicht*, andere Einsichten aus Träumen herabzusetzen. Perls' Modell der integrierten Persönlichkeit ist bemerkenswert, weil es die Erweiterung des Bewußtseins betont, um auch »unannehmbare« Teile des Selbst sich zu eigen zu machen; es ist schade, daß seine Nachfolger nicht ebenso aufgeschlossen sind für andere Auffassungen, wie man sich der Träume bedienen kann. Wenn Sie also je in eine Gestaltgruppe gehen und finden, daß der Leiter top-dogmatisch in bezug auf Träume ist, dann sagen Sie ihm, daß Sie es besser wissen, und notfalls zitieren Sie Perls' eigenes Gestaltgebet:

Ich tu, was ich tu; und du tust, was du tust.
Ich bin nicht auf dieser Welt, um nach deinen Erwartungen zu leben,
Und du bist nicht auf dieser Welt, um nach den meinen zu leben.

Du bist du, und ich bin ich,
Und wenn wir uns zufällig finden – wunderbar.
Wenn nicht, kann man auch nichts machen.

10
Die geheimen Saboteure

Als ich die Treppe hatt' erklommen,
Traf ich 'nen Mann, der war nicht dort,
Auch heute ist er nicht gekommen –
Ich wünscht', er blieb' für immer fort.
HUGHES MEARNS

In einem Studenten-Workshop entdeckten wir hinter den Geschehnissen eines Traums einen versteckten Schurken: Amy hatte geträumt, sie habe von Zuhause ein Paket Noten geschickt bekommen, aber ihre Bemühungen, ein Klavier zu finden, auf dem sie spielen könnte, seien immer wieder durchkreuzt worden. Als sie schließlich eins fand, waren die Noten weg, und als sie die wiederhatte, war das Klavier besetzt; und als sie sich an das nächste Klavier setzte, stellte sie fest, daß es kaputt war.

Dieser Teufelskreis nahm kein Ende, bis Amy schließlich aufwachte und vor Zorn und Frustration weinte, weil ihre Versuche, zu spielen, ständig sabotiert wurden.

Amy sagte uns, sie habe tatsächlich am Vortag ihre Noten von Zuhause bekommen und sich darauf gefreut, Musik zu machen. Als wir fragten, warum sie sich selbst dieses frustrierende Traumskript geschrieben habe, war sie um eine Antwort verlegen, denn die Vorstellung, daß sie eigentlich nicht spielen wollte, fand keinen Widerhall bei ihr. Indes gab sie zu, daß sie auf irgendeiner Stufe mit sich selbst uneins gewesen sein müsse, und deshalb forderten wir sie auf, mit der Amy zu reden, die nicht Klavier spielen wollte – dem geheimen Saboteur, der im Traum selbst gar nicht vorkam, der aber dafür gesorgt hatte, daß sie ihre Noten nicht fand und das Klavier besetzt war oder kaputt. In einer etwas vereinfachten Fassung gebe ich den Dialog wieder:

AMY: Warum versuchst du, mich vom Spielen abzuhalten? Es hat mir wirklich gefehlt, seit ich aufs College gekommen bin, und ich habe mich so darauf gefreut, wieder Musik zu machen.

SABOTEUR: Du weißt ganz genau, daß du nicht spielen solltest. Es ist eine totale Flucht nach innen, und du weißt doch, daß du aus dir herausgehen solltest, dir Freunde anschaffen und lernen mußt, gesellig zu sein. Ich tue das zu deinem Besten. Wenn du in der Welt lebst, mußt du mit Menschen Umgang haben, mit ihnen reden, dich ihnen zuwenden. Wenn du das jetzt nicht lernst, wird es dir später leid tun. Glaube mir, ich weiß, was für dich am besten ist.

AMY: Es ist keine Flucht, Papi.

An diesem Punkt brachen Amy und die Gruppe in Lachen aus, als die Identität des verborgenen Schurken enthüllt war. Aus dem Dialog ließ sich entnehmen, daß dieses Gespräch schon mehrfach geführt worden war, und Amy bestätigte es. Sie hatte ihre Noten absichtlich zu Hause gelassen, als sie ins College gekommen war, damit sie mehr oder weniger gezwungen wäre, aus sich herauszugehen, um das zu sein, was ihr Vater von einem gesunden jungen Mädchen erwartete. Doch hatte ihr die Musik so gefehlt, daß sie die Eltern gebeten hatte, ihr die Noten zu schicken. Es war, als ob ihr Vater einen Zettel beigelegt hätte: »Hier sind Deine Noten. Du siehst, daß ich nicht der böse Vater bin, der versucht, Dich Deiner kleinen Freuden zu berauben. Aber immer, wenn Du spielst, denke an das, was ich gesagt habe«, und das rief bei Amy solche Gewissensbisse hervor, daß sie die Noten schließlich weglegte und vergaß.

Wir forderten Amy auf, ihren Vater auf den Stuhl gegenüber zu setzen und ihm die Stirn zu bieten. Sie sagte zu ihm:

»Meine Musik ist keine Flucht, Papi. Ich habe dir das schon früher klarzumachen versucht, aber du hast mir nie zugehört. Und hier im College habe ich Freundschaften geschlossen und gehe viel mehr aus mir heraus – aber meine Musik brauche ich auch. Du hast nie begriffen, daß ich sie wirklich liebe. (An diesem Punkt strahlte Amys Gesicht so vor Begeisterung, daß wir keinen Zweifel hatten, daß sie die Wahrheit sprach.) Außerdem will ich nicht total extravertiert sein. Ich halte das für eine seichte Art zu leben. Ich bin nicht eine deiner neurotischen Patientinnen, die mit der Welt nicht fertig werden. Ich bin Amy und kein Kind mehr. In Zukunft werde ich meine Entscheidungen selbst treffen. Ich habe es nicht nötig, daß du mir dauernd im Nacken sitzt und mir sagst, was ich tun soll und wie ich sein sollte. Du bist du, und ich bin ich. (Amy fing an zu lachen und sagte, ihr Vater habe das Gestaltgebet an der Wand über seinem Schreibtisch hängen!) Hör mal, Papi, lies deinen Spruch und laß mich zufrieden ... Ich weiß, daß du mich liebst und glaubst, mir zu helfen, aber das tust du nicht. Also versuche nie wieder, mich vom Klavierspielen abzuhalten.«

Träume, in denen die Umstände rätselhafterweise zusammenwirken, um uns zu frustrieren, sind außerordentlich verbreitet, und unsere Arbeit mit Amy veranschaulichte einen völlig neuen Denkansatz, um sie zu verstehen. Statt wenig nützliche und auf der Hand liegende Aussagen zu machen wie: »Du *willst* ja gar nicht wirklich Klavier spielen« – eine Bemerkung, die neunmalkluge Freunde mit oberflächlichem Wissen von der Traumpsychologie und auch professionelle Therapeuten oft machen –, nehmen wir uns vor, die Identität des verborgenen Schurken herauszufinden, der darauf aus ist, unsere Pläne zu sabotieren, und dadurch lassen wir den Konflikt gleich zutage treten. In diesem Kapitel will ich zeigen, wie wir uns dieser Methode bedient haben, um die verborgene Dynamik verschiedener, sehr üblicher Frustrationsthemen zu untersuchen, zu denen u. a. gehört: ein Verkehrsmittel verpassen, eine Telefonverbindung nicht bekommen, feststellen, daß eine Tür, eine Treppe oder eine Straße verschwunden ist, seinen Rollentext vergessen oder nicht auftreten können und auf ein wichtiges Ereignis nicht vorbereitet sein.

Als wir die geheime-Saboteur-Methode anzuwenden begannen, entdeckten wir bald, daß es Underdog-Schurken und auch Topdog-Schurken wie den von Amy geben kann. Tatsächlich ist Underdog in mancher Hinsicht noch unheimlicher als Topdog, wenn er sich auf diese versteckte Weise heranschleicht. Werden wir von Topdog frustriert, bedeutet es, daß irgendwo im Leben Schuldgefühle uns den Spaß verderben und uns daran hindern, das zu tun, was wir tun wollen, oder daß wir es bleiben lassen, weil es uns so deprimiert, daß es sich gar nicht lohnt. Wenn wir andererseits von Underdog frustriert werden, bedeutet es, daß wir uns so bemüht haben, den Erwartungen von Topdog zu entsprechen, daß wir unsere wirklichen Bedürfnisse unterdrücken. Wenn wir fortfahren, Underdog seine Rechte zu bestreiten, wird er wahrlich drastische Maßnahmen ergreifen, um seinen Willen heimlich durchzusetzen, etwa indem er andere so manipuliert, daß sie tun, was er möchte, oder daß er sogar eine Krankheit herbeiführt, denn Underdog ist in engerer Berührung mit den Energien des Körpers als Topdog.

Ein gutes Beispiel für einen verborgenen Underdog erhielt ich von der zwölfjährigen Kathryn, die träumte, sie sei in der Schule und suche ihren Schrank mit der Nummer 814, aber sie konnte nur die Nummern 813 und 815 finden. Ihrer fehlte. Kathryn schrieb in einem Brief an mich: »Ich deutete den Traum so: da mein Schrank und meine Bücher nicht da waren, wollte ich nicht da sein. Ich glaube, die Schule ist okay, aber sie könnte viel besser sein.« Zweifellos hat Kathryns Underdog nicht so ausgewogene Gefühle – er findet die Schule so mies, daß er sogar ihren Schrank und ihre Bücher verschwinden läßt, so daß sie nicht hingehen *kann.* Ich weiß nicht, wie die Sache ausgegangen ist, glaube aber, sofern Kathryn nicht mit der Zeit auf den Geschmack der Schule kommt, könnte ihr Underdog Mittel und Wege finden, um zu verhindern, daß sie im Wachleben dort hingeht, vielleicht indem er sie krank werden oder einen Unfall haben läßt.

Bus, Zug, Schiff oder Flugzeug verpassen

Träume, in denen ein Verkehrsmittel verpaßt wird, können natürlich ganz schlicht Warnungen sein, damit Sie sich genug Zeit zugestehen, um sich auf irgendein Ereignis oder eine Veranstaltung in naher Zukunft vorzubereiten, vor allem, wenn Sie normalerweise zur Unpünktlichkeit neigen oder das Ereignis wichtig für Sie ist. Gibt es kein solches Ereignis in Ihrem Leben, dann mag der Traum ein simples Wortspiel sein und einfach die Gedanken Ihres Herzens zum Ausdruck bringen, daß Sie im Leben »den Anschluß verpassen«, was alles sein kann, von einer Beförderung oder einer neuen Beziehung bis zu dem Gefühl, daß Sie überhaupt im Leben versagen. Das Maß von Verdruß, Besorgnis oder Kummer, das Sie im Traum empfinden, spiegelt das Maß von Bedauern Ihres Herzens über eine verpaßte Gelegenheit wider, und das kann recht aufschlußreich sein. Wenn Sie zum Beispiel weniger Verdruß empfinden, wenn Sie das Verkehrsmittel im Traum davonfahren sehen, als Sie erwarten würden, dann werden Sie beim Aufwachen vielleicht feststellen, daß Sie über die nicht erfolgte Beförderung (oder was immer es war) in Wirklichkeit nicht so ärgerlich sind, wie Ihre wache Seele glaubte.

Wenn der Traum indes einer von jenen ist, in denen Geschehnisse zusammenwirken, damit Sie ein Verkehrsmittel verpassen, und Sie erkennen können, daß er darauf hinweist, daß Sie bei irgend etwas in Ihrem Leben mit sich uneins sind, dann müssen Sie den geheimen Saboteur entlarven, der gerade abfuhr, als Sie ankamen, oder für die Verkehrsstauung sorgte, als Sie auf dem Weg zum Flughafen waren. Das trifft besonders dann zu, wenn solche Träume wiederkehrend sind: John träumte zum Beispiel oft, daß er den Zug nach Hause verpaßte, wenn er auf Vortragsreisen gewesen war, und dann verlassen, frierend und unglücklich auf dem Bahnsteig stand. Einige dieser Träume hatte er, wenn er tatsächlich am Vortag auf Reisen gewesen war, aber oft konnte er sie überhaupt nicht mit einem Geschehnis des Tages in Verbindung bringen. Nach dem letzten dieser Träume setzte er also den heimlichen Bösewicht, der das frustrierende Traumskript schrieb, auf einen Stuhl und führte etwa folgenden Dialog mit ihm:

JOHN: Warum hast du mich den Zug verpassen lassen? Ich war unterwegs und habe schwer gearbeitet, ich bin müde und will nach Hause. Höchst unfreundlich von dir, mir einen solchen üblen Streich zu spielen.

SABOTEUR: Aber ganz und gar nicht, lieber Freund. Ich tue es zu deinem Besten. Ich weiß nicht, wie oft ich dir schon gesagt habe, du sollst diesen albernen Ego-Trip von Vorträgen und Fernseh- und Rundfunksendungen zu allen Tages- und Nachtzeiten aufgeben, denn dann könntest du die wahren, großen Freuden von Haus und Herd genießen. Du willst nicht auf mich hören, aber tief in deinem Inneren weißt du, daß ich recht habe. Ich verstehe dich einfach nicht. Du mußt einen Hirnschaden haben oder dergleichen – deshalb muß ich die Sache in die Hand nehmen und dir die Leviten lesen. Wenn ich dich genug dafür bestraft habe, daß du diese Reisen unternimmst, indem ich dich Züge verpassen und dich frierend und einsam auf Bahnsteigen stehen lasse, wirst du mir vielleicht nächstes Mal folgen und zu Hause bleiben. So, jetzt kannst du ein paar Stunden da sitzen, dir überlegen, was ich gesagt habe, und dein bisheriges unreifes Verhalten bereuen.

JOHN: Das ist sehr ungerecht. Ich *will* ja nach Hause – ich habe sogar die Cocktailparty nach meinem Vortrag sausen lassen, um den Zug nicht zu verpassen, und jetzt kann ich nicht mehr hingehen, es ist zu spät.

SABOTEUR: Geschieht dir recht. Jetzt trage deine Strafe wie ein Mann.

JOHN: Hör mal, ich halte diese Vorträge doch nicht zu meinem Vergnügen. Wir brauchen das Geld.

SABOTEUR: Quatsch. Dieses alte Märchen habe ich schon lange durchschaut. Natürlich kann jeder ein bißchen zusätzliches Geld brauchen, aber das ist nicht der Grund, warum du die Vorträge übernimmst, und das weißt du auch. Du hast einfach diese alberne, unreife Sucht, draußen in der großen, weiten Welt zu sein und bedeutende Leute kennenzulernen – und es ist einfach an der Zeit, daß du endlich erwachsen wirst.

JOHN: O du meine Güte, du hast ganz recht – ich will's nicht wieder tun. (*Denkt*: Jetzt muß ich ihm mal den Mund stopfen, aber ich werde schon einen Ausweg finden.)

Der geheime Saboteur war als ein »Haus- und Herd«-Topdog enthüllt, der wahrscheinlich von Johns längst verstorbener Mutter stammte, aber jetzt in einem Tonfall sprach, der John an seine erste Frau, an Freunde in der Kirchengemeinde und an eine Reihe von Psychoanalytikern erinnerte, die alle die überragenden Vorzüge warmer, tiefer, persönlicher Beziehungen und die Hohlheit »oberflächlicher« akademischer oder intellektueller Betätigungen predigten. Als es in Johns erster Ehe vor vielen Jahren vorübergehend kriselte, haben diese Leute die Schuld daran tatsächlich Johns »Unreife« zugeschrieben und ihn aufgefordert, den Bedürfnissen der Familie mehr Aufmerksamkeit zu widmen. Eine Zeitlang hatte er sich gefügt, aber da er wirklich gern Vorträge hält und an Fernseh- und Rundfunksendungen teilnimmt und gescheite Gespräche schätzt, hatte sich Johns Underdog die Ausrede mit dem dringend benötigten Geld ausgedacht, um all diese Dinge zu tun, obwohl er überzeugt war, daß Topdog im Grunde recht hatte. Aber er bezahlte dafür mit Gewissensbissen, wenn Topdogs Stimme ihn verfolgte und ständig kläffte, er verkaufe seine wahre menschliche Erstgeburt für ein jämmerliches Linsengericht.

Der Haus- und Herd-Topdog ist in unserer Gesellschaft weit verbreitet und geriet ins Licht der Öffentlichkeit, als Betty Friedan in ihrem Buch *Der Weiblichkeitswahn* darlegte, wie verhängnisvoll er sich auf Frauen auswirkt. Kaum jemand war sich darüber klar, daß auch Männer oft unter ihm leiden, bis Esther Vilar ihr Buch *Der dressierte Mann* veröffentlichte. Hier sehen wir ein klassisches Beispiel für einen der Underdogs der Gesellschaft (Frauen), der den Spieß umdreht und ein neuer Tyrann von beängstigenden Ausmaßen wird, statt die Tyrannei abzuschaffen. Während die traditionellen Feministinnen danach trachteten, in der kommerziellen, professionellen und intellektuellen Welt gleiche Chancen für Frauen zu sichern, setzte sozusagen durch die Hintertür eine Gegenbewegung ein, bei der diejenigen Frauen, die die häusliche Rolle akzeptierten, ihren Söhnen heimlich die Überzeugung einimpften, daß alle traditionell »männlichen« Unterfangen barbarisch, gefühllos und ethisch geringer einzuschätzen seien als die »warmen, völlig menschlichen« Werte des häuslichen Herdes und die tiefen, persönlichen Beziehungen.

Diese Tendenz wurde entschieden verstärkt durch die Ausbreitung der psychotherapeutischen Bewegung, die die Vorzüge des Fühlens und der Sensitivität rühmte. Sehr viel ist von Feministinnen über den verheerenden männlichen Chauvinismus der Psychoanalyse und ihrer Theorie geschrieben worden, wonach Frauen durch ihre Anatomie dazu verurteilt seien, in ihrer Unterwürfigkeit gegenüber Männern Erfüllung zu finden, und ich selbst litt bei meiner eigenen Analyse sehr darunter – aber das ist eine andere Seite der Geschichte. Modernere Schulen der Psychotherapie und sogar viele Psychoanalytiker haben solchen Nachdruck gelegt auf die »Unreife« von Sex ohne totale, liebevolle Beziehung und auf den »adoleszenten Eskapismus« von intellektuellen und organisatorischen Interessen, daß eine ganze Generation Männer entstanden ist, die wie John empfindet. Als John seinen Topdog im Dialog konfrontierte, diesmal personifiziert durch einen Psychoanalytiker namens Paul, wurde Topdogs hypnotischer Zauber folgendermaßen enthüllt:

JOHN: Hör mal, Paul, du bist ein bißchen hart. Ich bin sehr gern zu Hause, und ich fahre auch nicht allzu oft weg.

PAUL: Mein lieber Freund, das ist nicht der springende Punkt. Es ist eine Tatsache, daß du dich immer nach diesen absurden Ego-Trips sehnst. Und du lernst nie dazu, nicht einmal, wenn du dich auf diesen akademischen Tagungen und Cocktailpartys langweilst. Wenn du nur auf mich hören wolltest.

JOHN: Na ja, sie sind manchmal langweilig, und dann wünschte ich, ich wäre zu Hause geblieben. Aber schließlich langweile ich mich auch oft zu Hause, und dann wünschte ich, ich wäre weg und täte etwas Aufregendes. Ich liebe die Familie, aber ich liebe auch andere Dinge.

PAUL: Du versuchst bloß, dich der Verpflichtung zur Vertrautheit zu entziehen. Wenn du dich zu Haus langweilst, ist das ein sicheres Zeichen von Widerstand. Statt wegzurennen, solltest du dranbleiben – zu Hause bleiben und mit deiner Frau über euer Verhältnis reden, daran arbeiten. Jede echte Beziehung erfordert ständige *Arbeit*.

JOHN: O Gott, den ganzen Tag Arbeit am Schreibtisch und abends und an den Wochenenden Arbeit an meiner Beziehung. Was für ein Leben! Kein Wunder, daß ich manchmal weg will – he, warte mal eine Minute! Warum siehst du mein Gelangweiltsein auf Partys als einen Beweis für *ihre* Oberflächlichkeit an, aber mein Gelangweiltsein zu Hause als einen Beweis für *meine* Oberflächlichkeit? Du hast mich in eine totale Beziehungsfalle hineingebracht – verdammt, wenn ich es tue, und verdammt, wenn ich es nicht tue. Wenn es dir *darum* geht, dann kannst du es dir mal abschminken. Ich *arbeite* nicht an irgendeiner Beziehung, und übrigens, auch wenn es die beste der Welt wäre, würde ich immer noch manchmal wegfahren. Es macht mir *Freude*, Vorträge zu halten und im Rundfunk und Fernsehen zu sprechen und mit interessanten Leuten zu reden – ich tue das *gern* und schäme mich nicht mehr, es zuzugeben, also verschwinde aus meinem Leben und bleibe weg.

Zugleich mit dem Durchbruch kam die Erkenntnis, wie er seit Jahren durch Topdogs falsche Logik hereingelegt und dazu verleitet wurde, Einladungen abzusagen, die er gern wahrgenommen hätte, und ein schlechtes Gewissen zu haben bei denjenigen, die er annahm. (Die Träume traten nicht nur dann auf, wenn er nicht zu Hause war, sondern auch, wenn er tagsüber erwogen hatte, wegzufahren.) Jetzt kann John wegfahren oder auch nicht, je nach der Situation und seiner eigenen Stimmung, statt von Topdog in ein Selbstquälerei-Spielchen verwickelt zu werden. Er ist sich auch darüber klar geworden, daß er oft eine Verpflichtung angenommen hat, die er eigentlich lieber abgelehnt hätte, einfach weil ihm der Gedanke nicht zusagte, zu Hause zu bleiben und an seiner Beziehung zu arbeiten. Frauen, Eheberater und Psychotherapeuten, die die Männer ständig drängen, das zu tun, sollten erkennen, daß sie mit diesem ewigen Herumhacken genau das Gegenteil von dem erreichen, was sie wollen, und es wundert mich, daß sie es nicht besser wissen. Doch die Gewohnheit, Moralpredigten zu halten und herumzunörgeln, ist so weit verbreitet, daß es auch für die Aufgeklärtesten von uns schwer ist, damit zu brechen, besonders für Eltern. Als ich neulich bei Tisch wie üblich an Fiona herumnörgelte und ihr sagte, sie solle gerade sitzen und manierlich essen, antwortete sie: »Ach, Mammi, wenn du sagst, ich soll gerade sitzen, dann bewirkt das bloß, daß ich zusammensacke.« Ich hoffe, es wird mir eine Lehre sein!

Ein Underdog als »Verkehrsmittel-Bösewicht« wurde in einem unserer Workshops entlarvt, als Dick, ein Kaufmann, träumte, daß er sein letztes Flugzeug von Baltimore nach Hause verpaßte, weil der Wagen, in dem ihn eine (imaginäre) attraktive Kundin zum Flughafen brachte, auf der Schnellstraße eine Panne hatte. Sein Ehe-Topdog ließ sich indes nicht so leicht hinters Licht führen, denn als die beiden im Traum nach einer Unterkunft für die

Nacht suchten, entdeckten sie, daß alle Hotels besetzt oder entsetzlich schmutzig waren oder die Wände aus Glas bestanden. Als er den Traum durcharbeitete, wurde deutlich, daß das nicht lediglich eine vorübergehende Phantasie war – er hatte starke sexuelle Bedürfnisse, die zu Hause nicht befriedigt wurden, aber er wurde daran gehindert, dem Problem zu Leibe zu gehen, weil er von der Überzeugung durchdrungen war, »wie man sich ehebettet, so liegt man«, auch wenn es sich dabei um ein Prokrustesbett handelte. In einem Dialog zwischen den beiden geheimen Schurken seines Traums gelangte Dick zu der Einsicht, daß seine Überzeugung nicht auf einem unumstößlichen Gesetz beruhte, wie er angenommen hatte, sondern auf einem ihm von seiner Mutter eingeimpften Gebot, das nur dazu geführt hatte, daß er sich in dem vom Traum so lebendig geschilderten Selbstquälerei-Spielchen verfing.

Träumen, daß man eine Telephonverbindung nicht bekommt

Träume, in denen Sie jemanden anzurufen versuchen und dann feststellen, daß Sie seine Nummer vergessen haben oder die Leitung gestört ist, mögen gelegentlich Warnungen sein, darauf zu achten, ob irgendwo die Kommunikation gestört ist, aber wahrscheinlicher ist es, daß es sich bei diesen Träumen um visuelle Wortspiele handelt, die ein Gefühl aus Ihrem Wachleben widerspiegeln, daß Sie mit irgend etwas »nicht durchkommen« oder bei jemandem keine gute »Nummer« haben, wie sehr Sie sich auch bemühen. Bei Steve, einem unserer Studenten, lag dieses Problem vor. Als ein Traum schilderte, daß es ihm nicht gelang, seine Freundin anzurufen, fiel es ihm nicht schwer, das mit der Tatsache in Verbindung zu bringen, daß er mit nichts von alledem, was er im Wachleben tat, um ihr zu gefallen, Erfolg hatte. Zum Beispiel verlangte sie, er solle aufhören, sich wie ein Kind zu benehmen, immer zu jammern und auf den Knien herumzurutschen – aber sobald er selbständig etwas unternahm, war sie wütend, weil sie ihn dann nicht mehr in der Hand hatte. Sie brachte ihn in eine typische Beziehungsfalle, in der er verdammt war, wenn er etwas tat, und verdammt, wenn er es nicht tat. Der Traum machte Steve klar, wie vergeblich der Versuch war, bei ihr »eine gute Nummer« zu haben.

Indes ist das Telephon für verborgene Schurken und geheime Saboteure eine segensreiche Einrichtung, wenn sie Ihre Bemühungen vereiteln wollen, mit jemandem in Ihrem Leben Verbindung aufzunehmen. John hatte eine Reihe solcher Träume, in denen er umherwanderte und nichts Besonderes tat, als ihm plötzlich einfiel, daß er schon mehrere Tage nicht zu Hause gewesen war. Er wurde von Panik ergriffen und suchte dann verzweifelt ein Telephon, um herauszufinden, ob ich noch auf ihn warte oder nicht. Unweigerlich war der Apparat kaputt oder er hatte kein Kleingeld oder es meldete sich niemand, und dann wachte er voll entsetzlicher Frustration auf und fragte sich, wie er nur in eine so dumme, amnesische Situation hatte geraten können.

Zuerst vermuteten wir, der verborgene Bösewicht wäre derselbe alte Haus- und Herd-Topdog, der ein Comeback fertiggebracht hatte, obwohl es uns wunderte, weil viele der Träume auftraten, wenn er lange Zeit nicht weggewesen war und auch keine Reisepläne hatte. Schließlich entlarvten wir einen ganz anderen Bösewicht, als John einen dieser Träume mit einem winzigen »Kommunikationsversagen« vom Vorabend in Verbindung bringen konnte. John hatte mich auf ausgesprochen uninteressierte Weise gefragt, ob das Buch gut sei, das ich las, und da ich spürte, daß das eine Pflichtfrage gewesen war, antwortete ich ziemlich kurz angebunden. Wir dachten erst wieder daran nach Johns Traum, der ihm klargemacht hatte, daß er tatsächlich einige Tage lang auf einer »inneren Reise« gewesen war, Bücher gelesen hatte, die für mich nicht interessant waren, und mich an seinen Gedanken nicht hatte teilnehmen lassen. Seine Pflichtfrage war einem Schuldgefühl entsprungen, weil er sein Verhalten selbst als wenig liebevoll empfand und meinte, er hätte aufmerksamer zu mir sein müssen, obwohl er zugab, daß er lieber seine »Reise« fortsetzen wollte. So zeigte der Traum, wie John von Topdog angetrieben wurde, zu einer Telephonzelle zu stürzen und die Verbindung wiederherzustellen, nur daß der Anruf von Underdog sabotiert wurde, der entschlossen war, seinen Willen durchzusetzen. Die kreative Lösung wurde erzielt, als John für sein Bedürfnis nach einem Eigenleben eintrat gegen Topdogs Forderungen nach einer ständigen »liebevollen Beziehung« –, und er war entzückt, als er entdeckte, daß auch ich mein Eigenleben hochschätzte und es nicht gestört wissen wollte.

Als ich kürzlich auf eine neue Joga- und Meditationsmethode stieß und mich fragte, ob ich mich damit beschäftigen sollte, bat ich die Traumkraft um Rat. Ich träumte, daß ich mich auf ein Inserat für eine neue Art Joga unter dem Namen »Petit Point« melden wollte, aber ich hatte mir die Telephonnummer nicht merken können, als ich zum Apparat ging, und wählte eine falsche Nummer. Als ich die Verbindung schließlich hatte, kam das Dienstmächen (wir haben keins) mit dem Staubsauger ins Zimmer und machte einen solchen Krach, daß ich kein Wort verstehen konnte. Im Traum selbst hatte ich ganz deutlich den Eindruck, daß ich irgendwie nicht dafür »bestimmt« war, an diesem Kursus teilzunehmen, und deshalb hängte ich auf. Nach dem Aufwachen führte ich einen Dialog mit dem geheimen Saboteur, der dann behauptete, ich beschäftigte mich im Augenblick schon mit genug Wissenszweigen, und wenn ich schon einen Kursus in Erwägung zöge, dann sollte es einer in Genußsucht, Faulheit und Gedankenlosigkeit sein! Offensichtlich war das ein Underdog, der sich in meine derzeitigen realen leiblichen und seelischen Bedürfnisse sehr genau einfühlen konnte und mich vor der tyrannischen Stimme meines »religiösen Topdog« beschützte, der mir ständig zusetzte, ich solle mir immer mehr Wissensfächer aufladen, um in der geistigen Entwicklung totale Perfektion zu erlangen. Er wies auch darauf hin, daß es wenig Sinn (petit point) habe, wenn ich auf diesem Kursus bestehe, denn er würde meine Bemühungen im Wachleben sabotieren, genau wie er meinen Telephonanruf im Traum sabotiert habe – und auch viele meiner sonstigen Lernbemühungen in der Vergangenheit. Er riet mir, die Sache sausen zu lassen, mich zu entspannen und die geistige Entwicklung sich ganz natürlich und spontan von innen heraus entfalten zu lassen, statt ihr Wissenszweige von außen aufzuzwingen. Er rief mir die Worte von Al Huang, dem Meister der alten chinesischen Kunst des T'ai Chi in seinem Buch *Embrace Tiger, Return to Mountain* in Erinnerung: »Was du brauchst, ist, dich selbst anzunehmen, wie du bist. Du bist wie ein Samenkorn ... Hätten Samenkörner Ziele, würde es nicht viele Blumen geben.«

Ich bin nie auf einen Topdog-Saboteur am Telephon gestoßen, aber man kann sich die Möglichkeit leicht vorstellen. Ein Ehemann zum Beispiel, der sich mit seiner Frau in Verbindung setzen möchte, aber von einem elterlichen »Störe-andere-nicht-Topdog« daran gehindert wird, oder ein linker Politiker, der sich gern mit Joga beschäftigen würde, aber durch einen »wirklichkeitsorientierten Topdog« daran gehindert wird, könnten vielleicht merken, daß ihre Traum-Anrufe von ihren jeweiligen Topdogs sabotiert werden. Man kann nicht im voraus aufgrund irgendeiner Theorie in Erfahrung bringen, ob der geheime Saboteur eines Traums ein Topdog oder ein Underdog ist. Die einzige Möglichkeit, es herauszufinden, ist, ihm eine Stimme zu geben, seine Absichten zu enthüllen und den Traum dann mit etwas in Ihrem Leben in Verbindung zu bringen. Es ist zwecklos, den Traum ganz allgemein als »meine bedauerliche Kommunikationsschwäche« im Leben zu deuten, denn das gibt Ihnen keinen Hinweis darauf, wo genau es Ihnen an Kommunikation mangelt, so daß Sie die Lage nicht bessern können – ganz abgesehen von der Tatsache, daß »die Verbindung herstellen« womöglich das letzte sein mag, was Sie unter den gegebenen Umständen tun sollten, wie ich gezeigt habe. Jeder Traum muß bis zu einer kreativen Lösung durchgearbeitet werden, wobei die Topdog-Schurken in den Mülleimer geworfen werden und die Underdog-Schurken (oder Retter) ganz offen für ihre Bedürfnisse eintreten.

Die verschwindende Treppe, Tür, Straße usw.

Bei einer weiteren, sehr üblichen Art von Frustrationsträumen versuchen Sie, irgendwo hinzukommen, wo Sie früher schon oft gewesen sind, und stellen fest, daß die Straße, die Tür, das Zimmer, das Haus oder was auch immer unerklärlicherweise verschwunden ist. Es ist schwer, sich vorzustellen, daß Träume dieser Art buchstäblich zu nehmende Warnungen sein könnten, doch in diesem Zeitalter des »Zukunftsschocks« ist es nicht unmöglich. In den meisten Fällen sind solche Träume indes ein Hinweis darauf, daß Sie sich nicht schlüssig sind, ob Sie irgendwo hinwollen; und das mag sich auf die Außenwelt oder die Innenwelt Ihrer Psyche beziehen. Als Dina zum Beispiel träumte, sie könne an ihrem Hochzeitstag die Straße zur Kirche nicht finden, mußte sie der Tatsache die Stirn bieten, daß ihr verspielter, fröhlicher Underdog ihr nicht erlauben wollte, ihren ziemlich korrekten, puritanischen Verlobten zu heiraten. Andererseits kam es zu Johns letzter Konfrontation und Kraftprobe mit seinem alten, vertrauten »Haus- und Herd- und tiefe-Beziehung-Topdog« in einem Traum, in dem der geheimnisvolle Mann, der nicht dort war, sich tatsächlich mit der ganzen Treppe davongemacht hatte, und in diesem Fall lag das Problem völlig in Johns Innenwelt.

John hatte die Traumkraft gebeten, ihm zu sagen, ob er noch einen inneren Topdog habe, der ihm im Leben ernstlich Schaden zufügen könne. Der Traum gab sofort eine Antwort in wunderschön einfacher Bildersprache, indem er ihn zum Zentralen Informationsbüro in London (das Gehirn als Fundgrube des Wissens?) brachte und seiner ersten Frau gegenüberstellte. Dann wurde er zu seinem früheren Haus gefahren, wo er sich in einer Dachkammer wiederfand und das Evangelium des Johannes (auf Englisch: John) in moderner Sprache neu schrieb. Seine Frau rief ihn zum Abendessen, und als er nachher wieder in die Dachkammer hinaufgehen wollte, war die Treppe spurlos verschwunden.

Da John seine erste Frau lange nicht gesehen und auch nicht vorhatte, das Evangelium des Johannes umzuschreiben, deutete er den Traum symbolisch, und zwar, daß er sich im »Oberstübchen« (Dachkammer) die Auswirkungen unserer Arbeit mit Träumen auf seine theologischen und religiösen Absichten überlegte – Johns Evangelium. Da der Traum zeigte, daß er das heimlich im Haus seiner ersten Frau tat, empfand er wohl deutlich, daß es irgendwie schmachvoll war, die lebenslange Überzeugung zu revidieren, daß die Menschen sich bemühen sollten, anderen den Vortritt zu lassen, an persönlichen Beziehungen zu arbeiten und ihre eigenen Bedürfnisse zu unterdrücken, obwohl er doch die Sinnlosigkeit dieser »alten Ethik« in seinem eigenen Leben erkannt hatte, als er seine Träume von verpaßten Zügen und vergeblichen Telephonaten durchgearbeitet hatte. Er betrachtete die radikale Änderung der Lebensauffassung ganz und gar auf Underdog-Weise, als ob er hoffte, Topdog würde es nicht merken, bis die Aufgabe wirklich vollbracht war – aber Topdog hatte offenbar Wind davon bekommen, was vor sich ging, und buchstäblich »Maßnahmen ergriffen«, um diese neue und subversive Denkweise zu hintertreiben. Im Wachleben bedeutete das wahrscheinlich, Johns Kopf mit trivialen, häuslichen Dingen vollzustopfen, um seinen Gedankengang zu unterbrechen.

In einem Dialog mit dem geheimen Saboteur stellte sich bald heraus, daß das seine erste Frau war (keine große Überraschung angesichts des ersten Teils des Traums und der Tatsache, daß die Treppe in ihrem Haus verschwunden war). Nach Johns Meinung war sie die Hauptverfechterin der »christlichen« Lebensauffassung mit ihrer katastrophischen Erwartung, daß die Welt sofort in einem Chaos des skrupellosen Egoismus versinken würde, wenn die Menschen nicht ihre eigenen Bedürfnisse verleugneten. Und natürlich war Johns erste Reaktion, daß er fand, sie habe recht, aber ein weiterer Dialog deckte die Lüge auf, denn er erkannte, daß nach seiner Erfahrung der größte Teil des wirklich destruktiven Verhaltens bei Leuten zu finden ist, die versuchten, selbstlos zu sein und zu tun, was sie für andere am besten hielten. Die Hauptfigur im Evangelium des Johannes sagte, wir sollten unseren Nächsten lieben *wie uns selbst*, vermutlich weil er wußte, daß jede Bemühung, unsere Bedürfnisse zu verleugnen, wenn wir anderen dienen, nur zu einer verschleierten Selbstsucht führt, die weit schlimmer ist als schlichter Egoismus. Das neue »Evangelium von John« beruht auf diesem Prinzip und macht geltend, daß wir, je besser wir unsere eigenen Bedürfnisse verstehen und überlegt danach trachten, sie zu befriedigen, uns um so mehr und spontan veranlaßt sehen werden, das gleiche für unsere Mitmenschen zu tun.

Träume, in denen man seinen Rollentext vergißt und nicht auftreten kann

Wie immer muß man auch bei diesem Traumtyp als erstes fragen, ob er eine einfache Warnung sein könnte, die Lage zu überprüfen oder sich auf ein bevorstehendes Ereignis im Leben vorzubereiten, und in diesem Fall gibt der Traum gewöhnlich einen Hinweis, um was es sich dabei handelt. Schauspieler und Schauspielerinnen sind kurz vor einer neuen Inszenierung besonders anfällig für diese Träume, die nicht nur ihre Angst wegen einer noch nicht vollkommen beherrschten Rolle widerspiegeln, sondern auch die Besorgnis in bezug auf den Erfolg der Aufführung im allgemeinen und ihre Leistung im besonderen. Die Schauspielerin Judi Dench ist hier typisch; sie berichtete der *Sunday Times*: »Vor der Uraufführung von *Cabaret* träumte ich sehr viel davon. Da gibt es diesen berühmten alten Schauspielertraum, den jeder träumt – man wird für ein Stück geschminkt, und plötzlich wird man rausgeschoben und weiß gar nicht, was für ein Stück es ist oder welche Rolle man spielt. Es ist schiere Panik, und das hatte ich vor *Cabaret* immer wieder. Ich wachte schweißgebadet auf und fühlte mich abscheulich.« Sie erwähnte, daß die Träume zwei oder drei Nächte nach der Uraufführung aufhörten, nachdem sie und das Stück Erfolg gehabt hatten. Solche Träume, die auf wirklicher Besorgnis beruhen, sind normale Angstträume und deuten nicht auf irgendeinen tiefsitzenden Konflikt hin, es sei denn, sie halten über die Zeit hinaus an, zu der ein realer Grund zur Besorgnis besteht.

Wenn ein Schauspieler noch Angstträume über eine Rolle hat, nachdem sie einstudiert ist und alles gut geht, sollte er sich lieber fragen, welcher verborgene Bösewicht versucht, seinen Erfolg zu sabotieren. Möglicherweise nörgelt eine elterliche Stimme in ihm, daß er nichts tauge, untüchtig sei oder einen anderen, lohnenderen Beruf haben sollte – und dieser Topdog sabotiert sowohl seine Arbeitsfreude im Wachleben als auch seine Auftritte im Traum. Die kreative Lösung eines solchen Problems liegt darin, daß man für die eigenen Fähigkeiten und Bedürfnisse eintritt und Topdog zum Teufel jagt. In den meisten Fällen ist es augenscheinlich, daß der Schauspieler durchaus begabt ist und als Missionar, Wissenschaftler, oder was immer der Topdog für ihn im Sinn hatte, ganz ungeeignet wäre.

Ich litt unter einer Spielart dieses Problems, als ich zuerst im Fernsehen auftrat. In der Nacht vor meiner ersten Talk-Show in England träumte ich, ich kam ins Studio und entdeckte, daß wir Pelzmäntel vorführen mußten. Als ich in einem Sealmantel über den Laufsteg ging, stellte ich fest, daß meine Füße nicht dahin gingen, wo ich sie haben wollte, und zu meinem Kummer und meiner Beschämung stolperte und schlitterte ich dauernd. Nach dem Aufwachen verband ich den Traum mit meiner erklärlichen Angst vor der Talk-Show, aber ich begriff nicht, warum mich der Traum als Mannequin in einem Sealmantel geschildert hatte, denn ich hatte seit Jahren keine Moden vorgeführt. Später wurde mit einemmal alles klar, als mir einfiel, daß mein Verleger mich gebeten hatte, nach Amerika zu kommen und für sie beim Erscheinen von *Dream Power* den »dressierten Seehund« zu machen – das heißt in den Medien für das Buch zu werben.

So war ich also in meinem Traum ein dressierter Seehund und machte es noch nicht einmal gut; deshalb fragte ich den geheimen Saboteur, warum er mir meinen Auftritt vermasselte. Der anschließende Dialog verlief etwa so:

SABOTEUR: Ein dressierter Seehund, weiß Gott! Einen solchen Unsinn habe ich noch nie gehört. Sie sind eine seriöse Wissenschaftlerin und Psychologin und sollten an Ihrem Schreibtisch sitzen und zum Wohle der Menschheit gelehrte Artikel schreiben.

ANN: Ach du liebes bißchen. Ich hasse es, gelehrte Artikel zu schreiben – und ich glaube, daß sie sowieso keiner liest. Ich würde denken, daß die Menschheit mehr davon hat, wenn ich im Fernsehen über Träume spreche. Ich meine, wenn man bedenkt, wie viele Millionen zuhören werden.

SABOTEUR: Wir Akademiker sind nicht auf der Welt, um Millionen Menschen Wissen zu vermitteln. Sie sind dafür nicht bereit. Die Geheimnisse sollten in den akademischen vier Wänden bleiben, und jeder, der sie in die Öffentlichkeit bringt, ist ein Verräter unserer Sache.

ANN (wird wütend): Dann bin ich eben ein Verräter, denn ich glaube das nicht. Die Zeit des Guru ist vorüber – das sage ich dauernd. Wir müssen der Welt Wissen vermitteln. Die Menschen sind nicht mehr unwissend und dumm ... und außerdem glaube ich, daß das Auftreten im Fernsehen Spaß machen könnte.

SABOTEUR: Spaß, auch das noch! Wir sind nicht auf der Welt, um Spaß zu haben. Und Sie werden in die Klauen eines trivialen Ego-Trips geraten, verführt von den hellen Scheinwerfern, und werden Ihr seriöses Ziel vergessen.

ANN: Hören Sie, Herr Professor, ich bin jetzt erwachsen. Ich werde entscheiden, was ich tue und was ich nicht tue. Ich bin durchaus imstande, selbst über mein Leben zu bestimmen, und ich werde entscheiden, was ich mit dem Wissen anfange, das ich erarbeitet habe. Es gibt kein unumstößliches Gesetz, das mir vorschreibt, Ihren überholten Normen und Vorschriften zu entsprechen. Und die Wahrscheinlichkeit ist gleich groß, daß ich in einem Ego-Trip steckenbleibe, wie daß mir Flügel wachsen und ich fliege ... Ich werde Ihnen was sagen, wenn ich je in die Gefahr eines Ego-Trips gerate, dann können Sie als mein Schutzengel zurückkommen und mich freundlich an mein Ziel erinnern. Und jetzt hören Sie auf, mir im Nacken zu sitzen und mir das Leben zu vermiesen.

Dieser Dialog veranlaßte mich, den viel mißbrauchten Begriff »Ego-Trip« genauer zu betrachten, und ich erkannte, daß ich ihn auf dieselbe stereotype, gedankenlose Weise gebraucht hatte wie diejenigen, die so oft damit um sich werfen und derartig in das Netz ihrer sozialen Rollen verstrickt sind – seien sie nun Professoren, Religionslehrer, Gurus, Mystiker oder was immer –, daß sie nur noch diese Rollen sehen. Mein »innerer Professor« befand sich auf einem weit größeren Ego-Trip als der rebellische Underdog, und zwar einfach deshalb, weil er seine Rolle nicht aufgeben und sich nicht zu etwas Größerem entwickeln konnte. Das ist es im Grunde, worum es bei der Bewußtseinserweiterung geht – die Persönlichkeit aufgeschlossen machen für neue Möglichkeiten und Seinsweisen und besonders für diejenigen Aspekte von uns, die wir verachten und ablehnen, und das ist der einzige Weg zu wirklicher Ich-Findung.

Das ist eine Frage, bei der Menschen, die sich mit religiösen und geistigen Disziplinen befassen, besonders leicht der Irreführung erliegen. Wie die weisesten religiösen Führer immer gewußt haben, läßt jemand, der Egoismus oder Angeberei bei anderen beklagt, automatisch die Tatsache erkennen, daß er selbst auf dem größten aller inneren Ego-Trips ist – dem Ego-Trip, auf dem er demonstriert, wie völlig »gesichtslos« er ist. Das kommt sehr schön in einer jüdischen Geschichte zum Ausdruck, die Perls in seinem Buch *Gestalt-Therapie in Aktion* erzählt: ein Rabbi beginnt in der Synagoge zu beteuern, daß er vor Gott nichts sei. Der Kantor greift das auf, und dann schickt sich ein kleiner Schneider in der Gemeinde an, es ihnen gleichzutun, woraufhin sich der Rabbi empört an den Kantor wendet und fragt: »Wer glaubt der denn zu sein, daß er glaubt, er sei nichts?«

Ich wünschte, ich könnte berichten, daß mein ichbesessener akademischer

Topdog gleich nach dem Dialog aufhörte, mich verrückt zu machen, doch seine mir eingebleute katastrophische Erwartung saß so tief, daß er mir den Spaß an mehreren guten Auftritten verdarb. Aber ich hielt durch, und als er sich überzeugt hatte, daß ich nicht zur ewigen Verdamnis verurteilt war, ließ er mir allmählich die Zügel lockerer und nimmt jetzt sogar an dem Spaß teil – wobei er natürlich nie sein sehr seriöses Ziel vergißt!

Nicht so ist es bei Jane, denn der geheime Saboteur, der ihr Auftreten vermasselt, ist ein Underdog – und Underdog hat Grundbedürfnisse, die befriedigt werden müssen. Jane, eine Hausfrau mit vier Kindern, ist außerdem ausgebildete Pianistin und vor jedem Auftreten so von Angst überwältigt, daß der spätere Erfolg kaum die Qual aufwiegt, die sie erduldet. Ihre Träume spiegeln einen tiefen Konflikt wider; in einem typischen Frustrationstraum ist sie in der Kirche, der Pfarrer ruft die Nummer des Kirchenliedes auf, sie versucht zu spielen, kann es aber nicht, und die Gemeinde singt ohne ihre Begleitung. In einem anderen Traum rennen ihre Kinder hin und her und machen solchen Krach, daß man ihr Spielen nicht hört; in einem dritten spielt sie in einem Restaurant und merkt, daß ihre Musik durch die Verstärkeranlage verzerrt wird. Sie beschwert sich beim Wirt, der sagt, es ließe sich nicht ändern, und als sie wieder zum Flügel kommt, stellt sie fest, daß das hintere Bein abgefallen ist. Als wir zuerst mit Jane arbeiteten, richtete sich unser Verdacht auf einen von ihrer Mutter stammenden »häuslichen Topdog«, der ihr einredete, jede Frau, die dieses Namens würdig sei, müsse sich völlig der Familie widmen; doch viele Stunden Arbeit im Laufe einer langen Zeit brachten keine Lösung des Konflikts. Obwohl Jane ihrem Topdog immer wieder sagte, er solle verschwinden, hielten die Träume an, und ihre Angstanfälle wegen ihres Spielens und ihres Lebens im allgemeinen wurden schlimmer.

Die Lösung des Rätsels brachte ein Traum, in dem ein Neger ein verkrüppeltes Mädchen zu mir brachte, damit ich das heile, und Jane sehr besorgt war, ob ich es könnte oder nicht. Sie half mir, einen Morgenrock über das geschiente Bein des Kindes zu legen, fand aber nicht heraus, ob es zu einer Heilung kam oder nicht. Als Jane dem Kind eine Stimme verlieh, sagte sie: »Ich bin ein gelähmtes Kind, und von einem gelähmten Kind kann man nicht erwarten, daß es Klavier spielt.« Wir erkannten dann, daß der geheime Saboteur nicht ein nörgelnder häuslicher Topdog war, sondern ein verkrüppelter Underdog, der absolut entschlossen war, nicht unter Zwang zu handeln. Wir erkannten auch, daß, sofern Jane den Konflikt nicht bald auflöste, dieser Underdog nicht zögern würde, sie auch im Wachleben zu lähmen, um seinen Willen durchzusetzen.

Eine weitere Durcharbeit brachte zutage, daß ihre Eltern sie angespornt hatten, ihr »großes, energisches Mädchen« zu sein, und vor allem ihre Mutter hatte darauf bestanden, daß sie ihre Begabungen entwickele und Klavier spiele – tadellos natürlich, wie sie immer verlangte, daß Jane alles, was sie im

Leben unternahm, tadellos erledigen sollte. Beide Eltern waren entzückt, als Jane Erfolg hatte, denn das erhöhte ihr gesellschaftliches Ansehen, und obwohl es Jane auch Freude machte, war Underdog insgeheim wütend, weil er über Gebühr angetrieben und als Statussymbol zum Ruhm der Eltern ausgenutzt wurde. Er sabotierte Janes Karriere rasch, indem er für eine frühe Eheschließung und dafür sorgte, daß sie in rascher Folge vier Kinder bekam, so daß sie viele Jahre lang zu beschäftigt war, um Musik zu machen. Als indes die Kinder größer wurden, begann die innere Mutter zu nörgeln, Jane solle wieder Klavier spielen – tadellos natürlich –, trotz der Schwierigkeiten, eine große Familie zu versorgen. Jane spielte von Zeit zu Zeit öffentlich, was sie unerhört viel Überwindung kostete, aber die Anerkennung, die der innere Topdog äußerte, tat ihr so wohl, daß sie das gute Werk der »Selbstvervollkommnung« unermüdlich fortsetzte. Zuletzt wurde sie so unglücklich, gereizt und krank, daß sie in der Therapie Hilfe suchte.

Ihr Problem war, kurz gesagt, der alte, vertraute Popanz des Perfektionismus – nicht nur in ihrem Spiel, sondern in allem, was sie tat. Ihr ganzes Leben war darauf ausgerichtet, Mama zu erfreuen, ungeachtet dessen, was die Jane in ihrem Innern wollte. Sie hatte die katastrophische Erwartung geschluckt, daß sie automatisch als Versager und Null gelten würde, wenn sie bei irgend etwas, das sie tat, nicht vollkommen war. Janes Situation erinnert mich so sehr an Stuart Millers mißliche Lage, die er in seinem Buch *Hot Springs* beschrieb, daß ich hier kurz daraus zitieren will – und ich habe das Gefühl, es wird vielen zu Herzen gehen. Stuart und eine Gruppe Gast-Therapeuten vom *Esalen Institute* wanderten nach Tassajara, einem Zen-Kloster in den Hügeln von Big Sur, Kalifornien. Die übrigen Mitglieder der Gruppe beschlossen, ein paar Tage lang wie die Mönche zu leben und sich an ihren Pflichten und Übungen zu beteiligen, aber Stuart war sich über die Vergeblichkeit des Vorhabens klar und machte nicht mit:

»Ich wohnte fröhlich bei Clarissa, vögelte und trank Wein. Ich war froh, den Fußmarsch überlebt zu haben, froh, an einem so exotischen Ort zu sein, froh, daß Bo versagt hatte, froh, daß die Gruppe so absurd war. Wenn morgens um halb sechs die großen feierlichen Trommeln und Gongs die Mönche und meine Therapeuten zur Morgen-Meditation riefen und alles, was Beine hatte, losrannte, drehte ich mich genüßlich auf die andere Seite und grinste höhnisch über den pathetischen Versuch weltlicher Versager, es solchen ernsthaften Leuten gleichzutun.

Ich kam gar nicht auf den Gedanken, daß zwei Tage Meditation der Beginn von etwas sein könnten, vielleicht nicht eines Lebens der Zen-Meditation, aber von etwas. Ich hatte gelernt, wie man sowohl das Scheitern als auch die Erfahrung vermeidet. Als ich fünfzehn war, sagte mir der Englischlehrer, meine ersten Kurzgeschichten seien miserabel, und ich beschloß, nicht

Schriftsteller zu werden. Keine Experimente, nein danke, nichts für mich. Vortrefflichkeit, Vortrefflichkeit. Wenn du keine vorzügliche Leistung vollbringen kannst, versuche es erst gar nicht. Stirb, du untüchtiger, mittelmäßiger Scheißkerl, nur Testpiloten in dieser Luftwaffe!«

Während Stuart sich dafür entschied, lieber gar nichts zu tun, als ein Versagen zu riskieren, entschied sich Jane für den Versuch, ein Testpilot zu sein um den Preis des psychischen Selbstmords, des Mords an dem Kind in ihr, das nur bat, es selbst zu sein und seine Begabungen und Eigenschaften auf seine Weise und in seinem Tempo zu entwickeln, ohne Zwang oder Druck. Jane hat die katastrophische Erwartung, daß sie, wenn sie dieses Kind als einen Teil von ihr akzeptiert, automatisch eine Versagerin werde, eine faule Hausfrau, und in einem Brief an mich schrieb sie: »Ich kann immer noch nicht glauben, daß Sie oder ich über eine faule, nicht-spielende Jane glücklich wären.« Ich wies darauf hin, daß sie durch ständige Angst, Depression und Krankheit bereits in eine ganz schön faule Situation hineingezwungen und im Augenblick weder eine gute Pianistin noch eine gute Hausfrau sei. Sie war im wahrsten Sinne des Wortes in einer Sackgasse.

Die Sackgasse oder Blockierung zu überwinden bedeutet, daß man die Gefahr auf sich nehmen muß, sein kostbares Selbstbild zu verlieren und die inneren Eltern (und vielleicht auch die wirklichen Eltern), die totale Perfektion erwarten, zu enttäuschen. Das Erstaunliche dabei ist, daß man, sobald man die Blockierung überwunden hat, feststellt, daß man überhaupt nichts verloren hat – vielmehr hat man *sich selbst* gefunden. Jane hat diesen Punkt noch nicht erreicht, und in einem ihrer Träume beobachtete sie ein kleines, dunkelhäutiges Mädchen, das mit ungewöhnlicher Begabung und Leichtigkeit Klavier spielte, und Jane staunte über ihr Können. Aber das Kind war unschön und reizlos, fast schwarz (ein sicherer Hinweis auf eine Schattengestalt), und Jane dachte bei sich, es würde als erwachsene Pianistin nicht viel Aussichten haben, sofern es nicht hübscher würde und mehr aus sich machte. Das Kind ist Janes eigenes – der Teil von ihr, den sie in der Kindheit einsperrte, weil er Fehler machte und Topdogs Perfektionserwartungen nicht entsprach. Je mehr Jane nach einem strahlenden und schönen falschen Selbst strebte, um so verkrüppelter wurde das dunkle Kind, und das Ergebnis war, daß Jane nur noch unter Schwierigkeiten und mit Angst Klavier spielen konnte – denn schließlich kann man von einem eingesperrten, verkrüppelten Kind nicht erwarten, daß es Klavier spielt. Die Lösung ist darin zu finden, daß Topdog Widerstand entgegengesetzt und das kleine dunkle Kind herausgeholt wird, daß es als Teil des Selbst mit all seinen Unvollkommenheiten akzeptiert und ihm zugestanden wird, auf seine Weise zur Reife heranzuwachsen.

Jack Downing faßte den Gesichtspunkt in seinem Buch *Dreams and Nightmares* wie folgt zusammen:

»Mich selbst zu lieben, wie ich als Kind war, ist unbedingt der Scheideweg der Persönlichkeitsentwicklung. Wenn ich Liebe, Mitleid, günstige Aufnahme und Verständnis für dieses frühe Selbst nicht finden kann, dann bin ich dazu verurteilt, allein einen Weg zu gehen, der zu Einsamkeit und Leere führt. Wir sind als Kinder in unseren Machtmitteln so beschränkt, wir sind sich wandelnden Kräften, auf die wir nicht den geringsten Einfluß haben, so völlig ausgeliefert! Wir nehmen die Worte, die wir hören, so absolut buchstäblich! Als Erwachsene hüllen wir uns oft in die Symbole von Macht, Geld, Stellung, Verbindungen und verachten diejenigen, die machtlos sind; wir verachten uns auch selbst, wenn wir machtlos sind, hilflose Kinder, wir verachten unser inneres Selbst, unser Kind, das immer noch da ist, immer noch hungrig, immer noch leidend, immer noch ängstlich. ›Es sei denn, daß ... ihr werdet wie die Kinder, so werdet ihr nicht ins Himmelreich kommen.‹ Diese ›Kinder‹, das seid ihr, euer inneres Selbst, euer Kind.«

Träume, in denen man unvorbereitet ist und zu spät kommt

Träume, in denen man unvorbereitet ist und zu irgendeiner Veranstaltung zu spät kommt, haben dieselbe innere Dynamik wie Träume, in denen man seinen Rollentext vergißt und nicht auftreten kann. Haben Sie einen solchen Traum, versuchen Sie zuerst, das Ereignis oder die Veranstaltung zu identifizieren, auf die sich der Traum bezieht, indem Sie die Traumfiguren und die Szenerie untersuchen und sich dann fragen, ob Sie dafür im Wachleben tatsächlich bereit sind. Oder der Traum mag aussagen, daß Sie eben »nicht bereit« sind, etwas in Ihrem Wachleben zu tun. Wenn Sie wirklich bereit sind für das Ereignis oder irgendeine Unternehmung in Ihrem Leben, dann müssen Sie sich fragen, welcher verborgene Bösewicht Ihre Bemühungen sabotiert und warum.

Ein typisch schurkischer Schachzug in diesen Träumen ist das Beseitigen von Kleidern oder irgend etwas, das für das in Rede stehende Ereignis wesentlich ist. Zum Beispiel träumte Elaine, ihre Mutter habe ihr befohlen, bei einem Sturm mit einer Freundin ins Freie zu gehen, und sie war einverstanden, denn sie glaubte, es würde ihr gut tun, aber sie konnte ihre Stiefel nicht finden und wußte, daß ihre Mutter ihr nie erlauben würde, ohne die Stiefel hinauszugehen. Da sie ihre Mutter lange nicht gesehen hatte, war Elaine klar, daß die Traum-Mutter ihr innerer Topdog war, dessen nörgelnde Stimme heraufbeschworen worden war durch eine Krise im Beruf, die »stürmisch« geworden war. Ihr Mutter-Topdog drängte sie, der Sache ehrlich und mutig entgegenzutreten und sich nicht wie eine feige Heulsuse zu drücken. Aber Underdog hatte nicht die Absicht, sich dem Sturm auszusetzen, und traf Vorkehrungen, um seinen Willen zu bekommen, ohne Topdogs Billigung zu verlieren, indem er einfach die Stiefel versteckte. Der Traum warnte Elaine, daß, wenn sie beschließen sollte, sich im Wachleben »dem Sturm zu stellen«, ihr

Underdog nach einer Möglichkeit Ausschau halten würde, ihren löblichen Entschluß zu sabotieren, vielleicht durch Krankheit oder dergleichen.

Ein Underdog-Saboteur war auch am Werk bei einem frisch ordinierten Pfarrer, der sich, als ich bei einer Rundfunk-Talk-Show in Atlanta, Georgia, auftrat, telephonisch mit einem Traum meldete, in dem er vor einem wichtigen Gottesdienst seine Bibel nicht finden konnte. Da der Gedanke, daß er vielleicht buchstäblich unvorbereitet gewesen war, keine Resonanz bei ihm hervorrief, forschten wir tiefer und fanden bald, daß er ernste Zweifel an seiner Berufung hegte, denn er war nur Seelsorger geworden, weil seine Eltern sich das als idealen Beruf für ihn gewünscht hatten.

In einem anderen Fall stellte sich heraus, daß es ein Topdog war, der Elizabeths Versuche sabotierte, nach Jahren der Einsamkeit nach dem Tode ihres Mannes sich wieder zu verheiraten. In einer typischen Serie von Frustrationsträumen wollte sie zu ihrem Verlobten fahren, aber entweder war ihr Benzintank leer oder sie hatte ihr Portemonnaie zu Hause vergessen, oder der Verlobte war gerade weggegangen, wenn sie bei ihm eintraf. Wohlmeinende Freunde mit einem Halbwissen über Träume hatten die Meinung geäußert, sie wolle diesen Mann in Wirklichkeit gar nicht heiraten, aber das fand bei ihr keine Resonanz, und sie bat mich um Hilfe. Der Dialog mit dem geheimen Saboteur ergab, daß es ihr verstorbener Mann war, der ihr Vorwürfe machte, daß sie es wagte, eine zweite Ehe in Erwägung zu ziehen und damit nach dreiunddreißig Jahren des gemeinsamen Lebens die Erinnerung an ihn auszulöschen. Elizabeth erkannte diese Stimme als ihren »auf ewig treuen Topdog«, der von ihrem Mann stammte, und sie vermochte den Konflikt dadurch zu lösen, daß sie ihn auf der Lüge ertappte, daß sie nicht eine gemeine, ungetreue und oberflächliche Person sei, weil sie wieder heiraten wollte, und daß dadurch die Erfahrung ihres gemeinsamen Lebens nicht geschmälert würde. Im Gegenteil, ihre Eheerfahrung sei so gut gewesen, daß sie es noch einmal versuchen wolle.

Der Klo-Dieb

Ich kann dieses Kapitel nicht abschließen, ohne einen der üblichsten Frustrationsträume von allen zu erwähnen – nämlich daß man unbedingt auf die Toilette gehen muß und keine findet, oder eine findet und sie aus irgendeinem Grund nicht benutzen kann. Manchmal wachen wir aus solchen Träumen mit einer vollen Blase oder Darm auf, aber nicht immer – und im letztgenannten Fall erweist sich der geheime Klo-Dieb fast regelmäßig als ein Topdog, der nicht zulassen will, daß wir unsere »beschissenen« Emotionen wie Groll, Wut, Angst und dergleichen herauslassen. Er hätte es in der Tat lieber, wenn es solche Emotionen überhaupt nicht gäbe, denn er ist entschlossen, alle Auslaßventile für sie zu beseitigen. Diese Träume lassen sich gewöhnlich zurückverfolgen bis zu einem Punkt im Lauf des Tages, an dem wir auf Befehl von

Topdog die Äußerung dieser Emotionen zurückhielten und nun in Träumen verzweifelt uns zu erleichtern suchen. Aber Topdog erlaubt uns auch nicht »im Traum«, das zu tun. Fast immer steht das Selbstbild der Perfektion auf dem Spiel, und Topdog sorgt dafür, daß wir diesem Selbstbild entsprechen. Was er nicht verstehen kann, ist, daß sich eine Emotion nicht blockieren läßt, nachdem sie begonnen hat, durch den Körper zu strömen, ohne daß ein physischer oder psychischer Schaden angerichtet wird – denn Emotion ist die *physische* Reaktion auf einen Gedanken oder eine Wahrnehmung. Normalerweise kommt es dann zu einer unpassenden Explosion in einer unpassenden Situation, und das bereitet uns und anderen weit mehr Schmerz und Kummer, als es eine legitime Gefühlsäußerung zur rechten Zeit getan hätte. Nieder mit den Klo-Dieben!

Der verborgene Helfer

Verborgene Helfer, die in Träumen im letzten Augenblick geheimnisvollerweise Unheil abwenden, sind längst nicht so verbreitet wie versteckte Schurken, aber die meisten von uns haben sie von Zeit zu Zeit erlebt – zum Beispiel die verborgene Hand, die ins Steuer greift und das Auto in Sicherheit bringt, ehe es einen Abhang hinunterstürzt, oder die geheimnisvolle Stimme, die Ihnen Antworten ins Ohr flüstert bei einer Prüfung, wenn Sie das Gefühl haben, Sie würden bestimmt durchfallen. Diese Helfer scheinen mir ein ganz anderes Prinzip zu vertreten als Topdog oder Underdog – das Prinzip unserer innersten Gesundheit und Stärke, das es uns ermöglicht, aus unseren Selbstquälerei-Spielen auszubrechen. Jung nannte es die transzendente Funktion, und in vielen Träumen ist es unsichtbar, findet aber Verkörperung in einer Traumgestalt oder einem Symbol, das sehr viel Gefühlskraft hat.

Ich werde auf dieses sehr wichtige Thema in Kapitel 13 zurückkommen, aber ich möchte hier schon betonen, daß die Entdeckung dieser unvermuteten Quelle von Gesundheit und Kraft in uns nach meiner Erfahrung davon abhängt, ob wir im Wachleben bereit sind, nach Ganzheit und Erfüllung zu streben, und zwar unter dem Gesichtspunkt, was wir wirklich sind, und nicht unter dem Gesichtspunkt, was irgendeine äußere oder innere Autorität uns sagt, daß wir sein sollten. Wenn wir uns dem Prozeß, wir selbst zu sein, zu widersetzen versuchen, wird der Hund des Himmels hinter uns her sein, damit wir zu unserem Mittelpunkt zurückkehren, der alles enthält, was wir für unsere Gesundheit und Entwicklung brauchen.

11
Alpträume

Gott wendet uns jeden Traum zum Guten!
GEOFFREY CHAUCER

»Alpträume sind, wie sich letzthin gezeigt hat, Pferde von zumindest zwei verschiedenen Farben«, schreibt Ernest Hartmann, Herausgeber des 1970 für die *International Psychiatry Clinics* erschienenen Symposium-Bandes *Sleep and Dreaming*. »Ein plumpes, unförmiges schwarzes Tier, das die Brust des Schläfers bedrückt, woraufhin er voll Schrecken aufwacht, und eine gewöhnlichere rötliche Mähre, die mit dem Schläfer auf eine beängstigende und doch relativ vertraute Traumreise davongaloppiert.« Der erste Typ ist bekannt als der »Inkubus-Anfall«, der gewöhnlich in den beiden ersten Nicht-REM-Perioden des Tiefschlafs erfolgt und begleitet ist von einer einzigen schrecklichen Szene des Fallens, Erstickens, Zermalmt-Werdens oder was immer und einem Gefühl drohenden Unheils. Der zweite, weniger schwere Typ des Alptraums ist das vertraute Drama, angegriffen, verfolgt, ertränkt usw. zu werden; er ist der Höhepunkt eines langen, fortlaufenden Traums und tritt gewöhnlich gegen Ende einer der letzten REM-Perioden der Nacht auf.

Nächtliches Aufschrecken – und andere Dämonen des Dunkels

Zum Inkubus-Anfall gehört das nächtliche Aufschrecken *(Pavor nocturnus)* der Kinder (und mancher Erwachsener), das oft in einem grauenhaften Schrei, Herzklopfen, Ersticken und einem Gefühl von Lähmung gipfelt. Wenn Sie oder Ihre Kinder unter diesem nächtlichen Aufschrecken leiden, sollten Sie sich darüber nicht allzu viel Sorgen machen, denn obwohl Psychologie und Medizin noch keine Ahnung haben, was die Ursache ist, scheint es klar zu sein, daß es einen wahrscheinlich nicht umbringt. Ich persönlich habe keine Inkubus-Anfälle erlebt, ebensowenig die Versuchspersonen, die zu meiner Forschung beigetragen haben, so daß ich nur annehmen kann, daß sie relativ selten sind. Ich erwähne sie hier für den Fall, daß Sie oder Ihre Kinder sie erlebt haben und sich fragen, wie man damit fertig wird. Mein Rat ist, das Kind zu trösten, bis es sich so weit beruhigt hat, daß es wieder einschlafen kann, und ihm zu erklären, daß kein Grund zur Sorge besteht, und Sie werden feststellen, daß der Traum am Morgen gewöhnlich vergessen ist. Die meisten

Kinder entwachsen diesen Anfällen zu guter Letzt, ohne einen sichtbaren Schaden davongetragen zu haben. Bei Erwachsenen verfährt man zweckmäßig auf die gleiche Weise – Sie können ziemlich sicher sein, daß der Anfall nicht wiederkehrt, wenn Sie wieder einschlafen, und es ist auch nicht wahrscheinlich, daß Sie mehr schlechte Träume als üblich in derselben Nacht haben. Es hat wenig Sinn, zu versuchen, Inkubus-Anfälle als Anzeichen psychischer Störungen zu deuten, denn sie haben so wenig Trauminhalt; in dieser Richtung können Sie sich höchstens Ihre gewöhnlichen Träume etwa zur gleichen Zeit daraufhin anschauen, ob *sie* erkennen lassen, daß etwas in Ihrem Leben nicht stimmt.

Alpträume in REM-Schlaf-Perioden treten indes gewöhnlich gegen Ende einer langen REM-Periode in der zweiten Nachthälfte auf, fast als ob der Traum sich bis zu seinem Höhepunkt des Schreckens steigerte. Die meisten von uns haben ihre Lieblingsrasse von Mähren (was eigentlich *Mahr* = quälendes Nachtgespenst oder Alp bedeutet) – gejagt, angegriffen, von Einbrechern heimgesucht, hingerichtet, verhaftet, ertränkt oder was immer zu werden –, und wenn die Mähre in einem Traum wiederkehrt, sind wir beunruhigt, aber nicht völlig überrascht, denn wir haben eben diesen »Trip« früher schon oft unternommen. Meine eigene Arbeit über Träume läßt erkennen, daß ein wiederkehrender Nachtmahr unweigerlich auf eine tiefe Spaltung der Persönlichkeit hinweist, und je schlimmer der Nachtmahr, um so schlimmer ist die Spaltung. Nach meiner Erfahrung führt eine intensive Durcharbeitung von Alpträumen nach den Richtlinien, die ich angeben werde, nicht nur dazu, daß diese Träume aufhören, sondern auch zur Heilung der Spaltung, wobei eine Menge Energie für eine konstruktive Lebensweise freigesetzt wird.

Seit vielen Jahren wundere ich mich über die widerstreitenden Ansichten von Experten der verschiedenen psychologischen Schulen über Alpträume (worunter ich Träume verstehe, die so schlecht sind, daß sie uns wecken oder Sorgen machen). Calvin Hall schreibt zum Beispiel in seinem Buch *The Meaning of Dreams:*

»Viele Träume sind unerfreulich, sogar beängstigend wie im Fall von Alpträumen. Der Träumer wird von einem Mann mit einem Messer verfolgt, ein Einbrecher steigt ein, ein Löwe ist im Begriff, ihn anzuspringen, das Haus brennt, er ertrinkt oder wird verhaftet und ins Gefängnis geworfen. Das alles sind Bestrafungsträume. Aus welchem Grund wird der Träumer bestraft? Weil er gegen eines der Gebote seines Gewissens verstoßen hat. Er hat gegen die Autorität rebelliert oder sich einen verbotenen Wunsch erfüllt oder eine Missetat begangen. Der Alptraum ist der Preis, den er dafür bezahlt, daß er etwas Unrechtes getan hat. Solche Träume geben uns Auskunft über die Vorstellungen des Träumers von den Strafen, die ihm auferlegt werden, wenn er sich über sein Gewissen hinwegsetzt und der Versuchung nachgibt.«

Als ich meine eigenen Träume überprüfte, fand ich, daß viele Alpträume sicherlich Selbstbestrafungsträume waren wegen irgendeines Vergehens im Laufe des Tages gegen eine äußere Autorität oder ein inneres Ideal, und gewöhnlich spielen sie sich als Gefängnishaft oder Hinrichtung ab. In meinem Fall war die Hauptsünde meistens, daß ich einer Emotion – Wut, Furcht, Freude, Kummer, Eifersucht – »nachgab« und mich von ihr beherrschen ließ. Andererseits gab es Alpträume, in denen ich von einer Flutwelle oder wilden Tieren bedroht wurde, und gewöhnlich konnte ich sie darauf zurückführen, daß ich während des Tages meine Gefühle in dem Sinne unterdrückt und im Zaum gehalten hatte, daß ich versuchte, darüber erhaben zu sein und meinem Selbstbild von einer kühlen, objektiven, geistig entwickelten Person zu entsprechen. Ich schien mich in einer Beziehungsfalle zu befinden, in der sowohl Ausdruck als auch Unterdrückung des Fühlens zu einem Alptraum führten.

Nach dem zu urteilen, was ich bei Jung las, waren meine Flutwellen und die mich verfolgenden Tiere viel eher das, was er den »Schatten« nannte, jener Teil von mir, den ich unannehmbar fand und über den ich mich erheben wollte. Aber das Unterdrücken und »im Zaum Halten« meiner Gefühle und »animalischen Bedürfnisse« während des Tages bewirkte nur, daß sie heimlich Kraft sammelten und mich nachts verfolgten, um akzeptiert und integriert zu werden. John Sanford faßt die Jungsche Auffassung sehr einleuchtend in seinem Buch *Dreams: God's Forgotten Language* zusammen:

»Die Person ist die Maske, die wir vor der Welt tragen; sie ist die Fassade, die wir uns geben. Teilweise ist die Persona eine soziale Notwendigkeit, eine Art Anpassung an die Gesellschaft, in der wir leben. Aber allzu oft kommt es dazu, daß wir uns mit unserer Persona identifizieren. Wir glauben, die Person zu sein, als die wir gern erscheinen möchten. Je mehr wir versuchen, nur Güte und Freundlichkeit zu sein, um so brutaler erscheint dagegen unser Schatten; je mehr wir versuchen, nur stark und mutig zu sein, um so mehr werden wir von einem Schatten der Schwäche verfolgt.«

So schien es, daß meine Alptraumgestalten entweder das Gewissen auf der Suche nach Strafe oder der Schatten auf der Suche nach Anerkennung waren. Weder die Jungsche noch die Freudsche Theorie boten ein adäquates Modell von Alpträumen, und erst, als ich auf die Gestalttherapie mit ihren Topdogs und Underdogs stieß, stimmte meine ganze Denkrichtung plötzlich. Es wurde rasch klar, daß ein Alptraum lediglich ein schwerer Fall des Selbstquälerei-Spielchens ist, das sich im Traum selbst offenbart, wobei ein Clown vom anderen gejagt wird, je nachdem, welcher den anderen im Laufe des Tages gekränkt hatte. Ein »Selbstbestrafungs«-Alptraum tritt auf, wenn Underdog sich tagsüber Topdog widersetzt hat, und dann hetzt ihn Topdog des Nachts, um die Herrschaft über ihn wiederzugewinnen. Wenn Topdog andererseits

Underdog tagsüber ein wirklich grundlegendes Bedürfnis verweigert hat und Underdog am Ende seines Lateins ist, zeigt er sich des Nachts auf absolut abscheuliche Weise. In beiden Fällen ist es ein Kampf auf Leben und Tod, und das erklärt das Gefühl von Grauen und Schrecken im Alptraum.

Ich will damit nicht sagen, daß dieses Modell auf alle Alpträume anwendbar sei, aber es ist nützlich, besonders im Fall von Träumen, in denen Sie verfolgt und angegriffen werden; und es sollte immer, wenn ein Traum durchgearbeitet wird, geprüft werden, ob es in Frage kommt. Es ist entscheidend wichtig zu wissen, ob Ihr Alptraum-Verfolger ein Topdog oder Underdog ist, denn Sie müssen lernen, auf ganz unterschiedliche Weise mit ihnen zu verfahren. Die Jungianer, die uns raten, wir sollten uns mit dem Widersacher einigen, haben ganz recht, denn wenn wir es mit einem Underdog oder Schatten zu tun haben, können wir vor unserem eigenen Schatten nicht weglaufen. Die kreative Lösung besteht darin, ihn zu akzeptieren und in die eigene Persönlichkeit zu integrieren, denn dann verliert er seine Düsternis und seinen Schrecken und trägt zu unserer Statur als einer »ganzen« Person bei. Das ist die alte Geschichte von der Schönen und der Bestie, in der sich die Bestie in einen hübschen Prinzen verwandelt, wenn die Prinzessin bereit ist, ihn als das, was er ist, zu akzeptieren und zu lieben. Aber wenn Ihr Traum-Widersacher ein Topdog ist, dann sollten Sie das unter keinen Umständen tun. Er ist zwar auch ein Teil von Ihnen, aber Sie *können* sich nicht mit ihm einigen, denn sein Ziel ist es, Sie völlig zu beherrschen, und je mehr Sie versuchen, sich mit ihm zu einigen, um so höhere Forderungen wird er stellen – im Gegensatz zu Underdog, dessen wütender Charakter verschwindet, sobald Sie seinen Bedürfnissen Aufmerksamkeit schenken. Topdog muß konfrontiert, überwältigt und seiner Macht beraubt werden und die Stellung eines Dieners erhalten. Es bedarf keiner Erwähnung, daß ihm das ganz und gar nicht gefällt und er jedes nur denkbare Argument anbringen wird, um die Herrschaft über die Persönlichkeit zu behalten.

Die folgenden Beispiele werden meinen Standpunkt veranschaulichen und die Maßnahmen aufzeigen, die Sie ergreifen können, wenn Sie sich wirklich von Alpträumen befreien und die Spaltung in sich heilen wollen. (Ich möchte erwähnen, daß in allen Fällen mögliche Deutungen auf einer objektiven Ebene, sowohl buchstäbliche als auch symbolische, ausgelassen wurden, um den Umfang der Berichte einzuschränken, und gleich auf die tiefe, subjektive Ebene eingegangen wurde. Viele nicht-wiederkehrende Alpträume, besonders diejenigen von kleinen Kindern, sind bildliche Widerspiegelungen von bedrohlichen Menschen und Geschehnissen im Leben des Träumers zur Zeit des Traums, und sie als Anzeichen einer Persönlichkeitsspaltung zu deuten hieße, daß etwas sehr Verkehrtes in der unmittelbaren Umgebung übersehen wird.)

Träume von Verfolgung, Angriffen, Gewalttätigkeit und gewaltsamem Eindringen

Scott träumte:

»Ich stehe mit einer Gruppe Freunde aus verschiedenen früheren Abschnitten meines Lebens, unter ihnen Milt und Len, an einem von Menschen wimmelnden Strand. Im Scherz tadele ich Milt wegen etwas und laufe sorglos ein paar Schritte weg, um den imaginären drohenden Gegenbeschuldigungen zu entgehen. Plötzlich weiß ich, daß ich wirklich fliehen muß – und während ich renne, schießen sie mir direkt ins Gesicht. Sie jagen mich in ein Nachbarhaus und erwischen mich im Wohnzimmer. Len befiehlt mir, mich auf die Couch zu setzen, und bedroht mich mit seiner Pistole. Er sagt, ich solle mich abregen und mich mit der Tatsache abfinden, daß ich sterben werde. Ich akzeptiere das, beruhige mich und versuche, mein Bedürfnis zu leben fahren zu lassen.

Dann plötzlich geht mir eine Kindheitserinnerung durch den Kopf. Ich pflegte Bücher über Kriegsgefangene zu lesen und hatte beschlossen, sollte ich je barbarischen Feinden in die Hand fallen und dem Tod ins Auge sehen, dann würde ich das nicht passiv hinnehmen – ich würde mich entweder wehren und kämpfend zugrunde gehen, oder ich würde mich befreien und wegrennen, obwohl ich wußte, daß mein Versuch vergeblich war und ich abgeknallt würde. So sprang ich von der Couch auf und machte einen Hechtsprung durchs Fenster. Zwei Schüsse krachten, und als ich hörte, daß sie mir die Schulter durchschlugen, wachte ich auf. Meine Arme waren unter meiner Brust verschränkt, fest zusammengezogen, und mein Kopf vorgestreckt wie ein Rammbock. Jeder Muskel meines Körpers war zum Zerreißen gespannt, so intensiv hatte ich geträumt. Als ich mir bewußt wurde, daß alles ein Traum gewesen war, stieß ich einen Seufzer der Erleichterung aus, drehte mich auf die andere Seite und entspannte mich.«

Scott arbeitete diesen Traum mit zwei anderen Studenten ohne meine Hilfe durch, und das ist sein Bericht:

»Ich hatte diesen Traum etwa einen Monat, nachdem ich aufs College gekommen war, und ich war in sehr schlechter Verfassung. Ich hatte Angst vor allen und gleichzeitig brauchte ich *alle*, denn ich kam mir völlig isoliert vor. Das wurde noch verschlimmert durch meine Unfähigkeit, Gefühle zu zeigen, die ich ständig in den Schranken der Glaubensbekenntnisse, nach denen ich lebte, zurückzuhalten versuche, und zwar: ›Alle kann man gern haben‹ und ›Es ist niemals nötig, sich aufzuregen.‹

Der Traum war wahrscheinlich durch die Tatsache ausgelöst worden, daß Len (der durch die USA getrampt war, als ich ihn eine Woche vor dem Traum auf der Straße aufgesammelt und mit nach Hause genommen hatte) eine meiner Schallplatten sehr schätzte, die an dem Tag, an dem er beschlossen hatte, mit Sack und Pack aufzubrechen, zufällig fehlte. Ich fragte ihn unumwunden, ob er wisse, wo sie sei. Er habe sie einem gemeinsamen Freund geliehen, sagte er, der nicht in der Stadt sei und seine Hütte abgeschlossen habe. Ich war wütend, frustriert, doch ratlos. Ich wollte nicht von ihm verlangen, daß er mir das Album zeigt, denn obwohl ich es stark bezweifelte, hätte er ja die Wahrheit gesagt haben können. So beschloß ich, meinem Glaubensbekenntnis entsprechend meine Wut und Frustration wieder in die friedlichen Grenzen des ›Nicht nötig, sich aufzuregen‹ zurückzuziehen.«

Aber es war zu spät. Scott hatte sich bereits an dem von Topdog geforderten Ideal der vollkommenen Liebe und des vollkommenen Vertrauens versündigt, als er zugelassen hatte, daß er Groll, Ärger, Mißtrauen und lieblose Gefühle für seinen Freund *empfand* und sogar gewagt hatte, nach seiner Platte zu fragen. Das ruft Topdog auf den Plan, der ihn im Traum hetzt, um ihn für seinen Verstoß gegen die Vollkommenheit zu bestrafen. Scott fuhr fort:

»Wir waren in der Gruppe nach einem Dialog mit Len in die emotionale Sackgasse geraten. Len hatte recht, und ich erklärte mich bereit, es nächstes Mal besser zu machen. Ich versprach, nie wieder ihm oder anderen zu mißtrauen. Ich bat ihn, mir zu verzeihen. Dann schlug Sheri vor, ich sollte Len fragen, ob die Todesstrafe nicht reichlich hart sei, und der anschließende Dialog spielte sich etwa so ab:

SCOTT: Warum bringst du mich um? Was ich getan habe, war doch nicht so schrecklich schlimm. Laß mich in Frieden.

LEN: Ich habe dir gesagt, was du Schlimmes getan hast – und außerdem *will* ich dich umbringen.

SCOTT: Aber warum denn? Ich habe doch nichts getan.

LEN: Das ist es ja gerade. Du tust nie etwas – und ich werde dich dazu bringen. Du bist immer so wehleidig, du kleines Ekel (*springt auf und greift nach dem Revolver*).

SCOTT: Bitte nicht – warte mal. Laß uns das klarstellen. Wir brauchen doch nicht Gewalt anzuwenden, um das zu regeln.

LEN: *Ich* regele unsere Meinungsverschiedenheiten – ich bin hier der Boss – und ich werde es jetzt tun. Stirb, du winselnder Hund. Los. Tu etwas.

An diesem Punkt stürzte er sich auf mich. Ich packte sein Messer und trat ihn, so fest ich nur konnte, uncharakteristischer Weise explodierte die Erregung in mir, eine mächtige Mischung von Wut und Kraft. Topdog hatte den wehleidigen Scott schließlich zur Tat gezwungen.

Die Episode löste den Konflikt nicht völlig: ich habe ihn noch immer, aber ich werde toleranter gegenüber Teilen von mir, die ich nicht mag, und auch bereiter, anderen gegenüber Risiken einzugehen.«

Das ist ein schönes Beispiel für die Art und Weise, wie Topdog Underdog in eine totale Beziehungsfalle verstrickt, indem er zuerst darauf besteht, Scott solle seinen Erwartungen von einem demütigen, fügsamen und passiven Menschen entsprechen, der klaglos Fußtritte und Kränkungen einsteckt, und ihn dann bestraft, weil er sich alles gefallen läßt. Das letztere war es, das Scott zwang, die Blockierung zu überwinden und zur Tat zu schreiten, denn er war sich klar, daß es keine Möglichkeit gab, diesen Kampf zu gewinnen. Nur eines kann man mit einem Topdog wie diesem tun – ihn bei der ersten Gelegenheit in den Mülleimer werfen. Wenn er sich dafür entscheidet, in Gestalt eines Dieners wiederzukommen, dann ist das schön und gut – aber es dauert einige Zeit, bis er bereit ist, seine Herrschaft aufzugeben. Inzwischen ist es Scotts Sache, auf der Hut zu sein vor Comebacks wie in der Len-Episode und Topdog zu erwischen und fertigzumachen, ehe er noch mehr Schaden anrichtet.

Während Scott genau das Richtige tat, als er sich wehrte und in wacher Phantasie gegen seinen Widersacher kämpfte, wäre es ganz verkehrt, wenn Carol mit dem ihren das gleiche täte. Sie trat bei einer Traumtagung mit der Bitte an uns heran, ihr bei einem Traum mit einem beklemmenden Ende zu helfen, der sie immer noch beunruhigte. Im Traum war sie auf dem Weg zur Toilette, als ein großer schwarzer Mann sich vordrängelte, sich vor das Waschbecken stellte, sie finster und drohend anblickte und sich weigerte, wegzugehen.

Als wir nach den Ereignissen des Tages fragten, stellte sich heraus, daß sie eine Darmspülung (Klistier) erhalten hatte, als Teil des körperlichen Reinigungsprozesses, der mit einem höheren religiösen Streben einherging. Das erklärte, warum sich der Traum in einer Toilette abgespielt hatte – und es erschien klar, daß der schwarze Mann den Reinigungsprozeß verhindern wollte. Da Carol sich keinen Grund vorstellen konnte, warum »Er« das wollte, forderten wir sie auf, ihm einen Namen zu geben und mit ihm zu sprechen. George erschien angemessen, und der anschließende Dialog verlief etwa so:

CAROL: Warum gehst du mir nach und drängelst dich so herein? Geh raus.

GEORGE: Nein, tu ich nicht. Ich bin es leid, immer hinausgedrängelt zu werden. Du schaffst es immer, zuerst hineinzukommen, und jetzt bin ich an der Reihe.

CAROL: Womit an der Reihe? Geh raus und kümmere dich um deine Angelegenheiten.

GEORGE: Ich habe es satt, mich um meine Angelegenheiten zu kümmern und herumgeschubst zu werden. Du hörst nie auf mich, schenkst mir nie Beachtung.

CAROL: Warum sollte ich? Ich versuche, sauber und rein zu sein, und du bist so häßlich, schwarz und schmutzig. Du verdirbst mir alles, wenn du wie ein Hund hinter mir herläufst.

GEORGE: Das ist es ja gerade. Du bist so damit beschäftigt, rein zu sein, daß du mich wegschubst. Und ich bin ganz und gar nicht schmutzig – ich bin bloß schwarz. Na, ich bin mit meinem Latein am Ende, und wenn du mich noch einmal wegschubst, mag es sein, daß ich gewalttätig werde. Ich werde bewußt all deine Bemühungen um Reinigung sabotieren und deine Gebete, Meditationen und Träume stören.

CAROL: Aber ich weiß gar nicht, was du willst.

GEORGE: Ich will das Leben genießen. Ich will singen und lachen und spielen und tanzen.

An diesem Punkt im Dialog begann Carol zu weinen, und unter Tränen wiederholte sie die Worte »Ich will tanzen, ich will tanzen«. Es war klar, daß sie in dem Streben nach »Höherem« ihren Schatten verleugnete und versuchte, Tag ohne Nacht, Licht ohne Dunkelheit, Reinheit ohne Makel zu haben – Carol ohne George! (In Träumen wird der Schatten oft durch Neger dargestellt, weil sie dunkel, unterdrückt und von angeblich »animalischem« Wesen sind.) Wie die Neger in der Gesellschaft wird der Schatten nur dann bedrohlich und gefährlich, wenn er unterdrückt wird, denn seine Gewalttätigkeit ist eine Folge der Hilflosigkeit angesichts unerträglicher Ungleichheit. Carol erkannte, daß sie schon lange hatte lachen, singen, spielen und tanzen und sich der Bewegung ihres Körpers frei und freudig hatte überlassen wollen mit der Hingabe, die sie bei schwarzen Tänzern gesehen hatte. Schließlich stand sie auf und tanzte mit uns, und sie tanzte immer noch, als wir sie verließen – tausendmal mehr echt »fromm« als zuvor. Das Ausspülen und Reinigen mußte in Form von Tränen von innen kommen und ihre Verspanntheit und Kontraktion hinwegwaschen, nicht in Form von Klistieren von außen. Uns erschien es wie ein Mini-Satori, und ich glaube, auch Carol empfand es so, eine Explosion durch Tränen zur Freude.

John Sanford fährt in seiner Beschreibung des Schattens wie folgt fort:

»Je weniger wir uns unseres Schatten bewußt sind, um so autonomer und undifferenzierter ist sein Verhalten in uns. Dann ist es wahrscheinlich, daß er mit stark beunruhigenden Manifestationen hervorbricht, oder er kann sich – ein unsichtbares Gebilde – zwischen unsere Absichten und unsere Leistungen schieben. Aber wenn dem Schatten bewußte Anerkennung zuteil wird, werden wir finden, daß er unserer Persönlichkeit viele positive Eigenschaften hinzufügen kann und uns oft jene realistische Denkweise oder Impulsivität oder Lebensfreude oder Demut schenkt, die genau das sind, was wir zur Vervollständigung unserer Persönlichkeit brauchen, damit wir ein ganzer Mensch werden. Es ist seltsam mit dem Schatten: bei all seiner Düsternis scheint er Gott nahe zu sein.«

Der Schatten nimmt in Träumen oft die Gestalt eines Tiers an, denn die ganze westliche Zivilisation beruht auf dem Versuch, die animalische Natur sowohl in uns als auch außerhalb von uns zu unterwerfen. Seit Plato liegt der westlichen Erziehung weitgehend die Vorstellung zugrunde, daß die Seele den Körper im Zaum zu halten habe, wie ein Reiter ein Pferd im Zaum hält, und würden die Zügel je gelockert, werde das Pferd nicht nur durchgehen, sondern wahrscheinlich zu einem reißenden Wolf, einem sich suhlenden Schwein oder einer trägen Schnecke degenerieren. Erst in jüngster Zeit sind wir uns klar darüber geworden, daß das ein absolut irreführendes Modell der menschlichen Persönlichkeit ist und obendrein eine verunglimpfende Auffassung vom Tierreich. Unter natürlichen Bedingungen sind Wölfe weit eher liebevoll als mörderisch, Schweine sind nicht besonders schmutzig oder gefräßig und Schnecken nicht faul; was indes die menschliche Natur betrifft, so können Seele und Geist die Energien des Körpers ebenso wenig beherrschen wie eine Blüte die Pflanze, aus der sie gewachsen ist. Sie müssen wachsen und harmonisch zusammenarbeiten und einsehen, daß die Gesundheit des einen von der Gesundheit des anderen abhängt.

Wenn wilde Tiere wie Löwen und Tiger uns in Träumen verfolgen, dann ist es gewöhnlich ein Zeichen, daß wir versuchen »zivilisiert« zu sein auf Kosten unserer inhärenten, natürlichen Würde und Kraft. Psychologen nennen diese Energien in uns normalerweise »Aggression«, aber in diesem Begriff schwingt etwas Destruktives mit, das uns (und den Löwen und Tigern) keineswegs Gerechtigkeit widerfahren läßt. Als Fiona zum allererstenmal im Londoner Zoo einen Tiger sah, rief sie aus: »Oh, sieh dir den edlen Prinzen an!«, denn instinktiv erkannte sie eine Art von wilder, sehr sexueller Anmut, die die Menschen in sich verdrängen (Beweis: die schwächlichen Eunuchen-Prinzen der Märchen!). Die Wildheit wird nur aggressiv, wenn das Geschöpf ums Überleben und seine Freiheit kämpfen muß – und das ist der Punkt, an dem unsere »animalische Natur« sich gegen uns richtet und uns in Träumen verfolgt, weil dem Lebensstil, den wir für uns zu schaffen versuchten, etwas fehlt, das für unser Wohlergehen absolut lebenswichtig ist.

Jetzt, da ich mich dem Ende dieses Buches nähere, wird zum Beispiel mein Traumtiger immer ungeduldiger, er will die lieblichen Gegenden von Florida verlassen und andere Landstriche und Wüstengebiete der Welt aufsuchen. Erst letzte Nacht kam er aus seiner Fallgrube im Garten (wo ich ihn gefangenhalte, und das erschien im Traum ganz logisch) heraus und jagte uns alle ins Haus, und in einem anderen Traum, in dem ich flog, sah ich ihn tief unten und winkte ihm zu, woraufhin er drohend fauchte. Meine animalische Natur – mein Bedürfnis nach »Wildheit« – wird unruhig und ungeduldig, weil ihr so lange verwehrt wurde, sich zu äußern. Es ist kein Leben für ein edles Dschungelgeschöpf, den ganzen Tag an der Schreibmaschine zu sitzen, nicht durch die Wildnis streifen zu können, aus Mangel an Bewegung Fettpolster anzusetzen und in allen Gelenken mit Ausnahme der Finger steif zu werden – und täglich ein bißchen Joga ist kein Ersatz! Ich habe meinem Tiger für sehr bald einen Szenenwechsel versprochen, obwohl mir, bis das Buch fertig ist, keine andere Wahl bleibt, als »über ihn erhaben zu sein«. Es erinnert mich an meine wiederkehrenden Alpträume während der Schwangerschaft, in denen ich von Wildkatzen, Hunden und Wölfen verfolgt wurde, was die Art und Weise widerspiegelte, wie ich den Wunsch meines Körpers, ganz in der Mutterschaft aufzugehen, unterdrückte. Tatsächlich versuchte ich, über all diesen weiblichen Unsinn erhaben zu sein, indem ich bis zur letzten Minute arbeitete und die Geburt nur als eine Nebenbeschäftigung neben meiner Promotion zum Dr. phil. ansah. Meine katastrophische Erwartung war, daß meine Hormone, wenn ich ihnen auch nur einen Fingerbreit nachgab, mich prompt in einen mütterlichen Kohlkopf verwandeln würden.

In unseren Workshops fällt uns besonders die Tatsache auf, daß viele bleiche, kränklich aussehende Studenten, die danach trachten, den Anforderungen der Gegenkultur an universale Sanftheit und Gelassenheit zu genügen, mehr Alpträume haben, als recht und billig ist, und das ist fast immer ein Hinweis darauf, daß sie ihre animalischen Energien auf höchst gefährliche Weise verleugnen. Mir scheint, die Gegenkultur müßte sich etwas einfallen lassen, um den Energien des Körpers auf konstruktivere Weise Ausdruck zu geben als durch Flötenspiel, Musik hören, Gedichte schreiben oder Töpfern. Wenn uns gesagt wurde, der Löwe werde neben dem Lamm liegen, dann bedeutet es gewiß nicht, daß der Löwe ein Lamm werden sollte. Jesus, der das Lamm Gottes genannt wurde, brüllte gelegentlich wie ein Löwe (gewöhnlich schrie er Topdogs an), und mir scheint, daß Blake den Sinn einer psychologischen Wahrheit zum Ausdruck bringt, wenn er in *Die Vermählung von Himmel und Hölle** schreibt:

> Der Stolz des Pfauen ist Gottes Herrlichkeit.
> Die Geilheit des Bockes ist Gottes Großmut.
> Der Zorn des Löwen ist Gottes Weisheit.

Das Brüllen der Löwen, das Heulen der Wölfe, das Wüten der stürmischen See und das vernichtende Schwert sind Teile der Ewigkeit, zu groß für das Auge des Menschen . . . Niemals verlor der Adler soviel Zeit, als da er sich herabließ, von der Krähe zu lernen.

Ein weiterer, sehr verbreiteter »Körper-Underdog«, der in unserer Gesellschaft viel Unheil anrichtet, ist derjenige, der die Menschen veranlaßt, zu viel zu essen und zu viel zu trinken. Sara, deren Traumglossar im Anhang er-

* Deutsche Ausgabe München, 1975; übers. von Lillian Schackerl

scheint, ist ein vollendetes Beispiel dafür, wie vergeblich der Versuch ist, einem solchen Underdog mit repressiven Bestrafungen beizukommen, und wie Sie sehen werden, heilte sie ihre Trunksucht dadurch, daß sie der angeborenen Natur ihres Underdogs vertraute, statt ihn zu Tode zu prügeln – was immer Exzesse zur Folge hatte. Der Körper hat seine eigenen Kontrollen, und wenn wir über die Stränge schlagen, dann liegt es an der seelischen Verfassung und dem Lebensstil, außer in den seltenen Fällen, in denen die Drüsen nicht funktionieren. Damit soll nicht gesagt sein, daß Sie nicht mit Maßen diät leben und Selbstbeherrschung üben sollten – nur wenn Sie immer wieder scheitern, dann sollten Sie es besser mit einer anderen Methode versuchen und den Körper fragen, was er *wirklich* will, denn es ist ein sicheres Anzeichen, daß Sie ihm etwas Wichtiges vorenthalten.

Der folgende Traum von Gladys Davis Turner, der Sekretärin des verstorbenen Edgar Cayce, veranschaulicht, wie überlegt sie das Diätproblem anpackte und wie ihr Herz darauf reagierte. Hier ist er in ihren eigenen Worten:

»Zuerst die Vorgeschichte: seit mehreren Jahren aß ich keine Schokolade, weil ich etwas allergisch dagegen bin, nachdem ich in meiner Jugend des Guten zuviel getan hatte. Am Samstag, dem 15. September 1973, verließ ich um 19 Uhr die ARE-Vorstandssitzung, bei der ich seit Freitag, 16 Uhr, als Sekretärin fungiert hatte, nur unterbrochen von Essen und Schlafen. Wir hatten die Sitzung ohne Abendessen fortgesetzt, damit wir uns nicht abends noch einmal zusammensetzen mußten. Auf dem Nachhauseweg hielt ich am Lebensmittelladen an, um ein paar Dinge zu kaufen, und dachte, ich nehme auch etwas für einen kleinen Imbiß mit, denn ich wollte keine große Mahlzeit einnehmen, nachdem ich zwei Tage lang nur gesessen und gegessen hatte. Als ich durch die Reihen ging, befand ich mich plötzlich am Süßwarenstand, und mein Blick fiel auf eine Packung Mandeln in Milchschokolade, ein viertel oder vielleicht ein halbes Pfund. Ich dachte: ›Ich habe lange keine Schokolade gegessen. Schokolade ist nahrhaft, und ich weiß, daß Mandeln gut für mich sind. Vielleicht wird es mir nichts schaden, gelegentlich welche zu essen, so ein oder zweimal im Jahr.‹ Ich kaufte sie also, und auf dem Nachhauseweg im Auto futterte ich, bis die Packung leer war. Es schmeckte so gut und war so sättigend. Ich fand, es war sogar ein bißchen Kopfschmerzen wert. Nachdem ich eine Weile im Haus herumgewirtschaftet hatte, trank ich ein Glas Milch und ging ins Bett. Keine üblen Folgen am nächsten Morgen, und ich erinnerte mich an folgenden Traum:

Ich arbeitete in meinem Haushalt, tat dies und jenes und war sehr beschäftigt. Rechts von meiner hübschen, großen Küche war ein großer Raum, ähnlich wie eine verglaste Veranda oder eine Garage, aber sehr hübsch und ordentlich und gemütlich. Ich dachte dauernd: ›Ich muß jetzt aufhören und das

Schwein füttern.‹ Dennoch pusselte ich weiter herum mit diesem und jenem, bis ich mir schließlich sagte: ›Ich habe das Schwein ja seit *Tagen* nicht gefüttert – ich muß jetzt einfach aufhören und es füttern!‹ Ich ging auf die Veranda, wo das Schwein in einer großen quadratischen Kiste gehalten wurde, wie eine Hutschachtel, aber aus Holz; kein Lattenverschlag, sondern eine Kiste mit Deckel. Ich nahm den Deckel ab, und da schaute ein hübsches kleines weißes Schwein (schneeweiß) mit blauen Augen zu mir auf und lächelte mich an!«

Da Gladys' Augen auch blau sind, fiel es ihr nicht schwer, die Bedeutung des Traums zu erkennen, und sie wußte es zu würdigen, wie humorvoll er ihre katastrophische Erwartung parodierte, daß ihr Entschluß, die Schokolade zu kaufen, der sich doch nur aus der Lage der Dinge ergeben hatte, der erste Schritt auf dem schlüpfrigen Weg hinunter in den Schweinestall sei! Hätte sie weiterhin die absolut vernünftigen Bedürfnisse ihres Körpers verleugnet, hätte sie womöglich einen wilden Eber gefunden, der aus der Veranda ausbrach. Gladys' Traum veranschaulicht noch eine weitere psychologische Tatsache – daß, wenn wir unseren Mut zusammennehmen, um Topdog zu trotzen und den Bedürfnissen von Underdog Aufmerksamkeit schenken, er sofort unser Freund wird, selbst wenn wir ihn lange vernachlässigt haben. Underdog ist ein versöhnliches Geschöpf und nicht rachelüstern. Als John einen seiner Traumtiger vorsichtig mit dem Fuß streichelte, schnurrte er: »Es bedarf so weniger Liebe.«

Träume von Flutwellen und Ertrinken

Jeff, einer unserer Studenten, der im ersten Jahr auf dem College war, träumte einmal:

»Ich bin im Keller meines Hauses, als das Telephon läutet. Es ist mein Freund Bill, der mich bittet, rasch zu seinem Haus zu kommen. Das tue ich und frage ihn, was los sei. Offenbar braucht er Hilfe, um sein Hemd und seine Jacke auszuziehen. Ich helfe ihm, aber dann merke ich, daß noch etwas nicht stimmt, und sehe mich im Haus um. Zuerst gehen wir in die Dachkammer. Da liegen kleine Statuen herum, und der Raum ist ziemlich gut beleuchtet. Links von der Tür sind fünf Lichtschalter, die angehen. Nachdem ich mich rasch umgesehen habe, fällt mir nichts Interessantes auf, und ich knipse die Schalter aus, aber nicht alle Lampen gehen aus. Wie sehr ich mich auch bemühe, ich kann sie nicht alle ausschalten. Insbesondere eine blaue Lampe, die eine blaue Statue bescheint, will einfach nicht ausgehen.

Ich drehe mich um und sehe meinen Freund und meinen Bruder die Treppe zu mir heraufkommen. Mein Bruder ist sehr ärgerlich, daß ich in der Dachkammer bin und mit den Lampen herumfummele. Ich erkläre, daß sie nicht ausgehen und zeige es . . . und als ich nach oben schaue, sehe ich ein buntes

Glasfenster in der Decke und höre Wasser darauf klatschen. Im nächsten Augenblick bricht die Scheibe, und das Wasser ergießt sich auf alles. Mein Freund und mein Bruder rennen mit mir die Treppe hinunter, und ein paar Minuten später sind wir unten. Das Wasser strömt durch das ganze Haus, als ob eine große Flut sich darüber ergösse, und mein Bruder befiehlt mir, auf eine Seite des Zimmers zu gehen, weil das Haus sich neigt und umkippen wird, wenn es nicht durch mich im Gleichgewicht gehalten wird. Ich tue es und nehme es sehr übel, daß ich herumkommandiert werde. Als ich zu der Seite des Zimmers gehe, sehe ich eine Falltreppe zum Keller, der sich rasch mit Wasser füllt. Unten steht meine zwölfjährige Schwester, und ich versuche verzweifelt, sie vor dem Ertrinken zu retten, als ich aufwache.«

Jeff arbeitete diesen Traum allein durch als Teil seiner Semesterschluß-Arbeit und deutete ihn wie folgt:

»Die Dachkammer mit den Statuen und all den Lampen ist eine Kirche, und das geht insbesondere daraus hervor, daß das Licht über der blauen Statue anblieb, als ich die Lampen ausknipste. Ich bin katholisch, und ich weiß nicht, ob Sie je eine katholische Kirche gesehen haben, aber ich bin abends in unsere Kirche gegangen, wenn keine Lampen brannten und alles dunkel war außer der blauen Statue vorn, die, wie es in vielen Kirchen üblich ist, mit Kerzen beleuchtet wurde. Auch das bunte Glasfenster wies auf eine Kirche hin.

Ich frage mich: ›Warum bin ich in die Dachkammer gegangen?‹, und die Antwort lautete etwa so: Etwas in meinem Leben im College ist nicht in Ordnung, und ich versuche herauszufinden, was es ist. Zuerst untersuche ich die Kirche – das heißt die Lehren meiner Kirche. Die ganze Kindheit hindurch und in den Jahren auf der höheren Schule war mein Leben zu Hause beeinflußt durch die Ethik meiner Eltern. Ich kam gar nicht auf die Idee, nicht in die Kirche zu gehen, denn ich wußte, daß meine Eltern es von mir erwarteten. Nachdem ich ins College kam, hat sich meine Ethik indes ziemlich geändert. Ich denke jetzt sehr viel nach und tue manches, was ich daheim nie getan hätte. Jeder emotionale Konflikt, den ich hatte, seit ich hergekommen bin, beruhte auf moralischen Problemen, und das kostete mich viel Zeit und Energie. Vielleicht weil ich vor dem Angst hatte, was ich von mir selbst halten könnte, habe ich diese Angelegenheiten sozusagen in meinem Inneren verschlossen und weitergelebt in der Annahme, sie seien vergessen. Meine Träume schienen jedoch anderes auszusagen.

Mein Freund Bill und ich sind die einzigen, die aus dem Norden (der Gegend des kalten, puritanischen Lebens) in den Süden (Wärme, Leidenschaft, Sex) gekommen sind, und ich helfe ihm, seine moralischen Verbote abzustreifen (seine Kleider auszuziehen), was zeigt, daß mein Herz dafür ist, aus den alten Beschränkungen auszubrechen. Es gelingt mir – aber dann kommt

Gottes Zorn über mich. Mir fällt ein, daß Calvin Hall in seinem Buch *The Meaning of Dreams* den ›Keller‹ erwähnt, und ich schlage es nach – ein Ort, wo ›niedrige‹ Impulse hinter Schloß und Riegel gehalten werden – und in der Kirche (der Dachkammer) wird meine religiöse Ethik aufbewahrt. Ich assoziiere das herabströmende Wasser mit ›dann kam die Große Flut und ertränkte alle Sünder des Landes‹, das heißt, ich fühlte, daß Gottes Zorn über mich kam, weil ich nicht an meinem moralischen Kodex festhielt. Ich wählte die Wasserflut genau wie das Alte Testament, um Gottes Zorn zu schildern!«

Jeff führte mit seinem Traum-Bruder einen Dialog, der ihm sagt, daß er mit seiner lockeren Moral »die Dinge aus dem Gleichgewicht bringe«, und er müsse wieder auf die Seite des Rechts gehen, sonst werde das ganze Haus einstürzen. Das ist natürlich die typische Topdog-Lüge – aber Jeff nimmt sie ihm im Traum ab und tut, was ihm geheißen wird, wenn er es auch sehr übelnimmt, herumkommandiert zu werden. Ein weiterer Dialog mit seiner Schwester verlief folgendermaßen:

JEFF: Warum bist du im Keller? Das ist sehr gefährlich.
SCHWESTER: Es ist dein Traum. Du hast mich da hingebracht, und es ist deine Schuld, wenn mir etwas passiert. Da siehst du, was du angerichtet hast, als du mit den Lampen herumgespielt hast. Du hättest sie nicht anrühren sollen.

Jeff beendete seinen Aufsatz wie folgt:

»Sie rief bei mir Gewissensbisse hervor wegen des Aufruhrs, den ich verursacht hatte. Ebenso würde ich Gewissensbisse haben wegen des Kummers, den ich meinen Eltern bereite, wenn sie entdecken, daß meine Anschauungen jetzt nicht mehr mit ihrer Ethik übereinstimmen. Der Traum ermöglichte mir, mich hinzusetzen und mit mir selbst zu reden: den Konflikt auflösen und nicht länger die Energie aufbringen, die nötig ist, um das Problem weiterhin aus meinem Bewußtsein herauszuhalten. Meine Träume scheinen jetzt eine bedeutungsvollere Form anzunehmen. Sie scheinen schöne Werke zu sein, die ich geschrieben und hervorgebracht habe, und sie haben so viel über mich zu sagen, daß es mir leid tut, daß mir so viele entgangen sind.«

Jeff sagt nichts darüber, wie sein Selbstgespräch verlief, aber ich hoffe, daß es etwa folgendermaßen war:

DER NEUE JEFF (Underdog): Ich bin jetzt erwachsen und kein Kind mehr. Wenn ich alt genug bin, um Soldat zu werden, dann bin ich auch alt genug, um selbst über meine Ethik zu bestimmen. Von jetzt an werde ich entsprechend der Situation und nicht nach irgendwelchen Regeln leben, und wenn ich gegen einige von euren moralischen Vorschriften verstoße, dann darum, weil ich sie unnütz und überholt finde. Ich bringe die Dinge nicht aus dem Gleichgewicht und mache auch der Familie keine Schande – ich bin nur zur Abwechslung mal ich selbst. Das ist eben deine katastrophische Erwartung – also halt den Mund und laß mich zufrieden.

DER ALTE JEFF: Na, ich weiß nicht, es klingt alles so gefährlich.

DER NEUE JEFF: Unsinn, ich bin alt genug, um selbst für mich zu denken, und du mußt mir einfach vertrauen. Und du weißt auch, daß du mir vertrauen *kannst*. Es ist nicht wahrscheinlich, daß ich über die Stränge schlage – so einer bin ich nicht. Und außerdem, vergiß nicht, daß im Traum eine Lampe nicht ausgehen wollte, so sehr ich mich auch bemühte. Solange diese Lampe brennt, brauchst du dir um mich keine Sorgen zu machen.

»Gib mir ein Kind, ehe es sieben Jahre alt ist«, sollen die Jesuiten einst gesagt haben, »und ich werde dir den Mann geben.« Jeff ist ein gutes Beispiel dafür, wie recht sie hatten – aber es steht zu hoffen, daß seine Arbeit mit Träumen ihn in einem gewissen Maß erlösen wird. Bei eben diesem inneren Topdog bezweifle ich, daß Jeff die Dinge sehr aus dem Gleichgewicht bringen wird – es sei denn natürlich, Underdog ist am Ende seines Lateins angelangt, und in diesem Fall kann alles Mögliche passieren. Ethik ist für Menschen geschaffen worden, nicht der Mensch für die Ethik, aber man muß ein Held sein, um für seine Bedürfnisse einzutreten. Ich hoffe, Jeff wird den Mut haben, eben diesen Topdog auf den ihm zukommenden Platz zu verweisen – die Gesindestube – und als sein eigener Herr ein frohes Leben führen.

Wenn Fluten und Flutwellen als Topdogs in Träumen erscheinen, bin ich niemals überrascht, wenn ich entdecke, daß der Träumer in der jüdisch-christlichen Tradition erzogen wurde, denn ich weiß, daß das Gottes Methode war, um Sünder zu bestrafen. Andererseits ist Wasser für viele Menschen, zu denen ich auch gehöre, ein Symbol des Unbewußten und der Gefühle. Ich werde in meinen Träumen oft von Flutwellen bedroht, wenn ich tagsüber Tränen oder Ärger im Zaum gehalten habe – eine unzweideutige Botschaft, sie nächstes Mal nicht zu unterdrücken. Der Ozean des Unbewußten wird nur dann zu einer Flutwelle, wenn wir ihn nicht strömen lassen wollen, und unsere Gefühle drohen uns zu überwältigen, wenn wir versuchen, sie zu knebeln. Gefühle sind nicht etwas Mißliches, das uns ständig von höheren Dingen ablenkt, wie viele Menschen in unserer Gesellschaft glauben: sie sind die Quelle, aus der unsere Vitalität sprudelt, wenn wir auf die Welt reagieren, und wir brauchen sie nicht in Schach zu halten, denn sie erfüllen ihre Funktion in dem ihnen eigenen, natürlichen Rhythmus je nach der Situation.

Lähmungsalpträume

In den Perioden des REM-Schlafs, wenn die meisten Träume auftreten, ist das motorische System des Körpers immobilisiert, und darum fällt es uns so schwer, während eines Alptraums aufzuschreien. (Zum Schlafwandeln und Reden im Schlaf kommt es normalerweise in Nicht-REM-Perioden, wenn sich der Körper wieder bewegen kann.) Es mag ein Zusammenhang bestehen zwischen dieser Lähmung des Körpers und der häufigen Erfahrung, daß man sich in Träumen nicht zu bewegen vermag, aber es kann kein direkter Zusammenhang sein, denn wenn dem so wäre, müßten wir in allen unseren Träumen gelähmt sein, und das ist gewiß nicht der Fall. Nach derselben Logik ist es falsch, Lähmungsträume damit wegzudisputieren, daß man sagt, die Bettdecken müßten zu schwer gewesen sein. Wenn die träumende Seele sich die Mühe macht, solche körperlichen Empfindungen aufzugreifen, dann immer darum, weil der Traum ein Gefühl zum Ausdruck bringt, daß etwas oder jemand den Träumer in seinem gegenwärtigen Leben »lähmt«.

Bietet Ihr Traum keinen objektiven Hinweis auf einen anderen Menschen oder ein Geschehnis in Ihrem derzeitigen Leben, dann spiegelt er wahrscheinlich die Tatsache wider, daß Sie gegenwärtig in einer Sackgasse sind, weil Topdog und Underdog Sie mit gleicher Kraft in entgegengesetzte Richtungen ziehen. Als ich jünger war, hatte ich zum Beispiel wiederkehrende Träume, in denen ich von Männern verfolgt und in dem Augenblick gelähmt wurde, in dem sie mich schnappten. Damals hatte ich keine Ahnung, was diese Träume bedeuteten, aber jetzt ist mir klar, daß ich mich insofern in einer Sackgasse befand, als meine sexuellen Bedürfnisse sich äußern wollten, aber von einem Gewissen lahmgelegt wurden, das die Erlaubnis nicht geben konnte. Die Träume zeigten deutlich, daß Underdog bekam, was er wollte, und gleichzeitig das Gesicht wahrte – denn wer kann einem von Lähmung Befallenen Vorwürfe machen? Und das war es, was ich im Wachleben tatsächlich tat: ich gab unbewußte sexuelle Signale, die die Männer veranlaßten, mich zu verfolgen, und dann machte ich sie völlig verantwortlich für die Folgen. Hätte ich meine Träume damals verstehen können, hätte ich mir sehr viel unerfreuliche Begegnungen ersparen können.

Herb, ein Werbefachmann, berichtete in einem unserer Workshops von einem Traum, in dem er einen Nachmittag blau gemacht hatte und durch die Straßen von New York schlenderte, und als er zum Times Square kam, wimmelte es da von Gammlern. Ein kleiner Mann sprach ihn an und fragte, ob er auf dem Weg zur Arbeit sei; als er das verneinte, sagte der kleine Mann: »Oh, dann werden Sie davon was haben wollen – 20 Dollar für sechs«, und er drückte Herb etwas Hasch in die Hand. Voll Angst, die Polizei könnte es bei ihm finden, ließ Herb das Päckchen fallen und wollte weggehen, aber er stellte fest, daß er völlig gelähmt war – und er wachte zu Tode erschrocken auf, als der kleine Mann drohend auf ihn zukam. Als wir den Traum durcharbeiteten, ergab sich, daß Herbs »puritanischer Ethik-Topdog« die katastrophische Erwartung hatte, daß ein blau gemachter Nachmittag unweigerlich dazu führen würde, daß er als Drogensüchtiger in der Gosse ende. Die weitere Arbeit an dem Traum ließ erkennen, daß Underdog entschlossen war, sich um keinen Preis einschüchtern zu lassen: er war im Geschäftsleben mit seinem Latein am Ende und versuchte den Mut aufzubringen, aus der Hetzjagd auszusteigen. Kaum war sich Herb darüber klar geworden, daß sein Underdog verzweifelt war und alle Anstrengungen bei der Arbeit sabotieren würde, beschloß er, den Sprung zu wagen. Das letzte, was wir von ihm hörten, war, daß er an einem Navigationskursus teilnahm, weil er mit dem eigenen Boot die pazifischen Inseln umsegeln wollte – und da gibt es weit und breit keinen Drogensüchtigen!

Edgar Cayce vertrat die Ansicht, daß Lähmungsträume auf die Notwendigkeit hinweisen, die Ernährungsweise zu ändern; ich habe zwar keinerlei Beweis für die Richtigkeit gefunden – denn die Ursachen sind gewöhnlich psychischer Art –, doch ist der Gedanke gewiß erwägenswert. Den meisten von uns würde es nur gut tun, wenn wir unsere Ernährung umstellten.

Alpträume in wacher Phantasie auflösen

Die einfachste Methode, mit einem Alptraum zu verfahren, ist, ihn nach den in den bisherigen Beispielen dargestellten Richtlinien in wacher Phantasie fortzusetzen. Kommt im Traum eine bedrohliche Gestalt vor, die Sie verfolgt, angreift oder festnimmt, dann verleihen Sie ihr eine Stimme und fragen Sie sie, was sie von Ihnen wolle. Konnten die Geschehnisse des Tages keinen Aufschluß darüber geben, ob es sich um einen Topdog oder einen Underdog handelt, dann wird ein Dialog in wacher Phantasie seine Identität bald offenbaren. Wenn er anfängt, Sie zu beschimpfen und zu schikanieren, dann ist es zweifellos ein Topdog, der Sie bestrafen will, weil Sie während des Tages einem Bedürfnis nachgegeben haben, aber wenn er jammert und Sie anfleht, etwas zu tun, und droht, Ihre Pläne zu vermasseln, wenn Sie es nicht tun, dann ist es ein Underdog, der nach Anerkennung trachtet, weil Sie ihn tagsüber irgendwie unterdrückt haben. Ob sich das Ungeheuer nun als Topdog oder Underdog herausstellt, Sie können es der erschreckenden Energie berauben, die es im Traum hatte, wenn Sie ihm eine Stimme verleihen und für sich selbst sprechen lassen. Der Konflikt tritt dann zutage, und Sie können sich damit auseinandersetzen.

Es gibt natürlich Alpträume, die nicht in das Topdog/Underdog-Schema passen und schlichte Aussagen über eine Situation in Ihrem Leben sind. Auch sie können durch Dialoge in wacher Phantasie ihres Schreckens entkleidet werden – und wenn das geschieht, stellen wir fest, daß Chaucer recht hatte, als er sagte, Gott wende jeden Traum zum Guten. Ann, die Psychologie-Professorin, deren Traum von sich als erster Mond-Astronautin in Kapitel 8 beschrieben wurde, gab mir ein schönes Beispiel von einem entsetzlichen Alptraum, der sich nach Durcharbeitung als eine wirklich liebevolle und fürsorgliche Botschaft ihres inneren Selbst entpuppte. Sie beschreibt ihn wie folgt:

»Ich hatte einen wundervollen Traum, der zeigt, daß die Traumkraft scheinbar mit schrecklichen Vorstellungen daherkommt, während sie in Wirklichkeit Schönheit und Freundlichkeit bringt. Ich hatte gerade ein herrliches Wochenende mit dem gegenwärtigen Mann in meinem Leben verbracht und bat Traumkraft daher, mir zu sagen, was ich im Grunde meines Herzens für ihn empfinde – das heißt, wie beurteile ich selbst eine Liebesbeziehung im gegenwärtigen Augenblick?

Ich träumte, daß ich große Maden erbrach und kleine Maden an meinem Auge nagten. Meine Mutter sah mir die ganze Zeit zu, während ich im Badezimmer vor einem Spiegel stand und mich ins Waschbecken erbrach. Mein Vater war in einer Telephonzelle, fragte sich, was um Himmels willen mit mir nicht stimmte, und rief ziemlich beiläufig einen Arzt an.

Ja, der Traum war beängstigend, abstoßend – aber als ich ihn in einer kleinen Gruppe von Freunden und Studenten durchspielte, merkte ich bald, daß die Bildersprache von Traumkraft gutgemeint war. Ich redete zuerst mit den großen Maden, und der Dialog entspann sich so:

ANN: Wer seid ihr, und was tut ihr in mir?

GROSSE MADEN: Wir sind väterliche Maden – hervorgegangen aus all dem Kummer und Ärger, den du empfunden hast, weil dein Vater dich ablehnte. Vor einem Jahr hast du an deinem Motorrad-Traum gearbeitet und deinen Vater in der Phantasie konfrontiert. Da hast du eine Menge von uns aus deinem System hinausgebracht – aber ein paar von uns sind noch drinnen. Wir sind schon seit deiner Kindheit hier, deshalb ist es nicht überraschend, daß es einige Zeit dauert, bis wir weg sind. Wir tauchten letzte Nacht in deinem Traum auf, weil du eine Versicherung brauchst, daß du uns wirklich los wirst, und all dieses Husten auf deinen Vater bewirkt, daß wir aus deinem System hinausgeworfen werden.«

Der Motorrad-Traum, der ausführlich in Kapitel 13 beschrieben wird, verweist zurück auf eine unserer Traumgruppen im vorigen Jahr, an der Ann teilnahm und bei der sie im Dialog ihren Vater konfrontierte und einige der Gründe begriff, warum er sie immer abgelehnt hatte. Wie sie sagt, waren damals viele große Maden erbrochen worden, aber der letzte Traum kam, um ihr zu sagen, daß die Sache noch nicht ganz abgeschlossen ist, daß sie ihren Vater noch nicht völlig freigesprochen und ihm verziehen hat, daß immer noch etwas Kränkung und Zorn zurückgeblieben sind, doch daß sie sich langsam davon befreit.

Und dann sprach Ann mit den kleinen Maden:

ANN: Wer seid ihr und warum nagt ihr an meinem Auge?

KLEINE MADEN: Wir sind junge Maden und nähren uns von deinem Ich. Wir sind jung, weil wir noch nicht lange da sind, erst seit deiner Scheidung. Wir werden von deinem Ich zu guter Letzt ablassen, aber wir kamen, um dir zu sagen, daß immer noch einige von uns da sind und du das nicht vergessen und dich nicht so bald wieder verlieben darfst. Wenn du jetzt eine enge Beziehung zu einem anderen Mann eingehst, könnten wir und die großen Maden es hintertreiben, also sei geduldig.

ANN: Aber was kann ich tun, um euch los zu werden? Ich mag es nicht, wenn ihr an meinem Ich zehrt.

KLEINE MADEN: Ach, mach nur weiter mit dem, was du tust, und schlafe mit dem jetzigen Mann, der sehr gut für dich ist, aber denke noch nicht ans Heiraten. Verhalte dich natürlich und ungezwungen bei der ganzen Angelegenheit und laß den Dingen ihren Lauf – das ist heilsam für das Ich.

ANN: Aber wie kann mein Ich heilen, wenn ihr an ihm nagt?

KLEINE MADEN: Ach, hör mal, Ann. Du bist doch nicht so schwach. Dein Ich ist stark wie ein Pferd. Es kann uns noch eine Weile in sich behalten. Versuche nicht, uns durch einen Spray oder Injektionen loszuwerden – das würde den Organismus nur noch mehr vergiften. Laß es einfach eine Weile, wie es ist – deine Psyche ist groß genug, um diese Trauerperiode bis zum Ende durchzustehen. Sie wird zu ihrer Zeit auf ihre natürliche Weise ein Ende nehmen, und wir werden uns dann ganz von allein verflüchtigen. Laß alles, wie es ist – jedenfalls im Augenblick.

Die Botschaft an Ann war klar. Die Verletzung in der Kindheit war eine tiefe, innere Wunde, die, als Ann dreißig war, trotz sehr konstruktiver Arbeit mit Träumen immer noch schwärte. Der Kummer wegen der Scheidung dagegen ist erst zwei Jahre alt und hat dem Ich oder dem äußeren Selbstbild weniger schwer zugesetzt. Doch auch das braucht Zeit, um zu heilen. Der Traum warnt Ann, sich nicht in eine neue Ehe zu stürzen, bloß um ihr Selbstbild zu retten und zu beweisen, daß sie kein Versager ist, sondern die Dinge leicht zu nehmen und die Verletzung von selbst heilen zu lassen, wenn es so weit ist. Ann schloß ihre Beschreibung des Traums und des Dialogs mit der Bemerkung: »Liebe Traumkraft, du bist so fürsorglich und liebevoll und beschützt mich.«

Alpträume durch Bitten an Traumkraft aufklären

Obwohl die Bildersprache von Anns Maden-Traum entsetzlich und erschreckend war, konnte sie den Traum im Dialog fortsetzen und herausfinden, daß die Botschaft in der Tat gutgemeint war. Manche Alpträume sind indes so fürchterlich, daß sie den Träumer zu weiterer Arbeit an ihnen unfähig machen. Das war der Fall bei Anns Traum von dem »großen, häßlichen Ohr«, den sie in demselben Brief beschrieb:

»Ich träumte, ich schaute in den Spiegel und sah mich mit einem großen, häßlichen Ohr, aus dem nach allen Seiten Fühler herausstanden. Daneben auf meiner Wange war ein großer, häßlicher roter Fleck wie eine Dessertschale. Das erschreckte mich so, daß ich voll Angst aufwachte und lange nicht wieder einschlafen konnte, und das fürchterliche Bild stand mir tagelang vor Augen, so daß ich nicht an dem Traum arbeiten konnte. Da ich schon früher mit den Ohren zu tun gehabt hatte, ging ich zum Arzt und ließ mich untersuchen, denn ich fürchtete, taub zu werden, aber alles war in Ordnung. Es kostete mich 30 Dollar, daß ich meinen Traum mißverstanden hatte! Dann beschloß ich, Traumkraft um einen aufklärenden Traum zu bitten und mir dieselbe Botschaft in weniger erschreckender Form zukommen zu lassen. Mehrere Nächte später sagte ich also vor dem Einschlafen: ›Traumkraft, du hast mich zu Tode erschreckt. Bitte, sag mir, was das große, häßliche Ohr bedeutet.‹

Aufklärender Traum: Ich bin eine College-Studentin und wohne wieder bei meinen Eltern. Eine meiner jetzigen Studentinnen, Betsy – eine Jesus-Freak –, besucht mich, daher lege ich eine religiöse Platte auf, *Jesus Christ Superstar*, und hoffe, das werde die Kluft zwischen uns überbrücken, denn ich halte die Art und Weise, wie sie jetzt von der Religion Gebrauch macht, für neurotisch und ungesund. Als sie kommt, nenne ich sie Barbara, obwohl ich sie als meine wirkliche Studentin Betsy erkenne.

Deutung: Der zweite Traum zeigt mir das auslösende Moment des ersten Traums, das ich in dem Entsetzen über den Traum selbst ganz vergessen hatte. Zur Zeit des Traums von dem großen Ohr zensierte ich die Arbeiten meiner Studenten, und es fiel mir besonders schwer, Betsys Arbeit über die Jesus-Freaks zu kommentieren. Ich war ihr gegenüber ablehnend eingestellt, weil ich all dieses Jesus-Theater für entsetzlich ungesund halte, genau wie ich jetzt meine frühere orthodoxe Auffassung von Religion als ungesund ansehe. (Ehe ich Psychologie studierte, war ich in einem kirchlichen Seminar und wurde später Campus-Geistliche, aber mir ist das so peinlich, daß ich es niemandem sage.)

Das große, häßliche Ohr mit vorstehenden Fühlern ist ein schönes Bild der Art und Weise, wie ich ständig auf der Lauer liege, um alles aufzuspüren, was irgendwie nach neurotischer Religiosität riecht, und dabei zu vermeiden hoffe, selbst mit dem religiösen Klischee gebrandmarkt zu werden und mein Vorstellungsbild als die tüchtige, rationale, ernsthafte Psychologin zu erhalten. Der Traum sagt eindeutig, daß mein ablehnendes Verhalten mich keineswegs freispricht, sondern daß ich nur um so stärker davon geprägt bin, denn es ist allgemein bekannt, sogar unter Laien, daß wir das, was uns an uns selbst am meisten mißfällt, auf Sündenböcke projizieren.

Doch mein zweiter, aufklärender Traum scheint darauf hinzuweisen, daß ich nicht so hart gegen mich sein sollte. Meine religiöse Vergangenheit war eine Brücke, die von einem religiösen Stadium zum anderen führte. Als Studentin war ich wißbegierig und forschend, und als Campus-Geistliche war ich fürsorglich und teilnehmend und versuchte, anderen bei ihrer Suche nach der Wahrheit zu helfen. Während die äußere Form meiner Religiosität ein bißchen neurotisch gewesen sein mag, war ihre Grundlage – das Streben nach Wahrheit und Güte – fundamental gut. Als ob mir der Traum diese Botschaft ganz klar machen wollte, läßt er mich Betsy mit dem Namen meiner schönen Freundin Barbara in Boston anreden und sagt mir damit, ich solle unter die Oberfläche schauen und die grundlegende Schönheit in Betsy und in ihrem jetzigen religiösen Streben erkennen.

Ergebnis: Mir wurde dadurch klar, daß ich immer noch solche Angst davor habe, unter das Klischee ›fromm und tugendhaft‹ zu fallen, daß ich nichts unversucht lasse, um möglichst ›unheilig‹ zu erscheinen – Rauchen, Trinken und mit Männern schlafen –, und wahrscheinlich in stärkerem Maße, als ich von Natur aus täte. Von jetzt an werde ich versuchen, meine eigene Güte und Frömmigkeit zu akzeptieren, was nicht bedeutet, als religiöse Fanatikerin abgestempelt zu sein, und ich hoffe, es wird mir ermöglichen, die Güte zu akzeptieren, die bei anderen unter der Oberfläche liegt. Nur auf diese Weise werde ich mein natürliches Selbst werden – und das große Ohr nicht brauchen.

Ich hatte auch eine sehr befriedigende Unterhaltung mit Betsy. Ich erzählte ihr von meinem Traum, und im Laufe des Gesprächs wurde mir klar, daß sie wirklich ein prächtiger Mensch ist. Und sie sagte mir, sie habe erkannt, daß ich eine Art Frömmigkeit habe, die sich von ihrer unterscheide, und daß sie wünschte, sie könnte meine haben. Sie habe das Gefühl, daß meine Frömmigkeit viel mehr im Mittelpunkt meines ganzen Lebens sei als ihre, weltlicher, aber mehr in mein Leben integriert.

Versöhnung: Ich besserte ihre Note für ihren Jesus-Aufsatz von 3 auf 2 auf.«

Die Art und Weise, wie Ann an diesen Träumen arbeitete, führte nicht zu einer spezifischen Topdog/Underdog-Konfrontation, doch ist leicht zu erkennen, daß es eine gab – zwischen einem »Psychologie-Topdog«, der einem »Geistlichen-Underdog« dauernd vorwirft, ungesund und neurotisch zu sein und vor der Wirklichkeit zu fliehen, und ihn wegen ein paar Irrtümern zu lebenslänglicher Verbannung aus ihrer Persönlichkeit verurteilt. Topdog hatte solche Angst vor dem »Geistlichen«, daß er das große, häßliche Ohr als eine Art Radargerät konstruierte, das die Umgebung ständig nach Hinweisen auf religiöse Neurose abtastete. Das ganze Selbstquälerei-Spielchen hatte die Energie abgezogen, die Ann für ihre Arbeit als Psychotherapeutin brauchte, bei der ein feinfühliges, lauschendes, akzeptierendes (»drittes«) Ohr wesentlich ist. In diesem Fall bestand Topdogs Lüge darin, daß Ann sofort eine tugendhafte, sauertöpfische Predigerin werden würde, wenn die Psychologin in ihr je die Zügel locker ließe – eine so absurde Vorstellung, daß es erstaunlich ist, daß sie darauf hereinfiel. Ann war, wie wir alle, tatsächlich neurotisch gewesen, wenn wir nach Perls' Formulierung darunter jemanden verstehen, der das Augenfällige nicht sieht.

Alpträume durch Manipulierung des Traums aufklären

Eine etwas ausgeklügeltere Methode, mit Alpträumen zu verfahren, besteht darin, uns dazu zu erziehen, uns die feindlichen Traumvorstellungen gleich vorzunehmen, wenn sie uns im Traum selbst bedrohen. Diese Methode wendet der Temiar-Stamm in Malaya, dem heutigen Malaysia an, eine Untergruppe der Senoi, von dem die westliche Welt zuerst 1931 durch einen Engländer hörte, H. D. (Pat) Noone. Es ist ein demokratisches, nicht gewalttätiges, selbstbewußtes Völkchen, das mit der Natur und sich selbst in Einklang lebt. Die Grundeinheit der Temiar-Gesellschaft ist die Großfamilie, und sie leben nach dem Gesetz: »Wo ein Mann seine Arbeitskraft zur Verfügung gestellt hat, hat er einen Anteil an der Ernte«, wobei jeder Mann nicht nach seiner Geschicklichkeit und Arbeitsleistung entlohnt wird, sondern nach seinen Bedürfnissen. Da sie wissen, daß sie sich gegen viele feindselige Geschöpfe in der Natur zu wehren haben, verlassen sie sich sehr auf die Hilfe und Freundlichkeit anderer. »Arbeite mit deinem Nachbarn zusammen«, ist eine Maxime der Temiar. »Wenn du dich ihren Wünschen widersetzen mußt, tue es mit Freundlichkeit.«

Noone war so beeindruckt von diesen friedliebenden Menschen, die behaupteten, es habe bei ihnen seit mehreren hundert Jahren kein Gewaltverbrechen und keine Konflikte zwischen einzelnen Gemeinden gegeben, daß er 1932 schrieb:

»Anthropologisch gesprochen, ist eine solche Stammespersönlichkeit einzigartig, und es gibt zweifellos eine wissenschaftliche Erklärung dafür. Persönlich glaube ich, daß die Temiar auf irgendeinen psychologischen Trick bei ihrem Erziehungsprozeß gestoßen sind, der es den meisten ermöglicht, als Erwachsene dieses hohe Maß an emotionaler Anpassung zu erreichen. Ich bin meiner Sache noch nicht sicher, aber ich habe das Gefühl, es hat etwas mit ihren Träumen zu tun.«

1934 reichte er der anthropologischen Fakultät der Universitäten Oxford und Cambridge eine Arbeit mit dem Titel »Die Traumpsychologie des Senoi-Schamanen« ein, in der er die Traumtheorien und -techniken der Senoi beschrieb; seine Arbeit wurde später von dem amerikanischen Psychologen Kilton Stewart, der Noone in Malaya traf, weitergeführt.

Nach der Traumtheorie der Temiar weisen Alpträume auf die Anwesenheit von feindlichen »Geistern« in der Psyche des Träumers hin, die von seiner Hauptpersönlichkeit dissoziiert werden und sich gegen ihn und seine Gefährten wenden, wenn nicht prompt etwas gegen sie unternommen wird. Solange man zuläßt, daß sie da bleiben, binden sie Energie in verderblichen psychischen, organischen und Muskelspannungen. Den Kindern wird von klein auf beigebracht, ihre Träume sehr ernst zu nehmen und als einen wichtigen Teil des Lebens anzusehen, und ein Großteil ihrer Erziehung befaßt sich mit Techniken, um die Psyche von diesen feindseligen Traumvorstellungen zu befreien. Die Kinder werden gelehrt, etwas Bewußtheit aus dem Wachzustand in den Traumzustand hinüberzubringen, so daß sie, wenn sie von einer feindlichen Traumvorstelllung bedroht werden, sie konfrontieren, statt wegzurennen. Wenn die bedrohliche Gestalt auf Kampf besteht, bekämpft das Kind sie notfalls bis zum Tode und ruft freundliche Geister zu Hilfe. Die Theorie besagt, das feindliche Vorstellungsbild werde, wenn es erst einmal im Traum besiegt wurde, ein Freund und Diener, und die ganze, von dem Kampf in Anspruch genommene Energie werde für kreatives Leben – und Träumen – frei.

Die Ähnlichkeit zwischen dieser und der von mir in diesem Kapitel vertretenen Alptraumtheorie ist groß. Wenn das feindliche Traumbild ein Underdog ist, müssen wir die Impulse konfrontieren, die wir in uns fürchten, und wir werden entdecken, daß ihre entsetzlichen Eigenschaften nicht mehr sind als die von Topdogs katastrophischen Erwartungen erzeugten Fiktionen. Wenn andererseits Topdog den Alptraum angestiftet hat, wird er wahrscheinlich unerbittlich bleiben, selbst wenn er konfrontiert wird, oder sogar irgendeine neue Angriffsmethode ausprobieren, und er muß unterworfen werden, denn vorher kann nicht erreicht werden, daß er seine wahre Stellung als Freund und Diener einnimmt. Mir ist es gelungen, mich im Laufe der letzten Jahre dazu zu erziehen, daß ich bei vielen Gelegenheiten diesen Plan durchführte, und meine Erfahrungen bestätigen die Auffassung der Temiar. Wenn das feindliche Traumbild ein Underdog ist, beseitigt die Konfrontation fast immer die Feindseligkeit, während ein Topdog-Bild gewöhnlich weiterhin droht und besiegt werden muß.

Ein Beispiel dafür, wie man sich mit einem Underdog in einem Alptraum anfreunden kann, war der Traum, in dem ich eines Abends (zum zigsten Mal) von einem riesigen, groben Kerl aus der Unterwelt verfolgt wurde. Ich erinnerte mich plötzlich meines Grundsatzes und drehte mich um, nicht ohne Zittern, und fragte ihn, was er wolle. Er zog sofort die Mütze und lud mich in ein schäbiges Café ein, um sich mit mir zu unterhalten, und erklärte mir dann, er folge mir schon eine Zeitlang, weil er mich so schön finde im Vergleich mit seiner Häßlichkeit, und er wolle mich sehr gern heiraten. Ich hatte das Gefühl, er würde tückisch werden, wenn ich ablehnte, und außerdem war ich allmählich etwas sexuell angetörnt durch seine triebhafte körperliche Kraft, machte mir aber Sorgen über eine Heirat, weil ich glaubte, wir würden nichts gemein haben, wenn die sexuelle Attraktion einmal abgeklungen war. Ich wachte auf und fragte mich, was um alles in der Welt ich ihm sagen sollte.

Das bestätigte, was ich schon vermutet hatte, als ich frühere Träume von »Kerlen« durchgearbeitet hatte, nämlich daß er ein Underdog war, der meine eigene triebhafte Kraft und animalisch erotische Energie repräsentierte, die bei mir zu akzeptieren meine elterlichen und frommen Topdogs mir nie erlaubt hatten. (In Jungscher Terminologie würde er wohl eine »vom Schatten kontaminierte Animus-Gestalt« genannt werden.) Mir fiel die Ähnlichkeit mit der Geschichte von der Schönen und der Bestie auf, und ich drückte die Daumen, daß er zu guter Letzt ein hübscher Prinz werden möge (nicht der fade Typ aus den Märchen), und ich plauderte mit ihm in wacher Phantasie und nahm seinen Heiratsantrag an. Diese Art von Alpträumen hatte ich dann nie wieder und fühlte mich seitdem viel stärker. Ich hoffe, wir werden vergnügt bis an unser Ende miteinander leben.

Einen weiteren Bericht über einen Traum-Underdog, der freundlich wurde, nachdem er konfrontiert worden war, schickte mir Marilyn aus Philadelphia. Sie hatte seit einiger Zeit mit Träumen gearbeitet und versucht, sich von dem kindlichen Glauben an elterliche Werte zu befreien. Sie träumte, ein Einbrecher habe unter dem Vorwand, die Fenster putzen zu wollen, die Einrichtung aus dem Geschäft des Vaters gestohlen. Ihre erste Reaktion war, die Polizei zu rufen, aber alle Telephonleitungen waren gestört. Der Einbrecher verfolgte sie jetzt, weil sie herausgefunden hatte, wer er war, und sie wollte in ihr Elternhaus flüchten, aber es war verlassen und bot keine Sicherheit, denn die Türschlösser waren aufgebrochen. Ihr blieb nichts anderes übrig, als kehrtzumachen und den Einbrecher zu konfrontieren – woraufhin er mit ihr verschmolz und sie eins wurden. Als sie aufwachte, fiel es ihr nicht schwer, den Einbrecher als ihren inneren Drang nach Gesundheit und Unabhängigkeit zu erkennen, der entschlossen war, in ihrem Leben aufzuräumen und die alten elterlichen Werte (Einrichtung) hinauszuwerfen, obwohl ein Teil von ihr das immer noch als eine strafbare Handlung ansah. Doch nachdem sie den Einbrecher konfrontiert hatte, war er mit einemmal nicht mehr erschreckend und destruktiv, sondern verband sich im Traum selbst mit der anderen Seite von ihr und verlieh ihr im Wachleben eine ganz neue Freiheit.

Die Bereitschaft, das, was Sie bei sich selbst fürchten, zu konfrontieren und »sich zu eigen« zu machen, ist der wesentliche Schlüssel zur Integration, wie sowohl Jung als auch Perls erkannten, und dieses Prinzip ist der Kernpunkt der Traumtheorie der Temiar. Richard Noone sagt in seinem Buch *In Search of the Dream People*, in dem er seines Bruders Leben und Tod unter den Temiar beschreibt:

»Damit das Kind richtig träumt, wird ihm gesagt, es dürfe nie Angst haben. Wenn es von Rauch träumt, soll es dem Rauch nicht aus dem Wege gehen, wie es das im wachen Zustand täte, weil Rauch in den Augen brennt. Es muß kühn in den Traum-Rauch hineingehen, denn tief in ihm mag es etwas Wertvolles finden, vielleicht sogar den Geist des Rauchs, den es überwältigen und sich gefügig machen kann.«

Die Parallele zu Perls ist hier besonders verblüffend. Furcht mag vernünftig sein im äußeren Leben, aber in der Innenwelt ist es verhängnisvoll, vor etwas Erschreckendem wegzulaufen, denn der Sieg besteht darin, sich direkt hineinzubegeben. In *Gestalt-Therapie in Aktion* schreibt Perls:

»Du überwindest *nie etwas*, indem du ihm widerstehst. Du kannst nur etwas überwinden, wenn du tiefer in es hineingehst. Wenn du trotzig bist, sei *noch* trotziger. Wenn du eine Schau abziehst, mach noch mehr Schau. Was es auch ist, wenn du tief genug in es hineingehst, dann verschwindet es; es wird dir dann zu eigen werden. Jeder Widerstand ist von Übel. Du mußt voll da hineingehen – mitschwingen. Du mußt mitschwingen – mit deinem Schmerz, deiner Unrast, was immer da ist ... Nutze alles, was du bekämpfst und verleugnest.«

Nach demselben Prinzip wird den Kindern der Temiar beigebracht, nie Angst zu haben, wenn sie in einem Traum fallen, denn das sei lediglich ein Hinweis, daß die Erdgeister einen an sich ziehen und einem etwas geben können, wenn man den Mut hat, ihnen ins Gesicht zu sehen. Sobald man gelernt hat, sich gehenzulassen, verwandelt sich ein Falltraum oft in einen herrlichen Flugtraum, wie ich nach meiner eigenen, häufigen Erfahrung bestätigen kann.

Unsere Neigung, die erschreckende Begegnung mit uns selbst im Leben nach Möglichkeit zu vermeiden, spiegelt sich in der Tatsache, daß wir gewöhnlich an seinem entsetzlichsten Punkt aus einem Alptraum ausbrechen, indem wir aufwachen. Normalerweise geschieht das unwillkürlich, aber manchmal werden wir uns im Traum auch der Tatsache bewußt, daß wir träumen, und dann wachen wir mit einem Gefühl unendlicher Erleichterung auf, »daß es schließlich nur ein Traum ist«. Wenn wir das tun, berauben wir uns jedoch nicht nur einer Gelegenheit, nach den von mir beschriebenen Richtlinien auf kreative Weise mit dem Alptraum fertigzuwerden, sondern auch einer höchst bemerkenswerten Traumerfahrung – des sogenannten luziden Traums, bei dem Sie nicht länger das Opfer des Traumvorgangs sind, weil Sie sich voll bewußt sind, dessen Träumer zu sein. Dieser bemerkenswerte Bewußtseinszustand ist meiner Ansicht nach einer der aufregendsten Grenzbereiche der menschlichen Erfahrung, und er kann sich in Träumen aller Art einstellen. Tatsächlich ist es eines der lohnendsten Ergebnisse des Traumspiels, daß diese Art Bewußtsein mit dem Gefühl von »Jenseitigkeit« sich immer häufiger offenbart, wenn die Selbstbewußtheit durch Arbeit an Träumen zunimmt.

Der Westen beginnt gerade erst, dieses faszinierende Gebiet zu erforschen, das seit einiger Zeit das Hauptanliegen meiner persönlichen Arbeit mit Träumen war, und ich würde mich freuen, von jemandem zu hören, der in dieser Richtung ernsthaft experimentiert hat. Meine gegenwärtige Vermutung ist, daß es am konstruktivsten ist, Luzidität in einem Alptraum nicht einfach dafür zu verwenden, die Traumgeschichte umzuprogrammieren, um ihr ein Happy-End zu verschaffen, wie es manche Leute tun – das mag ein Fortschritt sein gegenüber dem bloßen Aufwachen, aber damit wird immer noch der Herausforderung in der Alptraumgeschichte selbst aus dem Weg gegangen. Der erste Schritt, nachdem Sie erkannt haben, daß Sie träumen, ist, das bedrohliche Traumbild zu konfrontieren und zu sehen, was geschieht, und zwar in dem *bewußten Wissen, daß Sie ein Traumkörper sind und nicht verletzt werden können*. Ist es ein Underdog-Bild, dann könnte das der Beginn eines faszinierenden Abenteuers sein, wie es das vielleicht mit meinem »Kerl« hätte sein können, wenn ich luzid genug gewesen wäre, seinen Heiratsantrag auf der Stelle anzunehmen. Ist es dagegen ein Topdog-Bild, können Sie sich in den Kampf stürzen, weil Sie wissen, daß Sie weder verletzt werden noch einen anderen verletzen können – eine auch in unserer Gesellschaft wichtige Überlegung, wo Topdogs so oft ihre Zuflucht dazu nehmen, durch unser Verhalten verletzt zu sein, wenn sie uns mit Einschüchterung nicht mehr beherrschen können. Wenn das bedrohliche Bild so groß oder stark ist, daß ein Kampf nicht vernünftig erscheint, dann wird das Wissen, daß Sie nicht verletzt werden können, Sie immer noch in die Lage versetzen, passiven Widerstand zu leisten, wie das folgende eigene Beispiel veranschaulicht.

In der Nacht vor einem Fernseh-Interview über *Dream Power* in Newcastle träumte ich, ich werde von feindseligen Eskimos verfolgt, die Messer und Beile schwangen. Ich wurde plötzlich gewahr, daß ich träumte, und drehte mich nach ihnen um. Stammelnd fragte ich sie, was sie von mir wollten, aber sie blieben stumm und drohend. Da sie bewaffnet waren, stand mir der Sinn trotz meiner Luzidität nicht nach Kampf, und so sagte ich mit zitternder Stimme, aber bemüht, überzeugend zu klingen: »Ihr könnt mich nicht verletzen – ich bin ein Traumkörper.« Als sie mit ihren Messern nach mir stießen, wandte ich den Kopf ab, bis sie fertig waren, und blickte dann an mir hinunter. Als ich all die Messer und Beile in mir stecken sah, lachte ich: »Ich hab's euch doch gesagt – ich bin ein Traumkörper, ihr könnt mich nicht umbringen«, woraufhin sie alle sehr schuldbewußt aussahen und weggingen.

Mit Hilfe des Dialogs konnte ich die Eskimos später als meinen »Nordengland-Topdog« identifizieren, der mich tadelte, weil ich ein Buch über ein so belangloses Thema wie Träume schrieb, während die Menschen im Norden ums Überleben kämpfen. Ich lachte über meine eigene Dummheit, wie ich glaubte, bis zwei Tage später ein Reporter von der *Yorkshire Evening Post* mein Buch hochhielt und mich barsch fragte, ob ich mir einbildete, daß

Träume das Los der Grubenarbeiter in Yorkshire erleichtern könnten! Dank meiner Träume vermochte ich mir zu erklären, warum ich mich verletzt fühlte: es war eher eine Reaktion auf einen Angriff meines inneren Topdogs als eine objektive Reaktion auf Kritik von außen. Und obwohl der Traum durch ein bestimmtes Geschehnis in meinem Leben zu jener Zeit ausgelöst war, ist er mir bei vielen anderen Gelegenheiten zu Hilfe gekommen, denn wenn ich an diese Messer und Beile denke, die in mir steckten, und an den schuldbewußten Ausdruck auf den Gesichtern der Eskimos, dann kann ich Kritik und Angriffe oft mit Humor abwehren, statt verletzt und bestürzt zu sein.

Einen ähnlichen Fall, in dem ein Topdog allzu überwältigend erschien, um ihn in offenem Kampf zu konfrontieren, schilderte mir Nancy, nachdem sie an einer unserer Traumgruppen teilgenommen hatte, in der wir über luzide Träume gesprochen hatten. Ihr Traum ist ein prächtiges Beispiel für einen Topdog, der es mit mehr als einer Methode versucht, seine Herrschaft aufrechtzuerhalten. Nachdem Nancy in der Gruppe an einem Mutterproblem gearbeitet und ihrer Meinung nach gewissermaßen zu einer Lösung gelangt war, beschloß sie, Traumkraft zu fragen, wie sie jetzt zu ihrer Mutter stehe. In einem Brief beschrieb Nancy das Ergebnis:

»Im Traum war ich mit Rupert (meinem kleinen Sohn) am Fuß eines Hügels, als ich plötzlich Schüsse hörte. Dann traf mich eine Kugel mitten ins Gesicht – und ich wurde luzid, vielleicht weil die Kugel mir nicht weh tat oder mich nicht tötete. Dann kam mit großer Geschwindigkeit ein ›Ding‹ um die Ecke – es sah wie ein Bagger mit riesigen Schaufeln aus – und hatte offenbar die Absicht, uns zu vernichten. Rupert hatte schreckliche Angst, aber ich sagte (eingedenk Ihrer Anweisungen): ›Das ist nur ein Traumding, das kann uns nicht weh tun. Soll es uns ruhig zermalmen, wenn es will.‹ Daraufhin verschwand es einfach, aber einen Augenblick später lagen Rupert und ich auf dem Boden und erhielten durch unsichtbare Geräte Elektroschocks. Ich sagte Rupert, er soll still liegen, und versicherte ihm, daß nichts uns verletzen könne. Ich spürte einen leichten Schlag im Kopf, aber mein Bewußtsein blieb intakt. Dann änderte sich die Szene, und Rupert und ich flogen Hand in Hand durch die Luft, und es war köstlich ...«

Nancy fügte hinzu: »Der Traum beantwortete gewiß meine Frage und malte ein genaues Bild davon, wie ich meine Mutter sehe. Aber das Wunderbare dabei ist, daß ich *weiß*, daß sie mich nicht mehr verletzen kann – daß die Lösung, die ich in der Gruppe spürte, keine bloße Spinnerei war. Das Fliegen am Ende des Traums und die Freude beim Aufwachen bestätigen dieses Gefühl.«

In der vorigen Nacht tauchte mein Traumtiger wieder auf und jagte mich durch einen Wald. Als er mich ansprang und auf den Boden warf, wurde ich plötzlich gewahr, daß ich träumte. Statt mich aus dem Alptraum aufzuwekken, erkannte ich, daß es eine gute Gelegenheit wäre, um genau herauszufinden, was er wollte. Deshalb schob ich ihn weg und sagte: »Du bist ein Traumtiger, du kannst mir nichts tun, also laß uns vernünftig sein und miteinander reden.« Einen Augenblick sah er deutlich verdutzt aus, dann besann er sich offenbar eines Besseren und kehrte zu seinem Fraß zurück. Ich kam dann auf den Gedanken, daß er wahrscheinlich sehr hungrig sei, deshalb »zauberte« ich aus der Luft ein Steak herbei und sagte ihm, er solle lieber das fressen. Das tat er mit großem Genuß, und ich wachte auf, als er sich neben mich setzte und sich zufrieden die Pfoten ableckte. In echt versöhnlicher »Undertiger«-Weise hegte er keinen Groll gegen mich, weil ich ihn so lange hatte hungern lassen, und mir wurde klar, daß ich ihn mir durch regelmäßiges Füttern – das meiner animalischen Natur und natürlichen Wildheit ein annehmbares Maß an Ausdrucksmöglichkeit einräumte – zum lebenslänglichen Freund, Führer und Beschützer machen würde. Tatsächlich bin ich seitdem in mehreren Träumen genügend luzid gewesen, um meinen Tiger zur Hilfe zu rufen, wenn ich einen unversöhnlichen Traumfeind konfrontierte – ein Hinweis auf eine zunehmende Fähigkeit, meine eigene innere Kraft und meine Ressourcen im Wachleben zu mobilisieren, statt die Verantwortung für meine Probleme anderen zuzuschieben.

Wäre ich eine Angehörige des Temiar-Stammes, dann würden meine Tigerträume als ein Zeichen der Geisterwelt angesehen, daß ich dazu bestimmt sei, ein Schamane oder eine Traumautorität zu werden, denn laut Noone besagt ihre Überlieferung, daß jeder Mensch eine Art von leitendem Geist habe, der in Träumen zu ihm komme, und der Tiger sei der höchste Geist oder *gunig*. Er verfolgt den Träumer, bis er akzeptiert wird, und dann wird er der Geist des Schutzes und der Kreativität für den ganzen Stamm. In moderner Terminologie ist der Tiger mit seinem »fürchterlichen Ebenmaß« ein treffendes Symbol der Kraft und wilden Anmut im Unbewußten, die bedrohlich erscheint, wenn wir versuchen, sie zu unterdrücken, die indes, wenn sie akzeptiert wird, unser Führer durch die »Wälder der Nacht« sein wird.

12

Der Tod und der Träumer

Solang du das nicht hast,
Dieses: Stirb und werde,
Bist du nur ein trüber Gast
Auf der dunklen Erde.
GOETHE

Von alters her wird die Ansicht vertreten, daß Träume einen bevorstehenden Todesfall ankündigen können, aber das trifft bestimmt nicht auf die große Mehrzahl von Träumen über sterbende Menschen zu – wenn es der Fall wäre, wäre die Welt längst entvölkert. Normalerweise bedient sich die träumende Seele des Todes als einer Metapher, um die Tatsache zum Ausdruck zu bringen, daß unsere Gefühle für jemanden oder die Gefühle von jemandem für uns abgetötet sind, oder daß wir zugelassen haben, daß etwas in unserem Innenleben abstirbt. Auf die gleiche Weise bedienen sich Träume des Tötens als einer Metapher für eine Verärgerung, bei der man wünschte, daß jemand »tot umfalle«, oder für Versuche, uns dessen zu entledigen, was wir an uns selbst nicht mögen. Wenn wir von Menschen träumen, die von uns bereits durch den Tod getrennt sind, dann hat nach demselben Prinzip die Bedeutung des Traums gewöhnlich nichts damit zu tun, ob sie über das Grab hinaus noch weiterleben, obwohl es der Fall sein mag: sie erscheinen in unseren Träumen, weil sie für etwas Wichtiges stehen, das wir im Sinn haben und das dringend einer Lösung bedarf. Aber der interessanteste Traumtod ist unser eigener, denn er zeigt den Tod eines überholten Selbstbildes an, der zu einer Wiedergeburt in einem höheren Bewußtseinszustand und zu authentischem Selbstsein führt. In diesem Stadium scheint die metaphorische Sprache von Träumen über sich selbst hinaus auf eine Erweckung hinzuweisen, die die Furcht vor dem buchstäblichen Tod überwindet, indem sie uns aufgeschlossen macht für ein Vitalitätsniveau, das das Ableben des Körpers, wie wir es kennen, transzendiert.

Tod in der Familie

Ein Traum vom Tod eines Menschen, der uns in unserem jetzigen Leben nahesteht, ist selten prophetisch, obwohl er gewöhnlich eher etwas mit dieser Person als mit einem Aspekt von uns selbst zu tun hat. Wenn er prophetisch ist, läßt er sich fast immer auf Anzeichen von Krankheit oder drohendem Tod zurückführen, die die wache Seele des Träumers aufgegriffen hat, obwohl er sich dessen nicht ganz bewußt gewesen sein mag. Sie können den Betreffenden warnen, wenn Sie das für richtig halten, aber es ist töricht, sich über solche Träume Sorgen zu machen oder einen anderen zu veranlassen, sich Sorgen zu machen, denn meistens sind diese Träume symbolisch.

Die populäre Psychologie hat jedermann mit der Tatsache vertraut gemacht, daß ein Traum vom Tod einer dem Träumer nahestehenden Person einen Groll auf diese Person anzeigt, den Wunsch, sie oder ihn »aus dem Weg zu räumen«. Leider haben viele Menschen das zum Anlaß genommen, sich Vorwürfe zu machen, wenn sie einen solchen Traum haben, weil sie niederträchtiger sind, als sie glaubten, und das ist genau das Gegenteil der Botschaft, die das Herz übermitteln wollte. Solche Träume sind gewöhnlich Warnungen, daß Bedürfnisse und Gefühle vernachlässigt wurden, die um so mehr Verdruß hervorrufen werden, je mehr wir versuchen, sie zu unterdrükken. Die beste Lösung ist, den Traum mit der betroffenen Person durchzusprechen oder einen kreativeren und befriedigenderen Lebensstil zu finden.

Nicht alle Träume dieser Art bringen Groll oder Aggression zum Ausdruck. Viele Teilnehmer an unseren Workshops, vor allem Frauen, haben geträumt, daß ihre Partner sterben, und ihre Träume auf das Gefühl zurückgeführt, daß sich der Partner auf irgendeine Weise von ihnen entfernt – zum Beispiel, daß er immer zurückgezogener und in sich gekehrter wird. Einen dramatischen Fall berichtet Hannah Tillich in ihrer Autobiographie *From Time to Time:* Ihr Mann Paul hatte geträumt, daß ihr Sohn gestorben sei und daß sie dann gestorben sei, während er selbst im Sterben lag. Offenbar sah sein Herz seinen Rückzug aus dieser Welt so, als ob seine Familie ihn verlassen hätte.

Der Traumtod eines Partners kann manchmal sogar Anlaß zur Freude sein, ein Beweis, daß auf einer psychologischen Ebene eine »glückliche Befreiung« stattgefunden hat. Das war eindeutig der Fall bei einer meiner Freundinnen, die am Ende eines Traums vom Tod ihres Mannes in ein Auto einstieg und von dem gemeinsamen Heim wegfuhr, um die Welt zu erforschen – ein Zeichen, daß sie endlich beschlossen hatte, ihrem Mann zuzugestehen, daß er er selbst sein dürfe, nachdem sie zwanzig Jahre lang ununterbrochen, aber erfolglos darum gekämpft hatte, aus ihm den häuslichen Familienvater zu machen, der er nach ihrer Ansicht sein sollte. Indem sie ihr Vorstellungsbild von ihm zur letzten Ruhe bettete, hatte sie sich für ein neues Leben freigemacht.

Eltern träumen sehr oft, daß ihre Kinder sich verirren oder sterben; solche Träume sollten gewiß daraufhin überprüft werden, ob sie womöglich Warnungen sind, ein Kind von einem gefährlichen Swimming-pool, steilen Abhängen, Treppen oder was immer, je nach den Einzelheiten des Traums, fernzuhalten, doch ist die Motivation in den meisten Fällen psychisch. Es kann Groll sein, weil das Kind den Träumer aus dem Mittelpunkt der Familienaufmerksamkeit verdrängt (besonders häufig bei Vätern), und in diesem Fall ist eine Erörterung der Sachlage im Familienkreis angezeigt. In der überwiegenden Mehrzahl der Fälle ist jedoch der versteckte Schurke, der den Traumtod (oder die Verletzung) des Kindes herbeiführt, ein »elterlicher Topdog«, der uns dafür bestraft, daß wir irgendeinem ganz unrealistischen Elternmaßstab nicht entsprechen. Derartige Träume können durch höchst triviale »Vergehen« während des Tages ausgelöst werden, etwa daß man einem Kind erlaubt, ein wenig länger draußen zu bleiben als gewöhnlich, oder es anschnauzt, weil man selbst verletzt oder wütend ist. Mir ist persönlich vor Augen geführt worden, wie lächerlich die katastrophische Erwartung dieses Topdogs sein kann, als ich träumte, Fiona sei an Syphilis gestorben. Nach einigem Nachdenken führte ich das darauf zurück, daß ich am Vorabend mit ihr auf dem Fußboden herumgetollt hatte, woraufhin mein elterlicher Topdog auf den Plan gerufen wurde und protestierte: »Du darfst das Kind nicht so reizen. Es wird ja ganz aufgeregt. Es wird an einer Geschlechtskrankheit sterben.« Da ich die altvertraute Stimme erkannte, sagte ich »meiner Mutter«, sie solle den Mund halten!

Tod eines Fremden (oder anderer, mit denen wir nicht emotional verbunden sind)

In Zeitungs- und Zeitschriftenartikeln werden häufig unheimliche Fälle von Träumen beschrieben, die aus der Ferne empfundene Vorahnungen vom Tod irgendwelcher Menschen zu sein scheinen, manchmal Verwandte oder Bekannte des Träumers, manchmal Persönlichkeiten des öffentlichen Lebens wie Präsident Kennedy. Aber auf einen dieser Träume, die sich »bewahrheiten«, kommen hundert, die sich nicht erfüllen. Elsie Sechrist, die fest davon überzeugt ist, daß Träume manchmal Präkognitionen enthalten können, wies kürzlich bei einem ARE-Vortrag darauf hin, daß ihre Schüler sie so oft anrufen und Träume von ihrem Tod berichten, daß sie den Fuß nicht mehr vor die Haustür setzen würde, wenn sie das für wörtliche Warnungen hielte. Sie erinnerte daran, daß, als Edgar Cayce noch lebte, seine Anhänger ständig von seinem Tod träumten, aber nachdem er wirklich gestorben war, begannen sie, ähnliche Todesträume von seinem Sohn Hugh Lynn zu haben, der indes noch sehr wohl am Leben ist. Elsie Sechrist deutet all diese Träume symbolisch, wobei sie davon ausgeht, daß Seelenlehrer wie die Cayces und sie für gewisse Ideale stehen, die die Träumer zu befolgen versuchen, die sie indes in ihrem eigenen Leben haben sterben lassen. Ich bin sicher, daß das in der Mehrzahl der Fälle die »korrekte Deutung« ist, doch würde ich die warnende Bemerkung hinzufügen, daß der Traumtod eher ein freudiges als ein trauriges Ereignis sein könnte, wenn der Träumer die in Rede stehenden Ideale von einem frommen Topdog im Inneren und nicht aus echter Berufung übernommen hat.

Ein typischer Fall von »Vorahnung, die keine war«, war der Traum von Craig, dem Moderator der Fernsehschau *Tonight*. Kurz nachdem die Schau von New York nach Hollywood verlegt worden war, träumte er, eine Freundin von der Ostküste sei mit ihrem Auto über eine Felswand ins Meer gestürzt. Der Traum war so lebhaft und erschreckend gewesen, daß er sie am nächsten Tag anrief und erfuhr, bei ihr sei alles in Ordnung. Er deutete den Traum als eine Warnung, daß er in Gefahr sei, alle seine alten Freunde von der Ostküste zu verlieren, wenn er die Verbindung mit ihnen nicht aufrechterhielte, und ich vermerkte das als einen sehr eindrucksvollen Fall, in dem ein Traumdrama den Träumer ganz unmittelbar veranlaßt, die Schritte zu ergreifen, zu denen sein Herz ihn drängt. Als dagegen Calvin Hall kürzlich träumte, ein Bekannter sei mit dem Wagen über eine Klippe gestürzt, nahm er an, der Traum habe keine objektive Bedeutung, und glaubte ihn als einen Hinweis auf seine eigene impulsive Veranlagung auslegen zu können, bis er dann einen Tag später erfuhr, daß der junge Mann tatsächlich bei einem Autounfall schwer verletzt worden war. In seinem Brief, in dem Dr. Hall über den Vorfall berichtete, sagte er, trotz seiner Skepsis in bezug auf außersinnliche Wahrnehmung habe er beschlossen, sich in Zukunft nach einem Traum dieser Art immer mit dem Betreffenden in Verbindung zu setzen und ihn vor einer möglichen Gefahr zu warnen. Das scheint eine vernünftige Vorsichtsmaßnahme zu sein, obwohl solche Fälle selten sind.

Sara, deren Traumtagebuch im Anhang erscheint, führte an einem Donnerstag ein Ferngespräch mit mir nach einem sehr lebhaften Traum, in dem ihre Freundin Martha, die damals nicht unmittelbar mit ihrem Leben im Zusammenhang stand, an einem bestimmten Tag gestorben sei, und der Tag sei der nächste Freitag. Sara wollte wissen, ob sie Martha anrufen und sie warnen solle, oder ob sie Martha damit nur erschrecken würde. Ich antwortete, meiner Ansicht nach könne es nicht schaden, wenn sie Martha anrufe und frage, wie es ihr gehe und was für Pläne sie für Freitag habe, und sie könne den Traum erwähnen, wenn es ihr richtig erscheine. Doch schlug ich vor, daß wir zuerst einmal versuchen sollten, den Traum symbolisch zu deuten. Als ich sie bat, Martha zu beschreiben, sagte Sara, sie sei eine Mischung von Irdischkeit und Frömmigkeit, Eigenschaften, die sie sehr bewundere. In der Tat hatte sich Sara ihre letzte Stellung, in der sie Wohnungen beschaffte für Familien mit niedrigem Einkommen, ausgesucht, weil sie glaubte, sie könne damit ihrer eigenen Frömmigkeit und sozialen Einstellung Ausdrucksmöglichkeiten geben. Doch sagte sie, die Konflikte innerhalb der Organisation dämpften ihre Begeisterung und töteten ihre Arbeitslust ab. Als der folgende Freitag vorbeiging, ohne daß die wirkliche Martha starb oder irgendwie zu Schaden kam, schien es offenkundig, daß der Traum sie als Symbol benutzt habe, um Sara zu warnen, daß sie etwas gegen ihre eigene »abtötende« Situation unternehmen müsse.

Mehrere Monate später träumte Sara, sie erhalte einen Ausschnitt aus einer Zeitung mit der Todesanzeige eines Freundes, den sie jahrelang nicht gesehen hatte und der Tommy Arnold hieß. Im Laufe des Tages hatte sie den Führer einer Gruppe für Transaktionale Analyse getroffen, in die sie einzutreten gedachte, doch hatte er ihr ganz und gar nicht gefallen. Sie deutete den Traum nach den Initialen – T. A. – und beschloß, sich der Gruppe nicht anzuschließen, da ihr Gefühl für sie jetzt tot sei.

Als sie bei uns zu Besuch war, träumte Sara, daß Papst Johannes XXIII. am Tod der dreizehnjährigen Anne Frank schuld sei, weil er sein Amt nicht rechtzeitig angetreten habe, um das Kind vor den Nazis zu retten. Obwohl Sara im Wachzustand sehr wohl wußte, daß das unter dem Gesichtspunkt der wirklichen Politik Unsinn war, erschien es im Traum durchaus logisch. Sie konnte zuerst keinerlei Zusammenhang herstellen zwischen dem Traum und irgend etwas in ihrem Tagesablauf, deshalb fragten wir sie, was in ihrem Leben geschehen sei, als sie dreizehn Jahre alt war. Sie antwortete, ihre Familie sei damals in die Stadt gezogen, wo ihr Vater eine hohe Stellung im Staatsdienst hatte, so daß er praktisch nie zu Hause war. Die Erinnerung an ihre Einsamkeit und Sehnsucht nach ihm trieb ihr Tränen in die Augen und rief ihr den Schmerz wieder ins Bewußtsein, den sie empfunden hatte, weil sie seiner Liebe und Aufmerksamkeit beraubt war.

Was die Assoziation zu Anne Frank betrifft, so beschrieb Sara sie als ein hübsches, warmherziges, glückliches, vertrauensvolles, unschuldiges Kind – und all das war Sara gewesen vor ihrem symbolischen »Tod« mit dreizehn Jahren. Sie sagte, um ihres Vaters Liebe und Anerkennung zu erlangen, habe sie die sanfte, liebevolle und unselbständige Seite von sich unterdrückt oder »abgetötet« und sei so kühl, tüchtig, selbständig und leidenschaftslos wie er geworden. Dann erkannte sie, daß der Traum ihr sagte, ihr Leben hätte gerettet werden können, wenn nur dieser kalte »Vater« durch einen warmherzigen, liebevollen »Papa« wie Johannes XXIII., den Sara sehr bewunderte, ersetzt worden wäre. Da wir am Vorabend über Saras Einstellung zu ihrem Vater gesprochen hatten (der natürlich nie der »Heilige Vater« geworden war, als den sie ihn gern gesehen hätte), hatte unsere Unterhaltung ihr Herz offenbar an diesen seit langem bestehenden Groll erinnert. Wir glaubten, daß der Traum eben diese beiden Gestalten gewählt hatte, weil ich (Ann F.), als Sara kam, allein zu Hause war, während mein Mann (John = Johannes) unterwegs war, um einen theologischen Vortrag zu halten, und das erinnerte sie an die Zeit, als ihr Vater abends nicht zu Hause war, weil er noch arbeitete.

Träume von Toten

Nach meinen Vorträgen habe ich Hunderte von Briefen bekommen und bin unzählige Male gefragt worden, ob ein Traum von einem Verstorbenen eine wirkliche Erscheinung des Geistes des Betreffenden sei oder nur ein gewöhnlicher Traum. Ich persönlich habe darüber keine Erfahrung, da ich sehr wenige Menschen verloren habe, die mir im Leben nahestanden. In meinen Träumen und denen von Teilnehmern an unseren Traumgruppen erscheinen Tote gewöhnlich in einem symbolischen Drama, wie Anne Frank in Saras Traum, um etwas Bestimmtes zu verdeutlichen oder eine für den Träumer bedeutungsvolle Eigenschaft zu repräsentieren. Andererseits glaubt Elsie Sechrist, die mehr von solchen Träumen weiß als ich und auch mehr eigene, persönliche Erfahrung hat, daß in einigen dieser Träume wirklich die Geister von Verstorbenen erscheinen.

Ich finde es vernünftig, die Frage zu stellen, warum der Geist eines Verstorbenen den Wunsch haben sollte, in den Träumen von jemandem wiederzukehren. Wenn der Träumer sich viel Gedanken darüber gemacht hat, ob eine geliebte Person nach dem Tod weiterlebt oder nicht, dann könnte das Erscheinen als eine beruhigende Versicherung gemeint sein, aber es ist nicht sehr vernünftig, sich vorzustellen, daß das mehr als ein- oder zweimal geschieht. Ein öfteres Erscheinen hätte vermutlich den Zweck, dem Träumer irgendeine Botschaft in bezug auf sein eigenes Leben zu übermitteln, und in diesem Fall muß herausgefunden werden, was die Botschaft besagt, und man muß sich klar darüber werden, was zu tun ist – und unter diesem Gesichtspunkt scheint es mir praktisch keinen Unterschied zu machen, ob Sie den Traum als eine Geistererscheinung oder als eine Botschaft von Ihrem eigenen, verborgenen Selbst ansehen. Zum Beispiel sagte uns Don, der an einem unserer Workshops in Florida teilnahm, er habe gleich nach dem Tod seines Großvaters sehr viel von ihm geträumt und in späteren Jahren immer noch dann und wann, wenn er das Gefühl hatte, der Art von Weisheit zu bedürfen, die sein Großvater ihm vermittelte, als er noch am Leben war. Don glaubt fest an ein Leben nach dem Tode, aber er sieht die Notwendigkeit nicht ein, diese Träume mit dem tatsächlichen Geist seines Großvaters in Verbindung zu bringen. Vielmehr glaubt er, daß er das Bild des alten Mannes heraufbeschwört, um auf diese Weise die Quellen der Weisheit in sich selbst zu erschließen, seiner eigenen besten Personifikation eines inneren Guru oder des »Archetypen des weisen alten Mannes« (wie Jung es nannte).

Ich stimme Elsie Sechrist gewiß zu, wenn sie schreibt:

»Fürchten Sie sich nicht vor einem Gespräch mit den Toten in Träumen.« Sie meint, daß ein geliebter Verstorbener, der in einem Traum unglücklich zu sein scheint, den Träumer vielleicht auffordert, für seine Seele zu beten, und das könnte in der Tat eine stichhaltige Traumbotschaft für jeden Träumer sein, zu dessen religiösen Überzeugungen die Vorstellung gehört, daß die Toten unsere Gebete brauchen, um ihnen auf ihrer Seelenreise zu helfen. Elsies und meine Erfahrungen decken sich insofern, als die häufigste Botschaft der Verstorbenen die Bitte an uns ist, uns nicht mehr um sie zu grämen. In einem Vortrag, den sie bei ARE hielt, erwähnte sie den Fall einer Frau, die geträumt hatte, ihre tote Mutter ertrinke in einem Teich und habe zu ihr gesagt: »Tochter, das sind die Tränen, die du um mich vergossen hast. Laß mich gehen, denn ich ertrinke in ihnen.«

Das ist eine überaus heilsame Botschaft, ob man den Traum nun als eine Geistererscheinung oder als eine Mitteilung des eigenen Herzens auffaßt, aber das ist leichter gesagt als getan, wie ich aus den vielen Briefen weiß, die ich erhalten habe. Gewöhnlich rate ich den Anfragenden, das Gespräch mit dem Toten in wacher Phantasie fortzusetzen, wenn möglich mit Hilfe einer anderen Person oder kleinen Gruppe, um herauszufinden, warum sie ihn nicht freilassen können, selbst wenn sie in Träumen die Gewißheit erhalten haben, daß es ihm gut geht und er glücklich ist. Ich will das Problem dieser Art, das oft auftaucht, an einem typischen Traum und Dialog aus einer unserer Gruppen veranschaulichen.

Ruth, siebenundfünfzig Jahre alt, die ihren 65jährigen Mann etwa sechs Monate vor diesem Traum verloren hatte, sagte uns, daß sie gleich nach seinem Tod dauernd von ihm geträumt habe, gewöhnlich von früheren glücklichen Zeiten. Natürlich weinte sie den ganzen nächsten Tag, weil es eben nur ein Traum gewesen war. Dann träumte sie eines Nachts, er habe ihr gesagt, er würde jetzt weggehen müssen, er habe seine eigenen Angelegenheiten zu erledigen, woraufhin sie in Tränen ausbrach und ihn anflehte, das nicht zu tun, denn sie könne nicht ohne ihn auskommen. Wir forderten sie auf, das Gespräch in wacher Phantasie zu beenden, und der Dialog verlief etwa so:

RUTH: Bitte, Al, geh nicht weg und laß mich nicht wieder allein. Es gibt so vieles, was wir noch zu tun haben – all das, was wir im Leben nie taten, so vieles ist unerledigt. Ich möchte dir sagen, daß ich dich liebe und all die Gelegenheiten wiedergutmachen will, bei denen ich dich verletzt und enttäuscht habe, und ...

AL: Aber das hast du doch schon, Liebling. Ich verstehe es, ich verstehe es wirklich.

RUTH: Nein, du verstehst es nicht. Wenn du mich nur gewarnt hättest ... ich wäre dann netter zu dir gewesen. Aber du hast es mir nicht gesagt (schluchzt), und jetzt ist es zu spät, es ist zu spät ... woher hätte ich es wissen sollen? Jetzt habe ich ein schlechtes Gewissen für den Rest meines Lebens (wütend), und das ist deine Schuld. Du hättest mich warnen sollen.

AL: Aber, Liebling, ich wußte es doch auch nicht. Ich wollte nicht sterben.

RUTH: Und außerdem bist du weggegangen, ohne deine Angelegenheiten in Ordnung zu bringen. Ach ja, ich weiß, du glaubtest es, aber dem war nicht so. Und ich bin viel ärmer, als du glaubtest ... so viel Steuern. Und die Einkommensteuer, der ganze Papierkram, der Umzug ... plötzlich hatte ich so viel um die Ohren. Du machst dir keinen Begriff, wie hart das war.

AL: Das tut mir leid, Ruth. Ich hätte dir sagen müssen, wie man solche Dinge erledigt.

RUTH: Aber ich will nichts erledigen. Das ist deine Sache. Warum habe ich dich schließlich geheiratet? Ich will mich um solche Dinge nicht kümmern, ich mag das nicht.

AL: Aber, Liebling, so ist das Leben – wir alle müssen irgendwann erwachsen werden. Ich wünschte nur, ich hätte dich besser darauf vorbereitet.

RUTH (weinend): Aber ich brauche dich, Al. Ich bin einsam.

AL: Du wirst dir ein neues Leben aufbauen, neue Freunde finden. Ich weiß, du wirst das schaffen. Du *kannst* es, wenn du willst.

RUTH: Aber darum geht's ja gerade. Ich *will* nicht. Ich will *dich*. Du bist mein Leben ... ich habe so auf dich gebaut. Ich kann dich nicht gehenlassen.

Hier unterbrach ich sie: »Versuchen Sie zu sagen ›Ich *will* dich nicht gehen lassen‹.«

RUTH: Ich will dich nicht gehen lassen ... ich *will* dich nicht gehen lassen (wütend), du hast verdammt recht, ich will dich nicht gehen lassen. Warum sollte ich? Ich war immer da, wenn du *mich* brauchtest. Jetzt bist du an der Reihe, hier zu sein, wenn ich dich brauche, (schreit) aber nein, du bist jetzt an einem aufregenden neuen Ort und gehst neuen Erlebnissen entgegen in diesen herrlichen Gefilden, von denen der Pfarrer bei der Beerdigung sprach. Und nachher hatte er noch die Frechheit, zwei Stunden damit zu verbringen, mir zu sagen, wie glücklich du jetzt sein würdest, und ich sollte mich nicht um dich grämen, du mit deinem schönen neuen Leib. Und was ist mit mir? Das hatte ich ihn eigentlich fragen wollen. Was ist mit mir und diesem alten, arthritischen Körper? Mir steht kein neues Leben bevor – nur Einsamkeit, Krankheit und Alter. Wer wird sich um mich grämen? Du nicht, keiner. Ja, du hast das fein eingefädelt, kann ich nur sagen, du hast das fein eingefädelt.

An diesem Punkt des Dialogs hämmerte Ruth mit den Fäusten auf ihre Knie, und jemand warf ihr ein Kissen zu. Sie ließ sich auf die Knie nieder, schlug wie wild auf das Kissen und erging sich in einer Tirade, bei der all der Schmerz und Zorn herauskam, die sie seit zwanzig Jahren aufgestaut hatte – und alles lief auf die Tatsache (oder das Gefühl) hinaus, daß sie ihm ihr ganzes Leben gewidmet habe und er sie jetzt einfach sitzen lasse. Er hatte den Vertrag gebrochen, der nur in ihrem Herzen bestand. Während sie weinte und das Kissen malträtierte, schrie sie: «Gib mir mein Leben zurück, Al, gib mir mein Leben zurück.«

Da ich das Gefühl hatte, daß das eine sehr heilsame Aussage sei, bat ich Ruth, sich wieder auf den Stuhl zu setzen und ihr Leben von Al zurückzufordern.

RUTH (sanft): Gib mir mein Leben zurück, Al, all diese gestohlenen Jahre. Gib mir meine Jugend, mein Lachen, meine Freude zurück.

AL: Du hast sie ja noch, Liebling. Du hast sie immer gehabt. Ich habe sie dir nicht weggenommen. Du hast sie mir geschenkt. Du schienst sie mir schenken zu wollen.

RUTH (weinend): Das stimmt, das stimmt. Ich liebte dich, aber ich muß mich zurückfordern. Ich muß meine Selbständigkeit, meine Kraft und meine Liebe zurückfordern – denn vielleicht brauche ich sie für einen anderen (erstaunt). Ja, vielleicht (trotzig). Ich kann ohne dich leben. He, ich kann *wirklich* ohne dich leben (Gelächter von der Gruppe).

Ich fragte sie, ob sie ihm jetzt Lebewohl sagen könnte.

RUTH (sanft): Leb wohl, Al. Du wirst mir fehlen (weinend), so viel hätten wir noch tun können. Nun, es läßt sich nicht ändern. Ich werde immer noch manchmal – oft – an dich denken, aber ich werde dich gehen lassen. Leb wohl – habe eine gute Reise. Sei vorsichtig.

Ein Dilemma wie das von Ruth erleben wir immer wieder in unseren Gruppen. So oft haben die Hinterbliebenen Schuldgefühle über all das, was sie im Leben hätten tun können und nicht getan haben, und nehmen es dem Verstorbenen übel, daß er sie in diese Lage gebracht hat. Denn dem Übelnehmen liegt der Ärger und Zorn zugrunde, im Stich gelassen zu sein, sich allein in einer einsamen, feindlichen Welt zurechtfinden zu müssen. Der Kopf weiß ganz genau, daß solche Gefühle absurd sind, daß der Tote nicht absichtlich gestorben ist, aber diese Art von Logik rührt das Herz nicht, und sofern wir diese irrationalen Emotionen nicht herausbringen und wirklich durcharbeiten können, ketten sie uns an die Vergangenheit und unsere Erinnerungen und fesseln die Energien, die wir brauchen, um unser neues Leben aufzubauen. Manchmal können sie uns sogar physisch krank und arbeitsunfähig machen.

Ruths Reaktion könnte keineswegs pathologisch genannt werden, denn ihr Mann war erst vor sechs Monaten gestorben, und es war nur natürlich, daß sie von ihm träumte und sich um ihn grämte. Hätte sie dagegen ihre Emotionen nicht in der Traumgruppe freigesetzt, dann hätte sie womöglich noch Jahre nach seinem Tod von ihm geträumt und um ihn getrauert, und das *ist* dann pathologisch. Dr. Vamik Volkan, ein Psychiater an der medizinischen Fakultät der Universität von Virginia, hat festgestellt, daß viele seiner Patienten, die in ständigem Kummer erstarrt sind, gewisse Träume haben, in denen der Verstorbene lebt, aber in einen Kampf auf Leben und Tod verstrickt ist. Mir scheint, daß dieser Traumkampf die Haßliebe des Träumers für den Verstorbenen und die sich daraus ergebende Ambivalenz in bezug auf den Tod darstellt. Volkan hat für solche pathologischen Trauernden eine »Kummertherapie« entwickelt, mit der ihnen geholfen wird, den ursprünglichen Prozeß des Leids noch einmal zu erleben und alle damit verknüpften ambivalenten Gefühle zum Ausdruck zu bringen, wobei diesmal sichergestellt ist, daß sie den Tod gefühlsmäßig und auch verstandesmäßig akzeptieren.

In unserer Kultur sind wir doppelt gehemmt, uns mit unseren Gefühlen des Zorns und Grolls auf den Toten auseinanderzusetzen und sie zum Ausdruck zu bringen, weil diese Gefühle nicht nur irrational sind, sondern auch egoistisch und daher unvereinbar mit unseren ethischen Normen. Es ist schlimm genug, wenn man sich egoistisch vorkommt, aber sich egoistisch vorzukommen gegenüber jemandem, der gestorben ist, erscheint so entsetzlich, daß wir es gewöhnlich nicht wagen, es auch nur in Betracht zu ziehen. Und wie Ruths Dialog gezeigt hat, helfen uns hier auch nicht die christlichen Totenfeiern, weil dabei einfach vorausgesetzt wird, daß wir uns in erster Linie um das Geschick des Verschiedenen Sorge machen und unser Kummer ausschließlich auf altruistische Liebe zurückzuführen sei. Wir könnten die psychologische Raffinesse einiger der primitiveren Religionen brauchen, die Gelegenheit boten, nicht nur den Schmerz laut zum Ausdruck zu bringen, sondern auch alles, was an Zorn und Groll auf den Verstorbenen »unerledigt« ist. Das ist nicht eine »primitivere« Auffassung von der menschlichen Natur als die christliche – lediglich eine realistische Erkenntnis, daß die Liebe zum Ich und die Liebe zu anderen untrennbar sind und den Schmerzen und Ängsten des Herzens um seiner selbst willen Aufmerksamkeit geschenkt werden muß, ehe Liebe zu anderen oder Kummer oder Sorge um andere entstehen können.

Unsere moralischen oder religiösen Topdogs haben wahrscheinlich die katastrophische Erwartung, daß selbstsüchtige Gefühle, wenn wir ihnen nachgeben, so Besitz von uns ergreifen würden, daß wir nichts anderes mehr empfinden könnten, aber die Erfahrung zeigt, daß das absolut falsch ist. Arthur Janov macht das an der Stelle seines Buches *Revolution der Psyche* sehr deutlich, an der er beschreibt, wie der Tod seines Vaters ihm zum »Urerlebnis« des Kindheitsärgers zurückbrachte und der Verzweiflung darüber, daß er nie um seiner selbst willen akzeptiert wurde. Bei der Janovschen Psychotherapie geht es darum, daß man dieser Erfahrungen bewußt gewahr wird, und obwohl er ein erwachsener Mann war, als sein Vater starb, mußte er sich ins Bett legen und hatte vier Tage lang ein »Urerlebnis« nach dem anderen.

»Ich weinte über den Vater, den ich nie hatte. Ich weinte über mich. Das ist alles, was ein Neurotiker machen kann, wenn er von Schmerz erfüllt ist. Jeden Tag fühlte ich einen Gefühlskomplex, der jeweils von allen anderen Gefühlen losgelöst war. An einem Tag war es: ›Sei mein lieber Papi.‹ An einem anderen Tag ›Sag, daß ich gut bin, bevor du stirbst.‹ Ein wieder anderes Urerlebnis lautete: ›Geh noch nicht fort, ich brauche dich noch‹, und so weiter. Jedes Gefühl nahm Stunden in Anspruch und ging einher mit Erinnerungen, neuen Gefühlen und schließlich Einsichten.

Als ich diese vier Tage hinter mir hatte – sie schwächten mich so, daß ich das Bett nicht verlassen konnte –, konnte ich zum erstenmal *über ihn* weinen, über die Tragödie, die sein Leben war. Solange mein Bedürfnis nicht aus dem Weg geräumt war, konnte keines meiner Gefühle objektiv und nach außen gerichtet sein. Nach jenem Weinen habe ich nie wieder geweint, noch je wieder Trauer empfunden. Ich habe das Gefühl, als sei das endgültig vorbei. Nicht, daß ich mich daran nicht mit aller Traurigkeit erinnerte.

Hätte ich nicht auf Urerlebnisse zurückgreifen können, wäre ich in eine Depression und Trauer verfallen, die Wochen und Monate hätte dauern können. Es hätte sich nie aufgelöst, weil ich keine Ahnung gehabt hätte, warum ich wirklich weinte und trauerte. Ich brauchte noch immer einen guten Papi ... Es mag herzlos und grausam erscheinen, wenn ich sage, daß ich nach seinem Tod zunächst einmal über mich selbst geweint habe, doch ich hatte keine Wahl. Ich habe es nicht willentlich gemacht. Es geschah, weil meine Bedürfnisse alles andere beiseite drängten, wie Bedürfnisse es immer machen.

Später dann machte ich mir Gedanken darüber, wie sich mein Vater gefühlt haben mußte, als er wußte, daß er sterben würde, umgeben von all den Ärzten, allein und verängstigt. Ich tröstete mich mit dem Gedanken, das sei alles nicht so schlimm gewesen. Schließlich war er ein alter Mann. Doch ich wußte, das war eine Rationalisierung. Er war ein verängstigter kleiner Junge, betroffen von dem, was das Leben für ihn geworden war, und er starb in seiner Kindheit.«

Die Blockierung, in der wir uns weigern, Gefühle zu empfinden, ist eine Art von Tod im Leben, und dazu verurteilen wir uns, wenn wir uns an die Verstorbenen klammern. Es gibt noch andere Kräfte außer den in Ruths Fall offenbar Gewordenen, die uns in anhaltende Abhängigkeit treiben, obwohl Ruths »unerledigte Dinge« der bei weitem häufigste Grund sind. Manchmal ist aber ein »auf ewig getreuer Topdog« am Werk, der uns sagt, wir müßten herzlose, gefühllose Trottel sein, wenn wir unser Leben nicht ständig überschattet sein lassen durch den Verlust der geliebten Person. Wenn ein Gefühl dieser Art durch Visionen des Toten in Träumen zum Ausdruck kommt, dann bin ich bereit, kategorisch zu erklären, daß es keine Erscheinungen aus dem Jenseits sind, sondern Projektionen aus der eigenen Seele des Träumers, denen er energisch sagen muß, sie sollten aus seinem Leben verschwinden.

Am schwersten zu überwinden von all den Gründen, die einen veranlassen, sich an die Toten zu klammern, ist möglicherweise die Furcht, daß der Kummer über den Verlust einfach überwältigend sein wird, daß ohne den anderen Menschen in unserem Leben ein großes Loch des Nichts ist, das wir nicht ertragen können. Perls zitiert dafür ein Beispiel in *Gestalt-Therapie in Aktion:*

»Es gab da einmal ein Mädchen, eine Frau, die vor nicht allzu langer Zeit ihr Kind verloren hatte, und sie konnte nicht recht mit der Welt in Kontakt kommen. Wir arbeiteten ein bißchen, und wir fanden heraus, daß sie sich am Sarg festhielt. Sie erkannte, daß sie diesen Sarg nicht loslassen wollte. Versteht ihr nun? Solange sie nicht willens ist, sich diesem Loch, dieser Leere, diesem Nichts zu stellen, kann sie gar nicht zum Leben, zu den anderen zurückkommen. Es ist so viel Liebe in diesem Sarg gebunden, daß sie gern ihr Leben in diese Phantasie investiert, eine Art Kind zu haben, selbst wenn es ein totes Kind ist. Wenn sie ihrem Nichts gegenüberstehen und ihre Trauer erleben kann, kann sie ins Leben zurückkommen und mit der Welt wieder in Kontakt kommen.«

Dem gegenüberzustehen, das wir für Nichts halten, die Leere – das ist der Kernpunkt jeder Blockierung. Wenn man sich an jemanden klammert, der gestorben ist, dann ist das nur eine weitere Manifestation des grundlegenden neurotischen Phänomens, nämlich der Unfähigkeit zu glauben, daß wir überhaupt ein bedeutungsvolles Dasein haben können, es sei denn vermittels eines Selbstbildes, mit dem wir identisch geworden sind, sei es das der Ehefrau, der Mutter, des aufrechten Bürgers, des gehorsamen Sohnes oder was immer. Den Tod des Selbstbildes zu erleben und zu entdecken, daß dahinter nicht das Nichts liegt, sondern ein neues Leben – das ist der Kernpunkt aller religiösen Lehren und jeder Psychotherapie. Aber, wie Perls schreibt: »Wir erhalten lieber den Status quo aufrecht: lieber im Status quo einer mittelmäßigen Ehe, einer mittelmäßigen Mentalität, einer mittelmäßigen Lebendigkeit bleiben, als durch diesen Engpaß hindurchzugehen.« Und Jung sagte, die Menschen tun alles mögliche, wie absurd auch immer, um zu vermeiden, sich mit ihren eigenen Seelen auseinanderzusetzen. Sie machen Joga, halten eine strenge Diät ein, lernen Theosophie auswendig oder wiederholen mechanisch mystische Texte aus der Literatur der ganzen Welt – alles, weil sie mit sich nicht ins reine kommen können und nicht das geringste Zutrauen haben, daß aus ihren eigenen Seelen je etwas Nützliches hervorgehen könnte.

Träume vom eigenen Tod spiegeln fast immer die Tatsache wider, daß wir den Punkt erreicht haben, an dem wir bereit sind, unsere alten Rollen und Selbstbilder aufzugeben, und deshalb sind diese Träume oft die wichtigsten von allen.

Tod und Wiedergeburt des Selbst

Den Kindern des Temiar-Stammes wird beigebracht, sich nie vor dem Tod in einem Traum zu fürchten, woher er auch kommen mag, sondern durch ihn hindurchzugehen und freudig zu entdecken, daß sie noch am Leben und von neuer Kraft erfüllt sind. Kilton Stewart beschreibt das so: »Wenn man glaubt, im Traum zu sterben, dann erhält man nur die Kräfte des Jenseits, die eigene geistige Kraft, die gegen einen gerichtet gewesen war und jetzt wünscht, mit einem eins zu werden, wenn man sie akzeptieren will.« In der Gestalt-Terminologie zeigt ein solcher Traum, daß der Träumer den Kampf aufgibt, alles zurückzuweisen, was dem ihm von Topdog vorgeschriebenen Selbstbild nicht entspricht, und die bisher von Underdog abgelehnten Energien wiederzuerlangen. Eine schöne Illustration bot Gail, die eine Zeitlang mit uns in einer fortlaufenden Gruppe gearbeitet hatte, und hier folgt der Bericht in ihren eigenen Worten:

»Im ersten Traum der Nacht schreibe ich eine Prüfungsarbeit in Französisch und mogele. Jedesmal, wenn die Lehrerin die Klasse verläßt, hole ich ein Buch aus dem Regal und schlage Vokabeln nach. Sie ertappt mich nicht beim Mogeln, aber plötzlich ist die Stunde um, und ich habe meine Arbeit erst halb fertig.

Als ich aufwachte, lag ich im Bett und fragte mich, was um alles in der Welt der Traum bedeutete, und meine sofortige Assoziation mit Französisch war Sex. Also überlegte ich mir, wie und wann ich beim Sex gemogelt hatte. Wir hatten am Abend zuvor nicht miteinander geschlafen, ich hatte David sogar abgewimmelt, als er plötzlich mitten in unserem Joga geil wurde. Ich sagte ihm, ich fühlte mich auch sexy, fände aber, wir sollten mit unserem Joga zu Ende kommen. In Wirklichkeit wollte ich gar keinen Sex, aber ich konnte es einfach nicht zugeben. Ich meine, eine *wirkliche* Frau will schließlich dauernd Sex . . . das soll angeblich ihre Lust und ihr Leben sein . . . und wenn sie's nicht tut, ist sie frigide. (Ich hatte gerade Xaviera Hollanders Bücher gelesen, und sie scheint immer geil zu sein!) Und dann wurde mir alles klar. Ich hatte insofern gemogelt, als ich vorgab, eine total sexy Frau zu sein – und soviel ich wußte, war ich damit durchgekommen, indem ich darauf bestand, daß wir unser Joga fertigmachten, also höhere Dinge für wichtiger hielt als mein eigenes Begehren! Und dann fragte ich mich, warum ich überhaupt so weit gehen mußte? Wo steht geschrieben, daß eine wirkliche Frau immer sexy ist? Natürlich, da gibt es *Pussycats* und *Fascinating Womanhood* und all diese Zeitschriften, die einem sagen, man müsse es tun, selbst wenn man nicht will . . . Klasse! Ich schlief wieder ein und fragte mich, ob ich mein Selbstbild von der sexy Gail aufgeben könnte oder nicht.

Im nächsten Traum bin ich bei einer Messerstecherei in die Enge getrieben, werde von Männern mit Messern verfolgt und finde mich in einem großen Zimmer wieder. Ich renne zur Tür hinaus, aber sie führt auf den Korridor, aus dem ich gerade gekommen war. Die Männer holen mich ein, und ich sitze in der Falle. Es gibt keine Fluchtmöglichkeit. Ich drehe mich zu ihnen um, und als sie mit ihren Messern zustoßen, finde ich mich mit meinem Tod ab.

Dann verändert sich die Szene, und ich bin zu Hause. Ich höre ein Kind weinen, und voll Schrecken fällt mir ein, daß ich ein kleines Kind in der Garage eingeschlossen habe, das ich herauslassen muß. Himmel, es muß schon seit Jahren da sein, und ich habe es ganz vergessen. Ich stürze zur Garage und mache ängstlich die Tür auf, denn das Kind muß sehr wütend auf mich sein. Ein kleines, dunkles, etwa neunjähriges Mädchen stürzt sich auf mich und umarmt mich heftig. Ich drücke es auch an mich, und während ich mich noch frage, warum es nicht wütend und ärgerlich ist, sagt es: ›Ich bin jetzt ein großes Mädchen‹, und wiederholt das dauernd. Sie sieht indianisch aus und redet eine Menge – aber ich lasse sie reden, weil sie so lange eingesperrt war. Dann sind wir plötzlich in einem Restaurant, und sie erzählt auf eine so erwachsene, intelligente Weise von ihren Reisen, daß die Leute an den Nachbartischen alle zuhören und lächeln, als wollten sie sagen: ›Was für ein reizendes Kind!‹ Ich sehe sie an und denke: ›Na, für ein so zu kurz gekommenes kleines Ding ist sie bemerkenswert glücklich und munter und unterhaltend‹, und ich wache auf und mag sie wirklich gern.«

Als Gail über diese Träume in der Gruppe berichtete, hielten wir einen weiteren Dialog nicht für nötig: das war einer der Fälle, in denen die Träume alles erledigt hatten. Hier war das uralte Thema von Tod und Wiederauferstehung – in Gails Fall der Tod eines verlogenen sexuellen Vorstellungsbildes und die Wiedergeburt zu einem authentischen Selbstsein als das reizende Kind. Wie Gail erklärte, war das Kind nicht hübsch im üblichen Sinne – es war ziemlich dunkel und eigentlich wenig anziehend –, aber seine Begeisterung, Lebendigkeit und Intelligenz erregten die Aufmerksamkeit aller, mit denen es in Berührung kam. Gail hatte dieses dunkle Kind – ihren Underdog oder Schatten – schon in jungen Jahren in die Garage eingesperrt, als die Welt ihr sagte, man könne nur Erfolg haben, wenn man sexy und Männern gegenüber unterwürfig sei. Das bedeutete, daß sie auch ihre angeborene Intelligenz, Selbständigkeit und Freude eingesperrt hatte. Der Traum selbst vollendete die Integration, und wir hatten das Gefühl, daß er eine Botschaft war für neunzig Prozent der Frauen in unserer Gesellschaft, die dazu erzogen werden, sich als Sexualobjekte anzusehen (die französischen Frauen machen kein Geheimnis daraus!), ohne jeden anderen Wert als diesen. Denn allen Frauen, die sexuelle Vorstellungsbilder für sich aufgebaut haben, kommt es wie der Tod vor, das Bild aufzugeben, doch in Wirklichkeit führt dieser Tod zu einem reicheren Leben, wie Gail bald aus ihrem Traum erkannte.

Jeder Underdog oder eine Schattengestalt ist ein Kind, das in der Garage oder im Keller eingesperrt wurde, weil wir durch Topdogs katastrophische Erwartungen indoktriniert wurden, es wäre verhängnisvoll, wenn wir zuließen, daß Underdogs Bedürfnisse befriedigt werden. Gail glaubte wirklich, daß sie, wenn sie das Sex-Spiel nicht spielte, die häßliche, frigide, uninteressante Person würde, die ihr so mißfiel. Das war das Ungeheuer, das sie eingesperrt zu haben glaubte, und dabei erkannte sie nicht, daß das »natürliche« Kind weit attraktiver und warmherziger – und mehr echt sexy – war als das Sexualobjekt, das zu sein sie sich so bemühte. Auf ähnliche Weise hatte ich vor vielen Jahren meine warmen Gefühle der Anhänglichkeit in den Keller gesperrt und geglaubt, ich hätte eine entsetzliche alte Hexe eingekerkert, die wie eine Klette war und dauernd fragte, ob man sie liebe – bis ich in einem Traum eine Tür aufmachte und ein süßes, verirrtes Kätzchen fand. Sara hatte es mit ihrer Weichherzigkeit, die ihr Vater nicht mochte und fürchtete, genauso gemacht und konnte es nicht über sich bringen, diese Seite ihrer Persönlichkeit zu akzeptieren, bis sie anfing, von einem zärtlichen, verspielten und mutwilligen jungen Hund zu träumen, der mit ihr herumtollen wollte. Selbst die abscheulichsten Dinge in uns haben positive Eigenschaften, und sie zeigen sich nur so lange als furchteinflößende Ungeheuer des Es, wie wir sie hinter Schloß und Riegel halten; doch wenn wir den Mut haben, die Tür zu öffnen, kommt ein Kind, ein Kätzchen oder ein junger Hund heraus, begierig und erwartungsvoll, ein Teil unseres Lebens zu werden. Ich lege hier keine Theorie vor: ich spreche aus persönlicher Erfahrung als eine Art Pionier, der den Wald erkundet hat und ihn freundlich fand. Die Lebenskraft ist niemals rachsüchtig oder destruktiv, wenn man sich mit ihr befreundet.

Die Flut an Energie, Freude und kreativer Kraft, die dieses Erlebnis oft begleitet, scheint mir der Sprache der Religion zu bedürfen, um sie angemessen zu beschreiben, und es faszinierte mich, daß ich meine Auffassung unter einem ganz anderen Gesichtspunkt von Thomas Harris in seinem Buch *I'm OK – You're OK* bestätigt fand. In der Terminologie der Transaktionalen Analyse weist er darauf hin, daß das Wesentliche an einer echten religiösen oder mystischen Erweckung die Entmachtung des inneren Elternteils (Vater oder Mutter) sei, so daß das natürliche Kind hinter dem konditionierten Kind hervorkommen und mit dem Verstand des Erwachsenen zusammenwirken kann in einem Leben, das nicht länger dem Daseinsgrund entfremdet ist. Harris schreibt:

»Ich bin der Ansicht, daß religiöse Erweckung eine einzigartige Verbindung von Kind (ein Gefühl von Innerlichkeit) und Erwachsenem (eine Reflexion über Letzte Dinge) unter völligem Ausschluß des Elternteils sein mag. Ich glaube, der völlige Ausschluß des Elternteils ist das, was bei der Kenosis oder Selbstentäußerung geschieht. Diese Selbstentäußerung ist ein allen mystischen Erweckungen gemeinsames Charakteristikum ... Ich glaube, entäußert wird dabei der Elternteil. Wie kann man Freude oder Ekstase empfinden angesichts jener Registrierungen im Elternteil, die das NICHT OK ursprünglich hervorbrachten? Wie kann ich Anerkennung *spüren* angesichts der am frühesten *gespürten* Ablehnung? ... Ich glaube, bei der religiösen

Erweckung ist es die Aufgabe des Erwachsenen, den Elternteil auszusperren, damit das natürliche Kind als Teil von Gottes Schöpfung zu seinem eigenen Wert und seiner eigenen Schönheit wiedererwachen kann.«

Eine sehr wichtige Folge davon ist nach meiner eigenen Erfahrung, daß der Prozeß der Befreiung und Wiederaneignung des inneren Kindes von einer Änderung in der Einstellung des Betreffenden zum buchstäblichen, physischen Tod begleitet ist, wie auch große und kleine Mystiker zu allen Zeiten und in allen Kulturen berichtet haben. Bei mir selbst und bei denjenigen, mit denen ich gearbeitet habe, habe ich keine plötzliche, dramatische und endgültige Veränderung festgestellt, sondern eher den Beginn und die allmähliche Entwicklung einer neuen Einstellung, die dennoch höchst signifikant für das Leben ist.

Ein sehr wichtiger Faktor ist hier, daß sich im Traumleben selbst neue Bewußtseinsarten einstellen, die *in dem Erlebnis* darauf hinzuweisen beginnen, daß wir uns allmählich zu Seinsweisen entwickeln können, die nicht vom physischen Leben, wie wir es kennen, abhängen. Ein solches Erlebnis ist der »luzide« Traum, bei dem wir im Traum selbst gewahr werden, daß wir träumen und uns in einer Welt befinden, die durch ein seltsames Paradox von uns manipuliert werden kann und doch irgendwie nicht von unserer Manipulation abhängt. Manchmal ist dieses Erlebnis von einem blitzartigen Gewahrwerden begleitet, das uns buchstäblich in eine andere »Dimension« von größerer Klarheit und Freude emporhebt, wo der Traumkörper den schlafenden physischen Körper zu verlassen scheint und sich auf allerlei seltsame Reisen begibt, fliegt, sogar durch feste Körper hindurch, und dem merkwürdigen neuen Universum insgesamt mit großer Begeisterung begegnet. Dieses Erlebnis, das in der religiösen und okkulten Literatur als »astrale Projektion« oder »außerkörperliches Erlebnis« bekannt ist, ist eng verwandt mit den üblicheren erotischen Flugträumen und scheint einer besonderen Art von »high« im wachen Bewußtsein zu entsprechen, dem »high«, das eintritt, wenn die Energien des natürlichen Kindes frei fließen dürfen.

Diese ganz speziellen Träume, die jetzt ungefähr ein Zehntel meiner persönlichen Träume ausmachen, sollen der Gegenstand meines nächsten Buches sein – doch ich möchte hier schon klarstellen, daß die von mir beschriebene neue Einstellung zum Tod *nicht* von diesen Träumen abhängt: sich das so vorzustellen, hieße wahrscheinlich, das Pferd vom Schwanz aufzäumen. Der entscheidende Faktor scheint etwas subtiler zu sein, und dennoch realistisch. Ich entdeckte das, als ich vor nicht langer Zeit beschloß, Edgar Cayces Experiment auszuprobieren und meine Träume um Aufklärung über meine Einstellung zum Tod zu bitten. In dem anschließenden Traum lag ich auf Händen und Knien in meinem Elternhaus, und zwei junge Männer, die mir wie zwei Mafia-Typen vorkamen, waren im Begriff, mich brutal umzubringen, weil ich unabsichtlich einen mir von ihnen erteilten Befehl nicht befolgt hatte. Als ich voll Schrecken aufwachte, assoziierte ich die Mafia sofort mit der »Familie« und erkannte erstaunt, daß meine ganze Auffassung vom Tod durch meine Kindheitserfahrung von Bestrafung in der Familie beeinflußt war und daß für Ungehorsam keine geringere als die Todesstrafe verhängt wurde. Wir alle haben unsere eigenen, unbewußten Vorstellungen vom Tod, die sich wie ein Schatten zwischen den menschlichen Geist und sein natürliches, existentielles Gefühl vom ewigen Sein legen. Mit anderen Worten, die Entmachtung von Topdog, die Entthronung des inneren Elternteils, ist in der Tat, wie Harris meint, der entscheidende Faktor; sobald das geschehen ist, ist der Stachel des Todes entfernt, und das Gefühl des Hinauswachsens über die Grenzen des Lebens des physischen Körpers wird uns langsam, aber sicher zuteil.

Darum stimme ich Harris nachdrücklich zu, wenn er einen Unterschied macht zwischen einer echten religiösen Erweckung und etwas, das auf den ersten Blick genauso aussieht, dem aber in Wirklichkeit polar entgegengesetzt ist – der Versuch von Underdog, Frieden zu finden, indem er Topdog nachgibt, gewöhnlich durch irgendeine Form von religiöser Bekehrung, wobei er sein Bedauern ausdrückt, daß er so lange gegen Einschränkungen vom elterlichen Typ rebelliert habe, und beschließt, in Zukunft dem zu entsprechen, was »Gott« wünscht. Harris schreibt:

»Es gibt eine Art der religiösen Erweckung, die qualitativ anders sein mag als die den Elternteil ausschließende Erweckung, die wir soeben beschrieben haben. Es ist das Gefühl großer Erleichterung, das sich nach einer totalen Anpassung an den Elternteil einstellt. ›Ich werde meine Unarten ablegen und genauso sein, wie du (Elternteil) mich haben willst.‹ . . . Die Erlösung wird nicht als eine unabhängige Begegnung mit einem barmherzigen Gott erfahren, sondern als das Erlangen der Anerkennung der Frommen, die die Regeln aufstellen . . . Freud glaubt, die religiöse Ekstase sei von dieser Art: Das Kind empfindet Allmacht, indem es den allmächtigen Elternteil hereinlegt. Der Standpunkt ist: ICH BIN OK SOLANGE ALS. Die Versöhnung ruft ein so herrliches Gefühl hervor, daß ein heftiges Verlangen nach ihrer Wiederholung besteht. Das hat einen ›Rückfall‹ zur Folge, der den Weg für ein neues ›Bekehrungs‹-Erlebnis ebnet.«

Ich würde hinzufügen, daß das auch gilt, wenn wir versuchen, unsere Konflikte im normalen Leben dadurch zu lösen, daß wir Topdog in einem nichtreligiösen Kontext nachgeben; Underdog kann und will sich nicht einem fremden Muster anpassen, wie vernünftig und wertvoll es erscheinen mag, denn er ist der Kern dessen, was *wir* werden müssen, das Bild Gottes *in uns,* das nur durch unsere topdogsche Ablehnung von ihm zu etwas Häßlichem verzerrt wird.

Wenn wir uns mit Topdogs Herrschaft über unsere Innenwelt abfinden, dann ist das buchstäblich ein schlimmeres Schicksal als der Tod, wie mir kürzlich in einem anderen Traum deutlich klar wurde. Darin hatte jemand physikalisch nachgewiesen, daß, wenn bestimmte Kraftlinien in einem bestimmten Muster zusammenkommen, der in ihnen gefangene Mensch dazu verurteilt wäre, auf immer allein in einem leeren Universum zu leben. Wie es so oft in Träumen vorkommt: kaum hat man etwas gedacht, da geschieht es auch schon, und ich war bewegungslos, gefangen in einem Netz einschnürender Kräfte, denen ich nicht entkommen konnte. Es war ein entsetzliches Erlebnis mit nichts als diesen seltsamen Kraftlinien und der Sonne, die gnadenlos und kalt herunterstrahlte. Zum erstenmal in meinem Leben verstand ich, was Paul Tillich mit »Vakuum« meinte und Fritz Perls mit »Schicht des Todes« – denn es konnte kein besseres Bild für den Tod im Leben geben, der die Folge ist, wenn man versucht, an der Inaktivität eines Selbstbildes festzuhalten. Es war das erste Mal, an das ich mich erinnern kann, daß ich mich nach dem Tod sehnte. Und dann, nach einer Ewigkeit des Leidens (so schien es mir jedenfalls), inmitten des Nichts, sah ich in einem Spiegel vor meinen Augen den Widerschein der Sonne, die sich langsam zu bewegen begann, sich ausdehnte und zusammenzog. Ich spürte Wärme auf meinem Körper und wußte, daß meine Qual vorüber war. Auch das war ein Bild von dem, was als Folge der Arbeit mit Träumen in meinem Leben geschehen war. Perls drückt es so aus: Das Nichts zu fürchten bedeutet, in der Leere gefangen zu sein, aber wenn wir es akzeptieren und da hineingehen, fängt die Wüste zu blühen an. Das leere Loch wird lebendig: die unfruchtbare Leere wird zur fruchtbaren Leere, und wir sind wiedergeboren.

13

Das verwandelnde Symbol

Problemlösen ist wie das Flicken von Löchern in einem morschen Boot; kaum ist ein Plattenflick aufgebracht, zeigen sich schon zwei neue Leckstellen. Es gibt Zeiten, da wird ein Ausweg gebraucht, bei dem mit logischen Flicktechniken nichts zu machen ist. Es gibt Zeiten, da brauchen wir einen Weg, der über morsche Schiffsrümpfe hinausgeht, einen Weg, nicht um ein neues Boot oder auch nur eine solide Schwimmweste zu beschaffen, sondern eher einen U-Bootweg durch ein aufgewühltes Meer zu neuen Ufern.

JOSEPH CHILTON PEARCE

Es ist ein häufiges Thema vieler alter Sagen und Märchen aus allen Teilen der Welt, daß der Held, wenn er den Riesen oder den Drachen, der das Land in seiner Gewalt hielt, besiegt hat, eine Art Talisman findet – einen Edelstein, eine Zauberfeder oder dergleichen –, der ihm von nun an helfen wird, Kraft zu sammeln, wenn er erschöpft ist, sehen zu können, wenn alles dunkel ist, und den Weg hinaus zu finden, wenn er eingekerkert ist. Jeder, der sich ernstlich bemüht, durch Arbeit mit Träumen die inneren Tyrannen der Seele (die Topdogs) zu konfrontieren, wird eine ähnliche Entdeckung machen, wenn er danach Ausschau hält. Denn bei solchen Gelegenheiten bringt die träumende Seele oft Bilder hervor, die eine geheimnisvolle, fast magische Kraft besitzen, um die verborgensten Energien und kreativen Ressourcen der Persönlichkeit wachzurufen, und nicht nur zur Zeit des Traums, sondern noch Monate oder gar Jahre danach, wann immer Topdog ein Comeback versucht. Manchmal zeigt sich das »verwandelnde Symbol«, wie ich es nenne, schon im Traum, manchmal erst beim Durcharbeiten der Träume in wacher Phantasie, doch in beiden Fällen ist es für den Träumer so etwas Ähnliches wie ein geistiger Zauber, der ihm in Zukunft in mißlichen Lagen auf höchst ungewöhnliche Weise helfen kann. Dennoch braucht das Symbol selbst absolut nicht »ungewöhnlich« zu sein, wie die folgenden Beispiele zeigen.

Easy Rider

Ein bemerkenswertes Beispiel bot ein ganz kurzer Traum von Ann, der Psychologie-Professorin, deren spätere Träume schon in Kapitel 8 (»Erste Astronautin auf dem Mond«) und in Kapitel 11 (»Maden erbrechen« und »Das große häßliche Ohr«) beschrieben wurden. Bei dem Workshop, bei dem wir sie kennenlernten, hatten wir wie üblich am Freitag abend vorgeschlagen, daß die Gruppenmitglieder eine Bitte an ihre Träume richten sollten, und Ann hatte dementsprechend um Aufklärung über ihr dringlichstes, nagendes Problem gebeten – ihre Beziehung zu ihrem Vater.

Kurz vor diesem Traum hatte sie sich von ihrem Mann getrennt und konnte sich nicht darüber klar werden, ob sie sich scheiden lassen sollte oder nicht. Die Unentschlossenheit hielt schon qualvoll lange an, und sie wußte, daß es insofern weitgehend ihre Schuld war, als sie sich nicht dazu durchringen konnte, ihren Mann gehen zu lassen. Aber die Einsicht hatte ihr nicht geholfen, die Lage zu ändern. Sie vermutete, daß die Unfähigkeit, einen klaren Bruch herbeizuführen, etwas damit zu tun hatte, daß sie das Gefühl hatte, als Frau zu versagen – ein Gefühl, das ursprünglich auf ihren sie ablehnenden Vater zurückging. Tatsächlich war sie unentschlossen gewesen, ob sie an eben diesem Wochenende, statt an der Traumgruppe teilzunehmen, nicht nach Hause fahren sollte, um sich mit ihrem Vater gründlich auszusprechen.

Sie berichtet über ihren Traum und die anschließenden Ereignisse wie folgt:

Bitte: Traumkraft, sollte ich meinen Vater besuchen? Ich brauche so lange Zeit, um mich scheiden zu lassen. Bewirkt der alte Vater-Schmerz, daß es so lange dauert? Könnte ich etwas in Ordnung bringen, wenn ich meinen Vater besuchte?

Traum: Ich steige auf ein Motorrad. Mein Vater steht dabei und sagt: »Du wirst es nicht schaffen. Du wirst nie Motorrad fahren können.« Ich fahre los und es geht herrlich, mein Haar flattert im Wind, und ich nehme die Kurven sehr gekonnt und mit hoher Geschwindigkeit. Es macht mir Spaß, daß ich so gut fahre. Ich steige vom Motorrad ab, und mein Vater steht da und sagt: »Siehst du, ich habe es dir ja gesagt, daß du nie Motorrad fahren könntest.«

Deutung: Vater wird mir nie sagen können, daß er stolz auf mich ist. Ich muß in mir die Stimme finden, die sagt, was er sagen würde, wenn er dazu imstande wäre, nämlich daß er insgeheim Achtung vor mir hat und keine Achtung vor meiner passiven, unterwürfigen Mutter. Wenn ich mit dieser Stimme unter dem verlogenen Topdog in Berührung komme, weine ich, denn ich habe es so nötig, diese geheime Wahrheit zu hören.

Gestalt-Arbeit: Am nützlichsten war mein Dialog zwischen dem »Wildfang Ann« und der »weiblichen Anna«. Die Dichotomie in mir war nie beigelegt worden. Der aggressive Teil von mir schützt mich davor, zermalmt zu werden wie meine Mutter in ihrer Passivität. Der weibliche und weichere Teil von mir ist die Sanftheit, die Männer an mir schätzen. Aber ich brauche diese beiden Teile von mir, um ein ganzer Mensch zu sein. Mein Vater gestand mir weder das eine noch das andere zu – er verachtete meine weibliche Seite, er bezeichnete mich als fett und häßlich, und er bekrittelte meine männliche Seite, die mich antreibt, etwas zu leisten. Die Folge war eine Sackgasse – meine ganze Energie war in dem dummen Selbstquälerei-Spielchen blockiert, und sehr wenig blieb übrig, um das Leben zu feiern.

Verwandelndes Symbol: Der ganze alte Schmerz und Ärger ist eine außerordentliche starke Energiequelle in mir, wenn sie in ein Motorrad verwandelt ist – ein Symbol für Energie, Kraft und Kreativität. Das Motorrad war ein unerhört hilfreiches verwandelndes Symbol bei meinem Entschluß, zum Dr. phil. zu promovieren – vor allem jetzt, da ich das Verständnis und die Einsicht habe, daß ich auf meinem Motorrad in Jeans oder im Rock – unter meinem männlichen und weiblichen Aspekt – zur Kreativität fahren kann.

Nacherkenntnis: Der wirkliche Vater ist weiterhin ein Super-Ekel. Ich kam zu einem Thanksgiving-Besuch nach Hause, und er war total bestrafend, beschimpfend, gemein und ablehnend. Es ist ihm *unmöglich*, etwas von der Achtung erkennen zu lassen, die er bestimmt vor mir hat. *Remedur: Sich von Vater scheiden lassen!* Ich muß versuchen, daran zu denken, was er sagen würde, wenn er könnte, und vor allem daran denken, daß ich Motorrad fahren *kann*, was immer er behauptet. Ich muß mich vor dem inneren Vater schützen, dem Topdog, der behauptet, ich sei nichts wert und häßlich, und muß all meine unbefriedigten Bedürfnisse und die aufgestaute Wut auslöschen, indem ich lerne, *mich selbst zu lieben.* Und wenn ich noch mehr Unsinn von Topdog höre, dann steige ich auf mein Motorrad und überfahre ihn – und überfahre ihn – und überfahre ihn –, bis er mich akzeptiert und liebt, bis ich mich selbst akzeptiere und liebe.

Es ist schwierig, diesem bemerkenswerten Erlebnis mit Worten gerecht zu werden. Als wir zuerst auf diese fast magischen Symbole in Träumen stießen, erinnerten sie uns an C. G. Jungs berühmten Begriff der archetypischen Symbole, die in kritischen Zeiten in Träumen auftauchen, um den Weg zum psychischen Wachstum zu zeigen. Nur sind die verwandelnden Symbole, auf die wir stießen, kaum jemals in dem Sinne »archetypisch«, daß sie in Zusammenhang stehen mit den uralten mystischen Vorstellungsbildern okkulter und religiöser Überlieferungen.

In Jungs Schriften sieht es so aus, als ob zu den wichtigen Träumen, die einen Fortschritt auf dem Pfad der Selbstverwirklichung anzeigen, immer Stöcke oder Schwerter gehören, die mit altertümlichen Schriftzügen verziert sind, große Bäume, die in kreisrunden Tempelhöfen stehen, mythische Ungeheuer, die aus den Tiefen des Ozeans auftauchen, Tauben, die sich auf Altären niederlassen und dergleichen mehr, und das hat viele Leser zu der Schlußfolgerung veranlaßt, daß ihre Träume relativ unwichtig seien, wenn sie nicht wie diese sind. Nichts könnte irriger sein. Altertümliche Symbole erscheinen gewöhnlich in Träumen, wenn und nur wenn der Träumer bereits an altertümlicher Symbolik interessiert ist, und ihre Bedeutung kann sich oft als recht weltlich herausstellen. Einer unserer College-Studenten, der sich mit

Jung befaßt hatte, träumte, er werde von einem riesigen Fisch verschluckt, und deutete den Traum als eine mögliche Begegnung mit einem Christus-Symbol aus der Tiefe des Unbewußten, obwohl das in bezug auf sein gegenwärtiges Leben keinerlei Bedeutung für ihn hatte. Bei weiterer Arbeit stellte sich heraus, daß er sich ausgesprochen übermannt und »verschlungen« fühlte von seiner dominierenden Freundin, die er als einen typischen Fisch beschrieb! Es ist also sehr wichtig, nicht zu vergessen, daß die meisten lebensverändernden Traumsymbole ganz gewöhnliche Gegenstände aus dem Alltagsleben sind, wie Anns Motorrad, und sie könnten übersehen werden, wenn der Träumer zu der Annahme verleitet wurde, daß wichtige Träume traditionelle, archetypische Bilder enthalten müßten.

Anns Motorrad würde eher an Bedeutung verlieren als gewinnen, wenn es als eine moderne Spielart eines uralten Symbols angesehen würde, etwa eines Streit- oder Triumphwagens oder des fliegenden Pferdes Pegasus. Erstens gab es in früherer Zeit kein wirkliches Gegenstück zu der pochenden Energie des Verbrennungsmotors, und doch ist er ein sehr lebendiges Symbol für einen gewissen Aspekt der psychischen Energie und verbindet in einem einzigen Bild die Schnelligkeit des Pferdes, das Brüllen des Stiers und das Pochen des Pulses, wozu die weitere Eigenschaft des Motorfahrzeugs kommt, daß es ein Produkt der menschlichen Klugheit und Kreativität ist und mehr Kraft besitzt als alles, was die Menschheit in prätechnologischer Zeit kannte. Aber es wäre ganz verkehrt, anzunehmen, das Symbol des Motorrads habe eine allgemeingültige Bedeutung, denn es hat immer nur eine einzige und persönliche Bedeutung für den Träumer – in Anns Fall brachte es ihr Gefühl zum Ausdruck, daß sie ihren »männlichen Trieb« völlig in der Gewalt habe.

Eines meiner verwandelnden Symbole ist ein großes, protziges, amerikanisches Auto, das zuerst zu einer Zeit in meinen Träumen erschien, als ich es wirklich nötig hatte, für meine Energie, meinen »Trieb« und meine »Größe« aufgeschlossen zu werden, denn eine besondere Art von britischem Topdog hatte das bisher verhindert und darauf bestanden, daß ich furchtsam, demütig und zurückhaltend herumschlich (offenbar hatte er die katastrophische Erwartung, ich würde wie eine von diesen *schrecklichen* Amerikanerinnen werden!). Ich liebe meinen großen, protzigen, amerikanischen Wagen und benutze ihn – unter anderem – wie Ann dazu, Topdog zu überfahren, wenn er anfängt, mich mit seinen gedankenlosen Klischees anzukläffen.

Al, einer unserer Studenten, hat auch ein Auto als verwandelndes Symbol, und zwar ein Kabriolett, und dessen Botschaft ist eine ganz andere. Ehe dieses Symbol in seinen Träumen erschien, hatte Al wahnsinnige Angst vor seinen aggressiven Trieben und glaubte, sobald sie zum Ausdruck kämen, müßte Gewalttätigkeit unweigerlich die Folge sein; so verdrängte er sie und tat so, als gäbe es sie nicht. Das Ergebnis war natürlich, daß sie auf Umwegen in ziemlich häßlichem destruktivem Verhalten zum Vorschein kamen, und Al büßte ein Großteil seiner natürlichen, produktiven Energie ein. Das Kabriolett kam, um ihm zu sagen: »Hör mal, Al, es ist nicht notwendig, daß du dich dauernd gegen diese Triebe wehrst. Du kannst notfalls das Verdeck zumachen und es zu anderen Zeiten wieder aufklappen. Versuche, je nach der Situation zu leben, nicht nach einer Regel. Ich werde dich vor Gefahren schützen, wenn die Lage es erfordert, aber es macht auch Spaß, sich frei zu fühlen und im Wind dahinzufahren, in Verbindung mit der Natur und den Elementen.«

»Für die göttliche Seele ein Kleid«

Das verwandelnde Symbol von Al entspricht genau dem, was Jung die »Transzendierungsfunktion« nannte – seiner Ansicht nach ein wichtiger Bestandteil des psychotherapeutischen Prozesses –, nämlich daß etwas aus dem Unbewußten auftaucht, das dem Individuum einen höheren Standpunkt bietet, von dem aus ein scheinbar unlösbarer emotionaler Konflikt transzendiert werden kann. (In Perls' Terminologie wäre das eine Kraft, die uns ermöglicht, über die Blockierung hinwegzukommen.) In seiner Einführung zu *Das Geheimnis der Goldenen Blüte* schreibt Jung:

»Ich hatte selber inzwischen einsehen gelernt, daß die größten und wichtigsten Lebensprobleme im Grunde genommen alle unlösbar sind; sie müssen es auch sein, denn sie drücken die notwendige Polarität, welche jedem selbstregulierenden System immanent ist, aus. Sie können nie gelöst, sondern nur überwachsen werden ... Dieses ›Überwachsen‹ ... stellte sich bei weiterer Erfahrung als eine Niveauerhöhung des Bewußtseins heraus. Irgendein höheres und weiteres Interesse trat in den Gesichtskreis, und durch diese Erweiterung des Horizonts verlor das unlösbare Problem die Dringlichkeit. Es wurde nicht in sich selber logisch gelöst, sondern verblaßte gegenüber einer neuen und stärkeren Lebensrichtung. Es wurde nicht verdrängt und unbewußt gemacht, sondern erschien bloß in einem anderen Lichte, und so wurde es auch anders. Was auf tieferer Stufe Anlaß zu den wildesten Konflikten und zu panischen Affektstürmen gegeben hätte, erschien nun, vom höheren Niveau der Persönlichkeit betrachtet, wie ein Talgewitter, vom Gipfel eines hohen Berges aus gesehen. Damit ist dem Gewittersturm nichts von seiner Wirklichkeit genommen, aber man ist nicht mehr darin, sondern darüber.«

Jung legte dar, daß die Transzendierungsfunktion zwar manchmal als ein Vorstellungsbild aus einem Traum erscheinen könne, aber auch aufgrund von Material, das durch einen Traum (oder in Hypnose oder in einem Augenblick künstlerischer Inspiration) hervorgebracht wurde, in wacher Phantasie erarbeitet werden könne. Ich entdeckte diese Möglichkeit für mich selbst, als ich bei der Durcharbeit eines meiner Träume ein verwandelndes Symbol erhielt, das man »Konflikttranszendierung« oder »kreatives Ausweichmanöver« nennen könnte.

Der Traum brachte mich in das Haus zurück, in dem ich mit meinem ersten Mann gelebt hatte, und ich war dabei, eine alte, dunkelgraue Decke zu flikken. Je mehr ich mich bemühte, sie zusammenzunähen, um so mehr zerfiel sie mir unter den Händen. Ich versuchte, die Bescherung aufzusammeln, aber die einzelnen Fetzen der Decke klebten am Fußboden fest. Dann kam der Verleger Ellis Amburn herein, und ich sagte: »Ach, alle haben mir geraten, ich solle mich mit Ihnen in Verbindung setzen«, woraufhin er lächelte und erfreut aussah.

Ich brauchte keinen Traum, um mir ins Gedächtnis zu rufen, daß verschiedene Leute mir geraten hatten, mich mit Ellis in Verbindung zu setzen, der den ursprünglichen Vertrag für *Dream Power* aufgesetzt hatte, aber inzwischen bei einem anderen Verlag war. Auch war ich zur Zeit nicht mit Flickproblemen belastet, aber am Abend zuvor hatten wir über meinen ersten Mann gesprochen, und ich hatte mein Bedauern geäußert, daß es mir nicht gelungen war, nach der Scheidung mit ihm gut Freund zu bleiben. Das wies auf eine ziemlich offensichtliche Bedeutung der Decke hin als eines Symbols für die Beziehung, die ich nach ihrer Auflösung immer noch heil zu machen hoffte, die aber immer schlechter wurde, je mehr ich es versuchte. Diese Deutung wurde erhärtet, als ich mich daran erinnerte, daß wir überhaupt dadurch zusammengekommen waren, daß er bei einem theosophischen Campmeeting unter einer Decke meine Hand gehalten hatte.

Der Traum schien eine klare, objektive Botschaft zu übermitteln, erstens nach der Operettenmelodie: »Drum vergiß, was nicht mehr zu ändern ist«, und zweitens, mich mit Ellis »in Verbindung zu setzen« – meiner Ansicht nach ein doppeltes Symbol für die erfolgreiche Seite von mir. Indes war dieser vortreffliche Rat keine Offenbarung – ich hatte mir schon lange selbst gesagt, daß ich für mein neues, erfolgreiches Leben aufgeschlossen bleiben müßte, was der Traum auch deutlich machte, indem er mich sagen ließ: »Alle haben mir geraten, mich mit Ihnen in Verbindung zu setzen.« Deshalb suchte ich nach einer versteckteren Botschaft des Traums, vielleicht darüber, warum ich dieses außerordentlich vernünftige Ziel nie erreicht hatte, und der entscheidende Punkt schien zu sein, daß die einzelnen Fetzen der Decke am Fußboden klebten und sich nicht beseitigen ließen – ein sicheres Zeichen, daß ein Underdog sich nicht aus dem Weg räumen lassen wollte. Ich führte einen Dialog mit der Decke, der sich etwa folgendermaßen abspielte:

ANN: Hör mal, du siehst doch, daß ich dich flicken will. Warum unterstützt du mich nicht, sondern richtest eine solche Bescherung auf dem Fußboden an?

DECKE: Siehst du denn nicht, daß ich nicht mehr zu reparieren bin? Es sind ja nur noch Fetzen von mir da.

ANN: Dann werde ich dich eben wegwerfen müssen.

DECKE: Das kannst du mir nicht antun. Ich werde einfach am Fußboden kleben bleiben. Ich werde Stückchen von mir in den Möbeln verstecken. So kannst du mich nicht loswerden.

ANN: Du läßt mir ja keine Wahl. Wenn du dich nicht flicken läßt, mußt du verschwinden. Entweder oder.

DECKE: Versuche es nur! Es wird dir nicht gelingen. Du kannst mich nicht loswerden.

Mir schien, ich war in einer Sackgasse – Topdog ist entschlossen, die Sache so oder so zu bereinigen, und Underdog stellt sich auf die Hinterbeine und will nicht weichen. Ich erkannte meine eigene Stimme als die meiner Mutter, die mein Leben lang an mir herumgenörgelt hatte wegen Unordnung im Haus und im Kopf und mir vorwarf, ich sei nicht ganz beieinander und perfekt (was sie von sich vermutlich annahm). Für sie schien es kein Mittelding zu geben, denn jede Andeutung, man könnte mit weniger als totaler Ordnung zufrieden sein, beschwor katastrophische Visionen von totalem Chaos. Offenbar hatte ich diese Vorstellung aufgegriffen und in mein eigenes Leben aufgenommen, und in eben dieser Situation hatte ich eine enorme Menge Energie verschwendet, als ich so oder so nach einer »perfekten, ordentlichen« Beziehung zu meinem ersten Mann strebte. Mit dieser Einsicht setzte ich den Dialog fort, um zu sehen, was dabei herauskäme, wenn überhaupt etwas dabei herauskäme:

ANN: Hör mal, ich will dieses dumme Selbstquälerei-Spielchen nicht ewig fortsetzen. Ich führe wirklich ein neues Leben und brauche alle meine Energien. Ich weiß genug von Psychologie, um zu verstehen, daß ich nichts daran ändern kann, wenn du dich nicht rühren willst. Deshalb versuche ich dich zu fragen, was du willst.

DECKE: Na ja, die ursprüngliche Decke kann ich nie wieder sein, dafür bin ich schon zu kaputt, aber Teile von mir sind immer noch gut.

ANN: Aber du bist so dunkelgrau und unansehnlich.

DECKE: Dunkelgrau bin ich, das stimmt, aber ich bin *warm*. Wenn du mich zusammen mit dem hübschen, bunten Stoff verarbeitest, dem Rest von dem Kleid, das du neulich für Fiona gemacht hast, dann hätten wir eine prächtige Patchwork-Decke, und meine dunklen Stücke würden die Farben besonders leuchten lassen.

Dieser Vorschlag kam direkt aus meinem Kopf, während ich versuchte, mich möglichst genau in das Decken-Vorstellungsbild hineinzuversetzen, ohne es zu deuten, aber ich erkannte sofort, daß es psychologisch überaus einleuchtend war. Fiona, das Kind aus meiner ersten Ehe, verkörpert in meinem Leben das Strahlende und die spontane Freude – aber das Leben kann einfach nicht so vollkommen sein. Der Perfektionismus, der versucht, jede Erfahrung hinwegzufegen, die nicht unmittelbar zu einer positiven und guten gemacht werden kann, ist der Feind des Wachstums, nicht ihr Helfer. In Blakes großen prophetischen Gedichten ist dieser Perfektionismus der Erzschurke, und er personifiziert ihn in der Gestalt von Urizen, der überall das Wachstum hemmt, weil er nach einer »Freude ohne Leid« trachtet, doch in Wirklichkeit ist (in Blakes Worten)

> Das feine Gewebe von Freude und Leid
> für die göttliche Seele ein Kleid.*

Der Traum ermöglichte mir, meine erfolglosen Versuche aufzugeben, die Beziehung zu meinem ersten Mann »zu flicken«, während ich gleichzeitig das gemeinsame Leben mit ihm und sogar das Leid unserer Trennung als integrale Teile meiner gesamten Lebenserfahrung akzeptieren konnte. Weit wichtiger indes ist die Tatsache, daß das Vorstellungsbild der Patchwork-Decke, das zum Teil aus dem Traum stammte, aber durch die Arbeit an dem Traum zusammengefügt werden mußte, für mich ein starkes, verwandelndes Symbol bleibt, das mir immer wieder ermöglicht, aus dem Perfektionismus auszubrechen und mir die »negativen«, schmerzlichen, dunklen Aspekte des Erlebens als integrale Teile des Seelenkleides zu eigen zu machen.

Bäume des Lebens

Manchmal ergibt sich ein verwandelndes Symbol allmählich aus einer Reihe von Träumen. Ein gutes Beispiel bot Christine, eine Hausfrau und ehemalige Wissenschaftlerin mit zwei erwachsenen Kindern im College. Nach dem Tod ihres Mannes vor einigen Jahren hatte sie begonnen, östliche Religionen zu studieren und zu praktizieren, und war sogar nach Indien und Tibet gereist in der Hoffnung, ihren Guru zu finden. Sie kehrte enttäuscht nach England zurück, betrieb aber weiterhin Joga und Meditation und war zur Zeit ihres Traums zu einer Führerin und Lehrerin verschiedener östlicher Disziplinen geworden. Mit Träumen hatte sie nicht viel gearbeitet, weil die Lehren, denen sie anhing, sie als bloß schweifende Gedanken abtaten, die durch das reine Licht der Bewußtheit ersetzt werden müßten; doch war Christine von einem Traumfragment so fasziniert, daß sie uns fragte, was es bedeuten könnte. In dem Traum fuhr sie in ihrem Auto und merkte, daß der Blick nach hinten durch einen großen, buschigen Baum auf dem Rücksitz versperrt war. Ihre einzige Assoziation war ein bestimmter Baum, den sie in ihrer Kindheit gern gehabt hatte, aber sie konnte ihn mit nichts in ihrem Leben zur Zeit des Traums verknüpfen. Wir regten an, sie sollte mit dem Baum sprechen, und der Dialog verlief etwa so:

* Übers. von W. Wilhelm aus: William Blake, *Werke,* Berlin 1957.

CHRISTINE: Was machst du auf dem Rücksitz meines Wagens? Du versperrst mir den Blick, und wir könnten einen Unfall haben.

BAUM: Um Himmels willen, du mußt mich hier hergesetzt haben – und es gefällt mir ganz und gar nicht. Ein Auto ist kein Platz für einen Baum. Schau mal, meine Wurzeln trocknen aus und verdorren, weil sie keine Erde haben und Wasser brauchen. Ich kann nicht leben, wenn meine Wurzeln nicht in der Erde sind.

CHRISTINE: Ja, was erwartest du denn von mir? Ich habe im Augenblick viel zu viel zu tun, um mich um dich zu kümmern.

BAUM: Wenn du mich nicht bald einpflanzt, werde ich sterben.

CHRISTINE: Sehr bedauerlich. Aber ich bin nicht für dich verantwortlich. Ich habe meine Arbeit zu tun. Warum störst du mich eigentlich gerade jetzt, da ich wirklich in höhere Bewußtseinszustände gelange?

BAUM: Weil ich *jetzt* eingepflanzt werden muß.

CHRISTINE: Es ist mir gräßlich, einen schönen Baum sterben zu sehen. Ich mag Bäume – aber ich habe meine eigenen Dinge zu erledigen, und außerdem bin ich kein Gärtner. Ich würde gar nicht wissen, wie man es anfängt, einen Baum einzupflanzen. Aber ich werde ein Abkommen mit dir treffen. Wenn du aussteigst und mich bis zu meinem Ziel fahren läßt, dann werde ich dich einpflanzen.

BAUM: Das heißt nie, und du weißt es auch. Du fährst an einen Ort und dann machst du dich zum nächsten auf, treibst dich an, um diesen Zustand und jenen Zustand zu erreichen und dieses zu tun und jenes zu tun. Nein, ich werde dieses Fenster versperren und hier auf dem Rücksitz bleiben, bis du langsamer fährst oder einen Unfall hast. Du mußt mich einpflanzen – es ist einfach vordringlich.

An diesem Punkt dämmerte es Christine, daß der Baum ihr eigenes geistiges Wachstum war, das abstarb, weil es ihm an einer festen Basis in der Erde und am freien Fluß der Emotion (symbolisiert durch Wasser) mangelte. Das verwunderte sie, denn sie hatte immer geglaubt, das natürliche, physische Leben und seine Wünsche müßten unterdrückt werden, wenn man Erleuchtung erlangen wolle, so wie ihr der Baum im Traum als eine Bedrohung des Fortschritts erschien. Als sie merkte, daß die Disziplinen, die sie angewandt hatte, um über ihre irdischen Bindungen erhaben zu sein, versagten, hatte sie sich nur noch stärker angetrieben, um das Ziel zu erreichen, ohne sich darüber klar zu sein, daß das nur dazu führte, daß ihr »der Blick« noch mehr »versperrt« wurde. Underdog war mit seinem Latein am Ende, und die Botschaft des Traums war klar; sofern Christine ihren physischen und emotionalen Bedürfnissen keine Beachtung schenkte, war irgendein »Unfall« unvermeidlich.

Bei einer Erweiterung des Dialogs, wobei der Baum mit einem von Christines früheren Lehrern konfrontiert wurde, der von der Notwendigkeit sprach, daß sich der Geist von irdischen Fesseln befreien müsse, erwiderte der Baum:

BAUM: Glaubst du, du bist für nichts und wieder nichts auf der Erde? Glaubst du, du kannst von ihr nichts lernen? Ich bin dein wahres geistiges Wachstum – nicht bloß Natur, der Baum des Lebens. Mit meinen Wurzeln tief in der Erde erfahre ich ihre Geheimnisse und kann sie dem Himmel übermitteln; und mit meinen Ästen hoch in der Luft erfahre ich die Geheimnisse des Himmels und übermittele sie der Erde. Ich trage die Geheimnisse der Welten – Leib und Seele – zusammen und biete ein Heim, in dem die Geschöpfe der Natur wachsen können, und ich erzeuge auch die lebensspendende frische Luft für sie.

Es war klar, daß sich Christine mit Kopf und Herz zu einer neuen und positiveren Einschätzung des natürlichen Lebens bekehrte, und mir fiel Jung ein, der gesagt hatte, große Neuerungen kommen nie von oben, sondern unweigerlich von unten, genau wie Bäume nie vom Himmel abwärts wachsen, sondern von der Erde nach oben, und ich dachte an Teilhard de Chardins Vorstellung, daß sich das Bewußtsein durch »das Steigen innerer Säfte« entwikkelt.

Der Traum und der Dialog müssen die Botschaft für Christine kristallklar gemacht haben, denn einige Monate danach rief sie uns triumphierend an und berichtete von einem neuen Baum-Traum. Sie hatte ihn gehabt, nachdem sie tagsüber Bäume in den Garten eines neuen Hauses gepflanzt hatte, ein Ereignis, das ihrem Herzen offenbar Gelegenheit gegeben hatte, einige sehr positive Gedanken zum Ausdruck zu bringen. In dem Traum war ein ganz bestimmter Baum aus der Vergangenheit aufgetaucht, und sie hatte ein tiefes Loch gegraben, um ihn einzupflanzen. Als er fest in der Erde war, hatte sie (im Traum) an dem Gefühl der Dankbarkeit und freudigen Erregung des Baums teilgehabt, das sie noch lange nach dem Aufwachen empfand. »Ich habe tatsächlich gespürt, wie es ist, ein Baum zu sein«, sagte sie begeistert, »und es war schön!«

Das war indes noch nicht das Ende der Geschichte, denn Topdogs sind nicht so leicht auszurotten. Einige Monate später träumte Christine, daß der Ast eines Baums von Raupen wimmelte, und wachte voll Entsetzen auf, als sie losstürzen wollte, um das Insektenvertilgungsmittel zu holen. Der Traum war offenbar dadurch ausgelöst worden, daß sie auf einem Oleanderstrauch im Garten wirkliche Raupen gesehen hatte, aber sie wußte, daß die Bedeutung des Traums symbolisch war. Sie hatte den ganzen Tag über nichts anderes getan, als ein bißchen im Garten zu arbeiten und zu lesen, und hatte sich über die Sonne und die Vögel gefreut. Tatsächlich hatte sie mehrere Stunden einfach dagesessen und sich mit der Welt im Einklang gefühlt – eine neue Erfahrung für sie. Erst als sie ins Bett ging, beschlich sie ein vages Schuldgefühl, und sie fragte sich, ob sie geistig nachlässig werde. (Das erinnerte mich an meine Freundschaft vor langer Zeit mit einer Bahai-Vorkämpferin auf Sizilien. Als ich eines Tages mit ihr in die Berge ging, um ihr die Naturschönheiten und die Großartigkeit der Gegend zu zeigen, und sie fragte, ob es ihr gefiele, antwortete sie: »Oh ja, sehr – es ist großartig, aber ich habe das Gefühl, ich verschwende meine Zeit: ich müßte zu Hause sein und beten!«)

Christines Herz glaubte eindeutig, daß sie die geistige Seite vernachlässige, wenn sie ihre primitiven Bedürfnisse befriedige, denn es schilderte, daß ihr geistiges Wachstum (der Baum) von Raupen zerfressen wurde. Als wir sie aufforderten, mit den Raupen zu sprechen, begannen sie auf typische Underdog-Weise zu jammern, daß sie auch leben müßten und es nicht böse meinten. Christine antwortete in echter Topdog-Manier, es tue ihr leid, aber ihr Baum sei viel wichtiger, und sie müsse sie töten. Dann, auf eine plötzliche Eingebung hin, verlieh sie dem Baum eine Stimme und sagte: »Warte doch mal. Warum solche Panik? Ich bin ein großer, kräftiger Baum. Ein paar Raupen werden mich nicht umbringen. Und vergiß nicht, wenn ich sie ernähre, werden sie zu guter Letzt Schmetterlinge.«

Das erwies sich als eine der wichtigsten Einsichten in Christines Leben, denn obwohl sie ihren Topdog genügend überwältigt hatte, um zu erkennen, daß geistiges Wachstum seinen Ursprung im irdischen Leben der Natur hat und damit nicht etwa unvereinbar ist, verfiel sie gelegentlich noch in die alte Topdog-Gewohnheit, Faulheit, Sinnenfreude und andere »Entgleisungen« für Raupen zu halten, die an ihrem Wachstum nagten. Möglicherweise ist die wichtigste Lehre, die die Psychologie uns erteilen muß, daß solche Entgleisungen – Launen, Depressionen, Überessen, Faulheit und dergleichen – immer Proteste aus unserem tiefsten Inneren gegen unsere zwanghaften Bemühungen sind, auf irgendeine einseitige Weise zu wachsen. Die Entgleisungen mögen an sich in dem Sinne »schlecht« sein, als sie oft destruktiv erscheinen, aber das Heilmittel besteht niemals (außer in kurzfristigen Notfällen) darin, sie mit Gewalt zu überwinden. Vielmehr müssen wir auf das hören, was sie uns über bessere Gesundheit und Vitalität zu sagen haben, und wir sollten des weisen Spruchs eingedenk sein, daß alles Böse potentielle Vitalität ist, die umgewandelt werden muß, und daß die »Raupen« unserer Psyche unsere potentiellen Schmetterlinge sind. Faulheit ist oft der Protest einer Seele, die mehr Entspannung braucht, und sie kann zur schönen Tugend der Heiterkeit werden; Ärger kann leidenschaftliche Fürsorge und Teilnahme werden; Furcht kann notwendige Vorsicht werden; und Gier ist ein Zeichen dafür, daß es nicht gelungen ist, den Wunsch nach Wachstum voll zum Ausdruck zu bringen. Die Depression zeigt eine enorme Energie an, die durch Konflikte eingesperrt ist.

Der Baum könnte leicht ein archetypisches Symbol genannt werden, wenn man das will, denn die Mythen der Welt sind reich an Baumsymbolen – der Baum des Lebens, der am Anfang und am Ende der christlichen Bibel erscheint, Buddhas Baum der Erleuchtung, die große Weltesche Yggdrasil der nordischen Sage und viele andere. Christine war das nicht unbekannt, denn sie hatte Mythologie studiert, aber sie behauptete, das Wesentliche an *ihrem* Baum sei, daß er seine »Wurzeln« in ihrem persönlichen Leben habe. Sie sagt mir, das Symbol helfe ihr nicht nur, kreativ mit geistigen »Insekten« wie Depression, Mißmut oder Trägheit fertigzuwerden, sondern sei auch wirksam, wenn es sich um die Bakterien körperlicher Krankheit handele, die in vielen Fällen einfach als Protest des Körpers über uns kommen, weil es vernachlässigt oder von Topdogs zu hart angetrieben wird.

»Und die Wahrheit wird euch frei machen«

Ein verwandelndes Symbol mit einer Bedeutung, die der von Christines Baum sehr ähnlich war, stellte sich bei Don ein, der an einem unserer fortlaufenden Traumkurse teilnahm. In einem sehr kurzen Traumfragment sah er sein schönes, teures Messer aus rostfreiem Stahl voller Rost, und schon im Traum wußte er, daß das unmöglich war. Don wiederholte es, als wir ihn aufforderten, sich mit dem Messer zu unterhalten: »Meine Augen müssen sich täuschen«, sagte er, »denn du bist aus rostfreiem Stahl und kannst gar nicht rosten«. Aber als er die Rolle des Messers übernahm, erwiderte er kurz angebunden: »Deine Augen sind in Ordnung, denn ich *bin* rostig.« Da die Vorstellung, daß er »verroste«, bei Don keinen Widerhall fand und er sich bereits mit der Tatsache abgefunden hatte, daß er nicht immer so fleckenlos wie rostfreier Stahl sei, wie er gern wäre, gaben wir es an diesem Punkt auf und hofften, der Traum würde sich im Laufe der Woche aufklären. In der nächsten Sitzung der Gruppe berichtete Don einen weiteren Traum, in dem ihm sein Messer noch rostiger und scheußlicher vorgekommen war.

Don neigte dazu, den Traum mit seinem lebenslänglichen Engagement für *Christian Science* in Verbindung zu bringen, deren Lehren er als die Überzeugung interpretierte, daß der Mensch, da er Gott zum Bilde erschaffen sei, weder körperliche noch seelische Krankheiten oder Disharmonie haben *könne*. Mit anderen Worten, der Mensch sei wie ein Messer aus rostfreiem Stahl, das nicht rosten *kann*. Während es mit Dons Überzeugung in seinem eigenen Leben geklappt hatte, war es ihm schwer gefallen, diese Überzeugung anderen zu übermitteln, und sein Traum schien ihm zu sagen, daß seine Erfolglosigkeit vielleicht einem inneren Unvermögen entsprang, seine Überzeugung von seinem Kopf auf sein eigenes Herz zu übertragen. Aber Don widersetzte sich standhaft der Vorstellung, daß das Leben, das er vierzig Jahre lang kreativ und produktiv in Übereinstimmung mit diesen Grundsätzen geführt hatte, ein bloßer *head trip* gewesen sei, und wies darauf hin, daß, wenn es so wäre, sein ungläubiger Underdog ihn längst sabotiert hätte. Er wies auch mit vollem Recht darauf hin, daß der Traum einen *vollkommenen* Gegenstand als unvollkommen geschildert hatte, was die tiefste Überzeugung seines Herzens bekräftigte, daß der Mensch in der Tat ein vollkommenes Wesen sei. Don meinte, der Traum habe eine andere Botschaft für ihn – etwas, das mit dem Rost zu tun hatte, der sich als Teil der Realität seines Herzens offenbarte und sich nicht als ein Wahrnehmungsirrtum abtun lassen wollte.

Einige Wochen später, nachdem die Gruppe aufgehört hatte, sich zu treffen, hatte Don einen weiteren Traum, der ihn wieder an die Messerträume erinnerte und ihn von neuem davon überzeugte, daß sie wichtig gewesen waren. Der Traum kam in einem halbwachen Zustand am Morgen, und er sah darin eine Straße mit großen Eichen, hinter denen hohe Häuser standen. Eine Stimme, die sehr deutlich sprach, sagte: »Donald, was ich dir sagen will . . .« und dann nach einer Pause um der Emphase willen, »in meinem Haus sind viele Wohnungen.« Don war davon sehr beeindruckt, denn normalerweise nennt ihn niemand Donald. Er hatte das Gefühl, der Traum sage ihm, daß der Schlüssel zur Klarstellung seines Glaubens darin liege, auf irgendeine Weise die Tatsache zum Ausdruck zu bringen, daß die Allheit Gottes viele verschiedene Möglichkeiten zuläßt, die Perfektion des Lebensprozesses zu erfahren, einschließlich der Erfahrungen, die wir Verderbtheit, Sünde und Krankheit nennen. Don verknüpfte das auch damit, daß wir uns in dem Traumkurs mit Topdogs beschäftigt hatten, die dadurch Verheerungen anrichten, daß sie uns dazu bringen wollen, nach fragwürdigen Selbstbildern zu leben.

Da wir uns damals intensiv mit dem Selbstbild-Problem beschäftigten, hielten wir eine besondere Sitzung mit Don ab, um seine Messerträume noch weiter durchzuarbeiten, und an diesem Punkt wurde es klar, daß sie tatsächlich den Weg zu dem fehlenden Faktor im Gesamtkomplex von Dons Denken aufzeigten. Wie Don es später ausdrückte, liegt der Schlüssel darin, die Überzeugung der Christian Science von der Perfektion nicht als eine *Alternative* zur normalen Auffassung von Sünde und Krankheit hinzustellen (als ob man zähneknirschend versuchte, sich einzureden, daß »Schmerz nicht real ist«), sondern sie als eine Ergänzung der normalen Auffassung zu betrachten wie die Komplementärbilder bei der Stereoskopie, die ein räumliches Bild ergeben.

Psychologisch betrachtet, muß eine seelische oder körperliche Krankheit in »positiver« Beziehung als ein Protest des Lebensprozesses angesehen werden gegen eine Vorstellung von uns selbst, die allzu begrenzt ist, als eine Warnung, daß wir irgendeinen wesentlichen Aspekt unseres Wesens verleugnen, indem wir versuchen, ihm ein falsches (Topdog-)Vorstellungsbild davon aufzuzwingen, was Perfektion sein sollte. Indem wir die Lebenskraft nicht natürlich strömen lassen (einer Rose nicht erlauben, eine Rose zu sein), entscheiden wir uns buchstäblich dafür, das Leben als Krankheit statt als Gesundheit zu erfahren. Wenn wir, wie Christine, darauf bestehen, Dinge, die uns quälen, als fremde Kräfte zu betrachten, die wie »Ungeziefer« vertilgt werden müssen, statt sie als Hinweis aus dem unbewußteren Leib/Seele-Selbst auf irgendeine unnatürliche Belastung, die wir uns auferlegen, zu erkennen, dann machen wir das »Ungeziefer« wirklich gefährlich, weil wir es zu immer stärkeren Protesten zwingen. Die Bereitschaft, sich auf das ganze Selbst mit Rost und allem einzustimmen, ist die wahre Wissenschaft der Gesundheit, und »Heilung« kommt nicht dadurch zustande, daß das Un-Wohlsein geleugnet wird, sondern daß wir das Bewußtsein bis zu dem Punkt erweitern, an dem wir den Grund dafür verstehen – und dann können wir wählen, ob wir es dabei bewenden lassen wollen oder nicht.

Ich habe keine Ahnung, ob eine Formulierung dieser Art für offizielle Christian-Science-Lehrer akzeptabel ist, aber es scheint wenig sinnvoll zu sein, einen Menschen »heilen« zu wollen, wenn das Un-Wohlsein unbewußt »etwas für ihn tut« oder wenn es irgendwie »den schlechten Gesundheitszustand genießt«. Das war offensichtlich der Fall bei einem guten Freund von mir, den ich vor langer Zeit kannte; er hatte sich eine Tuberkulose zugezogen und verbrachte mehrere Jahre in einem sehr erfreulichen Sanatorium auf dem Land, fern von seiner hilflosen und anspruchsvollen verwitweten Mutter und langweiliger Arbeit. Im Sanatorium (wo die Verhältnisse seinem Einfluß entzogen waren) genoß er die Fürsorge und Aufmerksamkeit, die ihm Krankenschwestern und Freunde in reichem Maße zuteil werden ließen, ohne Schuldgefühle und Gegenbeschuldigungen. Da wir beide damals wenig oder gar nichts von Psychologie verstanden, hielten wir mit Hilfe eines autorisierten Heilers der Christian Science hartnäckig an deren Grundsätzen fest, denn bewußt wollte mein Freund gesund werden, aber es gelang ihm nicht. Es lag nicht nur daran, daß er eine Änderung des Lebensstils brauchte (worüber sich der Heiler durchaus klar war); er mußte auch sein starres und einengendes Selbstbild vom pflichtbewußten, aufrechten, liebevollen Sohn, der allein die Verantwortung für eine verwitwete Mutter und eine vaterlose Familie übernommen hatte, ändern. Dieses Selbstbild war es, das er nicht aufgeben konnte, und er blieb krank. Sidney Jourard schreibt in seinem Buch *The Transparent Self* in diesem Zusammenhang:

»Es ist schwierig und anstrengend, das, was man tut, zu ändern, die Art und Weise der Interaktion mit anderen zu ändern oder sich etwas Neues einfallen zu lassen; mächtige Kräfte von innen und außen suchen den Wandel zu verhindern, und deshalb halten die meisten von uns an der Lebensweise fest, die uns allmählich ›fertiggemacht‹ hat. Daher werden wir krank, und gewöhnlich sind wir darüber einigermaßen erstaunt. Die Frage ist noch nicht geklärt, warum die Krankheit bei einigen ›physisch‹ ist und bei anderen ›psychisch‹. Ich bin zu der Überzeugung gekommen, daß diejenigen, die oft physisch krank sind, Menschen sind, die ganz allmählich ›altruistischen Selbstmord‹ begehen. Sie zerstören sozusagen langsam ihre Körper, um ihre Rollen und die sozialen Systeme, an denen sie normalerweise beteiligt sind, zu retten. Sie sind Opfer ihres Pflichtgefühls. Die psychisch Kranken scheinen Rebellen ohne Mut und Durchschlagskraft zu sein.

Kranksein ist eine einstweilige Befreiung von den entmutigenden Bedingungen unseres Daseins bis zum Ausbruch der Krankheit. Wenn im übrigen ein Patient den Eindruck hat, daß sein normales Leben, dasjenige, das ihn krank gemacht hat, nicht geändert werden kann, dann wird er womöglich nie wieder gesund. Warum sollte er auch? Oder er wird, wenn er sich erholt, aber sein normales Leben wieder aufnimmt, binnen kurzem wieder krank sein. Wenn er das Krankenhaus verläßt, könnten wir gewiß allen Ernstes zu ihm sagen: ›Eilen Sie sich, zurückzukommen.‹«

Für Don war diese Erkenntnis der tieferen Ursachen des Un-Wohlseins und des grundlegenden Charakters der Realität eine Erleuchtung von überwältigenden Ausmaßen, wie ein »Verifizierungstraum« in der Nacht nach unserem Gespräch veranschaulichte. Der Traum zeigte ihn am Flughafen, wohin er seine Schwägerin gebracht hatte, wie er es im Wachleben getan hatte, ehe er zu unserer Diskussion kam. Im Traum sah er ein kleines Flugzeug, das sich in einer Hochspannungsleitung verfing. Es überschlug sich und stürzte auf einige niedrigere Freileitungen, woraufhin es in einem gewaltigen weißen Lichtschein explodierte, der die ganze Welt erfüllte. Nach dem Aufwachen meinte Don, daß die Traum-»Kraft« (Hochspannungsleitung) bewirkt hatte, daß er bei seiner normalen Denkweise (Gedankenflug) zu Fall kam (»sich verfing«) und durch eine Explosion zu einem neuen Verständnis gelangte, das nicht mehr »in höheren Regionen schwebte«. Er schrieb später: »Das war ein wundervoller Einblick in mein innerstes Wesen und ein Höhepunkt von mindestens vierzig Jahren geistigen Strebens.«

14

Durch die Traumtore: ESP und veränderte Bewußtseinszustände in Träumen

Wären die Tore der Wahrnehmung freigelegt, erschiene dem Menschen alles, wie es ist: unendlich. Denn der Mensch hat sich selbst so eingeschlossen, daß er alle Dinge nur noch durch die engen Spalten seiner Höhle sieht.

WILLIAM BLAKE*

Die Vorstellung, daß Träume die Zukunft voraussagen und Vermittler für Visionen und direkte Gedankenübertragung seien, ist uralt und heute noch so weit verbreitet, daß viele Menschen erwarten, ein Buch über Träume werde ausschließlich dieses Thema behandeln. Die Fähigkeit der träumenden Seele, sich über die normalen Gesetze von Raum, Zeit und Logik hinwegzusetzen, fordert geradezu die Vermutung heraus, sie könne Kräfte besitzen, die über diejenigen des Wachlebens hinausgehen, und in den letzten Jahrzehnten ist dieser Vorstellung von einer Reihe Psychologen Glauben geschenkt worden, die das Thema eher unter einem wissenschaftlichen denn einem okkulten Gesichtspunkt anpacken. Viele Psychotherapeuten zum Beispiel haben von unheimlichen Fällen berichtet, in denen in den Träumen ihrer Patienten anscheinend ihre Gedanken gelesen oder ihr zukünftiges Handeln vorausgesehen wurde, und seit der Entdeckung der REM-Perioden im Jahre 1952 sind Versuche unternommen worden, die Traum-ESP unter kontrollierten Bedingungen im Laboratorium zu untersuchen, wie es Ullman, Krippner und Vaughan in ihrem Buch *Dream Telepathy* beschrieben haben.**

Die wichtigste Schlußfolgerung aus allen ernstzunehmenden Untersuchungen auf diesem Gebiet ist folgende: Welche paranormalen Kräfte die träumende Seele auch besitzen mag, sie sind, praktisch gesehen, ganz unwichtig im Vergleich zu der »normalen« Funktion unserer Träume, die darin besteht, uns Einsichten für das tägliche Leben zu vermitteln. Gewiß *können* Träume uns wichtige, praktische Warnungen erteilen, aber diese lassen sich fast immer direkt auf die unterbewußte Detektivarbeit der Herzens zurückverfolgen, die auf unbedeutenden Eindrücken oder leisen Hinweisen beruhen, die auf normale Weise tagsüber aufgegriffen wurden, doch von der wa-

* Übers. von Lillian Schackerl

** Forscher unterscheiden gewöhnlich drei Arten von ESP oder außersinnlicher Wahrnehmung: Telepathie (Gedankenübertragung), Clairvoyance (Hellsehen) und Präkognition (Zukunftswahrnehmung).

chen Seele nicht registriert wurden, weil sie entweder zu beschäftigt war oder vielleicht davon nichts wissen wollte. Träume, die Warnungen einer mehr dramatischen und paranormalen Art zu übermitteln scheinen, »bewahrheiten« sich nur in einer verschwindend geringen Zahl der Fälle; auf jede unheimliche Geschichte, über die in der Presse berichtet wird, kommen Tausende von ebenso lebhaften Träumen von sterbenden Freunden, Flugzeugunglücken, Überschwemmungen, ausbrechenden Kriegen oder ermordeten Präsidenten, die sich nie buchstäblich erfüllen. Und es ist unter parapsychologischen Forschern allgemein bekannt, daß es sich bei der großen Mehrheit der Berichte, die wirklich ESP zu zeigen scheinen, um an sich total triviale Vorfälle handelt – etwa daß man von einem Flamingo in der Küche träumt und dann nach dem Aufwachen einen da findet.

Zwar ist die Frage, ob in Träumen ESP vorkommt oder nicht, zweifellos wissenschaftlich interessant, doch ist die allgemeine Anschauung, daß Träume *hauptsächlich* unter diesem Gesichtspunkt wichtig seien, ganz fehl am Platz. Das Wichtigste an Träumen ist, daß sie sich nicht »bewahrheiten« müssen, um wahr zu *sein*; sie sind alle sowieso wahr als Widerspiegelungen des Lebens und der Probleme des Träumers. Und es mag sein, daß wir das nicht vergessen sollten, wenn wir uns neue Möglichkeiten ausdenken, um auf diesem Gebiet zu forschen – vielleicht indem wir Ausschau halten nach möglichen Verbindungen zwischen anscheinender ESP und den Anliegen des Herzens zur Zeit des Traums. Dieses Kapitel befaßt sich hauptsächlich mit meinen unter diesem Gesichtspunkt unternommenen Forschungen, die mich veranlaßt haben, eine Hypothese über ESP in Träumen zu formulieren, die auf dem Topdog/Underdog-Modell der Persönlichkeit beruht.

Die parapsychologische Forschung über Träume ist in eine Sackgasse geraten, da wir nie wissen können, ob ESP im Traum selbst vor sich geht oder einem im Wachleben zu rasch durch den Sinn ging, um bewußt registriert zu werden; wie jeder andere im Laufe des Tages aufgenommene Reiz könnte sie brachliegen, bis das träumende Gehirn die Geschehnisse des Tages noch einmal gründlich durchspielt. J.B. Rhine, der große Bahnbrecher der ESP-Forschung, warnte ständig vor Schwierigkeiten dieser Art, die auftauchen, wann immer man versucht, ein Phänomen zu studieren, ohne eine wissenschaftliche Vorstellung von seinem Mechanismus zu haben. Die am *Maimonides Medical Center* in New York von Ullman und Krippner durchgeführten faszinierenden Experimente fallen dieser Schwierigkeit zum Opfer, denn selbst wenn es einem Experimentator anscheinend gelingt, in REM-Perioden einer schlafenden Versuchsperson ein Vorstellungsbild zu übermitteln, können wir nie wissen, ob das eine echte, sofortige Telepathie oder Präkognition seitens des Träumers war, der im Laufe des Tages das ganze Experiment voraussah, ohne sich bewußt darüber klar zu sein. Diese Kritik ist um so schwerwiegender, als Ullman und Krippner behaupten, bei bestimmten Versuchspersonen Präkognition nachgewiesen zu haben. Wenn man bei der wissenschaftlichen Forschung – wie bei jedem Lebensproblem – in eine Sackgasse gerät, ist es notwendig, das Problem zu umgehen und neue Fragen zu stellen, und ich hoffe, daß mein Beitrag dazu dienen wird, mögliche neue Richtungen in der ESP-Traumforschung aufzuzeigen. Tatsächlich ist das ein Gebiet, auf dem sich jeder ernsthafte Spieler des Traumspiels beteiligen kann, indem er regelmäßig ein Traumtagebuch führt, Fälle von anscheinender ESP notiert und mögliche Gesetzmäßigkeiten, die sich dabei zeigen, beobachtet.

ESP und das Traumtagebuch: das Vermächtnis von J. W. Dunne

Eine der berühmtesten systematischen Untersuchungen von ESP in Träumen wurde von einem Ingenieur durchgeführt, J.W. Dunne, der seine Experimente in dem 1927 erschienenen Buch *An Experiment with Time* beschrieb. Er war nur an einer Art von ESP interessiert, und zwar Präkognition. Es begann damit, daß ihm auffiel, daß seine Träume verschiedentlich Geschehnisse aus der Zukunft aufzugreifen schienen, mit genügend Einzelheiten und Regelmäßigkeit, um reinen Zufall unwahrscheinlich zu machen, obwohl die Geschehnisse selbst recht willkürlich zu sein schienen und überhaupt keine Bedeutung für sein Leben hatten. Das veranlaßte ihn, die Hypothese aufzustellen, daß sich die träumende Seele außerhalb von Raum und Zeit befinde, Ereignisse aus der Zukunft aufgreife und sie in eine Traumgeschichte verwebe auf etwa dieselbe Weise, wie sie es mit Geschehnissen aus der Vergangenheit tut. Er beschloß dementsprechend, regelmäßig ein Traumtagebuch zu führen, um seine Hypothese zu überprüfen, und überredete eine Anzahl seiner Freunde und Bekannten, seinem Beispiel zu folgen.

Seine Ergebnisse überzeugten ihn, daß die träumende Seele vergangene und zukünftige Vorfälle auf genau symmetrische Weise verwendet, wobei Bilder von morgen ebenso häufig vorkommen wie Bilder von gestern, Bilder von der nächsten Woche ebenso häufig wie Bilder von der vorigen Woche und so weiter. Das veranlaßte ihn, seine Hypothese von der »seriellen« oder vieldimensionalen Zeit zu entwickeln, die J.B. Priestley zu verschiedenen Theaterstücken anregte. Ich kenne kein Werk, das Dunnes Ideen bestätigte, möglicherweise, weil ich niemanden kenne, der die Geduld und Ausdauer besitzt, um sein Experiment systematisch durchzuführen. Wie Dunne selbst bemerkte, sei es ziemlich schwierig, die winzigen Einzelheiten von Vorfällen und Gedanken, die vom *vorigen* Tag in einem Traum enthalten sind, herauszufinden, aber »festzustellen, daß eine Ähnlichkeit zwischen einem wachen Geschehnis und einem vergangenen Traum sich zu beobachten lohnt, ist wie der Versuch, ein Buch zu lesen und dabei nach Wörtern Ausschau zu halten, die etwas bedeuten, wenn man sie rückwärts liest. Die Seele kann das nicht lange durchhalten.« Es würde mich sehr interessieren, von Lesern zu hören, die Dunnes Experiment mit der Zeit fortgesetzt haben, denn meine eigenen Versuche sind an der Belastung gescheitert.

Heute gilt sein Buch hauptsächlich deshalb als ein wichtiger Markstein in der Geschichte der Traumforschung, weil es nachwies, daß ein systematisches Traumtagebuch wesentlich ist für jede signifikante Forschung auf diesem Gebiet, und auf die vernünftige Schlußfolgerung abzielte, daß ESP (wenn sie überhaupt vorkommt) wahrscheinlich in Träumen auf ziemlich dieselbe Weise erscheint wie wache Wahrnehmungen. Ein Traumtagebuch ist insbesondere deshalb wichtig, weil es aufzeigt, wie oft bestimmte Dinge in unseren Träumen vorkommen: wenn ich jede zweite Woche von einem Flamingo im Haus träume, dann ist der Zufall, eines Tages einen da zu finden, nicht sehr beeindruckend. Vor zweitausend Jahren, zu einer Zeit, da gebildete und ungebildete Menschen gleichermaßen es für selbstverständlich hielten, daß »übernatürliche« Dinge geschehen, sagte der römische Redner Cicero:

»Aus den Visionen von Trunkenbolden und Verrückten könnte man zweifellos durch Mutmaßung auf unzählige Konsequenzen schließen, die zukünftige Ereignisse vorauszusagen scheinen. Denn welcher Mensch, der den ganzen Tag auf eine Scheibe zielt, wird nicht ins Schwarze treffen? Wir schlafen jede Nacht, und es kommt selten vor, daß wir nicht träumen; kann es uns dann wundernehmen, daß das, was wir träumen, manchmal eintrifft?«

Wenn Ihr Traumtagebuch zeigt, daß Sie sich im Laufe mehrerer Jahre an ein oder zwei Träume pro Nacht erinnert und zu anderen Zeiten niemals von Flamingos im Haus geträumt haben, und wenn Ihre Niederschrift über die Geschehnisse und Gedanken des Tages nichts über Flamingos enthält, dann ist es wirklich ein auffälliges Zusammentreffen, das wie ESP aussieht, wenn Sie von einem Flamingo träumen und ihn dann tatsächlich finden. An sich reicht es nicht aus als Beweis dafür, daß es ESP wirklich gibt, aber es ist ein Anfang – und Forschung auf einer noch weniger sicheren Basis ist nutzlos, selbst im Laboratorium.

Für jeden Träumer, der persönlich auf diesem Gebiet außerhalb des Laboratoriums forscht, ist ein Traumtagebuch wesentlich, einmal, um so viel Material wie möglich zu sammeln, und zum anderen als Vorsichtsmaßnahme gegen die wohlbekannte Neigung der Seele, ihre Erinnerungen nach dem Ereignis »aufzuwerten«, damit sie für eine interessante Möglichkeit passend sind. Viele Menschen haben mir erzählt, sie hätten von einem unbekannten Mann oder einer unbekannten Frau geträumt und sie dann tatsächlich am nächsten Tag gesehen – was dem Träumer gewiß unheimlich erscheinen mag, für einen ernsthaften Forscher aber ohne Bedeutung ist, es sei denn, im Traumtagebuch findet sich eine ausführliche Beschreibung des Fremden.

Experimente haben gezeigt, daß Zeugen bei einer Gegenüberstellung mit Verdächtigen oft einen als den Verbrecher identifizieren, obwohl er gar nicht dabei ist, und selbst wenn keiner der Verdächtigen ihm sehr ähnlich sieht.

Diese Neigung der Seele kommt noch auf eine andere Weise zum Ausdruck, nämlich bei der sich selbst erfüllenden Prophezeiung. Eine Frau erzählte mir, daß sie jedesmal, wenn sie von Katzen träumt, am nächsten Tag Geld findet, »nicht nur manchmal, sondern *jedesmal*.« Da sie kein Traumtagebuch führte, ließ sich nicht feststellen, wie oft sie von Katzen träumte, aber durch vorsichtiges Ausfragen konnte ich herausbekommen, daß sie kürzlich, als sie einen solchen Traum gehabt hatte, sich sofort auf die Suche nach einem Zehnpfundschein machte, den sie im Haus verloren hatte. Nach einem anderen Katzentraum hatte eine Nachbarin gefragt, ob sie ihr einen ihrer Stühle abkaufen könne, und sie war einverstanden gewesen – aber bei jeder anderen Gelegenheit hätte sie das wahrscheinlich abgelehnt. Ich vermute auch, daß ihr Gedächtnis die Anzahl dieser Zufälle übertrieb, was aus ihrem Traumtagebuch ersichtlich gewesen wäre, wenn sie eins geführt hätte.

In Anbetracht des Hangs der Seele zu sich selbst erfüllenden Prophezeiungen finde ich, wir sollten sehr vorsichtig sein mit der Behauptung von anscheinender ESP aufgrund der Deutung eines Traums, die von seinen buchstäblichen Vorstellungsbildern abweicht. Wenn ich von einem Flugzeug träume, das in Flammen gehüllt abstürzt und wie die Douglas DC 9 aussieht, mit der ich am nächsten Tag fliegen soll, und ich erfahre, nachdem ich den Flug heil überstanden habe, daß einige meiner Aktien vom »Kurssturz« an der Börse betroffen wurden, dann ginge es zu weit, das als einen wahrscheinlichen Fall von ESP zu erklären, denn ich hätte das genauso behaupten können, wenn ich erfahren hätte, daß mein Onkel Douglas im Sterben liegt, oder gesehen hätte, daß Mike Douglas bei seinem Fernsehauftritt »explodiert«. Wenn ich von Kieselsteinen im Bach träume und bekomme am nächsten Tag Geld (Kies), dann ist das nicht signifikanter, als wenn ich einen Brief von meinem Freund Kiesewetter oder von meinem in Kieselbronn wohnenden Vetter bekomme. (Das bedeutet natürlich, daß einem viele Fälle von wirklicher ESP entgehen können, wenn ein Vorstellungsbild sich symbolisch und nicht buchstäblich darbietet – und all das trägt zu der Schwierigkeit und Verwirrung bei, die diesem Forschungsgebiet eigen sind.)

Meine Untersuchungen haben sich bisher hauptsächlich auf meine eigenen Träume erstreckt, die ich seit zehn Jahren systematisch aufzeichne, und auf die von John, die seit etwa fünf Jahren aufgezeichnet werden, sowie auf die Träume einiger Freunde, die regelmäßig ein Traumtagebuch führen. Ich habe mich nur mit denjenigen Fällen von anscheinender Telepathie, Clairvoyance oder Präkognition in Träumen befaßt, die spontan Eindruck machen, und habe mir nicht an Dunne ein Beispiel genommen und nach möglichen bestätigenden Geschehnissen *gesucht*. Auch habe ich keine symbolischen Träume berücksichtigt, die mehrere mögliche Bedeutungen haben, selbst wenn ich meiner eigenen Deutung sicher war. Mein Ziel ist nicht, Statistiken aufzustellen, um zu beweisen, daß ESP vorkommt, sondern zu überlegen, ob sie in Fällen, in denen sie glaubhaft erscheint, eine erkennbare psychologische Bedeutung hat.

Underdogs psychischer Radar

Obwohl Freud stark voreingenommen war gegen alles, was einen Anflug von Okkultem hatte, gewann er aus wiederholten unheimlichen Vorfällen in seiner Arbeit mit Patienten die Überzeugung, daß es ESP wirklich gebe. Während es sich bei einigen dieser Vorfälle um Träume handelte, wiesen andere auf eine Fähigkeit des Gedankenlesens im Wachleben hin, und Freud glaubte bei alledem ein gemeinsames Muster zu entdecken, nämlich eine starke Angst oder ein Bedürfnis bei dem Patienten, über die er sich nicht offen äußern konnte. Als Freud zum Beispiel eines Tages voll Vorfreude einem Wiedersehen mit seinem alten Freund, Dr. David Forsyth aus England, entgegensah, erklärte sein Patient plötzlich, sein Spitzname sei Mr. Foresight (Voraussicht). Freud interpretierte diesen Vorfall als eine Bekundung von kindlicher Eifersucht seines Patienten, der damit sagen wollte: »Wissen Sie, ich bin auch ein Forsyth; Sie sollten sich ebenso freuen, mich zu sehen wie ihn.«

Das wiederholte Auftreten von Vorfällen wie diesem veranlaßte Freud, Psychoanalytiker dazu anzuspornen, besonders auf Fälle von anscheinender ESP bei ihren Patienten zu achten, weil sie offenbar wichtige unbewußte Konflikte enthüllen, die sonst womöglich nicht ans Licht kommen würden. Sie könnten auch für den Analytiker nützlich sein, um seine Aufmerksamkeit auf seine eigenen ungelösten Probleme zu lenken. Dr. Jan Ehrenwald beschreibt in seinem Buch *New Dimensions of Deep Analysis* viele derartige Fälle, und ein typischer war der Traum eines Patienten mit Namen Ronald.

Ronald beschrieb recht ausführlich ein Haus an einem Bach mit einer Treppe auf der einen Seite und einer sonnigen Rasenfläche auf der anderen. Diese Rasenfläche, so hatte er entnommen, gehörte den Gebrüdern Warner und dürfte nicht betreten werden. Eine Mauer aus grau-schwarzem Stein umgab den Rasen, und im Hintergrund war ein Hügel. Ronald deutete die sonnige Rasenfläche als eine Versuchung und die Gebrüder Warner als eine »Warnung«, seinen homosexuellen Neigungen nicht zu frönen. Die Warnung, glaubte er, stammte von seinem Vater, aber das Haus hatte er nie gesehen und konnte keine Gedankenverbindung dazu herstellen.

Ehrenwald war nicht erstaunt, daß Ronald das Haus nicht erkannte, denn er hatte eine fast genaue Beschreibung eines Sommerhauses gegeben, das Ehrenwald an dem Tag besichtigt hatte, an dem Ronald davon träumte. Als Ronald später auf seine Bitte hin eine Skizze davon anfertigte, erkannte der

Freund des Arztes, der sich das Haus mit ihm angesehen hatte, es sofort. Der Eigentümer hatte betont, daß die Rasenfläche nicht betreten werden dürfe, da sie zum Nachbarhaus gehöre. Er ließ sich auch mit gutem Zureden nicht davon abbringen, und so akzeptierte Ehrenwald widerstrebend diese Bedingungen und leistete eine Anzahlung. Nach reiflicher Überlegung beschloß er, das Haus lieber nicht zu erwerben, aber der Eigentümer weigerte sich, die Anzahlung zurückzuerstatten. Ehrenwald war wütend auf sich, daß er so leicht nachgegeben hatte, und kam zu dem Schluß, daß das der Grund für Ronalds Gedankenlesen sei; nachdem er sich in der analytischen Beziehung entschieden unterlegen fühlte, ertappte er seinen Analytiker bei einem (weniger ernsten) Problem von genau derselben Art wie das seine – Schwäche gegenüber einer autoritären Vatergestalt.

Dr. George Devereux, der eine Reihe von Artikeln über ähnliche Vorfälle gesammelt und sie 1953 als Buch mit dem Titel *Psychoanalysis and the Occult* veröffentlicht hatte, war so beeindruckt von der Tatsache, daß Patienten ihre Analytiker zu bespitzeln scheinen, daß er ihre Telepathie als einen aggressiven Akt bezeichnete, einen Versuch, zu imponieren, zu bezwingen, zu besiegen und zu kastrieren. Nachdem ich drei Jahre lang in der Psychoanalyse an totaler Frustration gelitten habe, betrachte ich diese Behauptung selbst als sehr aggressiv, denn sie läßt seelenruhig die Möglichkeit außer acht, daß der Wunsch des Patienten nach mehr offenem Kontakt von gleich zu gleich ein Hinweis darauf sein könnte, daß etwas mit der orthodoxen psychoanalytischen Technik nicht stimmt.

Indes ist die Beobachtung, daß Telepathie so etwas Ähnliches wie Herumschnüffeln oder Spionieren ist, interessant, denn sie macht den »Empfänger« der Information zum aktiv Handelnden, der die Gedanken des anderen liest, im Gegensatz zum Modell des »geistigen Radios«, auf dem die meisten Telepathie-Experimente beruhen. Das geistige Radio-Modell impliziert, daß jemand aktiv versucht, Botschaften an einen relativ passiven Empfänger auszusenden, während das Alternativmodell, was mir sofort in den Sinn kam, als ich über Telepathie im Sprechzimmer las, das von *Radar* war, mit dem die Umgebung nach etwas abgetastet wird, das entweder bedrohlich oder erwünscht ist. Das entspricht der »normalen« Fähigkeit der Seele, subtile Eindrücke und Hinweise aufzugreifen, ohne sich deren bewußt zu sein, bis sie in Träumen auftauchen. Das Radarmodell bringt Telepathie auch in dieselbe Kategorie wie Clairvoyance und Präkognition, die keinen Sender erfordern.

Das Radarmodell erklärt natürlich nicht, *wie* ESP den jetzigen physikalischen Gesetzen zum Trotz zu funktionieren vermag, aber es kann unser Denken und unsere Forschung auf neue Bereiche hinweisen – und Einstein selbst sagte einmal, daß in der Physik die richtige Formulierung eines Problems oft wichtiger sei als seine Lösung. Als ich begann, das psychische Radarmodell auf die mir zur Verfügung stehenden Traumtagebücher anzuwenden, ergab sich ein Muster, das mir ermöglichte, eine Hypothese über die Psychodynamik von ESP in Träumen aufzustellen, und ich kann sie am besten darlegen, indem ich einen von Johns Träumen beschreibe, in dem anscheinende ESP auf höchst spektaktuläre Weise zum Vorschein kam.

Als ich mich des ersten Erfolgs von *Dream Power* in den Vereinigten Staaten erfreute, träumte John, er schreibe einen Roman, in dem der Held er selbst und der Schurke der Chef einer geheimen, staatlichen Forschungsstation in England war, der sich mit Hilfe eines neu entwickelten Aufklärungsflugzeugs selbst an die Macht bringen wollte. Im Traum schuf John eine Romanfigur, ein Mitglied der Regierung, an das er sich um Hilfe wandte, nach dem Vorbild eines Mitglieds des Oberhauses aus dem wirklichen Leben, Lord Snow, aber da er erkannte, daß er ihm einen Decknamen geben müsse, beschloß er, ihn Artie Shaw zu nennen. Der Roman endete damit, daß John den Schurken an den Pranger brachte und viel Ruhm dafür erntete.

Wir hatten wenig Zeit, den Traum durchzuarbeiten, denn ich trat damals jeden Tag im Fernsehen und Rundfunk auf, aber John war der Meinung, daß die wesentliche Bedeutung des Traums in dem Aufklärungsflugzeug lag. Er bekannte, eifersüchtig auf meinen Erfolg zu sein, und die Vorstellung fand Widerhall bei ihm, daß er gern ein magisches Aufklärungsflugzeug hätte, das ihm ermöglichen würde, ein Auge auf mich zu haben. Lord Snow hatte ihn in England beruflich gefördert, aber er hatte praktisch keine Assoziation zu Artie Shaw, den er nie kennengelernt hatte und nur als Bandleader aus den 1930er und 1940er Jahren erinnerte. Wir dachten dann nicht mehr an den Traum, bis ich zwei Wochen später in den Studios der Mike Douglas-Show in Philadelphia Artie Shaw vorgestellt wurde, der an jenem Tag Hauptgast war.

Das war eine absolute Überraschung für mich, denn mir war gesagt worden, der Hauptgast sollte Peter Ustinov sein. Offenbar hatte er in letzter Minute abgesagt, und Artie Shaw hatte sich bereit erklärt, ihn zu vertreten. Natürlich erzählten wir Artie, daß John von ihm geträumt hatte, und als er Interesse bekundete, holten wir den Traum aus dem Ordner, den wir dauernd mitschleppten, und zeigten ihn ihm. Als er den Traum las, wurde er blaß, und als er fertig war, sagte er zu John, er solle schwören, daß er nichts von seinem Privatleben wisse. John erwiderte, daß er als Engländer nicht einmal über sein Leben in der Öffentlichkeit im Bilde sei und gestehen müsse, daß Artie Shaw bloß ein Name für ihn sei. Artie erzählte uns dann, daß er einmal einen Roman unter dem Pseudonym Adam *Snow* geschrieben habe, doch sei das sehr wenigen Leuten bekannt. Die Geschichte von Johns Präkognition ging wie ein Lauffeuer durch das Studio, und als Mike Douglas mich dann vor der Kamera interviewte, war seine erste Frage: »Wie ich höre, hat Ihr Mann von Artie geträumt, erzählen Sie uns davon.« Das tat ich, und es war ein Mordserfolg. Die übrigen Gäste einschließlich Artie beteiligten sich an der Diskussion – und John war der Held der Stunde.

Hier besteht eine deutliche Parallele zu den Fällen von ESP im Sprechzimmer, denn Johns Herz hatte ein Bedürfnis, das direkt zu befriedigen ihm sein Kopf verbot. Jeder bewußte Versuch, mir die Schau zu stehlen, hätte mich verärgert und sein eigenes Selbstbild des guten, vernünftigen, selbstlosen Ehemanns befleckt – ebenso wie Freuds »Mr. Foresight« nicht offen mehr Aufmerksamkeit verlangen konnte, ohne sein Selbstbild als »braver« Patient einzubüßen und von Freud gesagt zu bekommen, er zeige infantile Abhängigkeitsbedürfnisse. Tatsächlich sieht in beiden Fällen die anscheinende ESP wie ein typischer verschlagener Underdog-Schachzug aus, doch während die psychoanalytischen Patienten sich darauf zu beschränken schienen, ihre Analytiker auszuspionieren, um sie zu beeindrucken und ihre Aufmerksamkeit zu erlangen, suchte Johns psychischer Radar (oder sein Aufklärungsflugzeug) die Zukunft ab, um eine Situation zu finden, wo er mir bei einem Fernsehauftritt die Schau stehlen konnte, ohne die Verantwortung dafür zu übernehmen, und auf eine Weise, daß weder ich noch sonst jemand es ihm übelnehmen konnte. Wahrscheinlich gab es für Johns Underdog keine andere Möglichkeit, das zu bekommen, was er so unbedingt haben wollte, denn es stellte sich heraus, daß Artie an Träumen, ESP, Gruppentherapie und derlei Dingen interessiert war und eine eigene Rundfunksendung in New York veranstaltete, bei der er Leute interviewte, die auf verschiedenen Gebieten des *Human Potentials Movement* arbeiteten. Da Artie beeindruckt war von Johns Präkognitionsfähigkeiten, war es durchaus wahrscheinlich, daß er ihn zur Teilnahme an der Sendung auffordern würde.

Das gleiche Motiv zeigte sich wenig später bei einem anderen von Johns Träumen, kurz nachdem ich mich bereit erklärt hatte, nach Kanada zu einem Interview mit Kreskin zu fliegen, dem Mentalisten, dessen erstaunliche Telepathie-Leistungen mich schon lange fasziniert hatten. John hatte Andeutungen gemacht, daß es ein recht weiter Weg sei für einen halbstündigen Auftritt, daß ich ein neues Buch zu schreiben habe und daß es da oben unerfreulich kalt sein werde – alles vergeblich. Dann träumte er, einer seiner früheren Kollegen in der Industrie, Dr. Y., habe ihn in den Norden Englands eingeladen, er möge vor dem dortigen Klub der Firmenangehörigen als Ehrengast einen Vortrag halten. Die Bedeutung des Traums erschien offenkundig – John wurde auf die Tatsache hingewiesen, daß er derjenige sein wollte, der als Ehrengast in den eisigen Norden eingeladen wurde. Das einzig Verwunderliche war, daß der Traum damit endete, daß John wieder in der Zentrale der Firma in London war und sich in der Abteilung, in der er früher gearbeitet hatte, mit Dr. Y. unterhielt, der an dem Schreibtisch des Mannes saß, der Johns Vorgesetzter gewesen war, Mr. H.

Etwa eine Woche später erhielt John einen Brief von Mr. H. mit der völlig unerwarteten Nachricht, daß er sich vorzeitig pensionieren lassen wolle, und obwohl John über mögliche Nachfolger spekulierte, kam es ihm gar nicht in den Sinn, an Dr. Y. zu denken, von dem er annahm, daß er sich endgültig im Norden niedergelassen habe. Ein paar Tage vor meinem Flug nach Kanada erhielt er dann einen weiteren Brief von Mr. H. mit der Nachricht, daß Dr. Y. an seiner Stelle Abteilungsleiter werde. (Es muß darauf hingewiesen werden, daß John noch nie von Dr. Y. geträumt und auch seit mehreren Jahren keinerlei Kontakt mit ihm gehabt hatte.)

Wiederum scheint John auf typische Underdog-Art ESP angewandt zu haben, und diesmal war die Ähnlichkeit mit »Mr. Foresight« sogar noch größer, denn Johns Traum offenbarte seine Angst, ich könnte von Kreskin (»dem Mann aus dem Norden«) so beeindruckt sein, daß er (weil er ein »Vorgesetzter« wird) John in meiner Zuneigung in den Schatten stellen würde. Da John nicht offen protestieren konnte, ohne sein Selbstbild des kühlen, vernünftigen und hilfsbereiten Mannes einzubüßen, bekundete Underdog seine außersinnlichen Kräfte und sagte praktisch zu mir: »Weißt du, ich bin besser als dein alter Kreskin. Wenn du ihn unbedingt sehen mußt, dann ist das Mindeste, was du tun kannst, daß du ihn anrufst und sagst, ich sollte mitkommen!«

Eine weitere Untersuchung von Johns Traumtagebuch zeigte, daß er in der Nacht, in der er von Dr. Y. träumte, noch zwei andere Träume hatte, die beide das Thema Eifersucht und Angst wiederholten. Im ersten war ich nach Kanada eingeladen worden, um zu predigen, und John bat mich, ich möge es doch zu arrangieren versuchen, daß er mitfahren und an derselben Sendereihe teilnehmen könne, aber ich lehnte das ab. Sein Herz empfand deutlich, daß ich, indem ich mich mit Kreskin in das Reich des ESP begab, in ein Gebiet eindrang, das er als das seine ansah, wie das Predigen, und er nahm es sehr übel. Der nächste Traum brachte einen scharfen Tadel von Topdog, so etwas überhaupt »zu träumen«. Darin beklagte ich mich über Johns lautes Schnarchen und sagte ärgerlich, Kenneth Clark habe nie so geschnarcht. Indem er Lord Clark, den berühmten Kunstkritiker und Verfasser des Buches und der Fernsehserie *Civilization* als meinen früheren Geliebten schilderte, sagte John sich selbst, daß ich alle Achtung vor ihm verlieren würde, wenn er sich weiterhin so »unzivilisiert« verhielte, indem er über diese Frage unverhüllt murrt. So hatte Underdog von seinen verborgenen Talenten Gebrauch gemacht und eine großartige ESP-Leistung vollbracht, durch die er auf wirklich »zivilisierte« Weise bekam, was er wollte!

Das gleiche grundlegende Muster zeigte sich im Fall einer Freundin von uns, Elaine, die seit vielen Jahren ein Traumtagebuch führt und uns mehrere Beispiele gegeben hat, bei denen anscheinende ESP in einer defensiven Rolle ins Spiel kam, als eine Erweiterung des normalen Wachhund-Mechanismus des Herzens. Vor mehreren Jahren sah sie im Traum, wie ihr Mann einem jungen, schlanken, dunkelhaarigen Mädchen eine goldene Kette um den Hals legte, und sie wachte sehr bekümmert auf. Später sickerte durch, daß ihr Mann zu der Zeit tatsächlich ein Verhältnis mit einem Mädchen, auf das die

Beschreibung paßte, gehabt hatte, und daß er in eben der Nacht, in der Elaine von der goldenen Kette träumte, dem Mädchen zum Geburtstag eine Kette geschenkt hatte, die haargenau so aussah, wie Elaine sie in ihrem Traumtagebuch beschrieben hatte. Während Elaine aus dem Verhalten ihres Mannes unterschwellige Hinweise auf sein Liebesabenteuer erhalten haben konnte, war es ganz unmöglich, daß sie etwas von dem Geburtstag und der Kette gewußt hatte, denn die hatte ihr Mann auf einer Reise gekauft und die Rechnung weggeworfen. Das schien ein echter Fall von ESP zu sein, deren sich Elaine als psychisches Radar bediente, um hinter ihrem Mann herzuspionieren. Sie sagte, ihr habe er nie eine Kette geschenkt und sich nie für Geburtstage interessiert, ihren habe er oft ganz vergessen.

Kurz danach ließ sich Elaine von ihrem Mann scheiden und freundete sich mit einem Mann an, den sie zu heiraten gedachte, doch eine Reihe von Träumen warnte sie davor. In einem Traum versuchte er sie umzubringen; in einem anderen spürte sie seine kalte Schulter auf ihrem Rücken; und in einem dritten träumte sie, er habe keinen Penis. Später wurde bekannt, daß er versuchte, eine lebenslängliche Homosexualität durch die Aufnahme einer Beziehung zu einer Frau zu überwinden, und Elaines Herz hatte offensichtlich Hinweise aufgegriffen, daß er ihr zuletzt »die kalte Schulter« zeigen würde. Keiner dieser Träume muß im Sinne von ESP erklärt werden, aber alle zeigen, daß Elaines Herz sich als Wachhund betätigte, um sie vor dem Schmerz der Ablehnung zu bewahren.

Als nächstes hatte sie eine Beziehung zu einem verheirateten Mann, der behauptete, er wolle sich von seiner Frau scheiden lassen, um sie zu heiraten, und in dieser Zeit träumte sie, nachdem er zu Hause gewesen war, um seine Familie zu besuchen, daß sie beim Ladendiebstahl erwischt worden sei. Sie beteuerte ihre Unschuld, denn sie war sich nicht bewußt, etwas gestohlen zu haben, aber der Kaufhausdetektiv versicherte ihr, sie sei von den hinter Porträtaufnahmen an der Wand verborgenen Fernsehkameras auf frischer Tat ertappt worden. Als er ihre Handtasche aufmachte, entdeckte sie zu ihrem Entsetzen ein Stück Seife und eine Parfumflasche mit vergoldetem Schraubverschluß, die sie eindeutig nicht bezahlt hatte. Nach dem Aufwachen fiel es ihr nicht schwer, Assoziationen zu den Porträtaufnahmen herzustellen, denn ihr Freund war von seinem Besuch zu Hause mit Photographien von seinem Sohn zurückgekommen, und sie vermutete, daß er sie als Geburtstagsgeschenk für die Mutter des Jungen hatte aufnehmen lassen. Dieser Gedanke verletzte sie tief, denn wenn er zutraf, bedeutete es, daß er seiner Frau gegenüber immer noch den Familienvater herauskehrte, was eine Scheidung in weite Ferne rückte. Elaine hatte ihre Befürchtungen nicht geäußert, weil sie nicht das Recht zu haben glaubte, sich in seine Familienangelegenheiten einzumischen, aber der Traum veranlaßte sie, diese Befürchtungen doch zu äußern. Es stellte sich dann heraus, daß ihre Vermutungen hinsichtlich der Photographien ganz falsch waren, aber daß ihr Freund seiner Frau zum Geburtstag tatsächlich ein Stück Seife und eine Flasche Parfum mit vergoldetem Schraubverschluß geschenkt und die Sachen auf dem Weg nach Hause gekauft hatte. Wieder einmal, wie bei dem anderen Geburtstag, schien es, daß ihr Entschluß, sich nicht in die Beziehungen ihres Freundes zu seiner Frau einzumischen, von ihrem Underdog-Herzen zunichte gemacht worden war, der das Vorstellungsbild der Seife und des Parfums »stahl«, ohne daß sie dessen bewußt gewahr wurde. In beiden Fällen schien Underdog mit Hilfe von ESP ein von Topdog zensiertes Gefühl zum Ausdruck zu bringen, daß die Geschenke ihr hätten gemacht werden sollen und nicht einer anderen Frau.

Einen ähnlichen Fall berichtete Dr. Emilio Servadio von einer Tagung über spontane Phänomene in Cambridge in den 1960er Jahren.* Er erzählte die Geschichte eines jungen Mädchens, Luisa, die träumte, die Mutter ihres Verlobten, Guido, habe einen silbernen Ring am Finger, der auf der Außenseite seltsame Zeichen wie Hieroglyphen hatte. Der Ring ließ sich öffnen, und sie glaubte, er enthielt ein Parfum. Nach dem Aufwachen erzählte sie ihrer Mutter den Traum und rief dann Guido an, um ihm davon zu berichten. Er regte sich sehr auf und sagte, er sei eben aus Mailand nach Rom zurückgekommen, und in Mailand habe er ihr ein Paar Ohrringe und seiner Mutter einen silbernen Ring gekauft, der sich aufklappen lassen und auf der Außenseite seltsame Schriftzüge eingraviert habe. Dr. Servadio deutete den Traum recht eingehend psychoanalytisch und kam zu dem Schluß, daß Luisa durch ihr Spionieren ihre Eifersucht auf Guidos Mutter und ihren Ärger, weil sie noch keinen Verlobungsring bekommen hatte, mitteilen wollte. Da eine offene Erklärung dieser Gefühle nicht annehmbar gewesen wäre, griff sie auf das Paranormale zurück, wodurch sie ihre Bedürfnisse zum Ausdruck bringen konnte, ohne die Verantwortung dafür übernehmen zu müssen.

Meine eigenen außersinnlichen Träume in der Vergangenheit zeigten ein ähnliches Modell von psychischem Radar, das defensiv verwendet wurde, aber in meinem Fall wurden drohende Abwertungen oder feindliche Kritik abgewehrt. Für meinen Underdog war die schlimmste Bedrohung, die das Leben zu bieten hatte, eine Situation, in der Topdogs triumphierende Stimme zu vernehmen war: »Da hast du es, ich hab's dir ja gesagt, du würdest dich früher oder später als das erweisen, was du in Wirklichkeit bist: Ungeheuer/nichtsnutzige Schlampe/unfähiger Idiot – stirb, du Hund!« Das liegt daran, daß ich normalerweise die Tendenz hatte, mich als das »rebellische Kind« (in der Terminologie der transaktionalen Analyse) aufzuführen, und darauf aus war, das zu bekommen, was ich wollte, jeder Autorität zum Trotz, die versuchte, mich im Zaum zu halten oder zu unterdrücken – ganz im Ge-

* Beschrieben von Martin Ebon in *The Dream and Human Societies,* hrsg. von G. E. Von Grunebaum und Roger Caillois, University of California Press, 1966.

gensatz zu John, der im großen und ganzen immer die Rolle des »angepaßten« oder »konformistischen« Kindes spielte, sich jeder äußeren und inneren Autorität fügte und sich auf hinterlistige Underdog-Tricks verließ, damit seine Bedürfnisse auf eine Weise befriedigt wurden, für die er nicht verantwortlich gemacht werden konnte. Der Unterschied ist wahrscheinlich auf die Tatsache zurückzuführen, daß die Forderungen meiner Eltern in meiner frühen Jugend einfach unmöglich waren (wie die Beziehungsfalle: »Sei zurückhaltend – warum liebst du mich nicht?«), während Johns Eltern vernünftiger waren.

Der von dem rebellischen Kind gezahlte Preis sind, wie Perls aufzeigt, schlechtes Gewissen und ständige Angst vor dem geringsten Versagen, was Topdog dann die Behauptung ermöglicht, jetzt komme Underdogs wahres Gesicht zum Vorschein. Deshalb war mein Herz fast ständig mit Verteidigung beschäftigt, vor allem, wenn ich Erfolg hatte oder in irgendeiner Weise akzeptiert wurde. Wenn ich irgendein Anzeichen von Ablehnung oder Hinweise auf Feindseligkeit aufgriff, sprang mein Underdog auf und jammerte, er werde nicht richtig gewürdigt, oder er versuchte Gründe zu finden, um den Ablehner abzulehnen und zu sagen: »Ich bin OK – du bist nicht OK.« Das anschließende Gezeter darüber, wie schlecht mich die Welt behandelte, verschaffte mir einen Nebelschleier gegen Topdog und trug mir als Prämie einige Pluspunkte bei Gott ein, denn Gott liebt die Verfolgten. (Das war eine Fortsetzung meiner in Kapitel 8 beschriebenen »Opfer«-Neurose.)

Im Laufe der Jahre habe ich sehr viele Träume nach diesem Muster gehabt, und in einigen nahm Underdog seine Zuflucht zu ESP, wenn die potentiell abwertende Situation normaler Wahrnehmung nicht zugänglich war. Die Einzelheiten sind zu zahlreich und zu kompliziert, um sie hier zu berichten, aber ich erwähne diese Träume wegen der interessanten Tatsache, daß sich zwar die meisten auf einen längeren Zeitraum verteilten, aber eine ganze Menge von ihnen in wenigen Nächten vor der Auflösung meiner »Opfer«-Neurose auftraten. Einige waren Präkognitionen von Ereignissen, die erst mehrere Wochen später stattfanden. Ich wurde an Jungs Gedanken erinnert, daß ESP vielleicht als »Gleichzeitigkeit« angesehen werden sollte – das Zusammenkommen einer ganzen Serie bedeutsamer Zufälle an kritischen Punkten in der psychischen Entwicklung einer Person, herbeigeführt durch einen »Archetyp« jenseits von Raum und Zeit, der zur Oberfläche des Bewußtseins durchstößt und innere und äußere Geschehnisse »konstelliert«, um deren System zu offenbaren. Ich würde das anders ausdrücken und sagen, daß, wann immer das Selbstquälerei-Spielchen sich zuspitzt und Topdog in Gefahr gerät, besiegt zu werden, er erneute Anstrengungen macht, seine Herrschaft zu bewahren, und das zwingt Underdog, wie wild um sich zu schlagen und sein psychisches Radar nach allen Richtungen einzusetzen, damit seine Bedürfnisse erfüllt werden.

Das wirft neues Licht auf die allgemeine Beobachtung, daß ein hoher Prozentsatz von verbürgten Berichten über ESP außerhalb des Laboratoriums, sowohl in Träumen als auch in Wachleben, mit Tod, Unglück und anderen Krisen verknüpft sind. Die weitverbreitete Auffassung, daß das in solchen Fällen wirksame Prinzip enger emotionaler Rapport sei, entspricht einfach nicht den Tatsachen. Bei vielen dieser Berichte handelt es sich um Menschen, deren Träume oder Vorahnungen sich auf flüchtige Bekannte beziehen, während ebenso kritische Situationen im Leben ihrer nächsten Anverwandten und Freunde überhaupt nicht angekündigt werden. Meiner Ansicht nach ist der entscheidende Faktor bei Krisen-ESP eine Art Underdog-Krise im Leben des »Empfängers« – eine besonders heftige Furcht vor Topdogs Drohungen mit Unglück oder Tod. Das veranlaßt Underdog, seine verborgenen paranormalen Energien zu mobilisieren und sich auf *irgendein* angemessen verhängnisvolles Ereignis in der Umgebung oder sogar in der Zukunft einzustellen, während bei anderen Gelegenheiten verhängnisvolle Geschehnisse ganz unbemerkt bleiben. Die wohlbekannte Unvorhersagbarkeit und anscheinende Unberechenbarkeit von ESP beruhen auf der Tatsache, daß wir gewöhnlich unsere emotionalen Krisen nicht bemerken, die unter der Oberfläche des bewußten Gewahrseins vor sich gehen, bis etwas uns zwingt, uns damit auseinanderzusetzen.

Mein Modell erklärt auch, warum die meisten von uns nie gewahr werden, daß wir unsere paranormalen Fähigkeiten angewandt haben, bis irgendein Ereignis zeigt, daß wir es ganz unbewußt getan haben. Wenn ESP zu Underdog gehört, der mit dem Körper und seinen Bedürfnissen engen Kontakt hat, dann ist es wahrscheinlich, daß ESP zugleich mit allen anderen »animalischen« und körperlichen Energien verdrängt wird. (Freud glaubte, ESP sei wahrscheinlich eine animalische Fähigkeit, die das Menschengeschlecht abgelegt hätte; und der Gedanke, daß Tiere ESP anwenden, ist von dem hervorragenden britischen Zoologen, Sir Alister Hardy, vorgelegt worden.) Das würde mit der weit verbreiteten Auffassung übereinstimmen, daß primitive Völker, die naturverbundener leben als wir, auch ein engeres Verhältnis zum Paranormalen haben. Wichtiger ist die Tatsache, daß nach unserer persönlichen Erfahrung die meisten Menschen, die imstande zu sein scheinen, ESP auf positive, voraussagbare Weise anzuwenden, nicht vom asketischen, »geistigen« Typ sind, die das Fleisch verleugnen, sondern weltliche, vollgültige, energische Menschen, die sich das Fleisch zu eigen machen und offen nach der Befriedigung ihrer natürlichen Bedürfnisse streben.

Das berühmte Medium Eileen Garrett war offenkundig extravertiert, energisch, praktisch und skeptisch in ihrer Einstellung zu paranormalen Gaben, ebenso ihr britisches Gegenstück, die immer zu Scherzen aufgelegte Rosalind Heywood. Daniel Logan, Verfasser von *The Reluctant Prophet*, macht kein Hehl daraus, daß er es liebt, der Anziehungsmittelpunkt zu sein, und er entwickelte seine psychischen Kräfte, um die Aufmerksamkeit und Bewunderung zu erringen, die ihm als Kind versagt wurden. Kreskin, dessen telepatische Fähigkeit mich bei einem persönlichen Experiment über seine Leistung erstaunte, beschreibt in seiner Autobiographie *The Amazing World of Kreskin*, wie er seine Zauberei und echt psychischen Fähigkeiten im gleichen Ausmaß in der Kindheit entwickelte, um seiner Familie und seinen Freunden zu imponieren. Es ist eine Freude, mit ihm, der ständig von neuen Ideen übersprudelt, zusammen zu sein, und es ist bekannt, daß er zur Wiederauffüllung seiner Energie eine einzige große Mahlzeit am Tag zu sich nimmt, die zur Frühstückszeit beginnt und um Mitternacht endet! Sein Leben scheint bemerkenswert frei von Topdogs zu sein – was der Grund sein mag, warum ich mehrere Nächte, nachdem ich bei ihm war, Träume hatte, die ausgesprochen »high« waren. Und ich hörte, daß Edgar Cayce kein bleichgesichtiger Prophet war, sondern ein Mann, der die guten Dinge des Lebens herzhaft genoß.

Ich glaube, daß ESP, wie wir sie im Alltagsleben treffen, ein neurotisches Phänomen ist, ein Aspekt von uns, der seit der Kindheit zusammen mit dem größten Teil unseres natürlichen Frohsinns und Überschwangs untergegangen ist, weil er außerhalb des Systems von Topdogs Regeln und Vorschriften liegt. Tatsächlich mag unser ganzes »normales« Bild von der Welt als eines Raum-Zeit-Gefüges, beherrscht von den Gesetzen von Ursache und Wirkung, eine Topdog-Erfindung sein, ein starres, künstlich begrenztes System, in das wir, wie wir es von frühester Kindheit an lernen, unsere Wahrnehmungen und unser Denken einordnen – und das gehört zu dem, was Masters und Houston »kulturelle Trance« nennen. Unterhalb davon weiß ein Teil von uns sehr wohl, daß die Wirklichkeit nicht so ist; es ist oft darauf hingewiesen worden, daß es einen ständigen Hintergrund von paranormalen Wahrnehmungen geben könnte, die uns dauernd erreichen, ohne daß wir sie bemerken, denn woher soll ich wissen, ob die Vorstellungsbilder in meinem Sinn vom Nachbarn gegenüber oder von jemandem in der nächsten Stadt kommen, außer in ganz ungewöhnlichen Fällen? (Der Erfolg einiger Laboratoriumsexperimente über ESP mag darauf beruhen: Der Versuchsleiter hat eine kontrollierte Situation, in der er weiß, was wem übermittelt wird, und so kann er es erkennen, wenn es ins Schwarze trifft.) Underdog ist normalerweise sehr bestrebt, nichts zu tun, was die Aufmerksamkeit auf die Tatsache lenken könnte, daß seine Wirklichkeit nicht Topdogs Vorschriften entspricht – bis er in eine Ecke gedrängt und dazu getrieben wird, sich heimlich und unbewußt seiner paranormalen Energien zu bedienen, und oft trifft er auf eine zufällige und unwirksame Weise ins Schwarze.

Das steht in Einklang mit der gut belegten Beobachtung, daß ESP sehr häufig unter dem Einfluß psychedelischer Drogen vorzukommen scheint, denn wie Masters und Houston in ihrem Buch *The Varieties of Psychedelic Experience* zeigen, wirkt die Droge eben dadurch, daß sie die kulturelle

Trance durchbricht. In Thomas Harris' Ausdrucksweise wird der Elternteil für ein paar Stunden »abgeschaltet«, während deren das natürliche Kind mit einer ekstatischen Aufwallung von Energie auftaucht – und es ist charakteristisch für das Erlebnis, daß Zeit, Raum und Kausalität in diesem Zustand des Sehens viel subtiler, komplexer und flexibler zu sein scheinen als unter normalen Verhältnissen. Auch tritt das freudige Gefühl der Harmonie mit allen Lebewesen ein, die das Wesentliche am mystischen Erlebnis ist. Wenn die Tore der Wahrnehmung freigelegt sind, wird unsere gewöhnliche Alltagswelt durchdrungen von einer Empfindung des Geheimnisvollen und der Ehrfurcht, und selbst die weltlichsten Tätigkeiten, etwa über die Straße gehen oder ein Stück Käse essen, erhalten eine neue Bedeutung. In *The Natural Depth in Man* schreibt Wilson Van Dusen:

»Angenommen, Sie wären in eben diesem Augenblick geboren worden als voll entwickelter Erwachsener mit Ihrem jetzigen Verstand und Verständnis. Sie wären absolut verblüfft über die Dinge und Menschen ringsum. Der größte Teil des Tages würde mit ›ohs‹ und ›ahs‹ ausgefüllt sein, wenn Sie herumgehen und die Dinge anfühlen. Es wäre ein schrecklich eindrucksvolles und furchteinflößendes mystisches Erlebnis. Sie wären verblüfft über die Schönheit einfacher Dinge, etwa die anmutige Form von Pflanzen. Das ist eines der Merkmale des mystischen Erlebnisses, wenn man Dinge *so, wie sie sind*, phantastisch schön und gut findet. Das geschieht, ehe man den Apfel vom Baum der Erkenntnis des Guten und Bösen ißt ...«

Ich habe in dem Zitat vier Wörter durch Kursivschrift hervorgehoben, weil sie meiner Ansicht nach den Kernpunkt dessen zum Ausdruck bringen, was ich sagen will. Durch unser Leben in sozialen Systemen, in denen uns nicht erlaubt ist, uns so, wie wir sind, als schön und gut zu akzeptieren, sind wir dazu verurteilt, nichts so zu sehen, wie es wirklich ist – was bedeutet, daß wir daran gehindert werden, all jene Aspekte von uns und der Welt zu erkennen, die das mechanische Raum-Zeit-System transzendieren. Das ist es, was alle großen Religionen meinen, wenn sie davon sprechen, der Mensch sei der Selbsttäuschung und Knechtschaft verfallen, und die biblische Geschichte, die das mit der *Erkenntnis des Guten und Bösen* verknüpft, zeigt große psychologische Einsicht. Es ist, als wäre etwas schief gegangen mit einer unserer höchsten Fähigkeiten – dem Selbstbewußtsein; denn statt uns seiner zu bedienen, um dem animalischen Leben eine neue Stufe von kreativer Freude und das Wissen zu bringen, daß wir Gott zum Bilde geschaffen sind, haben wir zugelassen, daß es in Moralismus überging, und das bedeutet, daß wir unsere Kräfte auf Topdog-Systeme abstrakter Vorschriften übertragen haben. Der Engel des Lichts in uns stürzt, weil er versucht, die Herrschaft zu erlangen, statt ein Diener zu sein, der je nach den Anforderungen der Situation Spontaneität und Kreativität steuert.

Diejenigen, die glauben, nicht an dieser Krankheit zu leiden, möchte ich fragen: Wer hat Ihnen Ihre jetzigen Maßstäbe für Recht und Unrecht, rein und unrein, geistig gesund und verrückt gegeben? Selbst diejenigen, die elterliche Werte fallengelassen haben, haben sich wahrscheinlich Ersatzwerte wie Familie, Beruf, politische Partei, Kirche, Nation und geistige Führer zu eigen gemacht. Wenn wir, sagt Blake, so handeln, wie wir glauben, daß Christus handeln würde oder wie Gott es wünschte, dann beten wir Satan unter dem Namen Jesus und Jehova an – und wann immer wir das tun, verlieren wir die Macht und den Herrschaftsbereich, die das Geburtsrecht unserer Art sind. Und die vereinzelten Erleuchtungen, die wir aus diesem Bereich erhalten, nennen wir »paranormal«; doch wenn wir lernen können, das Regiment von Topdog zu stürzen und den Engel des Lichts wieder auf die ihm angemessene Rolle des Dieners zu verweisen, werden wir das natürliche Kind in uns finden, das allmählich heranwächst und seine Kräfte in einer Welt ausbildet, in der die Transzendenz von Raum und Zeit ein völlig normaler Aspekt der Leib-Seele-Energie ist, die Blake die ewige Wonne nannte.

Gemeinsame Traumszenerien

Die Hypothese vom psychischen Radar erklärt, warum Menschen in enger emotionaler Beziehung manchmal in derselben Nacht denselben Traum haben und alle Stadien von ESP aufzeigen, die ich beschrieben habe. Einer unserer Studenten, Brad, zeichnete den folgenden Traum auf:

»Lynda und ich rennen durch Korridore und Treppen hinunter. Ich habe undeutlich das Gefühl, daß noch andere Menschen zusammen mit mir rennen. Wir rennen vor etwas davon, und irgendwie liegt eine Bedrohung in der Luft. Wir kommen aus einem hohen, grauen Steingemäuer auf ein Feld, das ein Irrgarten von Minen, Stolperdrähten und Radarortungsgeräten ist. Ich sage mir: ›Durch all das werde ich nie hindurchrennen können!‹, und an dem Punkt fliege ich weg und entkomme also.«

In derselben Nacht träumte Brads Freundin Lynda:

»Brad und ich rennen durch Flure in diesem großen Steingemäuer und etwas verfolgt uns. Wir rennen durch die riesige Tür auf ein Feld voller Minen und Radarortungsgeräten. Plötzlich verschwindet Brad, und ich fange an zu rennen, aber ich werde von ›ihnen‹ geschnappt, wer immer ›sie‹ sind.«

Brad fügte die folgenden Bemerkungen und Deutung seines Traums hinzu:

»Ich bat Lynda, eine Skizze von dem Feld und dem Gebäude zu machen, und ich machte das gleiche. Während wir über den Traum berichteten, hatten wir eine Straße oder Bäume überhaupt nicht erwähnt. Doch auf unseren beiden Zeichnungen (die er beilegte) sind ein Gebäude, Bäume, ein Feld und eine Straße zu sehen. Die Skizzen sind genaue Spiegelbilder der Traumszene.

Diese Träume hatten wir in derselben Nacht, und, soweit ich feststellen kann, zur selben Zeit gegen Morgen.

Es ist fast peinlich, es zu sagen, aber eine Freudsche Deutung mag hier berechtigt sein. Die Burg empfinde ich als einen Penis oder im weiteren Sinn als Sex. Lynda und ich sind dadurch bedroht und rennen weg. Ich verlasse sie. Das ist eine ziemlich genaue Beschreibung meiner ersten Begegnungen mit Lynda. Das Gespenst des Sex tauchte auf, und wir rannten beide weg, weil jeder seine Gründe dafür hatte, und ich war derjenige, der Lynda verließ.«

Ich würde noch hinzufügen, daß Brads Fliegen sein Gefühl darstellte, daß es nur eine Möglichkeit gab, um einer sexuellen Bindung zu entgehen, nämlich »sich darüber zu erheben« durch geistige Disziplinen wie Joga, Meditation und so weiter, die er regelmäßig ausübte. Tatsächlich wirft der Traum ein interessantes Licht auf seine Gründe, warum er sich mit diesen Disziplinen befaßte. Es läßt sich nach den Träumen nicht genau sagen, wer sich in jener Nacht auf wen einstellte, aber ich vermute, daß es Lynda war, die gefühlsmäßig beteiligt blieb, während Brad entkam. Ihr inneres Radar mag sich auf Brads Traum eingestellt haben, weil sie sich verzweifelt bemühte, ihm näherzukommen und herauszufinden, was er innerlich über ihre Beziehung dachte. Ihr Traum ließ sie die Wahrheit erkennen – von ihrem Standpunkt aus war er verschwunden.

John und ich hatten ein ähnliches Erlebnis, das aber eine ganz andere Wendung nahm. Ich träumte, ich stolperte mit Schüsseln voller Gerichten, die ich für eine Party gekocht hatte, über eine Brücke (bridge) und war sehr ärgerlich, weil niemand auf die Idee kam, mir zu helfen. In derselben Nacht träumte John, ich hätte mich bereit erklärt, für einen Bridge-Abend ein Essen zu bereiten. Ich assoziierte meine Brücke mit dem Buch, das ich vor dem Einschlafen gelesen hatte – *Be Here Now* von Baba Ram Dass, in dem ein Bild von jemandem ist, der auf einer Brücke steht und sein Spiegelbild im Wasser betrachtet, und die Bildunterschrift lautet: »Du stehst auf einer Brücke und beobachtest, wie du vorbeiziehst: Toll! Sieh dir das an!« Ich betrachtete den Traum also im Sinne von: »So sehe ich mich im Augenblick – überlastet durch die Bitten der Leute um Vorträge, Interviews, Traumdeutungen und dergleichen«, denn so deutete ich das Essen (geistige Nahrung). Tatsächlich hatte ich mich am Vortag bitterlich bei John darüber beschwert und darauf bestanden, er solle alle meine weiteren Verpflichtungen absagen.

Er deutete seinen Traum auf dieselbe Weise – als sein Gefühl, ich hätte zugelassen, daß ich zu viel geistige Nahrung bereitete (er wußte, daß ich dieses Symbol verwende). Keiner von uns beachtete die seltsame Sache mit dem

»Bridgespiel«. Wir spielen nicht Bridge, und so weit wir uns erinnern können, hatte am Vortag niemand Bridge erwähnt; auch hatten wir früher nie von einem Bridgespiel geträumt. Erst viel später, als wir an meiner »Opfer«-Neurose arbeiteten und uns allmählich klar wurden, daß ich fast absichtlich nach Leiden und Ablehnung trachtete, um Gottes Liebe zu erringen, fielen John unsere Bridge-Träume ein. Als er die Niederschrift über seinen Traum noch einmal las, kam er zu dem Schluß, daß sein Herz in jener Nacht versucht hatte, in meinem Traum herumzuschnüffeln, und als er mich mit all dem Essen über die Brücke stolpern sah, wurde ihm klar, daß alles von meiner Seite aus ein großes *Spiel* war. Hätten wir seinen Traum damals verstanden, hätte meine »Opfer«-Neurose viel früher aufgelöst werden können. Offenbar hatte Johns Herz tagsüber etwas aufgegriffen, das nicht koscher war, aber wahrscheinlich wußte er, daß ich, wenn er es gesagt oder auch nur direkt geträumt hätte, die ganze Sache abgestritten hätte und wütend gewesen wäre. ESP wäre indes etwas völlig anderes – allein die Tatsache, daß er mich bei meinem eigenen Traumspiel ertappte, würde genügen, mir die Sache klarzumachen und mich wahrscheinlich auch zum Lachen zu bringen.

War Johns Herumschnüffeln selbstsüchtig oder selbstlos? Wurde sein psychisches Radar in Gang gesetzt, weil er mir mein »Spiel« verübelte und es Unannehmlichkeiten für ihn mit sich brachte, oder weil ihm mein Wohlergehen am Herzen lag? Wahrscheinlich beides. Die Unterscheidung zwischen Selbstsucht und Selbstlosigkeit ist eine Topdog-Erfindung, die auf die tiefsten Schichten der Persönlichkeit nicht anwendbar ist, wo die Anteilnahme am anderen ganz natürlich aus einer gesunden Selbstliebe entsteht. Da wir außerdem gemeinsam daran gearbeitet haben, unsere Topdogs zu entmachten, haben John und ich mehrere Erlebnisse gehabt, bei denen es schien, als habe ESP uns ermöglicht, in Träumen gemeinsame Erkenntnisse zu gewinnen. Ein treffendes Beispiel dafür war ein Traum in einer Nacht, nachdem John durch intensive Arbeit an seinen Träumen endlich ein Problem hatte lösen können, das ihn den größten Teil seines Lebens gequält hatte. Er schlief in jener Nacht auf der offenen Veranda und träumte, ein indianisches Hausmädchen sei gekommen, als es gerade hell wurde, und habe laut vor sich hin geredet, als sie sich anschickte, das Haus aufzuräumen. (In Wirklichkeit war es drei Uhr morgens und draußen noch völlig finster.) John sagte ihr, sie solle ruhig sein, da er noch schlafe. Dann plötzlich »dämmerte« es ihm, daß wir gar kein Hausmädchen haben, und er wurde sofort luzid und gewahr, daß er träumen mußte. Gleich darauf wurde das Licht fast übernatürlich hell, und die Landschaft draußen nahm eine goldene Färbung an, die ihn an van Gogh-Landschaften in Südfrankreich erinnerten. Der Raum erschien erweitert und vertieft, so wie das unter dem Einfluß psychedelischer Drogen vorkommt, und John bemerkte Gestalten in altmodischer Bauernkleidung, die langsam über die Felder gingen. Eine von ihnen erkannte er als eine alte Freundin, die er lange nicht gesehen hatte, nur daß sie jetzt eine sehr alte Frau war, während sie im wirklichen Leben erst Anfang Dreißig sein konnte. Als sie an ihm vorbeiging, schaute sie auf und lächelte verständnisinnig, als wollte sie sagen: »Jetzt *weißt* du, wie es wirklich ist.« John war so aufgeregt, daß er aufwachte, und seine ersten Worte zu mir waren: »Jetzt gehöre ich auch zu dem Verein. Ich habe meinen ersten erhebenden luziden Traum gehabt. Jetzt weiß ich, wovon du redest. Wir haben an derselben Erscheinungswelt teil.«

Ich erzählte ihm dann meinen Traum – da saß ich in einer Wohnung, als plötzlich die Trennwand einstürzte, so daß aus zwei Wohnungen eine wurde. Ich verknüpfte meinen Traum mit der Tatsache, daß ich mich in der Vergangenheit immer sehr gegen ESP gewehrt und Theodore Roszak zugestimmt hatte, der ein paar Jahre zuvor geäußert hatte, wenn die Leute das Problem durchdenken würden, dann würden sie ESP überhaupt nicht wollen. Man stelle sich vor, hatte er gesagt, man würde jeden kleinen Gedanken und Hinweis aufgreifen, und die eigenen würden von anderen aufgegriffen werden. Was für ein Leben! Meine Einstellung war erhärtet worden, als ich etwas später die Bitte an Traumkraft richtete, mir zu sagen, wie ich in Wirklichkeit zu ESP stehe. Ich träumte, ich sei an einem sehr gefährlichen Ort auf einer Insel, umgeben von Schlangen und wilden Tieren, und ich machte mir eine Art Nest in einer Bodensenke, um mich vor Gefahren zu schützen, während ich schlief. Ich fühlte mich da sehr wohl und wurde an Don Juans »Ort der Kraft« erinnert, wo magische Dinge geschehen können. Dann wurde ich durch jemanden gestört, der darauf beharrte, meinen Platz zu teilen, und ich war sehr ärgerlich über die Zudringlichkeit. Dann änderte sich die Szene, und ich war wieder in meinem Elternhaus, versuchte vergeblich einzuschlafen, wurde aber immer durch Stimmen und läutende Telephone gestört. Der Traum machte deutlich, daß ich ESP als eine mögliche Waffe ansah, um in die geheimen Winkel meines Seins einzudringen, in meine sichere Zufluchtsstätte vor der quälenden Anwesenheit von Topdogs. Später entdeckte ich, daß Dr. Jule Eisenbud herausgefunden hatte, daß Telephonieren ein übliches Symbol für telepathische Kommunikation ist.

Die Tatsache, daß ich die Trennwand in der Nacht einstürzen ließ, in der John seinen erhebenden, luziden Traum hatte, ist interessant, denn sie bestätigt meine Hypothese, daß der Zustand, den man »high« nennt, einer ist, in dem Topdogs abgeschaltet werden oder abwesend sind. Wenn das der Fall ist, dann hatte ich nichts zu fürchten und brauchte keine Abwehr. Wäre mein Traum weitergegangen, hätte ich vielleicht buchstäblich an Johns Erscheinungswelt teilgehabt und mich ihm in der goldenen Landschaft angeschlossen, und das haben wir seitdem ein paarmal erlebt. (Hätte ich früher erkannt, daß ESP die Geheimwaffe von Underdog und nicht von Topdog ist, dann wären natürlich meine Befürchtungen über ESP ausgeräumt worden.)

Der Freiheit entgegen:
erhebende, luzide und außerkörperliche Erlebnisse

In erhebenden, luziden Träumen wie demjenigen, den ich gerade beschrieben habe, können wir einen flüchtigen Blick von dem erhaschen, was das menschliche Bewußtsein werden kann, wenn Kopf und Herz *bei einem Erlebnis echter Freiheit* ganz beieinander sind. Dieses Bewußtsein scheint die Grenzen des gewöhnlichen Sinnenerlebnisses absolut zu überschreiten und uns eine Realität vieler verschiedener Gefilde oder Dimensionen zu zeigen, so daß Menschen, die einen Traumzustand dieser Art erlebt haben, oft davon sprachen, daß sie im Schlaf den gewöhnlichen Körper hinter sich lassen und sich in einem subtileren Körper aufmachen, um andere Welten zu erforschen. Ich weiß aus eigener Erfahrung, was sie meinen, dennoch halte ich es für wichtig, selbst in diesem Stadium die Beziehung des Traums zum Wachleben nicht außer acht zu lassen. Johns goldener Traum zeigte ihm in aller Gründlichkeit eine Vision von herrlicher Freiheit jenseits von Raum und Zeit, die sein Herz während des Tages zumindest einen flüchtigen Augenblick lang schon erlebt hatte, und meine eigenen Traumerlebnisse der gleichen Art haben sich von ungefähr ein Prozent auf zehn Prozent meiner gesamten aufgezeichneten Träume erhöht, seit ich im Wachleben an der Beilegung von Topdog/Underdog-Konflikten arbeite.

Unsere und die Traumtagebücher von vielen unserer Studenten zeigen in der Tat eine deutliche Tendenz zu zunehmender Erleuchtung oder »Wachheit«, die sich in Träumen einstellen, wenn der Träumer sich in seinem täglichen Leben aus Topdogs geistigen Käfigen zur Freiheit durchkämpft. Wenn eine Einsicht, die der Kopf aus der Arbeit mit Träumen gewann, schließlich in das Herz einzudringen beginnt, wird der Betreffende oft einen Traum haben, den wir »Selbstreflexionstraum« nennen, ähnlich meinem anderswo beschriebenen Verifizierungstraum. Als Ergebnis meiner Arbeit an meiner »Opfer«-Neurose drang die Botschaft langsam, aber sicher bis zu meinem Herzen, daß ich das alberne Leidensspiel nicht mehr zu spielen brauchte, und der erste Wink kam in dem Traum, in dem mir plötzlich dämmerte, daß ich keine Kellnerin zu sein brauchte – und sofort kündigte! In ähnlicher Weise träumte John, als sein Herz endlich die Botschaft erhalten hatte, daß Freiheit wertvoller sei als Sicherheit, er gehe unglücklich zur Arbeit, und wurde sich plötzlich klar, daß er gar nicht dort zu sein brauchte. Eine unserer Studentinnen, die an einem ihr von einem elterlichen Topdog eingeimpften »Häßlichkeit/Wertlosigkeit«-Bild arbeitete, träumte, sie blicke in einen Spiegel, und zu ihrer Verwunderung fand sie sich schön (was sie auch war), und eine andere Studentin wurde sich in einem Traum darüber klar, daß ihre Mutter ja tot war und ihr nichts mehr verbieten konnte.

Alle diese Selbstreflexionsträume zeigen, daß Kopf und Herz in einer neuen Klarheit des Sehens zusammenkommen, die das wachende und das schlafende Bewußtsein gleichermaßen erhellt. Das nächste Stadium scheint der »präluzide« Traum zu sein, in dem der Träumer sich überlegt, ob er träumt oder nicht. Manchmal weiß er ganz sicher, daß er träumt, und gleitet dann hinüber in einen voll luziden Zustand, während er zu anderen Zeiten durch die Geschehnisse im Traum abgelenkt wird und wieder in einen gewöhnlichen Traum zurückfällt. Präluzide Träume sind oft mit dem »Scheinerwachen« verbunden, einem Erlebnis, das denjenigen vertraut ist, die luzide Träume haben. Es ist ein Traum, bei dem wir glauben, wir wären aufgewacht, und dann entdecken, daß es nicht stimmt. Manchmal ist die Erkenntnis, daß wir noch schlafen, Anlaß zu einem voll luziden Traum, während wir in anderen Fällen den Irrtum erst feststellen, wenn wir wirklich aufwachen.

Vor einigen Jahren, als ich bei Joel Goldsmith, dem amerikanischen Mystiker und Heiler, studierte, hatte ich viele präluzide Träume. Während mein Kopf akzeptierte, daß ich mit Gott eins war und alle Kräfte des Universums mir zur Verfügung standen, kam mein Herz nicht ganz mit. Aber als ich allmählich lernte, meine Ängste zu konfrontieren, konnte ich mich im Wachleben häufig dabei ertappen, daß irgendeine katastrophische Erwartung mich zu überwältigen drohte – und darauf folgte des Nachts oft ein präluzider oder luzider Traum, gewöhnlich von der Alptraum-Sorte. Wenn das bedrohliche Vorstellungsbild auf mich zukam, erreichte mich eine Spur Bewußtsein, und ich begann mir zu überlegen: »Wenn das ein Traum ist, hat das keine Gewalt über mich«, und manchmal war ich selbstsicher genug, um mich umzudrehen und der Sache ins Auge zu sehen. In der ersten Zeit reichte meine Luzidität nicht aus, um meine Kraft zu stärken, aber später konnte ich meine Traumfeinde mit dieser Methode besiegen. Die präluziden und luziden Träume spiegelten meine zunehmende Erkenntnis im täglichen Leben wider, daß die meisten Dinge, vor denen ich mich fürchtete, Phantasieprodukte meiner Konditionierung waren und nicht die Macht hatten, mein Leben einzuengen.

Ein buddhistischer Freund von uns berichtet von ähnlichen Erlebnissen, nachdem er sich in »Gewahrsein« geübt hatte, das darin besteht, daß man seines Körpers, seiner Emotionen und Gedanken im Wachleben gewahr ist, ein Bewußtseinszustand, der im Idealfall im Schlaf nachwirkt. Tatsächlich ist für diejenigen, die sich mit religiösen Disziplinen irgendeiner Art befassen, das Träumen die beste Möglichkeit, um Fortschritte festzustellen und herauszufinden, wieviel von dem, was wir glauben, immer noch ein bloßer *head trip* ist und wieviele der Lehren das Herz erreicht haben. Das »Scheinerwachen« ist gewöhnlich ein Hinweis darauf, daß wir für etwas in unserem Leben nicht so »wach« sind, wie wir glaubten.

Der nächste Schritt ist der »gewöhnliche« luzide Traum, in dem wir gewahr werden, daß wir träumen, aber nicht die Bewußtseinserweiterung erleben, die für einen erhebenden luziden Traum charakteristisch ist. Eine derartige gewöhnliche Luzidität ist normalerweise insofern nur partiell, als wir wissen, daß wir die Macht haben, den Traum zu verändern, doch beschließen wir oft, diese Macht nur innerhalb absurder Grenzen des Denkens anzuwenden, was wiederum eine Reflexion des Wachzustandes ist. Zum Beispiel berichtete eine unserer Studentinnen, die sich der Lösung eines sexuellen Konflikts näherte, daß sie, wenn sie in einem luziden Traum sexuell erregt wurde, nach einem Gefährten zu suchen begann und sich in einem Bordell in der Innenstadt wiederfand – statt ihren Helden in einem Wüstenzelt oder wo immer heraufzubeschwören! In einem anderen Traum fand sie einen Gefährten, aber keinen Raum, wo sie mit ihm zusammensein konnte – und sie kam gar nicht auf den Gedanken, sich Raum zu *schaffen*. Diese Träume zeigen, daß sie ihre Energien noch nicht beherrschte, doch ihr letzter Traum, der ihr erstes Erlebnis von hoher Luzidität war, ließ erkennen, daß die Lösung nahe war.

Im Traum wurde ihr eröffnet, daß sie wählen könnte: entweder Geschlechtsverkehr in aller Öffentlichkeit mit einem phantastischen Traumliebhaber und nachher von ihm erwürgt zu werden, oder nie wieder Sex zu haben. Ihr wachsendes Verlangen nach einem voll ausgelebten Leben statt eines lebendigen Todes ließ sie das erstere wählen, und als sie in die Arena geführt wurde, wurde sie plötzlich luzid. Statt aufzuwachen oder die Szene zu verändern, beschloß sie, alle zu überlisten und das Spiel mitzumachen; und als sie insgeheim darüber lachte, wie sie am Ende aufstehen und weggehen würde, erweiterte sich die Umwelt, die Farben vertieften sich, und sie war »high«. Dann änderte sich die Szene, und sie flog in einem Zustand außerordentlicher Beschwingtheit dahin, ohne Schwierigkeiten durch Wände und Fenster hindurch, und obwohl sie sich auf den Sex gefreut hatte, schien ihr die Deprivation jetzt nichts auszumachen, denn sie genoß andere, noch anregendere Erlebnisse. Der Traum stimmt mit unserer Feststellung überein, daß sexuelle Erregung in einem luziden Traum zum Fliegen und außerkörperlichen Erlebnissen führen kann, wenn die sexuelle Energie durch den ganzen Körper zu strömen scheint; in anderen Fällen, wenn die Energie im Genitalbereich bleibt, ist ein gewöhnlicher, aber intensiver Sextraum die Folge. Vielleicht besteht da ein Zusammenhang mit der alten Überlieferung, wonach sexuelle Energien in andere Fähigkeiten verwandelt werden können, wenn sie nicht auf die Energie verzettelnden Sexspiele des Prestiges und Rollenspielens in unserer Gesellschaft beschränkt werden.

Ich glaube, daß ein erhebender luzider Traum den Sieg in einer Schlacht gegen Topdog anzeigt, wahrscheinlich der letzten Schlacht in einem bestimmten Konfliktbereich, während die früheren Stadien von Präluzidität und gewöhnlicher Luzidität Schritte auf dem Weg zur Befreiung anzeigen. Ebenso, wie es im Wachleben schwierig ist, seiner selbst und seiner Handlungen eingedenk zu sein, ist es schwierig, die Luzidität in Träumen aufrechtzuerhalten. Bei meinen ersten Erlebnissen war ich so aufgeregt, wenn mich im

Traum die Luzidität überkam, daß ich aufspringen oder etwas ausrufen wollte, und das bewirkte sofort, daß ich aufwachte. Allmählich gelang es mir, mich zur Ruhe zu erziehen, und so vermochte ich die luzide Umwelt zu erforschen. Dennoch kam die Luzidität und verschwand wieder, und ich fand, daß sich die Traumszene verändert wie in gewöhnlichen Träumen. Aus diesem Grunde war ich Carlos Castaneda dankbar, daß er uns in *Reise nach Ixtlan* Don Juans Methode bekanntgegeben hat, um die luzide Traumszenerie zu stabilisieren. Don Juan meint, wir sollten im Traum unsere Hände anschauen und gewahr werden, daß wir träumen. Dann sollen wir unseren Blick langsam auf irgendeinen Gegenstand in der Umgebung richten und nach ein oder zwei Minuten wieder auf unsere Hände schauen. Diese Übung sollte wiederholt werden, bis die Traumszenerie stabilisiert ist. »Jedesmal, wenn du in deinen Träumen etwas ansiehst, verändert es seine Form«, sagte er zu Carlos. »Der Trick, das Arrangieren der Träume zu lernen, besteht offenbar darin, die Dinge nicht einfach anzuschauen, sondern ihren Anblick auszudehnen. Das *Träumen* ist real, wenn es einem gelingt, sich auf alles zu konzentrieren. Dann gibt es keinen Unterschied zwischen dem, was man tut, wenn man schläft, und dem, was man tut, wenn man nicht schläft.« Carlos berichtet, daß er damals, als er das Buch schrieb, wenig Erfolg mit der Technik hatte, was ich der Tatsache zuschreiben würde, daß er seine Kräfte im Wachleben noch nicht beisammen hatte, wie Don Juan ihm ständig vorhielt: Nach meiner Erfahrung erwies sich Don Juans Technik als wertvoll, *nachdem* ich durch die Arbeit mit Träumen im Wachleben ein gewisses Maß an Luzidität erlangt hatte.

Don Juan lehrte Carlos dann, in Träumen zu reisen – irgendeinen Ort auszuwählen, etwa das Haus eines Freundes oder einen Park oder eine Schule – und sich im Traum dann dort hinzubegeben. Das ist das, was in der Literatur über okkulte und übersinnliche Dinge »außerkörperliche Reise« oder »astrale Projektion« genannt wird. Ich stimme Celia Green zu, wenn sie in ihrem Buch *Lucid Dreams* schreibt, man könne über luzide Träume nicht diskutieren, ohne ihre Beziehung zu außerkörperlichen Erlebnissen zu berücksichtigen; und in seinem Buch *Astral Projection* unterscheidet Oliver Fox zwischen einem »höheren« und einem »niedrigeren« Grad des luziden Erlebnisses, wobei der erstere die außerkörperliche Reise ist. Das ist ähnlich wie meine Unterscheidung zwischen gewöhnlichen luziden Träumen und erhebenden luziden Träumen, denn mit dem letzteren kommt das Gefühl eines leichteren Körpers und die Fähigkeit, zu fliegen und durch Wände hindurchzugehen. Oliver Fox beschreibt das Erlebnis so: »Mit der Erkenntnis dieser Tatsache (daß ich träumte) änderte sich die Beschaffenheit des Traums auf eine Weise, die sich nur sehr schwer jemandem klarmachen läßt, der dieses Erlebnis nicht gehabt hat. Sofort war das Leben hundertfach lebendiger geworden. Niemals hatten Meer und Himmel und Bäume in so bezaubernder Schönheit gestrahlt; selbst die alltäglichen Häuser erschienen lebendig und geheimnisvoll schön. Niemals hatte ich mich so absolut wohl gefühlt, bei so klarem Verstand, so göttlich kraftvoll, so unaussprechlich *frei*! Die Empfindung war unsagbar köstlich.«

Ob ein Erlebnis dieser Art wirklich anzeigt, daß das Bewußtsein irgendwie den physischen Körper hinter sich läßt, weiß ich nicht, aber man hat gewiß das Gefühl. Mißlich ist nur, daß es so oft mit dem gewöhnlichen Traumbewußtsein durchsetzt ist, daß wir es nicht bestimmt sagen können. Bei meiner eigenen Arbeit habe ich zwischen zwei Arten von außerkörperlichen Erlebnissen unterschieden – denjenigen, die sich in einer Traumumgebung abspielen, und denjenigen, die in meinem Schlafzimmer zu Hause stattfinden, bei denen die Traumszenerie mit meiner tatsächlichen Schlafumgebung übereinstimmt. Sehr oft befinde ich mich in dem letzteren Zustand, aber wenn ich dann im Haus umherwandere, stelle ich fest, daß kleine Einzelheiten nicht stimmen, etwa daß ein Fenster an der falschen Seite ist oder ich eine Topfpflanze finde, die wir nicht besitzen oder eine Tür, wo es keine gibt. In einem dieser Träume ging ich in Fionas Schlafzimmer und sagte zu ihr, ich sei ein Astralkörper, woraufhin sie lachte und mich kniff. Zu der Zeit war sie bei ihrer Großmutter mehr als hundert Kilometer entfernt! In einem anderen Fall beschloß ich, ein »wissenschaftliches« Experiment durchzuführen, indem ich die Möbel umstellte, um mir zu beweisen, wenn ich aufwachte, daß ich wirklich außerhalb des Körpers gewesen war. Das war natürlich Unsinn, aber im Traum erschien es ganz vernünftig.

Mit dieser Art von Träumen befinde ich mich noch im Versuchsstadium*, aber ich will noch ein seltsames Erlebnis erwähnen. Ich war in einem Traum luzid geworden und war umhergeflogen, als ich plötzlich spürte, daß ich mich auf der Schulter eines Riesen befand. Ich spürte nur den Druck auf meinen Beinen, als ich versuchte, mich aus seinem Griff zu befreien. Plötzlich gab es eine Art Knacken, und ich entwand mich irgendwie meinem Traumkörper und war in einem noch leichteren Körper in einer Traumszenerie in strahlend weißem Licht und blickte hinab auf die Ewige Stadt. (Ich weiß eigentlich nicht genau, was die Ewige Stadt ist, aber das war sie im Traum.) Ich fragte mich, ob ich über sie hinwegfliegen und sie erkunden sollte, aber ich fürchtete, das Licht könnte mich verbrennen, so setzte ich meine Forschungen in der neuen Welt mit noch leuchtenderen Farben und seltsamen Formen fort. Ich fühlte mich hier ziemlich unbehaglich, denn es war eher eine Welt von Mustern und Licht als von Menschen und Gegenständen, und ich war nicht sicher, wie ich mich verhalten sollte. Viel später, als ich eines meiner alten theosophischen Bücher las, entdeckte ich zu meiner Verwunderung, daß es eine recht übliche Erfahrung derjenigen ist, die in der Kunst des astralen Reisens bewandert sind, daß ein Zerren an den Beinen oder im Körper zu spüren

* Ich würde mich freuen, von Lesern zu hören, die auf diesem Gebiet Erfahrungen haben.

ist, wenn ein Traumkörper einen anderen verläßt; und auch, daß die Welt des höheren Astralleibs eine Welt von Licht und Mustern ist.

Ich neige dazu, das Erlebnis im Sinne von Topdog-Resten zu deuten, die immer noch versuchen, uns daran zu hindern, unser Bewußtsein sich ausdehnen zu lassen aus ihrer streng aufgebauten Raum-Zeit-Welt in andere Bereiche der Freiheit. Vielleicht liegt es daran, daß John und ich die Erforschung dieser inneren Räume eindeutig im Kontext des psychischen und geistigen Wachstums in Angriff nehmen, statt sie mit okkulten Praktiken zu erzwingen, daß weder wir noch die eng mit uns zusammenarbeitenden Studenten jemals in einem luziden oder außerkörperlichen Traum etwas Unerfreuliches erlebt haben. Ich glaube, daß die sogenannten Geister, Wesen oder Spukgestalten, die, wie es heißt, den unvorbereiteten Erforscher verfolgen, Projektionen ungelöster Konflikte sind, die Topdogs und Underdogs, die uns auch in gewöhnlichen Alpträumen verfolgen. Wir alle können im Traumspiel gewinnen, wenn wir beharrlich sind, und der Preis ist die Freiheit, ohne Furcht neue Erlebnisbereiche zu erforschen.

Anhang

Auszüge aus Saras Traumtagebuch und Glossar mit einer Einleitung von Sara

Ich bin fünfunddreißig Jahre alt, ledig, in einem akademischen Beruf tätig und wohne und arbeite in Philadelphia. Ich bin das einzige Kind meiner Eltern, mit denen ich gut stehe und die in einer nahegelegenen Siedlung leben. Mein Vater ist ein hoher Regierungsbeamter, der wegen der starken Beanspruchung durch seinen Posten wenig freie Zeit hat, und meine Mutter ist in unzähligen sozialen und staatsbürgerlichen Organisationen tätig. Ich komme mir völlig anders vor als meine Eltern und bin enttäuscht von ihrer konventionellen und anscheinend gefühllosen Einstellung zu menschlichen Fragen, die ich für überaus wichtig halte. Vor allem ist mir ihre absolute Gleichgültigkeit gegenüber psychologischen Dingen rätselhaft. Träume sind natürlich Unsinn. Gruppen sind undenkbar. Daher war es ein schwerer Schock für mich, als ich durch meine Träume herausfand, daß ich gerade jene Eigenschaften von ihnen in meine eigene Psyche übernommen habe, die mir den größten Schmerz bereitet haben. (Mein Traum von Papst Johannes – auf Seite 225 – ist ein Beispiel dafür.) Mein Streben, meine eigene Identität zu finden und geltend zu machen, ist durchsetzt mit abwechselnden Bemühungen, meinen Eltern ähnlich und anders zu sein als sie. In der Zwickmühle zwischen diesen widerstreitenden Ambitionen befindet sich mein reales Selbst – der glückliche, abenteuerlustige, verspielte und liebevolle Underdog meiner Persönlichkeit, der sich in einigen der folgenden Träume sehr überzeugend darstellt.

Ich habe mich immer für Träume interessiert und war begreiflicherweise sehr erregt über den ersten Traum im Glossar. Ich nenne ihn meinen »Alkoholiker«-Traum, und er war es, der mich zwang, in Anns Traumgruppe Hilfe zu suchen. Um das ganze Problem zu verstehen, muß man zuerst einmal wissen, daß ich mit Übergewicht zu kämpfen habe, und wie viele andere dicke Leute versuche ich mein Glück häufig, aber erfolglos mit Abmagerungskuren. Nicht lange vor dem »Alkoholiker«-Traum schlugen Freunde, die Mitglieder der Anonymen Alkoholiker sind, mir vor, ich sollte mich mit ihnen zusammen einer Gruppe anschließen, die versuchen wolle, die Grundsätze des AA-Programms auf Gewichtsverminderung anzuwenden. Die Gruppe kam nicht zustande, aber ich begann AA-Literatur zu lesen, um zu sehen, ob das Programm für mich anwendbar sei.

Da ich eine große emotionale Ähnlichkeit zwischen mir, die ich zu viel aß, und den Alkoholikern erkannte, begann ich, mir über meine eigenen Trinkgewohnheiten Sorgen zu machen. Da ich aus einer Familie von Abstinenzlern und mäßigen Trinkern stamme, hatte ich keine Vergleichsgrundlage, ob mein Trinken ein Problem darstellte. Doch weil ich mich den Alkoholikern verwandt fühlte und wußte, daß ich mehr trank, als meine Familie angemessen finden würde, und gelegentlich recht beschwipst war, und weil ich schließlich entdeckte, daß das Trinken das Diäthalten unmöglich machte, empfand ich allmählich beträchtliche Angst, weil ich mir nicht schlüssig werden konnte, worin für mich die Schwierigkeit lag. Meine Träume halfen mir, mein »Trinker-Problem« zu lösen, indem sie mir zeigten, daß der Teil meiner Persönlichkeit, der daran Schuld ist, daß ich manchmal über die Stränge schlage, mein unbezähmbar munterer Topdog ist, der sich nicht »kontrollieren« und unterdrücken lassen will. Weil ich auf seine Bedürfnisse geachtet und ihm zugebilligt habe, sich auf allerlei Weise Ausdrucksmöglichkeiten zu verschaffen, kann ich jetzt ohne Angst trinken, wann immer mir danach zumute ist, und es bleiben lassen, wenn ich nicht trinken will. In Perls' Ausdrucksweise haben mir meine Träume geholfen, mich entsprechend der Situation zu verhalten und nicht nach einer Vorschrift, die von einem inneren Topdog und seinen unrealistischen katastrophischen Erwartungen stammt.

Ich wünschte, ich könnte einen ähnlichen Erfolg in bezug auf mein Gewichtsproblem berichten, aber ich pendele immer noch zwischen strenger Diät und Überessen hin und her. Ich kann schneller abnehmen und wieder zunehmen als irgend jemand, den ich kenne. Mein Problem mag etwas mit der Tatsache zu tun haben, daß ich eine Frühgeburt war und noch nicht einmal drei Pfund wog, als ich auf die Welt kam, und in meinem ersten Lebensjahr wurde ich so mit Nahrung vollgestopft, daß ich wahrscheinlich die Botschaft bekam, daß essen und dicker werden gleichbedeutend sei mit anerkannt und geliebt werden. Indes zeigen mir meine Träume jetzt auf unmißverständliche Weise, daß mein Übergewicht nur ein Symptom eines tiefer sitzenden Konflikts ist, so wie es mein Trinken war. Eines weiß ich genau – Underdog wird weiterhin ein Problem nach dem anderen hervorrufen, bis ich gelernt habe, ihn zu akzeptieren, wie er ist. Ich bin sicher, wenn ich mich um Underdog kümmere, wird mein Gewicht von selbst in Ordnung kommen, denn Überessen ist keineswegs ein natürliches Bedürfnis von Underdog.

Aus Platzgründen ist die Zahl der Träume, die hier angeführt werden können, beschränkt, und die wenigen, die ich ausgewählt habe, veranschaulichen zwei Hauptpunkte – daß gewisse Symbole in einer Traumserie wiederkehren und daß Träume unser Leben auf durchaus praktikable Weise radikal verändern können, indem sie die destruktiven Konflikte aufzeigen, die unser Verhalten bestimmen. Ich habe noch viele Träume gehabt, die sich mit anderen Problemen in meinem Leben befaßten, und da ich mich allmählich von elterlichen und gesellschaftlichen Topdogs befreie, sehe ich der Lösung vieler emotionaler, religiöser und seelischer Konflikte entgegen. Dabei kann es sein, daß viele Werte, an denen man hängt, aufgegeben werden müssen, wie mein letzter Traum deutlich macht. Darin bin ich in den Türen einer Kathedrale eingeklemmt, und es gibt nur eine Möglichkeit, mich zu retten, und zwar die Kathedrale zu zerstören. Ich bin traurig darüber, denn sie schien mir schön zu sein – aber sie ist kein ständiges Heim für Underdog. Ich bin sicher, daß ich zu guter Letzt unter den Trümmern einen echten Seelenschatz finden werde – aber das ist eine andere Geschichte. Zuerst einmal muß ich einige Bemerkungen dazu machen, wie ich mit meinen Träumen arbeite.

Ich habe das Glück, mich im allgemeinen sehr genau an meine Träume zu erinnern. Es kommt selten vor, daß ich morgens aufwache und nicht noch einen Traum im Sinn habe. Nach meiner Rückkehr aus dem Heim in den Pocono-Bergen, wo ich Ann und John zum erstenmal getroffen hatte, begann ich sofort, ein Traumtagebuch zu führen. Zuerst arbeitete ich sehr wenig an meinen Träumen, aber irgendwie tat es mir wohl, meine Träume aufzuschreiben, und ich war dadurch mehr in Kontakt mit mir.

Als ich dann wirklich begann, an meinen Träumen zu arbeiten, stellte ich einen Fehler fest, der mir unterlaufen war. An die nicht zugleich mit dem Traum aufgezeichneten Geschehnisse eines Tages konnte ich mich gewöhnlich nicht erinnern, und der Traum blieb dann für immer ein Rätsel.

Bei der Durcharbeitung meiner Träume verwende ich zuerst Assoziationen, die sich aus dieser Methode ergeben. Ich versuche festzustellen, mit welchem Geschehnis, Problem oder Gefühl sich der Traum befaßt. Dann betrachte ich den Traum als ein Bild, und das hilft mir, den seelischen Vorgang zu verstehen. Schließlich führe ich mit Traumelementen, die unklar bleiben, oder mit solchen, die ich für wichtig halte, einen Dialog; weniger häufig führe ich auch einen Monolog.

Sowohl beim Monolog als auch beim Dialog wende ich eine Kombination von laut Sprechen, manchmal Schreien oder Weinen, und Schreiben an. Das Aufschreiben der Aussagen der Traumfiguren finde ich sehr wichtig. Oft sehe ich beim Durchlesen des Dialogs Dinge, die ich nicht gehört habe, als ich sie sagte. Manchmal nehme ich ein Tonband und werde dadurch auf den Ton meiner Stimme, wichtige Pausen und andere leise Hinweise aufmerksam, die mir helfen, Topdog- und Underdog-Figuren zu identifizieren.

Das Glossar ist eine großartige Neuerung, nicht schwierig anzulegen und unerhört hilfreich, wenn Symbole wirklich beginnen, sich zu wiederholen. Das wiederkehrende Symbol macht Spaß. Besonders aufregend finde ich es, wenn ich ein Symbol in einem neuen Traum verstehe, das mir in einem früheren entgangen war, so daß ich jetzt auch den ersten enträtseln kann. Wie auch immer, es ist, als hätte man zwei Träume zum Preis von einem.

Bei der Fülle von Träumen, die ich nun aufzuzeichnen vermag, kann ich mir jetzt aussuchen, welche ich mir gründlich vornehmen will. Gewöhnlich habe ich jede Woche mindestens einen wirklich guten Traum. Mit wirklich gut meine ich lebhafte, dramatische, interessante Träume. Ich lauere besonders auf Träume nach Tagen, an denen etwas Wichtiges passiert ist, um alle meine Gefühle und Reaktionen auf die Geschehnisse voll auszukosten. Zeiten, zu denen Entschlüsse gefaßt werden müssen, bieten auch hilfreiche Träume. Erst kürzlich habe ich den Dreh herausbekommen, Traumkraft Fragen zu stellen, und diese Technik in letzter Zeit mit erstaunlichen Ergebnissen angewandt.

Natürlich haben mir Träume viele wertvolle Erkenntnisse meiner selbst vermittelt, aber am wichtigsten ist für mich, daß ich langsam und allmählich lerne, es meinen Träumen zuzutrauen, daß sie mir Anleitung geben im Hinblick auf meine Bedürfnisse und das, was für mich gut ist. Ich lerne langsam auf diesem Gebiet und finde, daß Träume hartnäckig sind und eine Geschichte nach der anderen erfinden, um ihre Botschaft an den Mann zu bringen. In kritischen Angelegenheiten, um die ich mich nicht kümmere oder bei denen ich eine falsche Entscheidung treffe, machen sich die Träume daran, mir die Folgen aufzuzeigen, die eintreten, wenn ich ihre Botschaft unbeachtet lasse. Dieser Traumtyp, manchmal ein Alptraum, ist nicht erfreulich, aber sehr nützlich. Da ich niemals unter wiederkehrenden Alpträumen gelitten habe, bei denen es sich anders verhalten mag, bin ich überzeugt, daß meine Blindheit gegenüber den Traumbotschaften der Grund für meine Alpträume ist. Ich glaube, Alpträume sind für die Traumkraft der letzte Ausweg.

Auf den folgenden Seiten wird gezeigt, wie ich mein Traumtagebuch führe, obwohl ich im Interesse der Leser die Erklärung jedes Traums durch Anmerkungen ergänzt habe. Sobald ein Symbol wiederkehrt, übertrage ich es in ein fortlaufendes Traumglossar am Ende meines Loseblatt-Tagebuchs; dort trage ich auch meine wichtigsten verwandelnden Symbole ein.

1. 5. Juli 1972

Traum: Ich sitze mit Elsie an einem Tisch im Café. Eine Freundin von mir, Margaret, kommt herein, sie sieht entsetzlich aus und beginnt, von all dem Ärger zu reden, den sie hat, und daß sie fürchtet, Alkoholikerin zu sein. Sie redet dauernd davon, wie schrecklich Alkohol sei, was für ein Problem, und daß sie damit aufhören müsse. Ich bin nicht imstande, etwas zu sagen außer einem Gemurmel wie »Das tut mir aber leid«. Ich versuche, ihr zu sagen, ich sei auch Alkoholikerin und sie könne von den Anonymen Alkoholikern Hilfe bekommen. Aber ich bringe es nicht fertig, vor Elsie zuzugeben, daß ich ebenfalls trinke. Es ist mir entsetzlich, daß ich gar nichts sage. Sie weiß überhaupt nichts von AA, und ich kann ihr nicht einmal sagen, daß es die Organisation gibt.

Tagesereignisse und Assoziationen: Ich hatte am Vortag meine Eltern zum Abendessen bei mir. Ich hatte ihnen Drinks angeboten, aber selbst keinen getrunken. Tatsächlich hatte ich seit ungefähr einer Woche nichts getrunken.

Traumthema: Unfähigkeit zu sprechen
Wortspiele: Keine
Traumsymbole:

Elsie:	eine Bekannte – kritisch, fromm, korrekt, naiv (erinnert mich an meine Mutter)
Margaret:	eine Freundin – reizend, interessant, energisch, unkritisch
Unfähigkeit zu sprechen:	kann meine Eltern nicht an meinem Leben teilhaben lassen

Anmerkungen: Da ich seit längerer Zeit weder Elsie noch Margaret gesehen habe, müssen sie jemand anderen in meinem Leben oder Teile von mir symbolisieren. Da Elsie mich an meine Mutter erinnert, vermute ich, daß sie meine Eltern repräsentiert, die ich gern an meinen Problemen teilhaben lassen würde, es aber nicht fertigbringe. Ich habe nie mit ihnen über das Problem meines Trinkens gesprochen, und da ich in ihrer Gegenwart nie des Guten zuviel tue, wissen sie nichts davon. Ich will es ihnen nicht sagen, denn wenn ihre Köpfe auch wissen, daß Alkoholismus eine Krankheit ist, sehen ihre Herzen darin immer noch einen Mangel an moralischem Rückgrat – und ich könnte es einfach nicht ertragen, daß sie das von mir denken. Auf einer subjektiven Ebene vertritt Elsie auch meinen eigenen kritischen Topdog (der von meinen Eltern stammt), und ich bringe es einfach nicht über mich zuzugeben, daß ich Hilfe brauche. Der Traum macht es auch ganz klar, daß es die leichtlebige, energische, unkritische Seite von mir ist (Margaret), die das Saufproblem hat.

Traumbotschaft: Ich habe das Gefühl, daß ich für mein Problem des Trinkens dringend Hilfe brauche, aber ich kann es nicht zugeben, weil es bedeuten würde, daß ich mein Selbstbild der selbständigen, entschlossenen, willensstarken Sara einbüßen würde. Ich bin mir auch nicht schlüssig, ob ich wirklich Alkoholikerin bin oder nicht, obwohl ich ziemlich sicher bin, es nicht zu sein, und ich frage mich, ob das AA-Programm etwas für mich ist, obwohl, um es zu wiederholen, mein Herz es nicht glaubt.

2. 6. Juli 1972

Traum: Die Szene ist ein Zelt, das dunkel ist, da nur eine Kerze darin brennt, und heiß – eine Atmosphäre sozusagen von Tausendundeine Nacht. Im Zelt sind ein Fußpfleger mit dunklem, krausem Haar, der ein schmutziges weißes T-Shirt und Tennisschuhe ohne Socken anhat, und eine dunkelhaarige Frau. Irgendwie sind die Dicke und die Lauffläche der Tennisschuhe des Mannes wichtig. Er sagt, er lernt, Schuhe für Menschen zu machen, die besondere Schuhe brauchen, weil sie Fußfehler haben. Wir reden eine Weile über Schuhe, wobei dieser Mann hauptsächlich beschreibt, wie sie innen ausgestaltet werden können, um dieses oder jenes zu bewirken. Dann kommt ein bärtiger

Mann in unser Zelt und fragt die Frau nach ihrem Beruf. »Ich bin Operationsschwester«, sagt sie, und er antwortet: »Gut, Sie sind gerade recht.«

Die Szene verändert sich, das Zelt ist jetzt als Operationssaal eingerichtet, und ein Patient liegt unter einem Laken auf dem Operationstisch und bekommt den Blinddarm herausgenommen. Der Operationssaal wird durch Kerzen beleuchtet und ist ziemlich dunkel. Der junge Fußpfleger nimmt mit großer Angst die Operation vor, und die Schwester assistiert. Der bärtige Mann hält sich im Hintergrund, sozusagen als Aufsicht.

Tagesereignisse und Assoziationen: Meine Freunde hatten mich überredet, an einer AA-Sitzung am Vorabend teilzunehmen, und aus Neugier ging ich mit. Sie wurde im Kellergeschoß einer sehr alten Kirche mit schlechter Beleuchtung abgehalten. Ich hatte meinen Fußpfleger seit Wochen nicht gesehen, aber als ich vor etwa einem Jahr zum erstenmal bei ihm war, sagte er mir, meine Füße seien zu klein für meine Figur, und verschrieb mir orthopädische Schuhe.

Traumthema: Ich bin Zuschauer bei einer Operation

Wortspiele: a) Der Fußpfleger hat eine kräftige, robuste »Seele« (engl. soul) = Sohle (engl. sole), die Kontakt mit der Erde hat
b) Er redet davon, die Seele »von innen zu gestalten«
c) Eine Operation, bei der etwas »herausgeschnitten« wird
d) Der Fußpfleger arbeitet (tappt) »im Dunkeln«

Traumsymbole:

Tausendundeine Nacht:	dunkel, geheimnisvoll, seltsam, aufregend
Fußpfleger:	mein wirklicher Fußpfleger, der auch den Heiler in mir darstellt
Tennisschuhe:	lassen den Fuß groß aussehen; große Sohlen in Kontakt mit der Erde
Sohle:	Seele: die Basis der Persönlichkeit und das, was mit der Erde in Kontakt sein muß
Bärtiger Mann:	George X. von AA
Blinddarm:	nutzloses Organ, das viel Ärger bereiten kann
Operation:	mit meinem nutzlosen Trinken aufhören
Im Dunkeln operieren:	Gefühl der Verwirrung über das, was ich tue und was ich in bezug auf mein Trinken tun sollte oder nicht tun sollte
Patient auf dem Tisch:	ich selbst

Anmerkung: Ich mag meinen Fußpfleger wirklich, vertraue ihm und finde, er ist eine »heilende« Person. Da ich ihn einige Zeit nicht gesehen habe, muß er den Heiler in mir darstellen, der sehr erpicht darauf ist, mir nach den drastischen Richtlinien von AA das Saufen auszutreiben. In meinem Herzen weiß ich, daß das Trinken ein Symptom dafür ist, daß ich tief unglücklich bin, und die wirkliche Heilung besteht darin, meine Seele von »innen« wiederherzustellen – meine inneren Ressourcen zu erschließen, mein Selbstvertrauen aufzubauen, meine Seele zu erweitern, so daß sie festen Kontakt mit der Erde hat. Wenn ich mit dem Saufen aufhöre, wird ein Symptom beseitigt, und es bewirkt vielleicht, daß ich mich oberflächlich besser fühle, aber für die Heilung meiner Seele ist damit nichts erreicht.

Traumbotschaft: Trotz meiner Zweifel, ob ich mit dem Trinken aufhören müßte, und obwohl ich mir durchaus darüber klar bin, daß es mein Problem nicht lösen wird, weist der Traum darauf hin, daß es *im Augenblick* als Notmaßnahme heilsam für mich ist. Indes besteht auch Hoffnung auf eine dauerhaftere innere Heilung.

Maßnahmen: Ich habe keinen Schluck getrunken – und ich hoffe auf gründlichere Hilfe an dem Traum-Wochenende.

4. 9. Juli 1972 (letzte Nacht der Wochenend-Traumgruppe)
Traum: Da ist ein kleiner Elefant, der im Badezimmer spielt. Er saugt mit dem Rüssel Wasser auf und spritzt es überall herum. Nach einer Weile klettert er in die Wanne, die voll Wasser ist, und während er da spielt, rutscht er aus und fällt hin. Dabei verletzt er sich ein wenig am Rüssel – es sind einige Tröpfchen Blut darauf zu sehen. Ich gehe ins Bad und hebe den Elefanten aus der Wanne und trockne ihn sorgfältig ab. Dann nehme ich ein Papiertaschentuch und tupfe ihm sanft das Blut vom Rüssel.

Die Szene verändert sich, und wir sind jetzt an einer Tankstelle. Es gießt in Strömen. Ich sitze hinten im Wagen. Ann Faraday steht draußen und hilft mir, den Elefanten ins Auto zu bugsieren. Ich versuche zuerst, den Elefanten ein wenig wegzuschieben und sage: »Lieber Elefant, lieber Elefant«, aber da es mir nicht gelingt, gebe ich es auf und erlaube ihm, mich zu küssen. Es ist eine beglückende Vereinigung.

Tagesereignisse und Assoziationen: In der Traumgruppe hatte ich mit sehr positiven Ergebnissen an Traum Nr. 1 und noch an einem anderen gearbeitet. Unter Anwendung der Dialogmethode der Gestalttherapie hatte ich mir mit der Stimme eines weisen alten Mannes, den ich kenne, gesagt: »Du bist ein guter Mensch. Immer mit der Ruhe. Forsche nur, finde die Wahrheit. Du brauchst nicht alles auf einmal zu tun. Du hast Zeit.«

Traumthema: Mich mit einem verspielten Tier anfreunden

Wortspiele:	a) Ausrutschen	Ein Ausrutscher von der Abstinenz
	b) Fallen	ein »Sündenfall«
	c) Herausheben	Rettung nach dem Sündenfall
	d) Abtrocknen	Abstinenz
	e) naß	Trinken
	f) Rücksitz	die Rolle des »Fahrers« aufgeben

Traumsymbole:

Elefant:	mein übergewichtiges Ich: Aspekt meiner animalischen Natur, die zu viel ißt und zu viel trinkt
Badewanne:	bei dem letzten Ausrutscher vor dem Traum hatte ich Gin getrunken; das Szenenbild ging wohl zurück auf das Wortspiel vom Badewannen-Gin, das zur Zeit der Prohibition im Schwange war
Blutströpfchen:	eine winzige Verletzung
Tankstelle:	Treibstoff-Aufnahme – ich fühlte mich bereits neu belebt durch die Aufgeschlossenheit für meine Träume
Ann Faraday:	sie selbst

Anmerkungen: Ich habe das Gefühl, daß es nur vernünftig ist, daß ich mich hinten hinsetze, denn schließlich wäre ein Elefant auf dem Beifahrersitz, wenn er dem Fahrer mit dem Rüssel vor dem Gesicht herumfuchtelt, recht gefährlich. Ich muß im Augenblick auf meine Rolle des »Fahrers« verzichten, wenn ich Underdog wirklich Aufmerksamkeit schenken soll. Meine Ambivalenz dem Elefanten gegenüber beruht nicht darauf, daß ich ihn nicht mag oder nicht im Auto haben will, aber ich mag es einfach nicht, abgeknutscht zu werden. Doch nachdem ich einen Augenblick Zeit gehabt hatte, mich an den Gedanken zu gewöhnen, ließ ich mich von ihm küssen und fand es sehr erfreulich.

Traumbotschaft: Meine Ausrutscher von der Abstinenz und meine Sündenfälle haben mich nicht ernstlich verletzt, und jedesmal konnte ich mich wieder aufrappeln, mich »abtrocknen« usw. Der Traum vermittelt ein lebhaftes Bild von dem Teil meiner Persönlichkeit, der zu viel ißt und zu viel trinkt – der junge, verspielte, liebevolle Aspekt von mir. Ich gewinne viel inneren Treibstoff durch die Arbeit an meinen Träumen und versuche Ann zu verstehen, wenn sie mir zuredet, ich sollte mich so akzeptieren, wie ich *jetzt* bin – nicht, wenn ich schlanker bin, nicht, wenn ich nicht trinke, sondern eben so, wie ich jetzt in diesem Augenblick bin. Ich fürchte, daß meine zärtliche Veranlagung ein bißchen überwältigend sein wird, wenn ich ihr jetzt Ausdrucksmöglichkeiten zugestehe, aber mein Traum sagt, ich könnte es sogar genießen, wenn ich mich erst einmal daran gewöhnt habe. Der Traum verheißt eine beglückende Vereinigung der Top-Sara und des Under-Elefanten, eine kreative Synthese meiner früheren »Fahrerrolle« und neugefundener Verspieltheit – die hoffentlich zu einer entspannteren und insgesamt weniger ernsthaften Einstellung zum Leben führt.

Maßnahmen: Ich fuhr nach Hause mit einem verwandelnden Symbol – dem Elefanten –, um mich daran zu erinnern, daß die allzu genußsüchtige, sorglose Seite von mir, die ich so verachte, auch die Quelle von Freude, Energie und Liebe ist. Wenn ich versuche, meine übermäßige Genußsucht durch eine radikale Operation »herauszuschneiden«, werde ich in Gefahr sein, auch viele positive Eigenschaften zu vernichten, und das bedeutet, daß ich fast sicher scheitern werde! Ich werde in Zukunft so verfahren, daß ich den Elefanten liebe, seinen Bedürfnissen Ausdrucksmöglichkeiten zugestehe, seine Ausrutscher toleriere und ihm helfe, bis zu dem Punkt zu wachsen, an dem er gar nicht mehr schwelgen will. Bis dahin werde ich ihm jeden Ausrutscher verzeihen, statt ihn zu bestrafen. Schließlich ist er nur ein Baby-Elefant – und hat mich, damit ich für ihn sorge. Ich werde schon darauf achten, daß er nicht zu Schaden kommt.

Dieser Traum ist mein Lieblingstraum. Er ist mir so lieb, weil er zeigt, wie ich für mich sorge und mich akzeptiere. Als Kind war meine Lieblingsgeschichte die von Dumbo, dem Baby-Elefanten, der fliegen lernte, wenn jemand sich die Mühe machte, ihm zu glauben.

8. 31. August 1972

Traum: Ich bin in einem Haus, das ganz einsam zu liegen scheint – in jeder Richtung Land, so weit das Auge reicht. Es ist sehr spät am Abend. Jemand kommt herein, nachdem er einen gefährlichen Auftrag ausgeführt und das Niemandsland überquert hat. Ihm folgt ein junger Hund, der einem der Mädchen im Haus gehört. Der Mann ist ärgerlich, weil der junge Hund, der ziemlich groß ist, dauernd hochspringt und nach ihm schnappt.

Dann muß ich denselben Weg zurücklegen. Der Mann, der ins Zimmer gekommen war, warnt mich noch einmal vor dem jungen Hund, und alle sagen, ich solle vorsichtig sein. Ich versuche, einen Ball zu werfen oder zu kicken, dem er nachjagen kann und der ihn von mir fernhält, aber ich kann den Ball nie mehr als wenige Meter weit werfen.

Tagesereignisse und Assoziationen: Ich hatte am Vortag ein paar Drinks genommen, aber durchaus nicht übermäßig. Ich war auch bei meinem Fußpfleger gewesen. Ich plante, ein Tonbandgerät anzuschaffen – sozusagen eine Investition in Traumkraft.

Traumthema: Ein Tier verscheuchen

Wortspiele: Schnappen – sich einen Drink »schnappen«

Traumsymbole:

Haus:	sicherer Ort
Mann:	Mut, Entschlossenheit (mein Vater?)
Niemandsland:	ein gefährlicher Ort (die Welt?)
Junger Hund:	der freie, mutwillige, verspielte Teil von mir

Anmerkungen: Obwohl meine Mutter gelegentlich selbst einen Drink nimmt, betrachtet sie zwei am selben Tag als Ausschweifung – daher hatte ich mich mit zwei Drinks am Vortag an meinem elterlichen Topdog versündigt. Als ich klein war, pflegte mein Vater immer spät von der Arbeit nach Hause zu kommen, und ich nehme an, ich hätte ihn gern so überschwenglich begrüßt wie der junge Hund, doch habe ich es nie gewagt, weil ich wußte, daß er es nicht gern gehabt hätte. Das mag ein Hinweis darauf sein, daß es das kleine, zärtliche, ausgelassene Kind ist, das noch jetzt trinkt, weil es einsam war und sich nach seinem Vater sehnte.

Der Besuch bei meinem Fußpfleger (Heiler) und meine Absicht, ein Tonbandgerät für meine Träume zu kaufen, waren wahrscheinlich die Auslöser für das Erscheinen von Under-Hundchen, das ein wenig in Aussicht stehende Aufmerksamkeit witterte.

Traumbotschaft: Meine jetzige Situation erinnert mich an die Einsamkeit und Isolierung, die ich als Kind zu Hause empfand, als meine Mutter meine Probleme nicht wirklich verstehen konnte und mein Vater praktisch ein Fremder für mich war. Da ich meinen Vater zur Zeit des Traums nicht gesehen hatte, stellt der Traum wahrscheinlich meinen eigenen seriösen, ernsten, schwer arbeitenden Topdog dar, der darauf besteht, daß ich mich der großen, feindlichen Welt mit Mut und Entschlossenheit stelle, und das bedeutet, daß ich mich beherrsche und mit Trinken aufhöre. Der Traum zeigt, daß ich Topdog die katastrophische Erwartung abkaufe, daß Underdog gefährlich sei und auf Abstand gehalten werden müsse – aber da ist der geheime Saboteur, der verhindert, daß der Ball zu weit wegrollt. Das muß Underdog sein, der entschlossen ist, sich nicht unterdrücken zu lassen. Außerdem zeigt der Traum deutlich, daß sein Schnappen mich keineswegs verletzt.

Maßnahmen: Ich sagte meinen elterlichen Topdogs, sie sollen sich zum Teufel scheren und aus meinem Leben verschwinden, und trank auf ihr Wohl ein paar Gins! Am nächsten Tag kaufte ich das Tonbandgerät in der Hoffnung und Erwartung, daß meine Träume mir helfen werden, meine Seele von innen aufzubauen, und das bedeutet den Tod für alle Topdogs. Und wer will schon, daß die Welt ein Niemandsland sei?

Fortlaufendes Traumglossar: Das Wiederkehren eines Tiers in meinem Traum bereitete den Weg für den Beginn meines fortlaufenden Traumglossars, das am Ende dieses Anhangs erscheint. Ein wiederkehrendes Symbol in Träumen weist darauf hin, daß es in der Psyche des Träumers eine besondere Bedeutung hat, und es ist nützlich, ein Glossar solcher Symbole getrennt am Ende Ihres Traumtagebuchs zu führen, auf das Sie sich notfalls beziehen können.

14 7. Januar 1973

Traum: Ich sitze mit verschiedenen anderen Leuten in einem Auto. Nan kommt zum Wagen – sie trägt einen »Oben ohne«–Badeanzug und ist tief sonnengebräunt. Der untere Teil des Badeanzugs ist nicht im Bikinistil, sondern eher wie Shorts mit einem Gummiband in der Taille. Ihre Brüste sehen ziemlich seltsam aus – sie laufen so spitz zu, daß sie fast dreieckig sind. Sie macht eine Bemerkung, sie wolle es mit mir aufnehmen und ihre Brüste so groß machen wie meine. Derweil denke ich, daß ich, wenn ich genug abgenommen habe, vielleicht vor September Zeit habe, nach Puerto Rico zu fahren und mich braunbrennen zu lassen.

Tagesereignisse und Assoziationen: Vor dem Einschlafen dachte ich an die Abmagerungskur, die ich ein paar Tage zuvor begonnen hatte, und auch an die Möglichkeit, wieder zu studieren und ein Examen auf irgendeinem Gebiet der humanistischen Psychologie abzulegen.

Traumthema: Konflikt wegen Gewicht

Traumsymbole:

Nan:	die Verkörperung einer attraktiven, sexy Frau, die sich durch Abmagerungskuren ruiniert hat. Als ich sie das letztemal sah, war sie unschön dünn
Brüste:	Teil von mir, den ich schätze
»Oben-ohne«:	sexy
Shorts:	unweiblich
Bräune:	sexuell attraktiv
Abmagerungskur:	die Möglichkeit für mich, dünner und damit sexuell attraktiver zu werden

Traumbotschaft: Offenbar herrscht bei mir eine gehörige Verwirrung in bezug auf Figur und Weiblichkeit, und ich fürchte, daß ich, wenn ich abnehme, sexuell unattraktiv werde. Diese Verwirrung mag der Grund sein, warum ich so oft gegen die Diätvorschriften verstoße.

Maßnahmen: Mich in dieser Frage zusammenreißen, obwohl ich im Augenblick eigentlich nicht genug darüber weiß.

15 17. Januar 1973

Traum: Elizabeth X. hat mich abgeholt, um mich zum Flughafen zu bringen, damit ich die Maschine nach Boston bekomme. Sie kennt die Richtung, aber aus irgendeinem unbekannten Grund fahren wir in die falsche Richtung. Ich frage sie, was sie vorhat, denn wir haben nicht sehr viel Zeit. Sie sagt: »Ach, erinnerst du dich nicht, wir sind doch überein gekommen, daß ich dich nicht zum Flughafen bringe, sondern zu dem anderen Ort?« Ich erwidere: »Nein, daran erinnere ich mich nicht.« Ich erwäge, auszusteigen und zurückzugehen, aber ich tue es nicht.

Dann kommen wir zu dem Ort, zu dem sie mich bringt, und er stellt sich als ein Haus heraus, in dem eine *Human Potential*-Tagung abgehalten wird. Das Haus liegt etwas vertieft, und als ich gerade die Stufen zum Eingang hinuntergehen will, zerrt ein sehr ungebärdiger wütender Hund an einer meiner Sandalen und beginnt, an der Sohle zu nagen, so daß ich mich nicht befreien kann.

Tagesereignisse und Assoziationen: Eine höchst unerfreuliche Sitzung im Büro, die mich ernstlich erwägen ließ, in naher Zukunft meine Stellung aufzugeben.

Traumthemen: a) in der falschen Richtung fahren
b) ein Tier verscheuchen

Wortspiele: a) jemandem (mir) »an den Wagen fahren«
b) das vertieft liegende Haus – eine »tiefere Ebene« meiner Persönlichkeit
c) ein Hund »nagt an meiner Seele«
d) *Human Potential*-Tagung – mein »menschliches Potential«.

Traumsymbole:

Boston:	Universität mit Kursen in humanistischer Psychologie
Elizabeth X.:	Freundin aus der Kirchengemeinde, die Führerin in der *Human Potential Movement* wurde (meine Beraterin in Fragen meines inneren menschlichen Potentials)
Hund:	meine animalische Natur – meine Energie und Kraft
Sohle:	Seele

Anmerkungen: Die bedrückende Sitzung im Büro regte mich so auf, daß ich ernstlich daran dachte, zu kündigen. Man könnte sagen, ich war so gekränkt, daß ich nicht mehr wußte, wo mir der Kopf stand und in welcher Richtung ich ging. Da ich Elizabeth seit einiger Zeit nicht gesehen habe, stellt sie wahrscheinlich meine innere Führerin zu tieferen Ebenen der Persönlichkeit und meine eigene Energie und Kraft dar. In letzter Zeit habe ich an keiner *Human Potential*-Tagung teilgenommen.

Traumbotschaft: Meine innere Weisheit treibt mich dazu, mein inneres Potential zu entdecken, und sie scheint zu sagen, ich sollte das tun, indem ich in irgendeiner Gruppe mitarbeite, und nicht wieder auf die Universität gehe und weitere Prüfungen ablege und Diplome bekomme. Das werde meine Probleme nicht lösen. Der Traum zeigt mir auch, daß ich, wenn ich tiefer in mich hineingehe, zuerst auf meine animalische Natur stoße, die infolge von Vernachlässigung ungebärdig geworden ist. Die Lage im Büro veranlaßt Underdog zu drängen, daß ich kündige und ihm Aufmerksamkeit schenke.

Maßnahmen: Ich wünschte, ich könnte berichten, daß ich die Stellung gekündigt habe, aber ich verließ sie erst vier Monate später in der feindseligen und unerfreulichen Atmosphäre eines Gerichtsverfahrens. (Vgl. den Traum von Hal in Kapitel 5)

Fortlaufendes Traumglossar: Das Thema, ein Tier zu verscheuchen, ist wiederkehrend und erhält daher seinen Platz in meinem Traumglossar – auch der Hund, der eine andere Seite meiner animalischen Natur vertritt. Ebenso Sohle – Seele.

25 21. Mai 1973

Traum: Der Traum spielt sich in dem wunderschön angelegten Garten einer anonymen Freundin ab. Er ist wirklich ganz besonders schön. Es sind noch andere Leute da, gehen umher und bewundern die seltenen Blumen, Sträucher und Bäume. Auch Singvögel sind da, die meine Freundin gekauft hat, um den Garten noch erfreulicher zu machen. Erstaunlicherweise fliegen sie nicht weg. Schließlich sind zwei Hunde da. Einer ist ein großer Köter mit rotem Fell, der mir sehr zugetan ist. Er springt auf meinen Schoß, leckt mir das Gesicht ab und legt sich mir zu Füßen. Der andere Hund ist klein und im Grunde nur ein Teil der Szenerie.

Meine Freundin und ich sitzen auf Stühlen unter einem großen Baum. Die beiden anderen Leute stehen in einiger Entfernung und unterhalten sich. Meine Freundin erwähnt, daß sie gerade zwei neue Vögel bekommen hat. Sie sind hübsch, kleine Vögel mit hellblauem und grünem Gefieder. Sie hofft, wir werden uns an dem Gesang erfreuen. Ich schaue hinauf zu den Vögeln und bewundere ihr buntes Gefieder. Gerade da macht einer der anderen Leute meine Freundin auf ein Rascheln im Baum aufmerksam. »O ja«, sagt sie, »das ist mein Goldäffchen«. Ein kleiner, blaßgelber Affe läßt sich vom Baum in ihre Arme fallen. Sie behält ihn ein paar Minuten auf dem Schoß und setzt ihn dann auf den Boden. Beide Hunde kommen herbei und schnüffeln etwas gleichgültig an ihm, dann gehen sie wieder weg. Der Affe scheint sich einsam zu fühlen und bestürzt zu sein.

Tagesereignisse und Assoziationen: Ich hatte diesen Traum in der Nacht vor einer Besprechung über einen humanistisch ausgerichteten Kursus an der Universität von Kalifornien. Ich war begeistert von dem Programm, besonders wegen der Möglichkeit, eine Therapie anzuschließen. Ich liebe Kalifornien und hatte schon erwogen, dort hinzuziehen. Ich bin mir auch der vielen schönen und ungewöhnlichen Bäume dort bewußt gewesen.

Traumthema: Fremder im Paradies

Wortspiele: a) Der große rote Köter ist mir »zugetan« (ein Teil von mir)
b) Der Garten ist hauptsächlich »für seltene Vögel«

Traumsymbole:

Garten:	abgelegen, fern vom Verkehr und Menschenansammlungen (mein eigenes, nicht wahrgenommenes und unerkanntes Unbewußtes)
Freundin:	mir fremd: Teil von mir, dessen ich mir nicht gewahr bin
Großer roter Hund:	meine animalische Natur – Underdog – zärtlich, interessiert, anhänglich und im Paradies zu Hause
Kleiner Hund:	unterstreicht die Tatsache, daß Hunde im Garten zu Hause sind
Ungewöhnliche und schöne Blumen und Bäume:	Kalifornien
Vögel:	für »seltene Vögel«

Goldäffchen: ich: Teil von mir, der im Paradies fremd ist (mein Vater nennt mich »Äffchen«)

Anmerkungen: Da ich in Kalifornien keine Freunde habe, muß die anonyme Freundin ein Teil von mir sein, mir fremd, die im »Garten« meiner Psyche lebt, fern von allen bewußten Gedanken über Arbeit, Geld, Prozeß usw. Sie macht mich darauf aufmerksam, daß ich die Fähigkeit meiner Kindheit, mich zu freuen, verloren habe, und möchte, daß ich sie wiedererlange. Dieses Paradies ist auch die Heimat von Underdog, der sich wieder mit mir anfreunden möchte. Mein Vater nannte mich als Kind »Äffchen«, so ist das Goldäffchen der Teil von mir, der von ihm stammt – zurückhaltend, fleißig und tüchtig –, der sich in diesem Paradies höchst unbehaglich und fehl am Platz vorkommt. Denn als Kind habe ich gelernt, daß alles, was man selbst tut, sich verdient, erarbeitet, immer besser und genußreicher ist als das, was einem in den Schoß fällt.

Traumbotschaft: Ich kann mich am Paradies nur freuen, wenn ich lerne, gute Gaben von mir selbst anzunehmen und mein Leben mit dem von Natur aus glücklichen, impulsiven, liebevollen Teil von mir zu teilen. Der antreiberische, streberische Aspekt meiner Persönlichkeit (meines Vaters Tochter) ist neu in diesem Reich und fühlt sich verwirrt, aber dieser Teil von mir wird es lernen, mit Achtsamkeit, Liebe und Aufmerksamkeit im Paradies zu leben. Das Paradies ist nicht für »seltene Vögel«: es ist für mich und jeden anderen, der es akzeptieren und hinnehmen will, wenn wir uns nur selbst die Erlaubnis erteilen.

Maßnahmen: Ich erteile mir die Erlaubnis. Ändere meine Einstellung zum Leben.

Verwandelndes Symbol: Paradies – das innere Himmelreich

Fortlaufendes Traumglossar:

a) Großer roter Köter wieder liebevoller Underdog
b) Affe fremd im Paradies

30 22. Juni 1973

Traum: Ich bin gerade operiert worden und habe beide Brüste abgenommen bekommen. Ich hatte nicht etwas so Radikales erwartet, und einige Angehörige des Krankenhauspersonals sind auch sehr bestürzt über das, was der Arzt gemacht hat. Eine der technischen Assistentinnen im Schwesternzimmer ist geradezu hysterisch. Die Sache wird der Direktion des Krankenhauses gemeldet, und ein Mann kommt und erteilt der jungen Frau eine Rüge. Ich vermag eine nicht-verbale Verbindung zu ihr aufzunehmen und ihr meine Dankbarkeit für ihre Anteilnahme zum Ausdruck zu bringen, so daß sie die Fassung bewahren kann. Sie reißt sich zusammen, und die Lage beruhigt sich.

Tagesereignisse und Assoziationen: Ich erhielt einen Anruf, ich solle zu einer Besprechung wegen einer Anstellung als Forschungsassistentin in einer

Management-Firma kommen. Sie wird wahrscheinlich eine Gehaltskürzung von 1000 Dollar bedeuten.

Traumthema: Eine Operation (wiederkehrendes Thema)

Wortspiele:

a) Es wird etwas »herausgeschnitten« – Gehaltskürzung
b) Direktion – höhere Ebene: bewußte Seele

Traumsymbole:

Brüste: ein wesentlicher und wertvoller Teil von mir
Technische Assistentin – ich (im Zusammenhang mit der möglichen neuen Stellung)
Verwaltung: die Firma, bei der eine Besprechung stattfinden soll
Auch der Teil von mir, der Kontrolle ausübt

Traumbotschaft: Ich rege mich über die mögliche Gehaltskürzung viel mehr auf, als ich mir bewußt klarmache – tatsächlich ist ein Teil von mir geradezu hysterisch deswegen. Ich hielt meine Gefühle so erfolgreich im Zaum, daß ich sie nie voll registriert habe. Die Botschaft erscheint sehr klar, daß ich mich vor einer Gehaltskürzung sehr hüten sollte. Ein Prinzip von weit größerem Wert als Geld steht auf dem Spiel, und ich habe das Gefühl, ich würde einen wesentlichen Teil meines persönlichen/beruflichen Selbstbildes oder dergleichen verlieren, wenn ich diese Stellung mit dem niedrigen Gehalt annehme, nur weil es das erste Angebot ist, das ich bekommen habe. Der Posten klang sowieso sehr langweilig, und ich finde, für eine uninteressante Arbeit sollte *mehr*, nicht weniger bezahlt werden.

Maßnahmen: Ich habe die Besprechung abgesagt.

Fortlaufendes Traumglossar:

Brüste: mein Wertgefühl
Direktion: seelisches Niveau
Operation: es wird etwas »herausgeschnitten«, das meinen Wert mindert

37 29. Dezember 1973

Traum: Ich habe ein kleines, rothaariges Kind bei mir – ein Junge, glaube ich. Er ist zwei oder drei Jahre alt. Mehrere Erwachsene sind da, und wir sprechen darüber, daß kleine Kinder zu Diebstählen neigen. Die Erwachsenen verschwinden aus dem Traum, und plötzlich steht eine Obstschale auf dem Tisch. Das Kind nimmt sich eine Apfelsine aus der Schale. In Anbetracht des gerade geführten Gesprächs bin ich verwundert über das Verhalten des Kindes und versuche herauszufinden, warum es das Obst genommen hat. Es weigert sich, die Apfelsine zurückzulegen, und erklärt, es würde sie unter denselben Umständen wieder nehmen.

Nach längerem Überlegen gelange ich zu dem Schluß, das Kind müsse eine Ohrfeige bekommen, und schicke mich, sie zu verabfolgen, obwohl ich in meinem rechten Arm wenig Kraft habe und mein Handgelenk und mein

Handrücken steif sind und weh tun. Das Kind beharrt in seiner Haltung, und ich erkenne, daß diese Methode, mit ihm zu verfahren, unwirksam ist. Ein Baum ohne Blätter taucht auf. Er schimmert naß von Regen oder Graupelschauern. Ich breche einen Zweig ab und haue damit ein paarmal durch die Luft. Ich merke, daß er untauglich ist, denn durch die Nässe zerbricht er mir in der Hand. Als der Traum endet, ist das Kind ganz klein geworden und paßt in meine hohle Hand. Er hält die Apfelsine mit beiden Händen und drückt sie an den Mund. Es hat das Gesicht verzogen, als ob es weinen wollte.

Tagesereignisse und Assoziationen: Den ganzen Tag zu Hause. Ich arbeitete an meinen Träumen und dachte lange darüber nach, wie schwer ich es meinem Hund oder Underdog gemacht hatte. Am Tag zuvor hatte Mutter sich daran erinnert, daß mein Vater mir eine Ohrfeige verpaßt hatte, als ich etwa so alt war wie das Kind im Traum, weil ich einen Wutanfall bekam. Mutter gab mir dann und wann einen Klaps und nahm auch manchmal eine Rute, um mich zu bestrafen. Als Kleinkind hatte ich rotes Haar, und meine Eltern hatten einen Jungen haben wollen.

Traumthema: Ein Kind verhauen, weil es gestohlen hat

Wortspiele: Das Kind stiehlt die »verbotene Frucht«

Traumsymbole:

Rothaariges Kind:	ich, Underdog, das innere Kind
Diebstahl:	in diesem Fall Übermut und Trotz – möglicherweise ernst, aber nicht unbedingt
Obstschale:	Füllhorn: Hülle und Fülle, Großzügigkeit, »verbotene Frucht«
Apfelsine:	eine meiner Lieblingsfrüchte
Nasser, blattloser Baum:	wir hatten Regen, Schnee und Graupelschauer gehabt. Ich glaube, gerade das läßt den Traum in der Gegenwart spielen
Kleines Kind:	mein eigenes menschliches Potential

Anmerkungen: Das Füllhorn – die verbotene Frucht – erinnert mich an den Traum von »Goldäffchen«, in dem ich die Großzügigkeit des Paradieses nicht akzeptieren konnte, in dem Underdog zu Hause war und nicht einmal dem Affen etwas tat. Jetzt macht Underdog es ganz klar, daß er die Frucht nehmen wird und sogar bereit ist, einen geheimen Saboteur hereinzubringen, der meinen Arm schwächt und die Rute zerbrechen läßt! Als ich im Dialog Besorgnis über das Stehlen zum Ausdruck brachte, sagte mir das Kind, es gebe Apfelsinen in Hülle und Fülle für alle, und ich brauchte nicht zu befürchten, daß es ein Verbrecher werde. Es sagte mir, meine eigenen verrückten, konfusen elterlichen Werte seien der Grund für das unnötige Theater, das ich mache.

Traumbotschaft: Ich behandele das Kind im Inneren immer noch grob, aber der Traum macht die Unwirksamkeit meiner Methoden und die Kraft des Kindes, sich ihnen zu widersetzen, deutlich. Topdogs Macht über mich schwächt sich ab. Das Wiedererscheinen des winzigen Kindes am Ende ist ein Hinweis darauf, wie kritisch der Kampf und wie wichtig es ist, die Bedürfnisse des Kindes zu befriedigen.

Maßnahmen: Das winzige Kind – mein inneres Christkind – durch Arbeit an Träumen, Gruppentherapie (falls nötig) und vor allem Selbstreflexion und Beachtung meiner inneren Bedürfnisse im Wachleben täglich betreuen und versorgen.

Wiederkehrende Symbole aus den obigen Träumen, wie sie in meinem fortlaufenden Traumglossar erscheinen (in alphabetischer Reihenfolge)

Affe:	Von meinem Vater stammender Teil von mir, der nicht spielen und das Leben genießen kann
Brüste:	mein Wertgefühl
Ebene:	seelisches Niveau
höhere Ebene:	Bewußtes
niedrige Ebene:	Unbewußtes
Elefant:	mein übergewichtiges Selbst: verspielt und liebevoll
Hund:	meine Energie und Kraft; mein liebevoller, zärtlicher Aspekt
Operation:	ein »Herausschneiden« oder »Beschneiden«, wodurch mein Wert irgendwie gemindert wird
Sohle:	Seele
Tier:	meine eigene animalische Natur

Wiederkehrende Traumthemen:

Beifahrer in einem Auto:	die »Fahrer«-Rolle aufgeben
Anfreunden mit einem Tier:	Underdog akzeptieren
Ein Tier wegscheuchen:	Underdog ablehnen

Viele der anderen Symbole aus den obigen Träumen sind wiederkehrende und in meinem fortlaufenden Traumglossar verzeichnet. Manchmal hat ein wiederkehrendes Symbol nicht seine übliche Bedeutung, doch kommt das selten vor. Die Zeitersparnis durch Zusammenstellung und Benutzung eines Traumglossars ist enorm, und manche Träume deuten sich praktisch von selbst, sobald man die Kunst beherrscht.

In letzter Zeit hatte ich noch zwei Träume, die auf mein Ernährungsproblem Licht werfen. Nachdem es mit einer Abmagerungskur nicht geklappt hatte, zog ich eine strengere in Erwägung, und in der Nacht, ehe ich damit beginnen sollte, träumte ich, ich würde von chinesischen Kannibalen in Stücke geschnitten und gegessen. Ich hätte die Warnung des Traums, mir diese Abmagerungskur aus dem Kopf zu schlagen, beherzigen sollen, aber ich blieb dabei und lag nach zwei Tagen mit so schwerem Durchfall darnieder, daß ich sie aufgeben mußte. Das verwundert mich, denn bei der Kur war vor Verstopfung gewarnt worden. Ich kehrte also zwei Wochen später, nachdem ich mich wieder erholt hatte, zu meiner üblichen, kalorienarmen Ernährung zurück; da ich aber nicht wie sonst abnahm, zog ich eine Fastenkur in Erwägung. Dann träumte ich, daß jemand aus meiner linken Seite Fleisch herausschnitt. Diesmal beherzigte ich die Warnung und verzichtete auf die Fastenkur, denn offenbar sieht Underdog jede Art von rigoroser Diät als einen Angriff von Topdog an, um ihn »klein und häßlich« zu machen. Die Folge ist Sabotage, und ich bin jetzt zu dem Schluß gekommen, daß Abmagerungskuren ohne weitere Selbst-Therapie nutzlos sind. Es ist nicht eine Frage der Willenskraft – das ist ein bedeutungsloser Begriff –, sondern es handelt sich um eine untergründige Dynamik in der Psyche. Ich glaube, wenn ich meine Topdogs allmählich vertreibe und mich mit meiner Underdog-Seele einige, wird mein Körper selbst für sich sorgen. Ich werde damit beginnen, den Weg zurück zum Garten zu finden, der Underdogs natürliche Heimat ist, und soviel »verbotene Frucht« essen, wie ich nur kann. Das ist die beste Abmagerungskur, die ich kenne!

Literaturverzeichnis

Einführungsliteratur zum Thema

Bro, Harmon H., *Edgar Cayce on Dreams,* New York 1968.
Diamond, E., *The Science of Dreams*, Garden City, N. Y., 1962.
Faraday, Ann, *Dream Power,* London 1972.
Hall, Calvin S., *The Meaning of Dreams,* New York und London 1966.
– und Nordby, Vernon, *The Individual and His Dreams,* New York 1972.
Jung, C. G. et al., *Der Mensch und seine Symbole,* Olten 1973.
Lucc, G. und Segal, J., *Sleep and Dreams,* London 1967.
MacKenzie, N., *Dreams und Dreaming,* London 1966.
Perls, Frederick S., *Gestalt-Therapie in Aktion,* Stuttgart 1976 (2. Auflage).
Sanford, John A., *Dreams: God's Forgotten Language,* Philadelphia und New York 1968.
Sechrist, Elsie, *Dreams, Your Magic Mirror,* New York 1969.

Weitere im Text angeführte oder zitierte Bücher

Alpert, Richard (Baba Ram Dass), *Be Here Now,* New York 1971.
Berne, Eric, *Spiele der Erwachsenen,* rororo sachbuch Nr. 6735.
Caligor, Leopold, und May, Rollo, *Dreams and Symbols: Man's Unconscious Language,* New York und London 1968.
Castaneda, Carlos, *Reise nach Ixtlan,* Fischer Taschenbuch Nr. 1809.
Devereux, G. (Hrsg.), *Psychoanalysis and the Occult,* New York 1953.
Downing, Jack, und Marmorstein, Robert, *Dreams and Nightmares: a Book of Gestalt Therapy Sessions,* New York 1973.
Dunne, J. W., *An Experiment with Time,* London 1927.
Ehrenwald, Jan, *New Dimensions of Deep Analysis,* London 1954.
Fox, Oliver, *Astral Projection,* New Hyde Park, N. Y. 1962.
Friedan, Betty, *Der Weiblichkeitswahn,* rororo sachbuch Nr. 6721.
Fromm, Erich, *Märchen, Mythen, Träume,* Zürich 1956.
Green, Celia, *Lucid Dreams,* Oxford 1968.
Gregg, Douglas M., *Hypnosis, Dreams and Dream Interpretation,* San Diego, Calif. 1970.
Harris, Thomas A., *Ich bin okay – Du bist okay,* rororo sachbuch Nr. 6916.
Hartmann, E. (Hrsg.), *Sleep and Dreaming,* Boston 1970.
Huang, Al, *Embrace Tiger, Return to Mountain – the Essence of T'ai Chi,* Utah 1973.

Illich, Ivan, *Selbstbegrenzung,* Reinbek b. Hamburg 1975.
Janov, Arthur, *Revolution der Psyche,* S. Fischer Verlag, Frankfurt 1976.
Jourard, Sidney M., *The Transparent Self,* New York und London 1971.
Jung, C. G., *Zwei Schriften über Analytische Psychologie,* Olten 1964.
– *Die Dynamik des Unbewußten,* Olten 1967.
– *Zivilisation im Übergang,* Olten 1974.
Koestler, Arthur, *Insight and Outlook,* London 1949.
Kreskin, *The Amazing World of Kreskin,* New York 1971.
Logan, Daniel, *The Reluctant Prophet,* New York 1968.
Masters, Brian, *Dreams about Her Majesty the Queen and other Members of the Royal Family,* London 1972.
Masters, Robert, und Houston, Jean, *The Varieties of Psychedelic Experience,* London 1967.
Masters, Robert, und Houston, Jean, *Mind Games*, London 1973.
Meier, C. A., *Ancient Incubation and Modern Psychotherapy,* Evanston, Ill., 1967.
Merton, Robert K., *The Sociology of Science,* Chicago 1973.
Miller, Stuart, *Hot Springs,* New York 1971.
Noone, Richard, *In Search of the Dream People,* New York 1972.
Pearce, Joseph Chilton, *The Crack in the Cosmic Egg,* New York 1971.
Roszak, Theodore, *Where the Wasteland Ends,* London 1973.
Seaman, Barbara, *Free and Female,* New York 1972.
Stekel, Wilhelm, *The Interpretation of Dreams,* New York 1943.
Tart, Charles T. (Hrsg.), *Altered States of Consciousness,* New York und London 1969.
Tillich, Hannah, *From Time to Time,* New York 1973.
Ullman, Montague, und Krippner, Stanley, mit Vaughan, Alan, *Dream Telepathy,* New York 1973.
Van Dusen, Wilson, *The Natural Depth in Man,* New York 1972.
Vilar, Esther, *Der dressierte Mann,* dtv Nr. 949.
Von Grunebaum, G. E., und Caillois, Roger (Hrsg.), *The Dream and Human Societies,* Berkeley und Los Angeles 1966.

Weitere Bücher von Interesse

Agee, Doris, *Edgar Cayce on E.S.P.,* New York 1969.
Assagioli, Roberto, *Psychosynthesis,* New York 1971.
Bonime, Walter, *The Clinical Use of Dreams,* New York 1962.
Boss, M., *The Analysis of Dreams,* London 1957.
Campbell, Joseph (Hrsg.), *Myths, Dreams and Religion,* New York 1970.
Castaneda, Carlos, *Die Lehren des Don Juan,* Fischer Taschenbuch Nr. 1457.
– *Eine andere Wirklichkeit,* Fischer Taschenbuch Nr. 1616.
Cayce, Hugh Lynn, *Venture Inward,* New York 1972.

– *Dreams: The Language of the Unconscious.* Virginia Beach 1962.
De Becker, Raymond, *The Understanding of Dreams: or the Machinations of the Night,* London 1968.
Dunne, J. W., *An Experiment with Time,* London 1958.
Eisenbud, Jule, *Psi and Psychoanalysis,* New York 1970.
Eliade, Mircea, *Mythen, Träume und Mysterien,* Salzburg.
Fodor, Nandor, *New Approaches to Dream Interpretation,* New York 1951.
Foulkes, David, *Die Psychologie des Schlafs,* S. Fischer Verlag, Frankfurt 1969.
Freud, Sigmund, *Die Traumdeutung,* Fischer Taschenbuch Nr. 6344.
Green, Celia, *Out of the Body Experiences,* London 1968.
Hadfield, J. A., *Dreams and Nightmares,* Harmondsworth 1954.
Hall, Calvin S., *A Primer of Freudian Psychology,* London 1956.
– und Nordby, Vernon, *A Primer of Jungian Psychology,* New York 1973.
– und Lind, Richard E., *Dreams, Life and Literature: a Study of Franz Kafka,* Chapel Hill, N. C. 1970.
Hall, Calvin S., und Van de Castle, Robert L., *The Content Analysis of Dreams,* New York 1966.
Hall, Brian, und Vernon Nordby, *Gates of Horn and Ivory: An Anthology of Dreams,* New York 1967.
Jacobi, Jolande, *Die Psychologie von C. G. Jung,* Fischer Taschenbuch Nr. 6365.
Jaffé, Aniela, *C. G. Jung Bild und Wort,* Olten 1977.
James, Muriel, und Jongeward, Dorothy, *Born to win: Transactional Analysis with Gestalt Experiments,* Reading, Mass. 1973.
Janov, Arthur, *Der Urschrei,* Fischer Taschenbuch Nr. 6286.
Jones, R. M., *The New Psychology of Dreaming,* New York 1970.
Jourard, Sidney M., *Healthy Personality: An Approach from the Viewpoint of Humanistic Psychology,* New York 1974.
Jung, C. G., *The Portable Jung,* New York 1971.
– *Erinnerungen, Träume, Gedanken,* Olten 1973.
Kelsey, Morton T., *Dreams: Dark Speech of the Spirit,* Minneapolis, Minn. 1968.
Kerouac, Jack, *Book of Dreams,* San Francisco, 1961.
Koestler, Arthur, *Insight and Outlook,* London 1949.
Kramer, M. (Hrsg.), *Dream Psychology and the New Biology of Dreaming,* Springfield, Ill. 1969.
LeShan, Lawrence, *The Medium, the Mystic and the Physicist: Towards a General Theory of the Paranormal,* New York 1974.
Lilly, John C., *Das Zentrum des Zyklons; Eine Reise in die inneren Räume,* Fischer Taschenbuch Nr. 1768.
Martin, P. W., *An Experiment in Depth,* London 1955.

Monroe, Robert A., *Journeys Out of the Body,* London 1973.
Oswald, Ian, *Sleep*, Harmondsworth 1966.
Perls, Frederick S., *In and Out of the Carbage Pail,* Moab, Utah 1969.
Priestley, J. B., *Man and Time,* London 1964.
Rawson, Wyatt, *The Way Within,* London 1963.
Roheim, Geza, *The Gates of the Dream,* London 1953.
Rossi, Ernest Lawrence, *Dreams and the Growth of Personality,* Oxford, 1972.
Roszak, Theodore, *The Making of a Counter-Culture,* London 1970.
Rycroft, Charles (Hrsg.), *Psychoanalysis Observed,* London 1966.
Schutz, Wilhelm C., *Joy: Expanding Human Awareness,* London 1971.
Stearn, Jess, *Edgar Cayce, the Sleeping Prophet,* London 1968.
Stevens, Barry, *Don't Push the River,* Moab, Utah 1970.
Stevens, John O., *Awareness,* Moab, Utah 1971.
Stewart, Kilton, *How to Educate Your Dreams to Work for You,* New York, The Stewart Foundation for Creative Psychology, 144 E. 36th St., N. Y., N. Y. 10016.
Van de Castle, Robert L., *The Psychology of Dreaming,* New York 1971.
Witkin, H. A., und Lewis, H. B. (Hrsg.), *Experimental Studies of Dreaming,* New York 1967.

Namen- und Sachregister

Celia Green/Charles McCreery

Träume bewußt steuern

Über das Paradox vom Wachsein im Schlaf

Band 14078

Luzide Träume nennt man das bemerkenswerte Phänomen des Träumens im vollen Bewußtsein, daß man träumt. Sie unterscheiden sich von »normalen« Träumen dadurch, daß man selbst in ihnen aktiv werden kann und damit in einen der aufregendsten Grenzbereiche menschlicher Erfahrung gelangt.
Die Autoren wenden sich dabei drei Schwerpunkten zu: Der Phänomenologie des luziden Träumens (Wie ist es, wenn man schläft und träumt und genau weiß, daß es nicht Realität ist?), der Beziehung von luziden Träumen zu anderen halluzinatorischen Phänomenen, und schließlich untersuchen sie, ob und wie luzide Träume aktiv hervorgerufen und gesteuert werden können. Auch der Frage nach dem Nutzen luzider Träume für therapeutische Zwecke, wie z.B. bei der Behandlung von Alpträumen und deren Auswirkungen bei Erwachsenen und Kindern, wird nachgegangen.
Zahlreiche Fallbeispiele zeigen, wie diese Steuerung und Beeinflussung erfolgen kann.

Else Müller

Der Klang der Bilder
Phantasiereisen mit Klangschalen
Band 14703

Du fühlst die Wunder nur in dir
Autogenes Training in Naturimpressionen
und Alltagsbeobachtungen
Band 11692

Du spürst unter deinen Füßen das Gras
Autogenes Training in Phantasie- und Märchenreisen
Vorlesegeschichten
Band 3325

Auf der Silberlichtstraße des Mondes
Autogenes Training mit Märchen zum
Entspannen und Träumen
Band 3363

Wege in der Wintersonne
Autogenes Training in Reiseimpressionen
Band 11354

Fischer Taschenbuch Verlag

fi 311 / 9

Dr. med. Kenneth H. Cooper

Bewegungstraining

Praktische Anleitung
zur Steigerung der Leistungsfähigkeit

Band 1104

Dieses Buch handelt von den physiologischen und medizinischen Voraussetzungen und den optimalen Trainingsmethoden zur Erhöhung und Erhaltung unserer Leistungsfähigkeit. Der Autor begnügt sich nicht mit allgemeinen Hinweisen, sondern legt im einzelnen dar, wie man zu einer guten körperlichen Gesamtverfassung kommen kann. Es wird nichts verlangt, was übermäßige Willenskraft erfordert. Und vor allem: aus einem ganzen Katalog von Sportarten kann man sich eine beliebige aussuchen oder auch mehrere kombinieren – Wandern, Laufen, Radfahren, Schwimmen, Handball usw.

Dr. Cooper entwickelte ein neuartiges Punktesystem, mit dessen Hilfe man selbst seine körperliche Leistungsfähigkeit ständig unter Kontrolle halten kann. Diese Tabellen ermöglichen es auch, den Leistungsstand zu Beginn des Trainings und jeweiligen Fortschritt zuverlässig zu ermitteln. Tests wurden mit Tausenden von Personen vorgenommen – mit Männern und Frauen, Gesunden und Kranken, Nervösen und Süchtigen. Die Ergebnisse wurden in Laboratorien gemessen und ausgewertet. So kam man mit recht komplizierten Methoden zu den in ihrer Anwendung so einfachen Prinzipien des dosierbaren »Bewegungstrainings«.

Fischer Taschenbuch Verlag

fi 1096 / 5

Frank Wildman

Feldenkrais

Übungen für jeden Tag

Aus dem Amerikanischen von Vukadin Milojevic

Band 12489

Die meisten Menschen sitzen, stehen und gehen nicht optimal. Gerade der typische Büroalltag führt leicht zu Verspannungen und irgendwann zu chronischen Beschwerden.
Die Übungen, die Frank Wildman für dieses Buch zusammengestellt hat, basieren auf dem Grundgedanken von Moshe Feldenkrais, daß es eine natürliche körperliche Intelligenz gibt, die durch geeignete Schulung selbst aktiv wird.
Die Lektionen sind speziell für alltägliche Beschwerden konzipiert. Sie sind einfach und meistens unauffällig auszuführen und helfen, akute Beeinträchtigungen und Streß abzubauen.

Fischer Taschenbuch Verlag

fi 1620 / 7

Jiao Guorui

Qigong Yangsheng

Chinesische Übungen zur Stärkung der Lebenskraft

Aus dem Chinesischen von Stephan Stein

Band 12948

Unter dem Oberbegriff Qigong werden vielfältige körperliche Übungssysteme zusammengefaßt, deren Gemeinsamkeit die Stärkung der Lebenskraft ist, also der Vorbeugung von Krankheiten, der generellen Gesunderhaltung und Kräftigung, der konkreten Behandlung von Krankheiten und der Linderung von Schmerzen. Beim Üben von Qigong geben wir durch Bewegungen und Imagination Impulse und Signale an unseren Organismus und beeinflussen damit unsere Körperfunktionen und unseren Geist. Richtig verstanden ist Qigong Körper- und Geisteskultur zugleich.

Um Qigong leicht in den Tagesablauf zu integrieren, werden aus den vier klassischen Formen – Acht Brokate, Stehen wie eine Säule, Spiel der Fünf Tiere und den 15 Formen des Tai-Ji – kleine Übungszyklen zusammengestellt. Diese Auswahl ermöglicht demjenigen, der nicht genug Zeit für die vollständigen Formen hat, kurze und trotzdem effektive Übungszeiten.

Fischer Taschenbuch Verlag

fi 1567 / 6

Kareen Zebroff

Yoga

Übungen für jeden Tag

Ins Deutsche übertragen von
Rosemarie Litzenberger und Hans-Jürgen Hesse

Band 1640

Kareen Zebroff hat dieses Yoga-Buch für den westlichen Menschen geschrieben; seine Probleme und Bedürfnisse sind es, auf die hier eingegangen und für die Hilfe angeboten wird. In einer kurzen Einführung erklärt sie, was Yoga ist, wofür er gut ist und welche Grundregeln man beim Üben beachten sollte. Danach folgen – zum leichten Auffinden alphabetisch geordnet – die einzelnen Yoga-Asanas (Übungen). Für jede Übung ist angegeben, welche Organe besonders günstig durch sie beeinflußt werden; dann folgen detaillierte Anweisungen für die Ausführung, die durch Fotos der einzelnen Phasen veranschaulicht werden.

Am Schluß jeder Übung wird noch einmal auf mögliche Fehler aufmerksam gemacht, so daß man eigentlich nichts falsch machen kann, wenn man sich an die Anweisungen hält. Eine Aufstellung der Übungen am Ende des Buches unter dem Gesichtspunkt ihrer Wirksamkeit bei speziellen Beschwerden und Krankheitserscheinungen ermöglicht es jedem Leser, sich ein eigenes, genau auf seine Bedürfnisse zugeschnittenes Übungsprogramm zusammenzustellen.

Fischer Taschenbuch Verlag

fi 1094 / 7

Susan Love und Karen Lindsey

Das Hormonbuch

Was Frauen in den Wechseljahren wissen sollten

Aus dem Amerikanischen von Dr. Gabriele Herbst

Medizinische Beratung durch Dr. Sabine Schrag

Band 14625

Frauen, die »in die Jahre gekommen« sind, werden für sich eine ganz persönliche Entscheidung treffen müssen, die von größter Bedeutung für ihre Gesundheit sein kann: Sollen sie sich einer Hormontherapie unterziehen oder nicht?
Susan Love, eine der bekanntesten und angesehensten Ärztinnen in den USA, zeigt auf, was wir über Hormontherapie bereits wissen und was nicht, und untersucht eingehend die Alternativen dazu, die darin bestehen können, den eigenen Lebensstil grundlegend zu ändern oder auf andere Medikationen auszuweichen. Susan Love stellt dabei die weitverbreitete medizinische Vorgehensweise in Frage, die darin besteht, Frauen nach der Menopause automatisch Hormonpräparate zu verschreiben. Sie glaubt vielmehr, daß die positiven Wirkungen dieser Therapie überschätzt werden, die Risiken und Grenzen dagegen viel zu wenig beachtet bzw. bagatellisiert werden.
Das Buch enthält ausführliche Hinweise zu allen auf dem deutschen, europäischen und amerikanischen Markt erhältlichen Medikamenten und Adressen, an die sich Frauen wenden können.

Fischer Taschenbuch Verlag

fi 584 / 7